U0814387

金融经济前沿问题文库

金融理论前沿课题

（第三辑）

唐　旭　主编

中国金融出版社

责任编辑：王杰华　王素娟
责任校对：张志文
责任印制：程　颖

图书在版编目（CIP）数据

金融理论前沿课题（Jinrong Lilun Qianyan Keti）（第三辑）/唐旭主编. —北京：中国金融出版社，2009. 8
（金融经济前沿问题文库）
ISBN 978－7－5049－5193－9

Ⅰ. 金…　Ⅱ. 唐…　Ⅲ. 金融—研究—世界　Ⅳ. F831

中国版本图书馆 CIP 数据核字（2009）第 141123 号

出版
发行　中国金融出版社
社址　北京市丰台区益泽路 2 号
市场开发部　（010）63266347，63805472，63439533（传真）
网 上 书 店　http：//www. chinafph. com
（010）63286832，63365686（传真）
读者服务部　（010）66070833，62568380
邮编　100071
经销　新华书店
印刷　北京市松源印刷有限公司
尺寸　148 毫米×210 毫米
印张　10. 75
字数　325 千
版次　2009 年 8 月第 1 版
印次　2018 年 8 月第 12 次印刷
定价　32. 00 元
ISBN 978－7－5049－5193－9/F. 4753
如出现印装错误本社负责调换　联系电话（010）63263947

序

1999年和2003年，我相继主编了《金融理论前沿课题》第一辑和第二辑，反响超出了我的预期。能有这样的效果，得益于读者对金融理论的喜爱，更得益于经济发展过程中，金融理论所呈现出来的重要性。

为了回馈读者，并紧密跟踪金融理论的研究步伐，2008年下半年，我又开始组织编写《金融理论前沿课题》第三辑。参与本辑前沿课题编写的作者都具有丰富的金融研究经历，在各自的领域一直跟踪研究，具有相当高的造诣。从内容上看，全书共十章，内容涉及金融危机、国际货币体系、宏观经济政策、银行经营管理等多个方面，覆盖了国际上金融理论研究发展的主要方面。部分章节针对当前亟待解决的重大课题进行了分析、论证，并提出了相当有见解的政策建议，具有很强的理论价值和现实意义。

自1999年我主编的第一辑《金融理论前沿课题》问世以来，已有十年的时间了。在这十年当中，我国经济金融改革与发展取得了举世瞩目的成就。近十年，我国经济增长的绝对金额、相对速度以及增长稳定性都处于相当高的水平，国家综合实力日益增强，居民越来越富裕，经济体制改革取得了巨大成就，市场经济得以确立。2008年，我国国内生产总值超过30万亿元，已成为世界第三大经济体。伴随经济的蓬勃发展，我国金融业改革成效显著。四大国有商业银行都完成了股份制改造，并且工商银行、中国银行和建设银行都已上市，市值位列全球前十名。多层次金融市场逐步形成，金融市场的资源配置效率日益提高，资本市场尤其是股票市场在国民经济发展中的地位越来越显著。在国际收支方面，我国保持了多年的双顺差，这导致我国外汇储备快速增长。到2008年末，我国外汇储备余额高达1.95万亿美元，已成为世界最大的外汇储备国。有关当局在制定和实施宏观经济调控政策、开展金融监管等方面越来越娴熟，在我国经济金融稳定健康发展中发挥了重要作用。

然而，在取得成绩的同时，也暴露出许多问题，值得我们深入探讨和研究。比如，针对经济增长，我们一方面要追求经济增长速度，另一方面还要考虑增长质量。因此，我国潜在 GDP 增长率是多少，就是一个值得深入研究的课题。针对高额的外汇储备，我们不仅要思考产生高额外汇储备的体制根源是什么、多少外汇储备是适度的，更重要的是，要探讨外汇储备如何保值、增值，并有利于我国经济更健康地发展。针对国有银行改革，在立足国内市场、改善经营管理的同时，如何顺应我国经济融入国际市场的大背景，更大力度地开辟国外市场，开展跨国经营，无疑是当前亟待研究的重要课题。

2007 年美国次贷危机爆发，引发了全球金融危机，它对世界经济、社会和生活造成的伤害之大甚于 1929 年经济大萧条。爆发这样的金融危机，无疑是不幸的。但是，对于一名金融研究人员而言，能亲身经历这场特殊的金融危机，我觉得又是非常幸运的。经历了这场金融危机洗礼之后，一方面，我们发现，金融领域产生了许多新课题，非常值得研究，而另一方面，我们又深刻地认识到，不能将传统上的一些经典理论或习以为常的做法想当然，而应该带着怀疑的态度，重新思考和深入研究。我们都很关心金融危机的根源是什么，对此，观点颇多，莫衷一是。在本书第一章，我从微观层面探讨了金融危机的成因。银行等金融机构现有的公司治理机制和监管体制为股东掠夺债权人、经理人掠夺债权人创造了条件。“赚钱归自己、损失归债权人”，这种激励有力而约束有限的机制，使得股东或经理人积极参与高风险金融产品的设计与销售，尽量做大利润，而对风险视而不见。这次金融危机，在很大程度上是股东掠夺、经理人掠夺的必然结果。从宏观经济层面考虑，我们发现，自 1973 年布雷顿森林体系崩溃以来，历次金融危机的爆发都与当前国际货币体系的缺陷紧密相关。这次金融危机也不例外。为了消除 2000 年网络泡沫破灭以及 2001 年“9·11”事件的影响，美联储连续 13 次降低利率，通过吹大房地产泡沫来发展经济，随后又从 2003 年开始连续 17 次提高利率，逐步刺破泡沫，引发次贷危机。表面上看，次贷危机是美联储货币政策所致，而根源在于美元作为国际本位货币的独特地位，使得美国——全世界最大的债务人——有条件借助金融危机这个手段，掠夺其债权国。本质上而言，其逻辑与股东及经理人掠夺债权人是相通的。针对金融危机，除了探讨危机的根源之外，还有许多课题值得研究。比如，如何设计新的公司治理机制，消除股东掠夺和经理人掠夺问题？如何改革现有的国际货币体系，构建适应新形势的国际货币体系？面对美国的掠夺，我们应该采取什么措施，既保护自己的利益，又不造成动乱，影响经济发展？在应对金融危机方面，应该实施什么样的宏观经济调控政策以及坚持什么样的决策机制？研究诸如此类的问题，对于我国经济金融发展的方向和路径选择无疑是大有裨益的。作为主编，令我倍感欣慰的是，对于上述问题，本书有关章节进行了有益的探讨，并得到了颇有见地的结论。

参与本书编写的作者基本上都在研究岗位上工作过多年，具有扎实的理论功底和丰富的实践经验。作为主编，我对全书初稿进行了审阅和总纂。康以同同志不但写了本书的第十章，而且协助我在组织作者、挑选主题以及整理初稿等方面，做了大量工作。吴国祥同志也为本书出版提出了许多宝贵的意见。在此，对他们一并表示感谢。

由于本书涉及的是前沿课题，有些章节仅仅是介绍该课题在国际、国内的研究状况，有些章节阐述了作者自己的研究结论和看法，很多问题尚未得到令人信服的答案，还有许多问题需要进一步研究和论证。对于书中的不当之处和错误遗漏，欢迎批评指正。

唐旭

2009 年 8 月 1 日

目　　录

第一章　论银行业的股东掠夺与经理人掠夺

银行业是以信誉安身立命的行业，因此，在历史上，银行家都是以稳健著称的，经营中以谨慎、尽责为原则。曾几何时，不少银行家变得疯狂了，激进代替了稳健，轻率取代了谨慎，风险不断积累，终于酿成了自20世纪20年代末以来的又一次全球性金融大危机——由美国次贷危机引发的国际危机。

虽然有很多文章分析这次危机的宏观及微观原因。但是，我们认为，这些宏观与微观原因都是外部的，就其内因而论，人的贪婪的本性在这次危机的演变中，起了重要的作用。经济学分析的前提假设，是说人是理性的。但是，人的行为经常是非理性的，有时甚至是极端的。正是这种非理性的行为，在没有有效约束的情况下，造成了金融危机。

第一节　股东掠夺及其分析

一、股东掠夺概念

20世纪80年代美国的储贷机构危机，造成了1 500多亿美元的损失。在这次危机后，一些经济学家发现，在金融领域，金融机构的所有者利用金融机构破产牟利，获得了很大的收益，却给社会带来了巨大的不稳定性，给债权人带来了巨大的损失。美国经济学家乔治·阿克洛夫和保罗·罗默（George A. Akerlof and Paul M. Romer，1993）的研究发现，金融业的股东掠夺并非个别现象，不少金融危机都与股东掠夺有关。

他们的论文论述了这样一种情景，当政府对金融机构进行担保时，只要金融机构对自己股东的支付（包括红利或其他支付方式）不大于某一个特定的值，政府就承诺向该金融机构注入任何数量的资金。在这种情况下，若这个特定的值，比方说 M，小于该金融机构的净值，比方说 V，该机构的股东将按利润最大化经营该机构，金融机构管理良好；若 M 大于净值 V，那么金融机构就可能从政府那里借入资金，按 M 支付给股东，股东知道将来无法偿还政府的借款，也就不会积极有效地管理金融机构，直至金融机构破产。这时，股东已经获得了最大收益，但由于破产造成的损失则由社会来承担。

另外，如果所有者获得的收益大于金融机构的净值，那么，即使要求他们投资于净现值为负的项目，他们也会同意，因为他们已不打算履行偿债义务。如果所有者打算不履行偿债义务，那么他们就不关心投资项目是否具有净现值，政府将承担项目的所有损失。

美国的储贷机构中，有不少就是这样做的，结果造成了 90 年代初的危机。所以，简单地说，股东掠夺就是股东利用破产牟利的行为。

下面我们来分析中国银行业可能存在的股东掠夺问题。

二、股东掠夺行为分析

在中国商业银行的发展中，常常出现难以解释的现象，我们将其称为中国商业银行发展中的悖论，对这些悖论的研究，可能会引出一些很深刻的结论，改变商业银行业的发展进程。

（一）银行的不良资产如此多，而急切地想进入银行业的投资者也很多

从公布的数据看，中国银行业的不良资产比率从 20 世纪 90 年代初到 21 世纪初一直很高。但是，尽管银行业有那么多不良资产，还是有那么多投资者准备进入银行业。其中民营资本更是表现得非常积极，要求放开对商业银行准入的严格管制。这在理论上似乎是一个悖论。按商业规则，当一个行业普遍出现坏账时，其资本一般是撤离，而不是“抢入”这个行业。就像现在美国的金融危机，一般股东都大量抛售有大量坏账的商业银行股份，导致商业银行股价大跌，而且新设银行类金融机构的数量也大量减少。

对这个悖论进行分析，我们注意到，按国际商业银行的一般经营方式和会计准则，当一家银行的不良资产增多时，它是不可能有盈利的。

但是，在中国的商业银行业中，尽管有大量不良资产，银行却是盈利的，有的银行盈利率还不低，而且，银行的股东（除国有商业银行外）实实在在分得了红利（见表1－1）。比如说，招商银行2002年有8.1%的不良资产率，同时却有24.54%的资本利润率；中信实业银行有10.99%的不良资产率，同时有23.72%的资本利润率。国有商业银行的不良资产率超过20%，仍有盈利表现在盈亏表上。市场经济条件下，投资者以利润最大化为目标，对于无盈利的行业，投资者肯定会绕道而行。既然有利润，而且是高利润，那么投资者急切地想进入银行业，就是一种理性行为。

表1－1　中国主要商业银行的利润与资本及其国际比较　单位:%

	2002年		2003年	
	资本利润率	不良资产率	资本利润率	不良资产率
中国工商银行	3.74	25.69	2.742	21.2
中国银行	5.02	22.49	4.459	16.3
中国农业银行	2.17	36.63		
中国建设银行	4.04	15.17	1.631	9.12
中国光大银行	4.83	13.13	5.457	9.03
招商银行	24.54	8.10	17.197	3.15
中信实业银行	23.72	10.99	17.905	8.12
上海浦东发展银行	24.85	3.38	20.68	2.53
中国民生银行	21.33	2.04	19.734	1.29
福建兴业银行	15.07	3.11	19.134	2.49
深圳发展银行	16.88	10.29	8.98	8.49
华夏银行	40.41	5.97	20.648	3.67
花旗集团（美）	38.8	2.67	18.21	2.32
美国银行集团（美）	24.5	1.92	22.53	2.80
瑞穗金融集团（日）	－25.2	6.46	－83.09	6.28

资料来源：中国人民银行研究生部课题组："中国商业银行五十强"，其不良贷款比率来自各银行年报；国外银行资料来自The *Banker*，2003年7月、2004年7月。

但是，我们从国际比较中看到，一家银行的不良资产率在3%以内比较正常，不良资产率超过6%就很高了，银行为了弥补其坏账损失，将出现大量亏损。日本的商业银行在过去几年中就遇到了这样的惨境。像2002年全球最大商业银行日本瑞穗金融集团，不良资产率达6.46%，资本利润率为-25.2%。照此下去，4年内，其资本金就将全部被其亏损冲完。因此，它急切地要重组或注资，使之成为一家好银行。中国的商业银行，却是高利润率、高不良资产率并存。于是，我们对悖论的讨论就转换成：为什么中国要设计这种看起来很矛盾的制度，这种制度背后的利益关系是什么？

（二）一个简单的利益分析模型

首先，我们认为，这种制度设计的背后，是税收的约束。对此，让我们来做一个分析。

假定某银行有1 000个单位的资本，当年的账面利润为150个单位，其税前资本利润率为15%。同时，当年贷款为10 000个单位，当年坏账也为150个单位，坏账率即为1.5%。这是一个很合理的假设。按照国际通行的会计准则，该银行当年的盈利为零，即

$$p_{b1} - b_1 = p_{a1} \qquad (1-1)$$

其中，p_{b1}是冲抵银行坏账前的当年账面利润，b_1是银行当年的坏账额，p_{a1}是冲抵坏账后当年的税前利润。在这个例子中，因

$$p_{b1} = b_1$$

则

$$p_{a1} = 0$$

即冲抵坏账后的税前利润为零。在一般人的思维中，这个例子很好理解，因为坏账就是银行的负利润。正、负利润相抵之后，最终利润就为零了。但是，若银行的利润为零，所得税也将为零。这个结果，对于中国的税务部门和政府部门来说，是不可接受的①。每一级政府都希望税收越多越好，而且尽可能地使税款在自己的任期内实现。因此，银行要按正常的经营原则用自己的盈利去冲销自己的坏账，税务部门和政府是不同意的。为了税收，会计制度就变了。银行不能自作主张用利润去

① 这也就解释了为什么在20世纪90年代中，在我们将银行的所得税税率从55%降为33%的同时，要将营业税税率从5%上升为8%（2003年又降回到5%）。

冲坏账，利润就是利润，坏账就是坏账。这是银行国有情况下的一种制度安排，这样的安排使政府得到当期税收收入，而坏账留到今后处理，到那时可能就与本届政府无关了。由于政府获得税收，国有银行得到利润，大家都好。

但是，（1）如果国有银行获得的利润最终上交财政，或者作为自己的资本金补充到银行中，那么，最后的坏账处理也将是由国家负责，这只是时间问题并无实质差异，国家作为股东承担最终偿付责任。（2）如果国有银行获得的利润没有上交，也没有明确地补充资本，而是作为下一年度的可用资金增加开支花掉了，那么，最后的坏账就将由财政用其他收入来偿付，增加了社会的负担。（3）随着市场经济的发展，银行不再是国有的，这个差异就大了。当银行的投资者为不同利益主体的股东时，投资者对这样的制度安排是很欢迎的：无论银行有多少坏账，由于不予利润对冲，而且，银行只上税，不上缴利润，利润成为股东的收益，而坏账将留给政府。因此，只要有所得税，就有股东红利。但是，纳税人将承担由此带来的损失。

我们还是继续用上例来分析。

利润仍是150个单位，而坏账也还是150个单位。由于利润不冲销坏账，则需按照33%的所得税税率[①]向税务部门上交所得税，银行交税49.5个单位，余下100.5个单位的税后利润。若银行不用利润补充资本，则100.5个单位的税后利润就可以作为红利分配给股东。投资者的股权收益率（ROE）为10.05%[②]。更一般地说，政府的所得税收入为

$$y_{g1} = p_{b1} \times r_{tax} \tag{1-2}$$

其中，y_{g1}为政府在当期的税收，r_{tax}为所得税税率。股东的收益为

$$y_{i1} = p_{b1}(1 - r_{tax}) \tag{1-3}$$

其中，y_{i1}为全体股东在当期的收益。收益率为

$$r_{y_{i_1}} = p_{b1}(1 - r_{tax})/E_0 = y_{i1}/E_0 \tag{1-4}$$

其中，$r_{y_{i_1}}$为股东在当期的资本收益率，E_0为股东投资额，即股本金。在现实经济中，投资于银行获得10.05%的资本收益率并不算高，这从

① 现在的所得税税率降为25%，这并不影响本例的分析。

② 这里省略了分红后还要缴纳的所得税，这个双重征税问题不在这里讨论。

表1－1就能看出。

假设银行不增资，则 n 年后，银行股东在 n 年内的总收益为

$$Y_{in} = \sum_{t=1}^{n} p_{bt}(1 - r_{tax}) = \sum_{t=1}^{n} E_0 r_{y_{i_t}} \quad (1-5)$$

而当 $$Y_{in} \geqslant E_0 \quad (1-6)$$

此时，投资者收回了全部初始投资。从中国的非国有商业银行来看，这大约需3～6年时间，如果银行上市，这个时间可以大为缩短。这对于商业银行的投资者极具吸引力。

现在我们来讨论坏账。我们假设银行每年的坏账都不予以冲销且金额为 b_t，那么，n 年后，银行的坏账累积为

$$B_n = \sum_{t=1}^{n} b_t \quad (1-7)$$

依然用前例：若银行的坏账每年增加150个单位，7年后，坏账总额开始超过股东的初始投资。根据我们的制度安排，坏账只是一个账面累积的数字，并不影响股东分红，因此，股东将其视为零。但是，坏账事实上是累积的，当坏账累积到使银行无法运转时，银行就可能发生流动性危机，甚至倒闭。对于股东来说，他们以其投资额为银行的坏账负责。当投资者的收益小于其初始投资额，即

$$Y_{in} < E_0 \quad (1-8)$$

此时，投资者对银行的关心和约束会比较强；一旦投资者的总收益等于或大于其初始投资额，即式（1－6）成立时，投资者对银行经营的关心和约束就会大大减弱。

进一步，当

$$Y_{in} \geqslant E_0$$

且

$$B_n \geqslant E_0 \quad (1-9)$$

此时，银行股东倾向于对银行增资置之不理，新股东也不愿投资这样的银行。也就是说，当投资者全部收回其在银行的投资后，银行因坏账过多而面临破产时，投资者宁愿选择破产也不愿意增加投资来保持银行的稳定。

在这种制度安排下，很容易理解民营资本对银行业的投资冲动，即

使投资者不能很容易地从参股的银行贷款，他们也可以得到很好的利润保证而不用承担坏账的损失。显然，这符合投资者的心理而成为投资者追求的理想目标。

下面我们进一步再来讨论这种制度安排下的政府行为。对于政府来说，n 年中，政府的税收为

$$Y_{gn} = \sum_{t=1}^{n} p_{bt} \times r_{tax} \quad (1-10)$$

其中，Y_{gn}是政府 n 年中的税收收入，银行不倒闭，则政府的税收可以无限地收下去。若银行倒闭了，则政府的税收也就没有了。从这个意义上讲，政府不但没有动力去主动关闭一家银行，反而会尽可能地拖延或阻滞银行的倒闭。

若银行是国家全资拥有的，那么股东收益与税收实际上是同一收入，只不过来自于不同的渠道。但是它们与私人（民营）股东不同的是，它们不可以对因坏账而形成的流动性危机置之不理。一旦银行出现流动性危机，政府这个大股东只能义无反顾地出手救助。结果，政府以前所得到的收入（包括税收和股东收益）都成为银行稳定的保证金了。只不过，保证金可能已经被前一届政府提前花掉了。银行出现危机时，当期政府要用当期的或以后的收入作为保证金（或作为隐形的存款保险）来维持银行业稳定；或者用中央银行的信用创造功能，通过中央银行的救助来冲销银行的坏账。后一种方式更隐蔽，更不为一般人所注意，但它实际也是政府为稳定所作的一项保证。因此，可以说，国有银行的这种制度安排所导致的后果，最终要由国家（政府）来承担，其收益与责任还是一致的。

若银行非国家所有，那么，股东收益与税收则是两个不同利益主体的收入。在银行没有出现危机时，私人股东和国家分别通过股东分红和税收的方式共享收益。一旦银行出现危机，按前面的分析，股东只负有限责任，银行业的稳定责任只会落在国家（政府）的肩上。冲销坏账或资金救助的责任只能由国家或直接由中央银行承担。在银行倒闭的情况下，也可能要由中央银行承担向债权人清偿债务的责任。结果就是：

利益双方共享，而责任由一方承担①。

三、非红利掠夺方式

投资于银行，除了可以通过红利进行掠夺外，非红利掠夺方式中最重要的是通过贷款方式进行的掠夺。

银行总是要向外贷款的，至于贷给谁，讲究就大了。股东占有地利上的优势，可能比较容易从自己的银行获得贷款。更隐蔽的情况是，股东以关联企业的名义向自己的银行申请贷款，并运用自己的影响力使之获得贷款。这样，股东可能通过投资银行而获得大量的资金来建立自己的企业帝国。根据前面的分析，当股东还未完全收回自己在银行的投资时，股东还要继续维持银行的正常运转，银行的贷款只是比较容易获得而已。一旦银行的投资已全部收回，而银行又面临巨额坏账积累时，股东就更倾向于从自己的银行借款，并可能以一个较小企业的名义借款，然后通过虚拟的交易将借款支付给股东的另一家企业。最后，当银行破产时，企业贷款也就成为坏账的一部分，无法收回，而股东从中获取了巨大的利益。

我们继续假定股东在银行的权益为 1 000 个单位，银行的资产为10 000个单位，并假定股东利用优势为自己或自己的关联企业获得3 000个单位的贷款。当银行发生流动性危机时，借款企业也借机制造不良业绩而陷入经营危机，加速银行危机，这样，当银行破产时，这些贷款也就成为不良资产了。

这里，对银行的投资成为获取银行贷款的途径，甚至成为股东获取利益的最直接通道。在这个例子中，股东投资 1 000 个单位，获得了3 000个单位的贷款，实际上等于股东没有花一分钱而获得了一家银行，只是打了一个时间差，另外，还获得了 2 000 个单位的发展资金。这些钱基本上是可以不还的。当银行被“废”掉时，股东获得了 3 000 个单位的“收入”。

---

① 严格地说，还有第三方损失人，那就是机构存款人。在中国已有的金融机构倒闭清理案中，个人存款人优先得到由中央银行提供的清偿金，而机构存款人则往往要等倒闭清算完毕后才能根据财产的多少获得补偿。

更一般地，假定 E_0 为股东的投资额，C_1 是股东从本银行贷出款项的余额（包括股东自己的企业和关联企业），那么当 $C_1 > E_0$ 时，股东将不会认真关心银行的经营管理，而只想如何从银行取得更多贷款。

在这一过程中，效率的损失是明显的，股东都不认真关心银行的经营，银行的倒闭就仅仅是个时间问题。谁是损失的承担者？若存在隐性全额担保，则担保人成为最大的损失者，他应对所有的债权承担偿付的责任。若只有有限担保，则有限担保人和债权人共同成为最终受害人，有限担保部分由担保人承担责任，而超出部分，由债权人自己承担责任。若完全没有担保，则债权人将承担全部损失。在这个时候，股东只以其在银行的资本承担有限责任，由于其已经获得大大高于自己投资的收益，因此，他们成为最大的受益者。

不幸的是，在中国，对银行的个人债权的担保仍是隐性全额担保体制，中央银行和政府对银行所欠个人债务完全赔付，对证券机构的个人债务是90%赔付。这就推动股东更为肆无忌惮地从金融机构借入款项来扩张自己的企业王国，把损失扔给中央银行和政府。中央银行和政府在这一过程中，没有任何收益，也没有任何权力，只有承担损失的责任。

第二节　金融危机与经理人掠夺

2008 年发生的全球性金融危机，是20 世纪30 年代以来最为严重的金融危机。这场危机从美国的次级债开始，逐渐导致金融衍生品市场泡沫的破灭，美国的国际大投资银行纷纷倒闭，雷曼兄弟关门，摩根斯坦利、高盛请求政府救助。影响所及，美国的大商业银行也纷纷出现危机，花旗集团、美国银行等都陷入了巨大的亏损之中。从表 1－1 可以看到21 世纪初，它们的资本利润率分别为38% 和24%，而在2008 年，它们的亏损高达几百亿美元，股票价格从几十美元快速下跌到几美元。接着，保险巨头美国国际集团（AIG）也陷入困境，需要政府几百亿美元的注资。然后，危机扩散到实体经济，汽车、建筑、钢铁等行业也一片萧条，通用汽车公司也要求政府救助并进入了破产保护程序，这是有史以来最大的制造业破产案。这一场始于美国的金融危机也突破了国界，成为一场席卷全球的经济危机，主要经济体国家无一幸免，全球经济进入负增长阶段。

从这场危机中暴露出来的经理人行为，却是公众始料未及的，他们实际上成为危机的推动者，还是最大的受益人。

一、危机前的经理人行为分析

危机前，经济进入繁荣的高峰期，这时市场需求不断增大，金融产品不断创新，银行收入年年创新高。由于在现代职业经理人市场上，职业经理的收入是与其业绩挂钩的，即管理的金融机构利润越多，经理人的收入越高。因此，我们前面对股东的分析实际上也适合经理人的行为取向：政府为了税收而希望金融机构体现当期利润，股东为了快速收回投资也希望体现当期利润，当然，经理人为了体现自己的现在价值，获得更多的奖金（Bonus），更希望体现当期利润。三方利益一致了，操作起来就更为得心应手。

我们先来看看金融机构经理人的收入构成：工资报酬（W），这是其基本部分，相对固定；奖金或补贴（Bo），根据金融机构的业绩来确定，一般在合同中规定；股权期权（OP），在合同中规定，一般规定在本机构工作多少年，就可以获得多少股权，到一定时间后，经理人持有的股权期权可以在市场上售出套现。这样，经理人的收入 Em 为

$$Em = W + Bo + OP \tag{1-11}$$

在金融市场泡沫形成过程中，市场越来越活跃，银行的资产开始扩大，金融产品的销量也会增长，利润随之而增长。由于奖金或补贴随银行的资产、收入和利润的增长而增加，因此，经理人理所当然地获得高奖金。则

$$Bo = F(As, Yb, Po, \mu) \tag{1-12}$$

其中，As 为银行的资产规模或其增长率，Yb 是银行收入或其增长率，Po 是利润或其增长率，μ 是随机因素。

股权期权（OP）的价格由市场决定，其价值同样取决于该银行的资产、收入和利润的增长率。因此，它与 Bo 的决定因素相同。一旦期权可以兑现，经理人就可能不顾风险地采取扩张战略，使银行的资产、收入和利润短期内快速增长，推动股票价格快速上涨，给经理人带来最

大的兑现收入。

也就是说，经理人的激励完全受银行的扩张和银行当期收益变动的影响。这样一来，从经理人个体来说，通过不断的创新和扩张可以获得更多的收益，只要当期的收益足够大，下一期的风险就可以被忽略。从整个银行业的经理层来说，只要每家银行都处于扩张状态，相互之间的交易也就会快速增长，形成一种收入和利润的“自我实现”状态。

这种状态很容易造成集体的无意识或者说集体的疯狂，因为在这一阶段，所有的游戏参与者都获得了超过预期的收益。政府、股东、经理人的利益在这一时点上达到一致。

二、危机中的经理人行为分析

一旦危机爆发，政府有两种选择：一种选择是放任不管，让市场去承担可能的损失；另一种选择是为了防止危机的扩大或减少危机的损失，政府出资救助。

对于第一种选择，政府的损失是税收减少，而且可能是在今后若干年内这部分税收消失了。在没有系统性风险存在的时候，这是政府的正确选择，若是存在系统性风险，这样做的结果是政府的损失将会更大，因为危机扩大到其他部门形成更大的危机，经济全面衰退后，政府的收入将会在长期遭受巨大打击。

对于第二种选择，政府在短期内不但损失了这部分税收，而且会将过去该银行上缴的税收再次拿出来，甚至将其他纳税人的钱拿来弥补银行的损失。如果救助成功，今后的税收仍会增长；若不成功，政府的损失会更大。

经理人在危机中，当政府不管，任银行“自救”或破产时，若“自救”成功，经理人成为有功人员，可能会向董事提出更高的奖金或期权要求；若“自救”不成功，经理人被解雇，还可获得一笔补偿。当政府加以救助时，经理人更可以向银行索取危机之前应得的奖金，结果，政府的资金注入可能只是为经理人获得奖金提供了资金。这正是这次金融危机之初发生在雷曼兄弟公司等受政府注资企业中的现象。

因此，我们的分析表明了，在金融危机中，经理人并不对银行前期的高风险政策负责，只收获危机前的收益，危机对经理人的惩罚只是声誉上的。单个经理人受到声誉惩罚时，损失是很严重的，一旦危机是整个系统的，那么由于整个金融业都面临同样的问题，受声誉惩罚的就不只是个别经理人，而是整个金融业的经理人，这样的声誉损失就可以忽略不计了。

金融业的经理人通过制造危机获得了最大收益。

第三节 可能的政策选择

从前面的讨论中我们已经看到，股东掠夺是造成金融危机的主要原因之一，经理人的掠夺以及政府在税收上的短视又助长了股东掠夺，且三者利益在危机前的重合使监管形同虚设，从而使收益与风险在时间上出现严重的非对称性。危机前股东、经理人与政府都得到了正收益，危机后股东、经理人损失很小，政府损失巨大，而债权人的损失则更大。债权人在危机前的泡沫中没有得到任何好处，危机的爆发使他们成为最大的受害者。

一、加强对金融机构的监管

在金融自由化浪潮推动了三十多年后，我们不得不说国际金融业监管存在严重缺陷。事实上，在自由化与金融创新的过程中，金融监管也一直是业界关注的重要问题。在过去三十年里，各监管当局以及国际银行业组织制定了大量的监管规则，这些规则发挥了重要的作用，但是，金融创新又极大地抵消了这些规则的作用，我们不能因这次危机而否定这些规则的重要性。同时，我们也认为，随着经济与金融环境的变化，过去的监管理论、措施和手段不足以防止金融机构出现系统性问题，还需要进一步研究与改进。

首先，明确坚持资本监管的重要性。由于监管没有能够防止危机的发生，因此，有人就认为监管扭曲了市场行为。特别是对银行的监管，20 世纪 80 年代由巴塞尔银行监管委员会制定的资本监管原则未能阻止危机，于是就有人质疑资本监管的有效性。其实，资本监管是我们应当予以坚持并强化的监管措施。

事实上，资本监管有效地防止了银行业的表内业务扩张。在严格的资本监管下，银行不能过度对企业放贷，不能通过快速地获取资金（如过度采用借入款方式进行银行资产的扩张）、发放贷款来扩张银行的资产。我们看到，这次危机中受损失的银行，在资产方面的损失很小。这些银行按规定的资本充足率衡量，并没有问题。

但是，近几十年来，商业银行以及其他金融机构，为了规避《巴塞尔协议》的资本金要求，一方面将其资产负债表内的资产出售，另一方面将大量资产投资于金融市场上的非直接信贷产品。这样一来，对应的资本金要求就没有了，或减少了资本金的需求量，而这些新金融产品的风险并没有因此而大大减少。就如我们前面分析的那样，资产没有增加，收益增加了，风险实际上也增加了，但资本要求没有增加。因此，不是资本监管没有用，而是随着金融创新和规避资本监管的金融产品的出现，资本监管未能作出相应调整。这就是说，资本监管不是要取消，而是要强化，并加以改进。比如，对衍生金融产品要求有相应的资本金；在金融市场明显出现泡沫时，提高公司债以及一些银行资产证券化产品的资本金要求，等等。

其次，对股东和高级管理者的收益要进行适当管理。对股东分红应该予以鼓励，不分红对中小股东是不利的，会造成整个投资市场的萎缩。但是要防止金融企业过度分红，也就是要防止金融业的股东掠夺行为造成金融业的混乱和债权人的损失。因此，可以设计一个金融业最高分红比率，鼓励分红但不能超过这一比率。

对高级管理人员的收益进行管理也是我们前面所分析的结果之一。在监管设计中也可以考虑对金融业高级管理人员的基本薪酬设定上限，对绩效工资，如奖金、期权等设置限制性条款，如规定：由于经营问题带来的金融机构严重亏损、破产、被兼并，高管除基本薪酬外不得领取奖金和各种期权。

二、对中国的金融业如何加强监管

中国的金融监管面临的问题与其他国家有点不同，像第一节分析的那样，银行业出现的悖论、股东掠夺的方式与其他国家都有不一样的地方，如中国的金融机构还是国有体制与公众公司体制的高度混合等，这是因为发展阶段的区别，而不是其他。但是，在监管方面，我们依然要强调的是资本监管。资本是投资者在银行的所有投入，是其获得回报的基础。资本也是债权人得以信任银行的基础，是银行最终清偿力的体现。

在银行国有体制下，我们不用管银行的资本金，因为银行有一个潜在的信用支撑着，那就是国家信用，在正常情况下，它几乎有无限的信用能力。因此，在这种体制下，金融业不需实施资本监管，而仅需进行合规性监管，只要按照规定的程序操作即可成为好银行。

在市场经济的环境下，银行国有已经不是那么重要了，大量的非国有银行以及非国有其他金融机构已经尽可能地按市场原则进行经营，合规性监管事实上受到严峻挑战。20 世纪 90 年代以及 21 世纪初，监管者制定了许多合规性指标并不断地进行现场与非现场检查，但是不良资产依然不断上升。面临倒闭与处于危机中的金融机构大量存在，使得中央银行不得不拿出巨额资金来拯救和处理这些机构。中央银行几乎每年都要为此而拨出专用资金解决单个金融机构的危机问题①。但是，这样的机构一批又一批地出现，使处理行为收不到应有的效果，反而助长了道德风险。

合规性监管失效，监管转向风险监管。公正地说，这是前进了一步。只要银行没有风险，它就不会倒闭，就不会造成金融风险，就不会引起社会的动荡。但是，不同的银行有不同的抵抗风险的能力，1 000 万元的坏账对于一家小银行来说是致命的，而对一家大银行来说却没有什么了不起；不同的银行家对风险的认识也是不同的，高风险、高收益是一条规律。监管者认为是风险很大的业务，银行家认为正是赚取高额利润的业务；银行提取坏账准备金的多少和资本金的大小也因银行承受风险的能力的不同而不同，对每一笔信贷都提取备付金，就与没有提取备付金大不一样。

风险的种类与大小一定要同资本的多少联系在一起才有意义。只要有足够的资本或充足的风险备付金，商业银行可以按自己的判断开展业务，发放贷款。

---

① 如 20 世纪 90 年代的中银信托投资公司、中国农业发展信托投资公司、海南发展银行，21 世纪以来为解决大量的农村信用社的支付危机，以及一些证券公司破产清理所需资金。

资本是银行监管的一个支点，也就是说监管部门对银行的最基本也是最后的要求，就是看银行的资本金是否与其经营规模、资产结构、风险大小相适应。如果相适应，监管部门可以放手让其发展。如不相适应，监管部门则要提出严厉的校正措施。比如发现银行的资产增长过快，或高风险的资产过多，超过了监管部门规定的资本与资产的比例，监管部门就必须提出强制性要求：银行或者出售部分资产，或者降低高风险资产总额，或者增加资本金。是否采用这些措施，银行自己决定，但是在规定的时间内，金融机构仍不能通过自己的措施达到监管要求的，监管部门就应当采取强制措施进行干预或进行处分，甚至要求其暂停营业，直到被接管。

把握住这个支点，也就从外部控制住了对银行的治理，对银行产生了硬约束，对银行的扩张动机进行了强制力的抑制。对于银行内部的治理，资本也是一个支点，它是股东权利与责任的结合点。资本追求快速增值的本性在发展的市场经济中表现得尤为强烈，每个投资者都希望自己的投资第二天就带回成倍的利润。在对银行的投资中，除了希望通过投资可以容易地获得银行的贷款外，快速地获取资本利得是其重要的内在激励机制。正是这种不恰当的激励，使银行出现无节制的扩张，在股份化以后这种行为显得异常危险。因此，必须在监管机制的设计中，把握住这个支点，充分利用外部控制因素，从而保证整个体系的稳定性。

（一）改变坏账与利润分离的财务管理方式，规定商业银行的账面利润首先要冲抵坏账后才能表现为真实利润

只有真实利润才可作为税基和股东分红的基础。一旦当年的利润（加上坏账准备金）不足以冲抵当年的坏账，必须以历年的利润留成或资本金冲抵。可以把不良资产率设定为不超过3%，在这个幅度内商业银行可以自由地在不同年度进行调节。若商业银行在这种方式下多提坏账准备金，可以看做合理避税行为，税务部门不应反对，因为商业银行资本充足，经营稳健，即使现在将利润以坏账准备形式累积起来，一旦它要转化为股东收益时，必然要以显性利润表示，这时再来收取所得税。因此，从长期看，两种方式实现的税收收入是同样的，而且后者更有保障。

（二）严格执行资本监管原则，从整体上解决中国银行业资本不足的问题

随着中国经济的发展，银行的资产负债增长迅速，银行的资产扩张冲动非常强，因此，中国银行业现在对投资者有足够的吸引力。监管部门要抓住这个有利时机，向商业银行及其他吸收存款的机构提出明确的资本金要求，并在规定的时期内完成资本的补充计划。如不这样，一旦经济衰退，银行就会增加大量不良资产，资本金就更显不足，那时问题解决起来就很困难了。当然，正如斯蒂格利茨教授所说的："当只有一家银行遇到难题时，坚持要求达到资本充足率标准是有意义的，但是，当有许多家银行，或者大多数银行处于麻烦之中时，这些政策可能是具有灾难性效应的。"① 更退一步，可以考虑给短期内不能达到与大银行相同资本金水平的小金融机构以更长的过渡期，但需要规定其每年增加的资本金的最低数量。如不能按进度补充资本，就应及时采取校正措施，包括限制业务发展、减少负债、被接管或被收购、合并等。另外，对于新进入的投资者，制定明确的按资本监管的银行准入条例，允许符合条件的投资者开设银行。在存款保险的保护机制下，按资本充足标准进行监管，一旦银行资本金出现不足，就必须限期让银行采取措施，如果不能采取有效措施，则监管当局就应让其处于清算（破产）保护之下，以保证银行业的稳定与存款人利益。

（三）通过资本监管，进一步放开银行业，以填补某些真空地带

大银行正在逐步退出经济不太发达的地区，形成了某种程度的真空地带。从经济发展的客观情况看，迫切需要不断地有新的小银行进入，解决不发达地区的资金供给问题，提供有效的金融服务，推动落后地区的经济发展；而发达地区由于资金充裕，对于兴办银行有更多的吸引力，在区域经济发展中开办区域性银行也是一个非常热门的话题。多年来，这些压力不仅没有消退，反而越来越大。监管部门担心对内放开银行的进入，可能造成银行业的道德风险，进而引起系统风险。这种担心在未实施资本监管的情况下是正确的。但是，若在中国的银行业实施资

---

① 约瑟夫·E. 斯蒂格利茨著，夏业良译：《全球化及其不满》，92页，北京，机械工业出版社，2004。

本监管，改变不良资产不与利润及资本对冲的制度，银行的进入就可以完全按照我国《商业银行法》规定的门槛进行，监管部门也就不用采取基本禁止的态度了。通过这种变革，使银行业的准入与退出成为透明而可以预期的行为，对于近年来呼声强烈的民营资本进入银行业问题，可以有一个良性的解决方案。

（四）通过资本监管，解决银行业创新不足的问题

在开放经济条件下，创新程度是一家银行或一个行业是否具有竞争力的衡量标准之一。创新需要管制的放松，而稳定则要求管制的加强。因此，多年来，银行一直处于过度监管与监管不足的矛盾之中。为了防范风险，监管者不断地加强监管，直到银行的每一项业务都要向监管部门请示，每一个新金融品种上市都要经过监管部门审批。这样做的结果，扼杀了银行的创新能力，使银行缺乏长期的竞争力。同时，创新不足，使金融市场变得更具有赌博性，太多的资金追逐单一金融产品，形成的泡沫会对经济产生巨大的负面影响。当然，银行的创新可能使监管失效，带来潜在风险，严重时还会带来系统性风险。解决这个两难问题，关键还是资本监管。在资本监管条件下，放松其他管制项目，监管主要在于监测银行的经营，而不去干预或指挥银行该干什么、不该干什么。在资本监管条件下，银行有充分的自由创新业务，而创新的成败则体现在其盈利上，监管的要求只是规定此类新业务的资本要求，只要银行有足够多的资本覆盖新产品的风险，监管者就没有必要限制其发展。监管检查的重点应放在检查其资本金与业务发展量之间的相对关系上。于是，监管不足与过度监管的弊病可以得到相对良好的解决。

（五）通过资本监管，限制商业银行表外业务的过度膨胀

过去对表外业务的监管只注重其披露形式，而缺少将之与资本监管结合起来的方法。因此，一些银行在利益驱动下，不断地创造新的交易产品，使金融市场成为高度膨胀的金融产品交易市场，在避险的同时，创造出新的风险。结果是一些客户规避了风险，却给市场带来了巨大的风险，最终形成系统性风险，绝大多数金融机构都被动地置于风险之中。

（六）通过资本监管，增强银行投资者与经营者的风险意识，防止过度竞争造成的行业伤害

在现实监管中，最令人头痛的问题之一是恶性竞争。在经济转轨时

期，恶性竞争的出现概率非常高。这种现象在市场化不断推进，又无适度监管手段时，会伤害整个行业的发展前景。我们看到商品市场上的价格战每每打得所有参与者遍体鳞伤。这种状况若是出现在金融业的竞争中，受伤害的就不只是竞争的参与者，还会伤害到存款人和总体经济的发展。因此，对于像利率这样的工具，就长期不能自由化。不顾一切的高息揽储和低息贷款，一直是不少银行试图闯入的禁区，因为对于它们来讲，扩大市场份额是第一位的，风险则正如我们前面分析的那样，并不在它们首先考虑的范围之内。因此，在如此严格的监管下，也经常出现闯红灯者。在资本监管下，由于恶性竞争带来的市场扩大，必须要有相应的资本金作基础，超过规定的部分，监管部门则要求其自己解决以符合监管的需要。由于恶性竞争带来的亏损或盈利的减少，也同样要有其他弥补方式，如果造假账，则要进监狱。银行的每一项投资与每一项债权或其他表外业务，要根据其风险程度要求银行提取相应的坏账准备金，一旦出现坏账，要由准备金来填补；一旦出现亏损，要冲销相应的资本金。这才是风险管理所要达到的效果，它既抑制了银行的扩张冲动，也使银行有了更大的活力。通过资本监管，抑制银行经营者恶性竞争的冲动，为利率自由化创造更有利的环境。

（七）对金融业实行薪金限制也是合理的

中国的金融机构近年来的变化是惊人的，大量的金融机构成为上市公司，利润令人惊奇地巨幅上升，因此，高层管理者的工资也随之高涨，聘请的高管年薪甚至上亿元，成为公众诟病的对象，从我们前面的分析中可以看到，公众的诟病是有其理论依据的。监管者对金融机构高管的收入进行限制是必要的，这将有利于金融业的长期稳定健康的发展。

参考文献

［1］唐旭：《不良资产、税收与银行准入的开放》，载《经济研究》，2005（7）。

［2］陆磊：《信息结构、利益集团与公共政策：当前金融监管制度选择中的理论问题》，载《经济研究》，2000（12）。

［3］蒋海：《论弹性监管与金融效率》，载《财经研究》，2001（9）。

[4] 张杰:《中国国有银行的资本金谜团》，载《经济研究》，2003 (1)。

[5] 何德旭:《金融监管: 世界趋势与中国的选择》，载《管理世界》，2003 (9)。

[6] 李涛:《商业银行监管的国际比较》，载《经济研究》，2003 (12)。

[7] 陈忠阳:《新巴塞尔资本协定对我国的影响》，载《国际金融研究》，2004 (1)。

[8] 约瑟夫 · E. 斯蒂格利茨著，夏业良译:《全球化及其不满》，北京，机械工业出版社，2004。

[9] 国际清算银行:《资本计量和资本标准的国际协议: 修订框架》，2004 年 6 月公布，www. bis. org。

[10] 唐旭、戴小平:《商业银行经营管理》，成都，西南财经大学出版社，2000。

[11] 尼古拉斯 · R. 拉迪:《中国未完成的经济改革》，北京，中国发展出版社，1999。

[12] George A . Akerlof, Paul M. Romer, 1993, "Looting: The Economic Underworld of Bankruptcy for Profit", *Brookings Paper for Economic Activity*, Volume 1993 Issue 2, 1 - 60 .

[13] Caprio, Gerard 和 Patrick Honohan:《金融与增长: 动荡条件下的政策选择》，载《世界银行政策研究报告》，2001。

[14] Altman, E. I. and Saunders, A. , 2001, "An Analysis and Critique of the BIS Proposal on Capital Adequacy and Ratings", *Journal of Banking and Financial.*

[15] Richard C. Koo, 2003, "Balance Sheet RECESSION", John Wiey & Sons (Asia) Pte Ltd.

第二章 国际货币体系与货币危机

第一节 国际货币体系

一、国际货币体系概论

国际货币体系是有关国际本位货币确定、国际储备货币选择、汇率及汇率制度选择以及国际收支不平衡调节的一整套规则和机制。国际货币体系是经济国际化的产物，是货币制度的国际化。国际货币体系包括以下几方面内容：

1. 各国货币比价即汇率的确定；
2. 各国货币的兑换性和对国际支付所采取的措施，包括对经常项目、资本金融项目管制与否的规定，对国际结算原则的规定；
3. 国际收支的调节机制；
4. 国际储备资产的确定；
5. 黄金、外汇的流动与转移是否自由等。

国际货币体系的历史沿革大致分为四个阶段：金币本位制时期（1870—1914 年），前布雷顿森林体系时期（1915—1944 年），布雷顿森林体系时期（1945—1973 年），后布雷顿森林体系时期（1974 年至今）。以国际本位货币为标志，国际货币体系具体表现为金币本位制、金块本位制、金汇兑本位制和美元本位制。

二、国际金本位制

在人类漫长的经济发展历程中，凭借着自身天然的优质属性，黄金最终战胜诸如贝壳、羊、银等商品货币，成为最优的商品本位货币。1816 年，英国颁布《金本位制法案》，金本位制在英国得以确立。

金本位制就是以黄金为本位货币的货币制度。在金本位制下，每单位货币的价值等同于若干重量的黄金（即货币含金量），当不同国家使用金本位制时，国家之间的汇率由它们各自货币的含金量之比即金平价来决定。在历史上，曾有过三种形式的金本位制，分别是金币本位制、金块本位制和金汇兑本位制，其中，金币本位制是最典型的形式，狭义上的金本位制就是指金币本位制。

金币本位制（Gold Specie Standard），也被称为古典的或纯粹的金本位制，盛行于1870—1914年。金币本位制的典型特征是：金币直接参与流通，具有无限法偿能力；金币可以自由铸造，自发调节货币流通数量；黄金在各国之间可以自由输出或输入。自由铸造、自由兑换及黄金自由输出入是这种货币制度的三大特点。在该制度下，各国政府以法律形式规定货币的含金量，两国货币含金量的对比即为决定汇率的基础——铸币平价。黄金可以自由输出或输入国境，并在输出入过程中形成铸币—物价流动机制，对汇率起到自动调节的作用。在这种制度下的汇率，因铸币平价的作用和受黄金输送点的限制，波动幅度不大。

在金币本位制下，黄金成为承诺稳定法定货币价值的名义锚。对于政府当局而言，由于作出这种承诺并履行这种承诺是最优的选择，因此，这种承诺本身而言也是可信的。金币本位制的确立，解决了金银复本位制固有的比价关系不稳定、双重价格、劣币驱逐良币等缺陷，大大促进了英国经济的发展。随后，其他资本主义国家纷纷效仿，金币本位制风靡欧美世界，最终于19世纪70年代形成国际金币本位制。

国际金币本位制的成功之处在于它无条件保证将法定货币按照固定价格兑换为黄金是一个可信的承诺。然而，由于黄金产量有限与经济发展对货币需求无限之间存在不可调和的矛盾，以及黄金储备多少与各国经济发展快慢之间的不一致性，使得国际金币本位制不可能成为国际货币体系的最优选择。在国际金币本位制运行过程中，这种矛盾和不一致性日积月累，不断激化，终于第一次世界大战的爆发宣告了国际金币本位制时代的终结。在第一次世界大战期间，由于战争耗资巨大，各国黄金存量锐减，不足以应付战后经济发展对流通货币的需要，各国纷纷放弃了金币本位制，停止了法定货币对黄金的自由兑换。

国际金币本位制破产的根本原因在于，黄金天生的稀缺性注定了它无法自始至终满足经济国际化大生产的需要。世界经济增长的无限性决定了其对国际本位货币无限增长的要求，其实，不仅仅是黄金，任何商品充当国际本位货币都会因为其稀缺性而导致国际货币体系崩溃。

三、前布雷顿森林体系

第一次世界大战结束之后，从1918年开始，国际社会曾经出现一个短暂的浮动汇率时期，一直持续到1926年。在这段时期，许多国家遭受超级通货膨胀的伤害。欧洲一些国家曾试图重新采用金币本位制，以控制通货膨胀，并帮助治愈诸如贸易保护主义、竞争性贬值等经济病症。然而，为了使承诺的金币本位制可信，赤字国因黄金储备缩减必须紧缩货币政策，而盈余国因黄金储备增加必须放松货币政策。由于这种调整的代价和负担实在太大了，几乎没有国家愿意这样操作。这种努力并没有使货币体系真正回归到金币本位制，而是采用了一种折中方案，英国等少数国家实行金块本位制，其他大多数国家实行金汇兑本位制。

金块本位制和金汇兑本位制是在金币本位制的稳定性因素受到破坏后出现的两种不健全的金本位制。在这两种制度下，虽然都规定以黄金为本位货币，但只规定货币单位的含金量，而不铸造金币，实行银行券流通。所不同的是，在金块本位制下，银行券可按规定的含金量在国内兑换金块，但有数额和用途等方面的限制，如英国1925年规定在1 700英镑以上、法国1928年规定在215 000法郎以上方可兑换金块，黄金集中存储于本国政府。在金汇兑本位制下，银行券在国内不兑换金块，只规定其与实行金本位制国家货币的兑换比率，先兑换外汇，再以外汇兑换黄金，并将准备金存于该国。

金块本位制（Gold Bullion Standard）是一种以金块办理国际结算业务的变相金本位制，亦称金条本位制。在该制度下，由国家储存金块，作为储备；流通中各种货币与黄金的兑换关系受到限制，不再实行自由兑换，但在需要时，可按规定的限制数量以纸币向本国中央银行无限制兑换金块。可见，这种货币制度实际上是一种附有限制条件的金本位制。金块本位制的典型特征是：国内不流通金币，由具有法定含金量的法定货币代表黄金执行货币的流通手段和支付手段职能；法定货币只能有限制地兑换成金块；不允许自由铸造金币；允许黄金自由输出或输入，允许外汇自由交易。

金汇兑本位制（Gold Exchange Standard）是一种在金块本位制或金币本位制国家持有外汇，准许本国货币无限制地兑换外汇的金本位制。在该制度下，国内只流通银行券，银行券不能兑换黄金，只能兑换实行金块本位制或金币本位制国家的货币；国际储备除黄金外，还有一定比重的外汇，外汇在国外才可兑换黄金，黄金是最后的支付手段。实行金汇兑本位制的国家，要使其货币与另一实行金块本位制或金币本位制国家的货币保持固定比率，通过无限制地买卖外汇来维持本国货币币值的稳定。金汇兑本位制的特征是：国内不流通金币，由法定货币代表黄金执行货币的流通手段和支付手段职能；法定货币在国内不能兑换为黄金，只能兑换成外汇；本国货币与另外一个实行金本位制国家的货币保持固定比价，并在该国存放外汇准备金，以随时向国内供应外汇，维持本国币值的稳定。

然而，这种残缺不全和承诺不可信的国际货币体系并没有治愈欧洲经济遭受的创伤。许多国家为了本国利益，操纵汇率，实行以邻为壑的政策。1929—1933 年经济大萧条的出现，彻底摧毁了金块本位制和金汇兑本位制这两种残缺不全的虚金本位制。1931 年，法国决定不再接受英镑，并且要将英镑兑换为黄金。此时，英国政府唯一能做的是放弃英镑兑换为黄金的承诺。当其他国家发现英镑不再具有黄金可兑换性时，纷纷仿效英国，取消了法定货币兑换黄金的承诺。到 1934 年，只有美元还可以兑换为黄金。自此，英镑逐步衰落，而美元冉冉升起，最终成为黄金背后真正的君主。正如蒙代尔所说，在金本位制下，黄金是名义上的君主，作为王座背后的力量，英镑才是真正的国际货币。

四、布雷顿森林体系

美元真正取代英镑，成为真正的国际货币，并非一日之功。事实上，从经济大萧条到第二次世界大战前后，都一直没有正式提出国际货币体系重建的方案。尽管经过第一次世界大战，美国已经成为全世界第一大经济体，但是，英国当时仍然具有相当的实力，美元还不可能取代英镑的国际货币地位。经济大萧条以及更加严重的第二次世界大战彻底击垮了英国，而美国则进一步确立了其在经济、政治和军事等各方面的领导地位。

在美国一手操办下，一种所谓新的国际货币体系，即布雷顿森林体系，于1944年7月在美国新罕布什尔州布雷顿森林创立，真正以法律的形式确立了美元作为国际本位货币的地位。布雷顿森林体系是指第二次世界大战后以美元为中心的国际货币体系协定。布雷顿森林体系是该协定对各国关于货币的兑换、国际收支的调节、国际储备资产的构成等问题共同确定的规则、采取的措施及相应的组织机构形式的总和。布雷顿森林体系建立了两大国际金融机构：国际货币基金组织（IMF）和世界银行（World Bank），前者负责向成员国提供短期资金借贷，目的为保障国际货币体系的稳定，后者负责提供中长期信贷来促进成员国经济复苏。

布雷顿森林体系的核心内容是“双挂钩”制度，即美元与黄金挂钩、其他国家货币与美元挂钩。第一，美元与黄金挂钩，具体内容包括：（1）官价：35美元=1盎司黄金；（2）美国准许各国政府或中央银行随时按官价向美国兑换黄金；（3）其他国家的货币不能兑换黄金。第二，其他国家货币与美元挂钩，具体内容包括：（1）其他国家货币与美元保持固定比价，通过黄金平价决定固定汇率；（2）各国货币汇率的波动幅度不得超过金平价的上下1%，否则各国政府必须进行干预。这种“双挂钩”制度实际上使美国独占了国际货币领域游戏规则的制定权和修改权。

在美元取代英镑成为国际本位货币的过程中，美国政府可谓不遗余力，奉行的是唯利是图的外交政策。美国从不把其他国家（包括在美国独立战争中无偿资助过美国的法国在内）当做盟友，而仅仅把与其他国家的关系看做是一种合作关系，欠债还钱被视为是天经地义的事情。第一次世界大战之后，美国以债权国的身份，对欧洲国家特别是英国强行逼债，直接导致欧洲各国经济萧条和相互之间的贸易战。20世纪20年代，美国操纵利率，将利率调得比英国更低，将股市泡沫不断吹大，泡沫破灭之后直接酿成全球经济大萧条，最终导致第二次世界大战爆发。第二次世界大战之后，美国凭借强大的经济、军事实力和唯一的债权国身份，再次采用强行逼债的方法，迫使英国让出了金融霸权的地位。布雷顿森林体系的建立，美元取代英镑成为国际本位货币，这都是美国政府有意识争取金融霸权的结果。

布雷顿森林体系是以美元为核心的金汇兑本位制，取代了以英镑为核心的金汇兑本位制，仅仅是一个国家的法定货币取代另一个国家的法定货币，作为国际本位货币，并没有质的改变。因此，布雷顿森林体系的建立，仅仅是国际货币体系的一次大修补，而不是一次大变革。美元战胜英镑，成为国际货币体系的“新宠”，是美国经济实力战胜英国的具体体现和结果。由于世界经济发展不平衡是不变的规律，因此，发行国经济实力的起落而导致国际货币体系中关键货币出现更替，这充分地说明，金汇兑本位制并不是一种长治久安的国际货币体系。

纯粹的布雷顿森林体系只维持了十余年时间，之后就危机四伏。也正是在这段黄金时期，联邦德国、日本等国经济快速发展，国际收支持续顺差，美元储备不断增加。由于发动侵略战争等原因，美国国际收支持续逆差，财政赤字不断加大，逐步由战后的债权国沦落为债务国。在20世纪60年代，由于对美元兑换黄金缺乏信心，法国等国家不断以美元兑换黄金，使得美国黄金储备锐减，人们对美元的信心进一步下降。在这之后，多次爆发以美元大幅度贬值为特征的美元危机。1973年，美国政府被迫宣布美元停止兑换黄金，正式宣告布雷顿森林体系解体。

布雷顿森林体系之所以解体，在于其存在不可调和的内在矛盾，即所谓的“特里芬难题”：一方面，为了满足国际经济不断发展的需要，美元必须无限制供应，这必然产生美国国际收支持续逆差，造成美元泛滥，导致人们对美元逐渐失去信心；另一方面，为了维持人们对美元的信心，要求美国国际收支持续顺差，这必然产生美元供应紧缩，无法满足国际经济发展对国际货币的需求以及国际结算、国际支付的需要。实际上，无论是哪一个国家的法定货币作为国际本位货币，都会存在同样的问题，即国际经济持续发展要求的该货币无限供应与该货币作为国际本位货币要求的其价值具有稳定性，两者之间存在不可调和的内在矛盾。

五、后布雷顿森林体系

布雷顿森林体系崩溃以后，国际金融秩序反复动荡，国际社会及各方人士也纷纷探析能否建立一种新的国际金融体系，为此提出了许多改革主张，如恢复金本位制、恢复美元本位制、实行综合货币本位制及设立最适度货币区等，但均未能取得实质性进展。

国际货币基金组织于1972年7月成立了一个专门委员会，具体研究国际货币制度的改革问题，由11个主要工业国家和9个发展中国家共同组成。委员会于1974年的6月提出了一份国际货币体系改革纲要，对黄金、汇率、储备资产、国际收支调节等问题提出了一些原则性的建议，为以后的货币改革奠定了基础。直至1976年1月，国际货币基金组织理事会“国际货币制度临时委员会”在牙买加首都金斯敦举行会议，讨论国际货币基金协定的条款，经过激烈的争论，签订了《牙买加协议》。同年4月，国际货币基金组织理事会通过了《IMF协定第二次修正案》。

在1973年布雷顿森林体系解体之后，尽管经过了《牙买加协议》和《IMF协定第二次修正案》，但是，在长达近40年的时间里，根本没有找到一种替代美元的标的物，美元仍然扮演国际本位货币的角色，而且不再受任何的约束，也不存在一丝的承诺。

如果认为布雷顿森林体系解体是美元时代的终结，那就犯下了美国政府希望我们犯下的大错。布雷顿森林体系解体，改变的是：美国不再需要承诺将美元兑换为黄金，而没有改变的是：美元仍然是国际本位货币。因此，布雷顿森林体系崩溃之后，国际货币体系并不是所谓的牙买加体系，更不是所谓的“无体系的体系”，而是赤裸裸的美元本位制。布雷顿森林体系解体是美元全面胜利的开端，美国政府可以无节制地印刷钞票，在全世界范围内掠夺自己想要的商品、资源和外国资产的所有权，美国居民可以无节制地消费和投资，享受不劳而获的快乐生活。

六、国际货币体系沿革的启示

通过对国际货币体系的历史沿革进行分析，我们得到的启示是：

第一，任何一种本身具有价值的实物商品充当国际本位货币，即使其自身价值是稳定的，也无法解决其本身的稀缺性与国际经济发展内在要求其供应的充足性之间的矛盾。如果其自身价值不稳定，更加无法满足国际经济对其在价值尺度、流动手段、支付手段以及储藏手段方面的要求。

第二，一个国家的法定货币要成为国际本位货币，必须要求其发行国在世界经济、军事和政治等方面具有绝对的实力，而一国法定货币取代另一国法定货币充当国际货币体系中的关键货币，是经济、军事和政治等方面实力较量的结果。

第三，任何一个国家的法定货币作为国际本位货币，都不可能是长久的，这是由全球经济不可能平衡发展的规律所决定的。

第四，任何一个国家的法定货币充当国际本位货币都无法从根本上解决其价值的不稳定性与国际经济对国际本位货币价值稳定性的内在要求之间的矛盾。

第五，从国际金本位制发展到国际金汇兑本位制，再从国际金汇兑本位制发展到美元本位制，国际本位货币逐渐由本身具有价值的商品充当，转变为由仅仅具有法律赋予价值的法定货币充当，国际本位货币越来越虚脱为一种符号，而无所谓其本身是否具有价值。

第二节　货币危机与国际货币体系的关系

国际货币体系的历史沿革始终伴随着货币危机的身影。每一次国际货币体系的变革之前都发生过一次或数次严重的货币危机。在不算太长的 140 年的时间里，国际货币体系几乎没有消停过，根本原因在于，一直没有找到国际本位货币的最优标的物。国际货币体系的变革本质上是国际本位货币的更替。在历次国际货币体系沿革过程中，货币危机都扮演了十分重要的角色，它不仅是旧的国际货币体系不能适应全球经济发展的必然结果，同时又是新的国际货币体系产生和建立的必要条件。

一、货币危机的内涵与外延

（一）什么是货币危机

关于货币危机，目前被认为最为权威的定义是由国际货币基金组织（IMF）在《1998 年世界经济展望》中给出的："货币危机，是指对某种货币汇兑价值的投机性冲击导致货币贬值（或币值急剧下降），或迫使当局投放大量国际储备急剧提高利率来保护本币。”① 著名的货币危机预警系统研究专家 Kaminsky 等人（1997）也认为，货币危机是对一国货币的投机攻击导致了该国货币的大幅度贬值或国际储备的大幅度下降或者二者兼而有之的状态。② 这两个定义具有两个共同点：第一，它们都认为货币危机实质上是本币的大幅度贬值或者存在大幅度贬值的压力，这种压力还可能引起外汇储备的大幅度下降或者利率的急剧提高；第二，它们都认为投机攻击是货币危机爆发的直接原因，而且投机攻击的主要后果是本币的大幅度贬值，而外汇储备的大幅度下降或者利率的大幅度提高是可能随之出现的后果。这两个定义看起来似乎是合理的，无论是 1992 年欧洲汇率机制动荡，1994 年墨西哥比索危机，还是 1997 年东南亚金融危机，都具有上述定义的几个特点：第一，在危机发生之前，这些国家或地区都受到了投机攻击；第二，投机攻击导致这些国家或地区外汇储备急剧下降，或者利率大幅度上升；第三，最终货币当局被迫放弃了固定汇率制度的承诺，本币出现大幅度贬值。因此，长此以往，在很多人看来，货币危机似乎等同于本币的大幅度贬值。

然而，上述两个定义仅仅是对货币危机的现象进行了片面性描述，并没有指出货币危机的本质。那种将货币危机等同于本币大幅度贬值的观点，更是对货币危机含义的歪曲理解。其实，早在 1979 年，克鲁格曼（Krugman）就曾明确指出：政府的行为受到约束，使得一国政府不能继续维护汇率平价，无论是贬值，还是升值，都被认为发生了货币危机③。克鲁格曼（1979）还进一步指出：如果试图防止本币贬值，将可能消耗甚至耗竭外汇储备，直至政府最终无法承受，被迫宣布贬值；相反，如果试图防止本币升值，将可能导致国内通货膨胀，直至政府最终无法承受，被迫宣布本币升值。④ 遗憾的是，由于当时发生的货币危机

---

① 国际货币基金组织：《1998 年世界经济展望》，76 页，北京，中国金融出版社，1998。

② Kaminsky, Graciela L., Saul Lizondo, Carmen M. Reinhart, 1997, “Leading Indicators of Currency Crises”, *Working Paper WP/97/79* (Washington: International Monetary Fund).

③ Krugman, Paul, 1979, “A Model of Balance - of - Payments Crises”, *Journal of Money, Credit and Banking*, Vol. 11, No. 3 (Aug., 1979), 311 - 325.

④ Krugman, Paul, 1979, “A Model of Balance - of - Payments Crises”, *Journal of Money, Credit and Banking*, Vol. 11, No. 3 (Aug., 1979), 311 - 325.

表现为危机国本币的大幅度贬值，因此，克鲁格曼在他那篇富有开创性的论文中只论证了本币大幅度贬值所导致的货币危机。20 世纪 80 年代、90 年代所发生的几次严重的货币危机也都表现为危机国货币的大幅度贬值。几乎所有关于货币危机的研究都把注意力放在了危机国货币的大幅度贬值方面。久而久之，货币危机给人们留下了深深的贬值“烙印”。但是，在笔者看来，货币危机并不简单地等同于本币的大幅度贬值或者潜在的大幅度贬值压力，货币危机还应该包括本币的大幅度升值或潜在的大幅度升值压力。

在国内，大多数研究沿用了国际上对货币危机的定义。例如，郑振龙（1998）将货币危机界定为：“对货币的冲击导致该货币大幅贬值和（或）国际储备大幅下降的情况，它既包括对某种货币的成功冲击（即导致该货币的大幅贬值），也包括对某种货币的未成功冲击（即只导致该国国际储备大幅下降而未导致该货币大幅贬值）”。[①] 这个定义实际上是上述两个定义的翻版。对于货币危机，国内比较富有新意并且具有自己独到见解的定义是郭振乾等人在《金融大辞典》中给出的定义。他们认为，货币危机是：“资本主义国家货币流通领域出现的混乱状态。除了战争、政变、灾荒等特殊原因外，在第二次世界大战以前，它是经济危机的组成部分。第二次世界大战以后，资产阶级政府经常运用货币作为‘反危机’和干预经济的手段，货币危机往往延续到萧条、复苏、高涨各个阶段，形成一种既与经济危机相结合又相独立的存在过程，表现为持续的通货膨胀。周期性的生产过剩危机引起周期性的货币危机，货币危机反过来又加剧了生产过剩的危机。其原因是商业信用停顿使过剩商品的销售更加困难，而银行信用的混乱，进一步加重了过剩商品的销售困难，致使生产过程的危机愈加严重。当面临生产过剩时，资产阶级政府便增发纸币、放宽信贷、降低利息率，借以刺激投资，吸收过剩商品。结果，纸币的发行量大大超过了商品流通的实际需要，引起严重的通货膨胀，物价上涨。由于货币在国内贬值，造成汇价猛跌，引起国

① 郑振龙：《货币危机预警系统：理论与实证分析》，载《数量经济技术经济研究》，1998（9），48 页。

际金融市场的混乱。”① 在笔者看来，这个定义有两个重大缺陷：第一，它认为只有资本主义国家才发生货币危机，将意识形态和经济现象混杂在一起，是对客观经济规律的主观否认，体现了当时人们在意识形态上的偏见；第二，它仅仅将货币危机限定为货币流通领域的混乱状况，并且认为持续的通货膨胀是货币危机的主要表现形式，而本国货币对外贬值则是一个可能附带出现的结果，几乎将货币危机与通货膨胀混为一谈，这显然忽略了货币危机本来应该具有的内涵。尽管这个定义错误地将货币危机与通货膨胀等同起来，但是，它提醒我们，应该从更深层次上认识货币危机的内涵。除了本币大幅度贬值或大幅度升值属于货币危机之外，持续的通货膨胀或持续的通货紧缩是否也可以归为货币危机呢？这个问题曾引起笔者深思，这是因为，本币贬值或升值是货币对外价值不稳定的表现，而通货膨胀或通货紧缩是货币对内价值不稳定的表现。既然都是货币价值不稳定的表现，孤立地将本币大幅度贬值或大幅度升值视为货币危机，而不将通货膨胀或通货紧缩视为货币危机，至少犯了一个逻辑上的错误。

由于传统观点狭隘地认为，货币危机是本国货币大幅度贬值或为了防止本币大幅度贬值而导致国际储备急剧下降或利率急剧上升或者兼而有之的状态，因此，无论是以克鲁格曼为代表提出的用于解释 20 世纪 70 年代末 80 年代初拉丁美洲债务危机的第一代货币危机模型，还是以奥博斯特费尔德等人为代表提出的用于解释 1992 年欧洲汇率机制动荡和 1994 年墨西哥比索危机的第二代货币危机模型，乃至克鲁格曼等人提出的用于解释 1997 年东南亚金融危机的第三代货币危机模型，都着眼于研究本币贬值层面的危机，而对于布雷顿森林体系崩溃前后的历次美元危机、1985 年以来日元升值而导致的日本经济泡沫破灭等避而不谈。然而，笔者认为，在开放经济条件下，货币危机实际上是本国货币对外价值（表现为汇率）出现实际的或潜在的剧烈的不稳定性并给国内经济造成不良后果的一种状态。本币对外价值潜在的或现实的剧烈波动，无论是在贬值层面，还是在升值层面，只要这种不稳定性给国内经济造成了严重的负面后果，都应该被称为发生了货币危机。日本的经验

① 郭振乾等：《金融大辞典》，651 页，成都，四川人民出版社，1992。

教训表明，升值层面的货币危机具有更大的杀伤力。2003 年以来，美国、日本和欧洲一些国家强烈要求人民币升值，其实它们也是别有用心的。然而，西方发达国家的研究人员几乎没有专门研究本币升值层面的危机的，这也足以表明，它们的学术是有偏见的，是为其政治利益服务的。

（二）货币危机的类型

只有扩展了货币危机的含义之后，才能更清楚地认识到货币危机的根源和本质。无论是国际金本位制崩溃，还是以英镑为核心的金汇兑本位制被布雷顿森林体系所取代，乃至于布雷顿森林体系崩溃形成美元本位制，在历次变革之前或之中，都出现过汇率的剧烈波动。一种货币贬值，是以另外一种货币升值为前提的，显然，货币危机不能仅仅被认为是货币贬值层面的危机。例如，布雷顿森林体系崩溃之前爆发的美元危机，表现为美元贬值，黄金升值；1985—1987 年爆发的美元危机，表现为美元贬值，日元升值；1997—1998 年爆发的东南亚金融危机，表现为美元升值，而东南亚危机国货币贬值。

在美元本位制下，货币危机大致可以分为两类：第一种是以非美元货币贬值为特征的货币危机，如 20 世纪 70 年代末 80 年代初拉丁美洲债务危机、1992 年欧洲汇率机制动荡、1994 年墨西哥比索危机、1997 年东南亚金融危机、1998 年俄罗斯金融危机等。除欧洲汇率机制动荡之外，爆发货币危机的国家往往都是债务国，其国际收支资本与金融项目是可自由兑换的，国内金融市场对外开放程度高，本国经济对外依存度高。

第二种是以美元贬值为特征的货币危机，简称美元危机。美元的贬值，实际上就是主要的非美元货币出现升值。称其为美元危机，是很容易让人误解的。尽管被称为美元危机，但是受损的并不是美国，而是美国的债权国。例如，2003 年以来，美元相对欧元大幅度贬值，2005 年以来，美元相对人民币大幅度贬值，这对欧元区和中国的负面影响无疑是巨大的。如果从谁遭受损失这个角度而论，美元危机是一种以美国债权国的法定货币升值为特征的货币危机。布雷顿森林体系崩溃之后，美元危机一再爆发，如 1973—1978 年、1985—1987 年、2000—2001 年以及 2007—2008 年，而且间隔时间越来越短，给世界造成的损失越来越大。

二、国际货币体系沿革中的货币危机

（一）货币危机爆发简况

从历史进程来看，货币危机的出现晚于经济危机，也晚于金融危机。第一次经济危机爆发于 1825 年的英国，第一次金融危机爆发于 1839 年的英国、法国和美国。根据 Eichengreen 等人2002 年的研究，第一次货币危机爆发于 1885 年的阿根廷和希腊。根据不同时期国际货币体制特点的不同，Eichengreen 等人（2002）将货币危机的历史划分为四个阶段，如表 2 – 1 所示。

表 2 – 1　　货币危机在各个阶段爆发的次数

阶段	工业化国家	新兴市场国家	合计
第一个阶段：1880—1913 年	2	6	8
第二个阶段：1919—1939 年	13	3	16
第三个阶段：1945—1971 年	21	16	37
第四个阶段：1973—1997 年	29	57	86
合计	65	82	147

资料来源：Barry Eichengreen and Michael D. Bordo, 2002, “Crises Now and Then: What Lessons from the Last Era of Financial Globalization”, *NBER Working Paper* No. 8716, 41.

此外，1998 年以来，俄罗斯、巴西、阿根廷等国家相继爆发了货币危机。根据克鲁格曼（1997）的不完全统计，世界上每 19 个月就会爆发一次较为严重的货币危机。不难发现，随着经济全球化趋势日益加深，货币危机发生得越来越频繁，而且，新兴市场国家爆发货币危机的可能性越来越大。

（二）非美元货币贬值危机

布雷顿森林体系解体之后，在近 40 年的时间里，前前后后爆发了一连串非美元货币贬值危机，主要包括 20 世纪 70 年代末 80 年代初拉丁美洲国家货币危机、1992—1993 年欧洲汇率机制动荡、1994 年墨西哥比索危机和 1997 年东南亚货币危机。

1. 20 世纪 70 年代末 80 年代初拉丁美洲国家货币危机

20 世纪 70 年代末 80 年代初爆发了拉丁美洲国家货币危机，波及墨西哥、阿根廷、智利、乌拉圭等国家。这一连串货币危机最开始爆发在墨西哥。墨西哥为什么会发生危机呢？这要追溯到20世纪70年代初。从1972年开始，墨西哥政府采取了扩张性财政政策，致使财政赤字占国民生产总值的比重从1971年的2.5%上升到1975年的10%。为了弥补财政赤字，墨西哥政府向中央银行借款，使得其基础货币的增长率由1971年的19.6%增长到1975年的33.8%，进而使得通货膨胀率在1973年和1974年都高达20%以上。此外，其经常账户的逆差也越来越大。在1975年，墨西哥经常账户的逆差大约占其国民生产总值的5.5%。在上述因素的作用下，投资者丧失信心，纷纷抛售比索。在投机攻击的作用下，墨西哥政府在外汇储备几乎耗尽的情况下，不得不于1976年8月宣布墨西哥比索贬值。这就是所谓的1976年墨西哥货币危机。

这次危机并没有因比索贬值而结束，反而不断扩大。20世纪60年代，经济学界流行的“双缺口模型”，为众多发展中国家引进外资提供了理论基础。在这种理论的指导下，许多拉丁美洲国家实行了非常激进的吸引外资的政策。20世纪70年代以来，大量国际资本流入拉丁美洲国家，其中，大部分资金为浮动利率贷款。在经常账户赤字不断增加的情况下，拉丁美洲国家的外债不断增加。据统计，到1982年，墨西哥的外债总额超过800亿美元，巴西的外债总额将近880亿美元，阿根廷的外债总额为400亿美元左右。70年代初，贷款利率相对较低。但是，在1979年，美国联邦储备体系采取了严厉的反通货膨胀政策，美元利率和美元价格都开始急剧上升。这不仅使得全球经济于1981年步入衰退，而且，使得拉丁美洲国家许多债务的利率进一步提高，这无疑是雪上加霜。

由于并没有完全走出前一次货币危机的阴影，除了巨额的外债负担之外，墨西哥还面临巨额财政赤字、高涨的通货膨胀和日益扩大的经常账户逆差等经济问题。据统计，1981年，墨西哥经常账户逆差增加至120亿美元。在投机攻击的作用下，由于外资流入减少，而还本付息的压力不断增加，墨西哥政府不得不于1982年再次宣布比索贬值，贬值幅度高达70%。在1981—1982年，由于经济基本因素类似，智利、乌拉圭和阿根廷3个国家也遭受了大规模的投机攻击，也发生了与墨西哥类似的货币危机。

之所以爆发一连串货币危机，主要原因在于这些国家实行了不切实际的发展计划和不恰当的宏观经济政策。为了解释这些现象，在理论上逐渐形成了第一代货币危机模型。

2. 1992—1993 年欧洲汇率机制动荡

1979 年，欧洲货币体系（Europe Monetary System，EMS）正式建立，联邦德国、法国、意大利等 8 个国家构建了联合浮动汇率机制。具体而言，在货币体系内，各个国家之间实行固定汇率制度，整个货币体系对外实行统一的浮动汇率机制。后来，随着西班牙、英国和葡萄牙等国家加入，到 1992 年，欧洲货币体系共有 11 个成员国。欧洲货币体系是布雷顿森林体系解体之后，国际金融领域迄今为止最为成功的区域货币体系。该体系试图通过成员国之间的汇率协调与稳定机制构造一个稳定的货币区域，使得成员国免受外部不稳定因素的影响。

但是，进入 20 世纪 90 年代以来，各个成员国之间的经济发展越来越不平衡，差距越来越大，相应地，确定各个成员国之间的货币兑换平价越来越难以为继。并且，在面对内外经济目标抉择时，各国当局为了实现内部经济目标，更加偏向于牺牲外部经济目标。因此，在面对汇率协调而需要让渡货币主权时，各成员国的态度大相径庭，这无疑给投机攻击以可乘之机。

欧洲汇率机制动荡的起因源于联邦德国和民主德国统一之后的经济政策。从 1991 年开始，为了缓解两德统一之后的通货膨胀压力，德意志联邦银行连续调高了再贴现利率，给欧洲货币体系其他成员国造成了极大的压力。这是因为，其他成员国的经济正处于萧条阶段，需要通过调低利率刺激经济增长，在德国调高利率的情况下，大量资金流向德国，促使德国马克升值。对于这些国家而言，它们面临一个两难困境：要么履行欧洲货币体系所要求的承诺，维持本币与德国马克之间的货币兑换平价，这就必须与德国的步调保持一致，提高本国利率，但代价是牺牲本国经济发展；要么降低本国利率，刺激经济增长，但这就不得不允许本国货币相对于德国马克贬值，放弃欧洲货币体系所要求的成员国之间维持货币汇兑平价的承诺。

1992 年 9 月初，大规模的投机资本开始冲击意大利、英国等国家的货币。为了维持意大利里拉与欧洲货币单位（Europe Currency Unit，

ECU，音译为埃居）之间的平价关系，到当月 11 日，德意志联邦银行动用了 240 亿德国马克对外汇市场进行干预。但是，由于投机压力过大，欧洲货币体系最后不得不在当月 13 日同意里拉贬值，里拉对埃居一次性贬值幅度达到 7%。在宣布贬值后的第三天，里拉退出了联合浮动汇率机制。为了保护英镑，英格兰银行损失数十亿美元，但最终也不得不于当月 16 日宣布英镑对埃居的汇率开始浮动，退出联合浮动汇率机制。1992 年末前后，西班牙、葡萄牙、爱尔兰等国家相继宣布本币贬值。在 1993 年 7 月，这场汇率机制动荡进一步波及法国。为了支持法国法郎，德意志联邦银行出售了 500 亿德国马克，而法国中央银行则动用了所有的外汇储备。1993 年 8 月，欧洲汇率机制的浮动范围最后扩大到 ±15%，法国法郎才幸免于难，没有发生贬值。这次汇率机制动荡不仅影响到欧洲货币体系众多成员国，而且，也波及货币体系之外的国家，如芬兰和瑞典等。尽管这些国家在当时并没有加入欧洲货币体系，但是，它们将自己的货币与埃居挂钩，从而也遭受了投机攻击。

欧洲汇率机制的动荡出现，使得人们对货币危机爆发的原因有了重新的认识。即使一个国家的经济基本面并没有恶化，也有可能爆发货币危机。为了解释欧洲汇率机制动荡以及随后爆发的 1994 年墨西哥比索危机，在理论上逐渐形成了第二代货币危机模型。

3. 1994 年墨西哥比索危机

连续经历了 1976 年和 1982 年两次货币危机，墨西哥进行了广泛的经济改革。这主要包括对国有企业实行私有化改革、缩减财政赤字、控制通货膨胀、取消进口限制、实行爬行钉住汇率制度等。墨西哥的改革似乎很成功，20 世纪 90 年代以来，它再次成为国际资本投资的钟爱之所。据统计，仅仅在 1990—1993 年，流入墨西哥的资本就高达 900 多亿美元。

尽管在 1982—1989 年，墨西哥出现了贸易顺差。但是，从 1990 年开始，墨西哥再次出现贸易逆差，1994 年贸易逆差高达 185 亿美元；而经常账户则是长期逆差，从 1990 年的 74.5 亿美元增加到 1994 年的 294 亿美元，占墨西哥国内生产总值由 3% 上升到 7.8%。此外，1994 年初以来，墨西哥还出现了农民暴动、总统候选人遇刺等政治事件。1994 年 3 月，墨西哥的外汇储备开始大幅下降，从 1994 年 2 月末的

293 亿美元下降到当年 11 月末的 129 亿美元。面对外汇储备大幅下降，墨西哥政府被迫于当年 12 月 20 日宣布比索贬值 15%。但是，这不但没有稳定住投资者的信心，反而引起了更大的恐慌。当年 12 月 22 日，墨西哥被迫宣布比索自由浮动，贬值幅度高达 50%。此后，这场货币危机逐步波及墨西哥的银行业和股票市场，引起了全面的金融危机甚至是经济衰退。此外，这场危机还传染到其他一些发展中国家，如阿根廷、巴西等。

4. 1997 年东南亚货币危机

在 20 世纪 90 年代，规模最大、影响最深远的货币危机当属 1997 年爆发的东南亚货币危机。在危机爆发之前，诸如韩国、泰国、印度尼西亚、马来西亚、菲律宾等东南亚国家的经济发展所取得的成就一直被人们看成为“亚洲奇迹”，这些国家也因此被称为亚洲新兴市场国家。在货币危机爆发之前，几乎没有人想到这些国家居然也会爆发货币危机。

为了弄清楚这次危机爆发的根本原因，有必要对这些国家的经济发展历史脉络有一个大体的了解。从 20 世纪 60 年代开始，亚洲的许多发展中国家或地区先后进入了经济高速增长时期。比如，从 1963 年开始，一直到 1997 年，韩国人均收入年平均增长率高达 7%。进入 20 世纪 90 年代之后，一直到危机爆发之前，这些国家的经济依然保持快速增长势头。例如，在 1990—1995 年，韩国国内生产总值实际年平均增长率为 7.8%，泰国为 8.9%，印度尼西亚为 7.2%，马来西亚为 8.8%，菲律宾为 4.7%。

这些国家之所以能够由一个贫穷的农业主导的国家转型为中等收入的市场经济国家，与它们所实施的经济政策是分不开的。为了促进经济增长，这些国家加快了金融自由化的步伐，放松了金融管制，吸引了大量国际资本。根据国际金融协会的统计，1996 年流入亚洲新兴市场国家的国际资本净额为 1 418 亿美元，1997 年为 1 071 亿美元。然而，其中有相当部分是短期投机资本。大量资本流入导致这些国家的货币面临升值的压力，为随后的货币危机埋下了隐患。不仅如此，在经济高速发展过程中，这些国家还出现经常账户逆差逐渐加大的现象。在 1990—1995 年，韩国经常账户的逆差占其国内生产总值的年平均比重为 1.2%，泰国为 6.7%，印度尼西亚为 2.5%，马来西亚为 5.9%，菲律宾为3.8%。然而在1996年，除了马来西亚的逆差占国内生产总值的比重并没有上升之外，其他4个国家都有一定的上升，比如，韩国上升为5%，泰国上升为8%，印度尼西亚上升为3.4%，菲律宾上升为4.8%。同时，这些国家外债余额大幅度增加。例如，韩国的外债余额由1992年末的442亿美元上升到1997年末的1 444亿美元，泰国的外债余额由1992年末的396亿美元上升到1996年末的908亿美元。

在国际社会对东南亚经济一片叫好的呼声当中，国际投机资本已经悄悄地瞄准了这些国家货币的致命弱点：在巨额外债和经常账户逆差的条件下，一方面，资本与金融账户是完全开放的，而另一方面，却实行的是固定汇率制度。以泰国为例，在危机爆发之前的几年内，大量国际资本流入，直接产生了巨额外债。例如，1996年末，短期外债就高达400亿美元，超过了其外汇储备水平。大量流入的国际资本并没有被很好地引导到实体经济当中，而是投资于房地产市场和股票市场，导致房地产市场和股市非理性的繁荣，推高房价和股票市场指数，形成经济泡沫。更严重的是，泰国银行业通过贷款等渠道也置身事中。在泡沫不能进一步吹大甚至可能出现破灭的时候，经济金融中内在的脆弱性决定了其离危机爆发已经不远了。

1997年初，国际投机资本（其中大部分是对冲基金）开始攻击泰铢。国际上的对冲基金通过从泰国商业银行拆借泰铢，然后在外汇市场上抛售泰铢来冲击泰铢。为了限制国际投机者的操作，泰国中央银行被迫提高拆借利率。这大大打击了市场上投资者的信心，导致了更大规模的抛售泰铢的风潮。为了维持泰铢与美元之间的固定汇率，泰国中央银行被迫在外汇市场以外汇储备购买泰铢，导致外汇储备急剧下降。最后，在当年7月2日，面对外汇储备的严重消耗、经济形势的持续恶化，泰国中央银行被迫宣布泰铢自由浮动，当天泰铢相对于美元就贬值了20%。以此为“导火线”，引发了东南亚货币危机。此后，投机冲击波及印度尼西亚、马来西亚、韩国、菲律宾、新加坡、中国香港、中国台湾以及日本等国家或地区。除了中国香港之外，其他国家或地区的货币都出现了大幅度贬值，股票市场大幅下挫，楼市价格大跌，金融机构纷纷倒闭，从而使得这次货币危机逐步演变为系统性金融危机。当时，中国也遭受了一定的冲击，但是由于当时中国的外汇储备较多，经济基本面比较健康，关键在于资本与金融账户没有完全开放，不但承诺了人民币不贬值，而且做到了不贬值，这无疑给市场以极大的信心，对遭受货币危机冲击的东南亚国家或地区的经济复苏提供了极大的支撑。

（三）美元危机

第二次世界大战至今已经爆发了四次美元危机：（1）1973—1978年美元危机，以布雷顿森林体系解体为标志；（2）1985—1987年美元危机，以签订《广场协议》和1987年股灾为标志；（3）2000—2001年美元危机，以网络泡沫破灭为标志；（4）2007—2008年美元危机，以次贷危机爆发为标志。

1. 第一次美元危机（1973—1978年）

布雷顿森林体系的确立，促进了资本主义经济复苏和发展。随着战后主要资本主义国家积极医治战争创伤，大力发展工业生产和对外贸易，并切实推动科学技术研究，鼓励新的发明创造，各国之间的经济实力产生了巨大变化。西欧各国特别是联邦德国和日本的国民经济增长很快，国际收支持续顺差，货币储备不断增长。美国方面，由于推广扩张政策，发动侵略战争，经济负担加重，财政赤字增加，国际收支持续出现逆差，并不断增大，以致多次产生以美元大幅贬值为特点的美元危机。

据统计，1960年前，美国国际收支除1957年略有顺差外，其余均为逆差，1950年到1956年平均每年逆差为15亿美元，1958年到1960年平均每年逆差为37亿美元。1960—1971年，美国国际收支逆差逐年增多，黄金储备逐年下降。至1971年，美元暴跌，黄金猛涨，美国政府被迫第一次宣布美元正式贬值，黄金官价从每盎司35美元提高到38美元。1973年，美元再次停止兑换黄金，信用进一步下降，美元被大量抛售，迫使美国于1973年2月2日宣布美元第二次贬值，黄金官价提高到每盎司兑换42.22美元，各主要资本主义国家纷纷取消对美元的固定汇率。1978年3月末，国际货币基金组织正式宣布：从1978年4月1日起，有关肯定浮动汇率制度和取消黄金条款的决议正式生效，从而使维持了34年的布雷顿森林体系宣告结束。

2. 第二次美元危机（1985—1987年）

20世纪80年代上半期，美元升值幅度较大，美元高汇率实际上已经潜藏着较高的投机泡沫。美元汇率升值、高额财政赤字和贸易逆差使美国国内就业压力增大，国民不满情绪滋长，贸易保护主义倾向上升。一方面，当时美国国内主导性意见认为，问题主要出在日本和联邦德国，美国政府应当促使国际社会加强汇率协调，使美元对日元等非美元货币适度贬值。

另一方面，日本和联邦德国经过第二次世界大战以后40多年的发展，已经积聚了相当强的经济实力，两国政府都不愿意因为贸易摩擦而恶化同美国的关系。同时，它们认为，日元和德国马克相对美元升值也有利于日元和德国马克的国际化，提升日本和联邦德国的国际地位。日元相对美元升值符合国际社会协调生存的基本利益，受国际政治经济因素的共同推动，可谓水到渠成。

1985年，美国、英国、法国、日本、联邦德国五国财政部部长和中央银行行长在美国纽约的广场饭店开会。在美国方面的压力下，达成了五国政府联合干预外汇市场，引导美元对主要货币的汇率有秩序地贬值，以解决美国巨额贸易赤字问题的协议，即所谓的《广场协议》(Plaza - Accord)。《广场协议》的主要内容是：美国在两年内比照各国货币贬值30%，此间，日元、德国马克要大幅度升值。

签订《广场协议》之后，尽管美元对日元等非美元货币大幅度贬值，但由于美国政府未能采取有效措施改善自身财政状况，同时由于货币贬值存在“J曲线效应”，在《广场协议》之后两年多的时间里，美国对外贸易逆差不仅没有减少，反而继续恶化。1987年，美国贸易赤字达1 680亿美元，占GDP的3.6%，其中，3/4的赤字来自日本和联邦德国的经常项目盈余。美国贸易收支状况恶化和外债的急剧增加，影响了外资向美国的流入，市场对美元信心下降，继续让美元贬值明显弊大于利，美国与日本和联邦德国的贸易摩擦重又加剧。同时，受日元和德国马克升值的影响，日本和联邦德国对外贸易出口下滑，经济增长率出现下降。日本经济增长率从1985年的4.2%下降到1986年的3.1%，联邦德国经济增长率1985—1987年在2%左右徘徊。日本和联邦德国对美国未能按《广场协议》有效削减财政赤字表示不满。

在美国主导下，为了稳定国际外汇市场，阻止美元汇率过多过快下滑，通过国际协调解决发达国家面临的政策难题，1987年2月，七国集团（G7）财政部部长和中央银行行长在巴黎的卢浮宫达成协议，一致同意G7国家要在国内宏观政策和外汇市场干预两个方面加强协调合作，保持美元汇率在当时水平上的基本稳定，即所谓的《卢浮宫协议》。《卢浮宫协议》的主要内容包括：日本和联邦德国等国家实施刺激内需计划，美国进一步削减财政赤字；G7国家加强外汇市场干预协调，秘密保持美元对日元和德国马克汇率的非正式浮动区，如果汇率波动超出预期目标5%，各国要加强合作干预，等等。

《卢浮宫协议》后，国际主要货币汇率在此后的两年多时间里保持基本稳定，没有发生太大动荡。但《卢浮宫协议》之后，由于美国采取过分强硬的态度促使日本和联邦德国下调利率，而日本和联邦德国受国内经济状况影响一时又很难下调利率，受市场预期等多重因素影响，纽约股市于1987年10月19日暴跌，即所谓的"黑色星期一"，西方股票市场掀起轩然大波，同时引起了全球性的股票价格下降。

3. 第三次美元危机（2000—2001年）

从1992年起，在消费和高科技投资的带动下，美国经济经历了第二次世界大战后最长的增长期。自2000年以来，美国经济先后遭遇高科技泡沫破灭、"9·11"恐怖袭击的冲击，美国政策制定者为了避免经济衰退，利用美元在国际储备货币中的主导地位，几乎无限制地发行钞票，采取低利率政策和赤字财政政策刺激消费，尤其是住房消费。

过度消费的后果是对外积累了巨额经常账户赤字，输出大量美元，使国际金融市场上美元泛滥，推高石油、粮食等大宗商品的价格；对内则吹起了一个巨大的房地产泡沫，这个巨大的泡沫将美国的金融机构、千千万万的家庭和形形色色的外国投资者都卷入其中。由于经济的快速增长，表面上暂时延缓了经济衰退到来的步伐，造成美国经济持续繁荣的假象，并使人们产生美国经济在重大冲击面前仍具有很大韧性的错觉。然而，泡沫是不可能持久的。2002年夏天开始的金融丑闻打破了美国制度完美的神话，股市崩盘。安然破产使投资者损失250亿美元，世界通讯公司2001年7月21日破产，损失是安然的2倍、环球电信的4倍。美国第四大通信运营商Qwest通信涉嫌虚报营业额，5大会计师事务所均暴露出造假问题。美国股市连续9周下跌，7月23日，道琼斯工业指数7 702点，纳斯达克指数1 228.98点，甚至低于“9·11”事件时期。这次暴跌使得盲目崇拜美国制度的经济自由主义者、制度万能论者目瞪口呆。虽然美国政府曾经采取积极的救市政策，但仅仅是勉强维持而已。

此外，随着1999年欧元正式问世，欧元逐步扮演起国际储备货币的角色，在一定程度上削弱了美元的国际地位。据国际货币基金组织（IMF）统计，在各国货币当局外汇储备中，美元外汇储备占比已经从1999年的71%下降到2007年末的63.9%，而欧元占比从1999年末的17.9%上升到2007年末的26.5%。

4. 第四次美元危机（2007—2008年）

2001年，美国网络泡沫破灭之后，美国经济出现衰退。为了刺激经济，美联储采取了极具扩张性的货币政策。经过13次降息，到2003年6月25日，美联储将联邦基金利率下调至1%，创45年来的最低水平。美联储的低利率政策，导致美国住房价格的急剧上升。正是在这种宽松的货币政策下，2001—2006年，次贷新增贷款额度以平均每年38%的速度增长。到危机发生时，美国次贷的总规模达到1.67万亿美元。

从2004年6月起，美联储的利率政策开始逆转。到2005年6月，经过连续13次调高利率，联邦基金利率从1%提高到4.25%。到2006年8月，联邦基金利率再度上升到5.25%。连续升息提高了房屋借贷的成本，抑制了需求，导致房价下跌。随着住房市场的降温，尤其是短期利率的提高，次级抵押贷款的还款利率也大幅上升，购房者的还贷负担大为加重。同时，住房市场的持续降温也使购房者出售住房或者通过抵押住房再融资变得困难。这种局面直接导致大批次级抵押贷款的借款人不能按期偿还贷款。2007年4月，美国新世纪金融公司申请破产，标志着次贷危机正式爆发。次贷危机导致美国220万个家庭的房产已经或即将被银行、贷款公司收回，部分金融机构经营陷入困境，美联储被迫进入降息周期，五大投资银行被收购、宣布破产或转型为银行控股公司，房利美、房地美被美国政府接管，美国国际集团被国有化。通过金融渠道和贸易渠道不断传染至其他经济体，美国次贷危机逐步演化为全球金融危机，导致全球经济下滑，股市暴跌。

从表面上看，美国次贷危机爆发的原因是货币政策实施不恰当、过度投放贷款、资产证券化和结构性产品的高杠杆等。然而，从根本上讲，美国次贷危机引发全球金融危机，其根源是旧的国际货币体系与新的世界经济发展格局之间的冲突与矛盾，同时，在全球金融危机传导过程中，旧的国际货币体系发挥了推波助澜的作用。

三、货币危机的根源与本质

（一）货币危机的根源

在美元本位制下，货币危机的根源是美国为了自己的利益，无节制地供应美元。在1973年布雷顿森林体系崩溃的时候，美元与黄金脱钩就已经为世界金融不稳定埋下了祸根。由于不存在美元兑换黄金的承诺，并且，国际社会也没有找到能够真正替代美元的标的物，美元自然而然地仍然以国际本位货币自居，美国可以更加肆无忌惮地发行美元。

为了使美元更自由地在全世界流通，美国大力提倡金融管制化，鼓吹其所谓的自由市场经济的各种好处。一方面，通过向全世界输出大量美元，美国可以几乎免费地购买国外的商品、资源和资产的所有权，提高其国内消费水平和投资水平，带动其国内经济发展。另一方面，在金融管制过程中，众多新兴市场国家、发展中国家门户大开，不仅对欧美发达市场国家开放国内市场，而且盲目实行资本项目可兑换，众多国家对资本跨境流动缺乏应有的监管。

由于对资本跨境流动缺乏应有的监管，对于国际储备少而外债多的国家，其货币特别容易受到国际资本投机攻击。各国为了避免受到国际资本恶意攻击，纷纷储备美元，无意识地掉进了“储备美元越多就越安全”的怪圈。实际上，持有美元越多，就越不安全，而且越容易被美元“绑架”，因为所持有的美元最终是一张毫无价值的废纸。据统计，如果将美国在国债、社会保险、养老保险等各方面的债务都加起来，它欠全球的债务高达50万亿美元①，大约等于美国2008年国内生产总值的4倍。美国是一个十足的“穷光蛋”，它签发的美元只是一张毫无价值的空头支票而已。

---

① 希夫、唐斯著，陈召强译：《美元大崩溃》，4页，北京，中信出版社，2008。

若找到更好的渠道，美国的债权国持有的美元资本就将被迫流回美国。当这些资本与房地产部门、金融衍生品市场结合起来时，货币危机很容易被人为地掩盖起来。然而，一旦危机爆发，其杀伤力令人难以想象。2007年开始爆发的美国次贷危机就是一个活生生的例证。这是因为，与股市泡沫不同的是，房地产泡沫破灭的周期更长，而且在泡沫不断被吹大的过程中，房地产的价格不会像股票价格那样日复一日地上涨或下跌，而是几乎一致性地单边上涨。相反地，一旦泡沫破灭，房地产的价格将几乎齐刷刷地单边下跌。当房地产价格下跌时，购房人无法偿还按揭贷款，直接形成银行或住房按揭贷款公司的坏账。如果问题到此为止的话，全球应该因此而感到庆幸。然而，事情还远远没有结束，由于这些按揭贷款通过多次打包证券化，杠杆效应一再被放大，哪怕房地产价格的小幅下跌，都可能导致证券化产品的投资者遭受巨大亏损。要知道，看起来美国众多机构破产倒闭，而真正受损害的并不是这些机构、它们的雇员和美国居民，而是美国的债权国。当泡沫被吹大到足够大的时候，美国政府收缩信用，主动刺破泡沫，直接造成美国债权国持有的美元资产贬值，美国的债务负担因此而减轻了。

2007年开始爆发的美国次贷危机，其根本原因并不在于金融监管不力、会计制度不完善、金融衍生品过于复杂、格林斯潘的错误或其他原因，而在于美元本位制条件下美国无节制地投放美元，因此，绝不能把罪过归咎于辛勤劳作、低消费、高储蓄国家，而应该将罪责归咎于坐享其成、不劳而获的高消费、负储蓄国家，即美国。为了应对网络泡沫破灭的影响，美国政府在2001年前后多次下调利率，将利率维持在一个非常低的水平，无节制地放松银根，扩大信用，寄希望于通过发展房地产，拉动经济增长。在美元不断投放的过程中，全球经济看起来一片繁荣，而隐藏在这背后的危机——美国房地产业的泡沫也越来越大，美国金融衍生品市场中的黑洞也随之而产生了。当美国政府收紧信用时，房地产泡沫破灭，金融衍生品黑洞暴露，一场席卷全球的金融危机不可避免地爆发了。

整个过程的罪魁祸首，显然是美国政府无节制地投放美元，而美国政府之所以可以无节制地投放美元，关键原因在于美元本位制存在根本缺陷：美元没有任何承诺和价值保障，却可以充当世界货币。美国政府为了自己的利益，发行毫无价值保障的美元，就可以得到自己想得到的一切，它为什么不发行更多的美元呢？需要引起注意的是，2008 年以来，在打着拯救全球经济的幌子下，美国政府通过政府预算赤字、下调利率以及开动印钞机等方式，无节制地投放美元，一个危机还没有解决，又埋下了另一个危机的种子。

（二）货币危机的本质

在美元本位制下，无论是以非美元货币贬值为特征的货币危机，还是以非美元货币升值为特征的货币危机，其本质上都已经成为美国掠夺世界的一种手段，是美国政府挽救和强化其金融霸权的一种措施，同时也是美国政府惯用的一种赖账机制。

对于第一类货币危机，如 20 世纪 70 年代末 80 年代初的拉丁美洲债务危机、1994 年墨西哥比索危机、1997 年东南亚金融危机以及 1998 年俄罗斯金融危机，在危机爆发之后，美国利用包括国际货币基金组织和世界银行在内的国际金融组织，以援助贷款的形式对这些国家实行“休克疗法”，逼迫它们采取紧缩政策，以勒紧裤腰带为代价偿还以美元计价的债务，这无疑是美元再次对这些国家变本加厉的掠夺。身为全球最大的债务国，美国对待这些债务国和对待自己完全是两种标准。对待这些国家的国际收支赤字，美国要求它们实行一切可以实行的财政及货币紧缩政策，实现国际收支平衡。面对自己的国际收支赤字和财政预算赤字，美国却特立独行，按照最有利于自己利益的原则制定和实施财政与货币政策，并把国际收支赤字和预算赤字当做掠夺世界资源的工具。

在美元本位制下，货币危机成为美国掠夺世界的手段、挽救和强化其金融霸权的措施以及赖账机制，这些更集中地体现在第二类货币危机当中。例如，在 1985—1987 年美元危机中，美国通过 1985 年签订《广场协议》和 1987 年签订《卢浮宫协议》迫使日元升值，并要求日本银行降低利率，不断吹大日本经济泡沫，最终导致日本出现“失去的十年”。进入 21 世纪之后，美国故技重施，从 2002 年开始，联合欧盟和日本，采取种种措施，试图迫使人民币升值，吹大中国经济泡沫，以削弱中国经济。但是，我国政府在利率制度、汇率制度上采取了渐进式改革方略，并没有轻易地实行国际收支资本与金融账户自由可兑换，并对跨境资本流动进行严格监管。因此，历史并没有重演，美国政府并没有得逞。通过操纵利率和汇率，先吹大泡沫，然后再刺破泡沫，这是美国惯用的伎俩。凭借这种伎俩，美国掠夺了全球资源，并赖掉了不少债务，真是两全其美。

在当前的国际货币体系下，美国几乎是免费地购买商品和资产，而美国的债权国出售商品和资产获得的美元储备，只能被迫地用于购买美国国债，再次向美国政府预算赤字提供融资服务。美元无节制投放，进而导致通货膨胀，不但使美国获得铸币税和通货膨胀税的双重好处，而且债权国持有的美元储备将因为美元贬值而遭受损失，其出口或出口增长速度将因为本币升值而出现下滑，债权国遭受双重打击。

这样，就形成了一种奇怪的景象：美元发行越多，美国就能从全世界购买越多的商品，控制全球更多的资源和其他国家更多资产的所有权，全世界最大的债务国——美国，其经济发展就越顺畅，其居民生活得就越富足；而向美国出口越多的国家，即美国的债权国，由于找不到更好的储备资产，几乎是被迫持有更多的美元储备，被动地挤出国内信用而通过外汇储备投放过多的货币，造成国内通货膨胀压力。问题的关键在于，各国中央银行持有外汇储备投放货币，并不需要在美国联邦储备体系保留准备金，因此，通货膨胀变得肆无忌惮，非常严重。通过资本回流到美国，直接向美国经常账户赤字和财政预算赤字提供的融资，形成严重的全球通货膨胀问题。通货膨胀程度越高，美国的债务负担其实就越轻。

然而，任何事物都有两面性。在美国不断在世界范围内掠夺资源的过程中，也附带地刺激了一些国家的经济发展。令美国政府头疼的是，正是在它不断抢夺的过程中，它也在不断培养自己的“敌人”，出现了一些对美国构成威胁或即将构成威胁的国家，如德国、日本和中国。

四、货币危机在国际货币体系中扮演的角色

纵观国际货币体系 140 年的历史，国际货币体系沿革与货币危机如影随形，相伴而生。无论是国际金币本位制向国际金块本位制或国际金汇兑本位制过渡，还是美元取代英镑成为世界货币，以及布雷顿森林体系解体，都曾经爆发过货币危机。

在历次国际货币体系沿革过程中，货币危机都扮演了十分重要的角色。一方面，货币危机之所以爆发，是因为旧的国际货币体系不能适应全球经济发展，货币危机是两者之间发生冲突的必然结果。另一方面，货币危机爆发，对全球经济产生冲击和创伤，全球经济格局发生实质性变化，从而为建立新的国际货币体系创造了条件。例如，在第二次世界大战之前，从经济角度而言，美国的实力已经超过英国，但是，美元还没有真正取代英镑的国际货币地位。经过第二次世界大战，传统的老牌资本主义国家遭受巨大创伤，世界格局发生巨大变化，新的世界格局逐步确立，美国凭借其在经济、政治和军事等方面的绝对优势，掌握了国际货币体系改革的话语权，成为国际货币体系改革的倡导者以及规则的制定者。如果没有 1929 年经济大萧条以及随后爆发的第二次世界大战，各国在改革国际货币体系方面的动机将大大削弱。从这个角度而言，货币危机的爆发实际上也为新的国际货币体系建立创造了条件。

目前，尽管经历了四次美元危机以及多次非美元货币贬值的危机，给世界各国，尤其是对危机爆发国经济造成了巨大的伤害，但是，由于各个国家调控经济的能力日益增强，这些危机并没有从根本上动摇美元的国际地位，传统的经济发达国家的实力并没有显著地被削弱，新兴市场经济国家和发展中国家的经济实力还没有达到能与发达国家相抗衡的地步，各国对改革国际货币体系并没有强烈的动机，因此，还缺乏改革国际货币体系的条件。然而，为了化解此次次贷危机的负面影响，各国一方面实施过分宽松的货币政策，全世界利率处于前所未有的超低水平，试图通过注入流动性缓解金融危机的负面影响，另一方面实施过分宽松的财政政策，加大财政支出，降低税收，寄希望于扩大需求，刺激经济复苏。正如前面所分析的，当前为了解决次贷危机而出台的这些政策，将为下一次爆发更大的危机埋下“种子”。如果下一次危机爆发得强度更大，造成的损失更严重，以及中国、巴西、印度、俄罗斯等发展中国家经济、军事和政治实力日益增强，世界格局将发生显著变化，那么，将内在地要求建立适应新格局的国际货币体系。

第三节　国际货币体系重建思路

一、重建国际货币体系的必要性

美元本位制已经沦为一个腐朽的为美国政府所操纵的国际货币体系，它已经无法满足国际经济平稳发展的需要，必须重新构建国际货币体系。

从布雷顿森林体系崩溃至今，在近40年的运行时间里，美元本位制本身存在不可调和的矛盾，导致货币危机在全球范围内频繁爆发。美国政府一次次“导演”货币危机，在全世界范围内展开掠夺，并借此挽救和强化自身的金融霸权地位，不仅给世界经济造成了巨大的经济损失，而且给世界人民造成了难以磨灭的精神伤害。通过无节制地投放美元，美国不但获得了铸币税和通货膨胀税的好处，而且可以很便利地控制全球资源，为自己的利益服务，毫无顾忌地损害其债权国和世界其他国家的利益。

美国已经成为全世界最大的债务国，它的美元已经不具备作为国际本位货币的条件，迟早会成为毫无价值的空头支票。如果现在还不着手寻找一种可以替代美元充当国际本位货币的标的物，那么，到全世界都对美元不信任的时候，世界性灾难将不可避免，危害程度之大不会低于第二次世界大战。

为了使全球经济发展更加持续健康，国际金融体系更加稳定、强健，实现各个国家互利共赢的局面，避免因为货币危机而造成的损失和灾难，当前必须重新构建国际货币体系。

二、充当国际本位货币的条件

构建国际货币体系的核心在于确定由哪种货币充当国际本位货币，一旦国际本位货币被确定，国际储备货币、汇率制度及国际收支调节机制将随之被确定。140多年国际货币体系变迁的历史告诉我们，国际货币体系的每一次历史沿革都是对国际本位货币的重新选择。

通过分析国际货币体系的历史沿革，我们发现，充当国际本位货币的标的物，必须具备以下两个条件：

第一，其价值具有稳定性。无论其价值是本身的商品价值，如黄金，还是法律赋予的价值，如各种纸质货币，只有其价值预期稳定可靠，人们持有它才会有信心，货币体系才会相对稳定。

第二，其数量具有非稀缺性。为适应经济国际化大发展的需要，其在量上的增长速度要能与国际经济的发展速度保持高度的一致性，不能过低，也不能过高。

纵观历史上的各种国际本位货币，如白银、黄金、英镑、美元，不难发现，任何商品货币或任何一国的法定货币，都不可能完全具备上述两个条件，甚至连其中一个条件可能都不具备。看起来，这两个条件是矛盾的，价值的稳定性似乎要求其在数量上是稀缺的，而数量上的非稀缺性使得价值变得不稳定。

然而，这两个条件是内在的矛盾统一体。在一个国家或一个经济体内，适当的货币政策能够使其唯一的法定货币可以同时具备价值稳定性和数量非稀缺性。同样地，在全世界范围内，只有以一种超越国家政治权力的法定货币，而不是带有某个政治烙印的法定货币作为国际本位货币，才可能同时具备价值稳定性和数量非稀缺性。

经济是无国界的，政治是狭隘的，国际本位货币只有超越了一个国家政治的羁绊，哪怕它仅仅是一个符号，我们人为地赋予它价值，并从全世界经济发展的角度制定和实施货币政策，才有可能达到上述两个条件。正如哈耶克所说，“货币就是货币的职能”，经济是无国界的，决定了货币最终也是无国界的。由于任何一个国家的法定货币，不仅仅是美元，充当国际本位货币都无法从根本上解决其价值的不稳定性与国际经济对国际本位货币价值稳定性的内在要求之间的矛盾，因此，要根除当前国际货币体系的弊端，任何从现有的某个国家的法定货币或者某个区域货币出发寻找替代美元作为国际本位货币的标的物，都会以失败而告终，都会出现与美元本位制相同的弊病。

三、国际货币体系重建思路

2008 年以来，国内外关于国际货币体系重建的观点颇多，涉及国际本位货币的选择、国际储备资产的选择、国际金融组织改造以及汇率制度安排等各个方面。有人认为，应该重新回归到国际金本位制。但相反的观点认为，回到国际金本位制是不现实的。有人主张提高欧元在国际储备、国际结算和支付中的地位，形成美元—欧元本位制，还有人主张建立美元—欧元—日元本位制。

围绕是否能撼动美元的国际本位货币的地位，比较具有代表性的大致有两种论调。一种是悲观论。这类观点认为，现在撼动美元国际本位货币的地位是不现实的，只能退而求其次，对国际货币基金组织和世界银行等国际金融组织进行一定的改造。关于如何改造国际金融组织，这类观点认为，要削减欧洲国家在国际金融组织中的投票权，提高发展中国家的投票权，而美国的投票权，几乎是不可动摇的，就更不用说要取消美国在国际金融组织中独一无二的否决权了。另一种论调是乐观论。这类观点认为，美元地位已经衰退，即将终结，要彻底解决美元危机，根本出路在于建立世界中央银行，发行统一的世界货币。然而，相反的观点认为，全世界使用一种货币，是乌托邦式的设想，不具有现实性。

我们认为，悲观论和乐观论都有正确之处，也都有不当之处。悲观论着眼于实际，具有现实性，但是，受到过于悲观情绪的干扰，使得人们看不到未来的发展方向。我们认为，撼动美元的霸权地位不仅是可能的，而且是必须的。乐观论着眼于未来，具有前瞻性，但是，受到过于乐观情绪的影响，容易让我们操之过急。我们坚持折中的观点：从长远而言，应该成立世界中央银行，发行全球统一货币，取代美元，根除美元本位制的弊端；从短期而言，立足于现实，着手解决目前最需要解决的问题，即取消美国在国际金融组织中独一无二的否决权，并削减美国的投票权。

当前，最紧迫的任务是如何取消美国在国际金融组织中独一无二的否决权，并削减美国的投票权。在 2009 年 4 月召开的 20 国集团伦敦峰会上，我们不主张削弱欧洲国家的投票权，而主张联合 19 个经济体，与美国打一场经济战，要求取消其在国际货币基金组织、世界银行等国际金融机构甚至在联合国中拥有的独一无二的否决权。美国在当初之所以愿意加入国际货币基金组织、世界银行等国际金融组织，主要原因不在于它以单一国家身份拥有最大的投票权，而在于它拥有独一无二的否决权。作为联合国安理会成员国，美国也同样享受否决权。这意味着，只要是美国外交家认为不能为美国利益服务的经济规则，就不可能得到执行。因此，可以说，在美国眼中，事实上没有规则，有的只是利益。因此，美国支配国际金融组织的手段是其拥有的否决权。对于美国的所有债权国而言，最优的选择是取消美国的否决权，而不是试图增加发展中国家的投票权、削减欧洲国家的投票权。

在取消美国的否决权的基础上，根据各个国家在国际经济发展、金融稳定等方面的贡献，重新分配投票权。只有打破了美国的这种特权，国际金融组织才有可能为全世界多数国家的利益服务，而不是为美国一个国家的利益服务，才有可能从根本上改变美国以债务国身份对世界经济进行无节制的掠夺和控制的局面。如果在现有国际金融组织框架下无法实现这个目标，可以考虑设立新的国际金融组织对美国进行制衡。

在削弱美国的金融霸权之后，对任何债务国，无论是美国还是其他国家，都应该采用相同的对待标准，要求美国维持国际收支平衡，减少政府预算赤字，以控制美国制造过多的美元。某些国家可能会担心，美国收缩信用、减少需求，会导致其经济下滑。正是存在这种心理，美国的一些债权国不情愿看到美国采取紧缩政策，而对美国的扩张政策却抱以欢迎态度，而美国正好利用各个债权国各自的心理，几乎从没有受到过债权国一致的抵抗，才屡次得手。就我国而言，完全可以依靠国内市场，通过积极的财政政策和货币政策，转动推进经济发展的两个车轮——消费和需求，降低对外依存度。然而，如果不一步步地削弱美元的地位，减缓美元在世界范围内的投放速度和数量，美元本位制的“魔咒”就无法解开。一旦采取措施对美元横流世界进行有效控制，也就能够比较容易地控制美国的经济命脉，逐步削弱其在军事、科技以及社会各个方面的优势。只有这样，才能够逐步消除美国对全世界构成的威胁。

如果上述设想能够一步步实现，那么，美元国际地位衰落后留下的真空就需要有相应的替代物填补。如果欧洲和亚洲能设计一个替代物取代美元作为国际储备货币，那么，国际货币体系当前存在的问题就可以在一定程度上得以解决。目前，最有可能在一定程度上取代美元的货币是欧元。经过了长达半个世纪的努力，欧元于 1999 年成功诞生，实现了法定货币由国内向国际的跨越。欧元区的经济实力已经接近于美国，欧元在国际储备、国际支付与结算等方面的地位也在逐步提高。近年来，中国、日本、韩国、朝鲜、蒙古东亚五国（其中主要是中国、日本、韩国）的经济实力与美国、欧元区的差距逐步缩小，相互之间已经开展货币合作。为了促进地区经济发展，可以借鉴欧元创建的经验，设计东亚统一货币积极争取国际本位货币的地位，形成美元、欧元和东亚统一货币三足鼎立的态势。根据金银复本位制的经验教训，多种货币充当国际本位货币将可能产生更多的不稳定性，具体表现在多重价格、计价成本增加、良币驱逐劣币、形成庞大的国际储备、汇率不稳定等方面。然而，三种货币充当国际本位货币，各个国家在保留外汇储备资产时，可以分散化投资，三者之间的汇率变化趋势相互抵消，可以在一定程度上减少不确定性。在构建东亚统一货币的过程中，人民币要积极争取在周边国家流通的合法地位，争取在双边贸易中作为计价货币，以及在人民币资本项目仍然不可完全自由兑换的条件下，双边贸易结算时使用人民币，与某些国家签订协议，确定以人民币作为国际储备货币，承诺其可以随时选择将人民币转换为美元或欧元。

最长远的打算是成立世界中央银行，发行世界统一货币。欧元成功创建的经验表明，由于经济是无国界的，因此，货币也是可以超越政治和国界的。成立世界中央银行，发行世界统一货币，并不是乌托邦式的设想。反思当今的美元本位制，名义上各个经济体都有自己的中央银行，都发行自己的货币，然而，美元可以横行天下，各个经济体的中央银行持有大量美元储备，其货币政策越来越受到美联储牵制，名副其实地成为了美联储的分支机构。从一个极端的角度而言，目前，全世界本质上只存在美联储一家中央银行，而美元是各种名义货币背后真正的货币。

正如在一个经济体内部，随着经济跨地区发展，本位货币由多种商品货币逐步演变为一种商品货币，并最终由商品货币向法定货币演变一样，随着经济跨越国界，经济全球化程度加深，国际本位货币已经由商品货币向法定货币演变，并将由多国法定货币充当国际本位货币向由一国法定货币充当国际本位货币演变，进而由某国法定货币向区域法定货币甚至是世界法定货币演变。经济全球化的趋势，内在地要求构建世界统一货币。只有构建了世界统一货币，才能实现国际本位货币所需要的两个条件，既能够实现国际经济发展在货币数量无限方面的要求，又能够保证其价值（即使是法律赋予的价值）具有稳定性。

随着美元、欧元、东亚统一货币三足鼎立态势逐步形成，三个区域性货币和区域性中央银行逐步融合，使得构建世界统一货币和世界中央银行的可能性进一步增长。然而，这种设想也许过于理想，这是因为，一种旧制度，不经过剧烈阵痛和重新洗牌，不可能自身变革为一种新制度，国际货币体系也是如此。在这个过程中，实力雄厚的经济体对待世界统一货币和世界中央银行的态度，将成为这种设想是否成功或能否早日成功的决定因素。按照当前的经济发展趋势，中国完全有可能在2030年左右成为世界第一大经济体，届时在创建世界统一货币和世界中央银行的过程中可以发挥重要作用。相对于美国唯利是图的外交政策，中国的中庸之道、礼尚往来、很具有包容性的儒家思想，更能让其他国家接受。例如，在1997年东南亚金融危机期间，中国承诺人民币不贬值，并没有实行以邻为壑的政策，并做到了不贬值，这无疑值得其他国家信赖。在2008年，美国次贷危机以及全球金融危机期间，中国采取种种措施，对维护全球金融稳定作出了巨大贡献。

四、国际货币体系改革的现实选择

国际货币体系改革，不可能毕其功于一役，需要坚持着眼未来、立足现实的原则。2009年3月23日，中国人民银行行长周小川撰文指出，应该创造一种与主权国家脱钩并能保持币值长期稳定的国际储备货币，从而避免主权信用货币作为储备货币的内在缺陷。从现实角度而言，目前特别提款权（SDR）最有希望作为超主权储备货币①。这个观点引起了国内外广泛关注，诸如阿根廷、印度尼西亚、巴西等一些发展中国家表示支持，而美国则强烈反对。在周小川行长发表这个观点之后的第二天，美国总统奥巴马明确表示，反对以其他货币取代美元的国际储备货币地位，美国财政部部长长盖特纳以及美联储主席伯南克也表达了同样的看法。美国政府官员的强烈反应充分表明，取缔美元的国际储备货币

① 周小川：《关于改革国际货币体系的思考》，中国人民银行官方网站，http://www.pbc.gov.cn/detail.asp? col=4200&id=279，2009。

地位，无疑抓住了美国金融霸权的软肋。

根据充当国际本位货币应具备的条件，我们赞同以特别提款权作为国际储备货币的观点。通过提升特别提款权的地位，使其逐步取代美元等现有国际储备货币，这样做有利于防范和化解货币危机，是改革当前国际货币体系的现实选择。实际上，建立超主权储备货币的主张由来已久。20 世纪 40 年代，在布雷顿森林体系建立之前，凯恩斯曾提出采用 30 种有代表性的商品作为定值基础，建立国际货币单位——Bancor 的设想，但是，遗憾的是未能实施。1969 年为了缓解主权货币作为储备货币的内在风险，国际货币基金组织创设了特别提款权，但是，由于分配机制和使用范围受到限制，特别提款权的作用至今没有能够得到充分发挥。

尽管特别提款权具有超主权储备货币的特征和潜力，但是，为了提升和充分发挥其作为国际储备货币的职能，当前应当着力解决以下几个问题：第一，积极推进特别提款权在成员国之间进行合理分配；第二，拓宽特别提款权的使用范围，从而使其能真正满足各国对储备货币的要求；第三，进一步提升人们对特别提款权的信心。

参考文献

[1] 邓肯著，王靖国译：《美元危机》，大连，东北财经大学出版社，2007。

[2] 希夫、唐斯著，陈召强译：《美元大崩溃》，4 页，北京，中信出版社，2008。

[3] 郭振乾等：《金融大辞典》，651 页，成都，四川人民出版社，1992。

[4] 国际货币基金组织：《1998 年世界经济展望》，76 页，北京，中国金融出版社，1998。

[5] 刘鸿儒：《金融基础知识》，22 ~ 31 页，北京，中国经济出版社，1995。

[6] 张伟：《货币危机形成机制与预警系统研究》，中国人民银行研究生部博士论文（未发表），2008。

[7] 郑振龙：《货币危机预警系统：理论与实证分析》，载《数量经济技术经济研究》，1998（9），48 页。

[8] 周小川：《关于改革国际货币体系的思考》，中国人民银行官方网站，http：//www. pbc. gov. cn/detail. asp？col = 4200&id = 279，2009。

[9] Barry Eichengreen and Michael D. Bordo，2002，“Crises Now and Then：What

Lessons from the Last Era of Financial Globalization", *NBER Working Paper* No. 8716, 41.

[10] Kaminsky, Graciela L., Saul Lizondo, Carmen M. Reinhart, 1997, "Leading Indicators of Currency Crises", *Working Paper WP/97/79* (Washington: International Monetary Fund).

[11] Krugman, Paul, 1979, "A Model of Balance - of - Payments Crises", *Journal of Money, Credit and Banking*, Vol. 11, No. 3 (Aug., 1979), 311 - 325.

第三章　经济数据偏差与货币政策

——以中国 GDP 数据为例的实证研究

Orlik（2009）① 再次掀起了对中国 GDP 统计数据的关注，其实对中国 GDP 统计数据的争论一直都存在，可以简单分为对立的悲观派和乐观派。悲观派，例如 Rawski（2001）认为，中国 1998 年和 1999 年 GDP 的实际增长率最多为 2%，甚至为负增长，悲观派的极端就是“中国崩溃论”；乐观派，例如 World Bank（1994）认为，中国 1992 年 GDP 官方数据低估至少 34.3%，乐观派的极端就是“中国威胁论”。在经济学理论研究和政策制定中，一般假设经济数据中包含的信息基本正确；但是这一假设却未必成立，经济数据可能由于遭到扭曲而无法准确地描述经济现实，例如，国民经济统计体系本身的缺陷，地方政府的 GDP 政绩冲动或者微观经济主体规避税收、管制的动机等都可能造成经济数据的扭曲。

根据失真的经济数据来构建、检验经济理论或者制定、评估经济政策，是缺乏科学严谨性的；建立在失真数据基础上的经济决策有可能对经济构成现实损害。经济数据是最容易被得到和利用的信息，如果经济数据失真，那么微观层面和宏观层面的经济决策都会受到误导，从而修正经济数据具有重要的理论价值和现实意义。

在经济数据体系中，GDP 数据占有重要地位，GDP 及其增长率是目前被用来衡量一个国家经济发展水平和国民福利水准的首要指标，通常也是宏观经济政策最重要的目标之一，是宏观经济政策制定实施中所依据的最重要的观测变量之一，因此，GDP 数据失真的后果尤其严重。本研究就选取中国 GDP 数据修正作为切入点，据此探讨其在理论层面和政策层面的含义。本研究将在阐述统计体系缺陷的基础之上，重点分

---

① Orlik、Tom：《如何看待中国经济减速时期的 GDP 统计》，载《华尔街日报》，中文，网络版，2009－04－10。

析统计数据的不一致性问题，进而说明统计数据偏差对宏观经济政策可能产生的误导，并尝试以中国 GDP 数据修正为例来具体分析其对货币政策的影响。

第一节 导 论

一、对中国经济数据的质疑

对中国经济数据的质疑大致包括四类：对国民经济统计口径理解不清造成的误解、对国民经济统计的发布程序了解不清造成的误解、中国国民经济统计体系存在的某些缺陷和中国经济统计数据之间存在部分不一致现象。

第一类，对国民经济统计口径理解不清造成的误解。例如，2008 年全年税收收入数据受到广泛质疑，国家统计局公布值和财政部公布值分别为 57 862 亿元和 54 219.62 亿元，增长率分别为 17.0% 和 18.8%，[①] 主要原因在于国家统计局的统计口径不包括关税、耕地占用税、契税和出口退税等[②]。

在这种情况下，两种统计口径之间并不存在矛盾，相反从两种统计口径间的差异上可以对经济进行深入的结构性分析。例如，2009 年 3 月中国采购经理指数（PMI 指数）数据，国家统计局公布值为 52.4%，显示其持续上升并已经进入扩张阶段；而里昂证券公布值为 44.8%，显示其再度恶化并滑向收缩阶段。[③] 因此，两个 PMI 指数统计口径的差

---

① 资料来源：国际统计局 2009 年公布的《2008 年国民经济和社会发展统计公报》，参见 www. stats. gov. cn。财政部 2009 年公布的《2008 年税收收入增长的结构性分析》，参见 www. mof. gov. cn。

② 具体地来看，国家统计局公布的税收收入数据包括：各级国税和地税部门征收的国内税收收入（不包括耕地占用税和契税）和海关代征的进口货物增值税和消费税，并扣除了税务部门办理的企业所得税和增值税等退税（退税在账务上直接冲减收入）；而财政部门统计的税收收入数据包括：税务部门征收的各项税收，海关征收的进出口关税和船舶吨税，海关代征的进口货物增值税和消费税，财政及地税部门征收的耕地占用税和契税，扣除了出口退税（外贸出口退增值税和外贸出口退消费税）、财政部门办理的企业所得税和增值税等退税。

③ 资料来源：万得资讯（Wind）数据库。

异，可能反映了不同地区、不同行业、不同规模和不同所有制企业面临经济环境的不同。

第二类，对国民经济统计的发布程序了解不清造成的误解。例如，国家统计局2008年1月公布的2007年GDP数据初步核算数为11.4%，2008年4月公布的2007年GDP数据初步核实数为11.9%，2009年1月公布的2007年GDP数据最终核实数为13%，后两次的数据公布都引起了一定争议。[①]

这种情况是十分正常的，符合中国的国民经济统计法律法规，也符合国际惯例[②]。根据《关于我国GDP核算和数据发布制度的改革》（国统字［2003］70号）规定，中国年度GDP数据的形成经过以下四个过程：初步核算过程、初步核实过程、最终核实过程和历史数据调整过程；相应的，形成以下四类数据：初步核算数、初步核实数、最终核实数和历史数据调整数。[③] 一般而言，形成较晚的数据具有更准确的基础资料或更好的可比性，因此，多数研究采取最新形成的数据；但是为了可比性或其他特定研究目的，也可以选取其他数据。

第三类，中国国民经济统计体系存在的某些缺陷。例如，中国GDP统计调查方法以全面报表为主，与原有的计划经济体制和公有制占绝对比重的情况相适应。随着改革开放的不断深入，全面报表方法面临更多的不足：没有可靠的制度来保证私营企业、股份制企业、外商投资企业和港澳台投资企业配合统计报表工作，大多数小企业、个体户由于没有生产、收支和资产负债等方面的健全记录而无法准确填报统计报表；同时，这两类经济占国民经济的比重不断上升，导致基础数据质量问题日益严重。

这种质疑是正确的，国民经济统计体系的缺陷必然导致统计数据质

---

① 资料来源：国家统计局网站，www. stats. gov. cn。

② 对经济数据进行修订是国际惯例，例如，美国对季度GDP数据进行过两次修订，一般在季后15天计算季度GDP初步数，在季度后45天进行第一次修订，在季度后75天进行第二次修订。美国对年度GDP数据要进行三次常规修订，此外还要利用每5年一次的普查资料对年度GDP数据进行全面修订。

③ 另外一个相关数据是GDP预计数，一般于当年12月末公布；严格来讲，该数据不属于统计数，而且已经于2004年被取消，因此，这里的GDP数据不包括该数据。

量的欠缺，损害统计数据的纵向可比性和横向可比性。

第四类，中国经济统计数据之间存在部分不一致现象。例如，中国地区汇总 GDP 数据和国家 GDP 数据之间存在不一致，1992 年以来地区汇总 GDP 增长率数据始终大于国家数据。从绝对值来看，差异逐年扩大并在 2004 年达到 26 365 亿元人民币，占当年国家 GDP 的 19.3%；从增长率来看，差异在 1995 年达到 24 个百分点。2006 年国家统计局根据第一次全国经济普查资料对 1993—2003 年 GDP 数据进行了调整，把调整数据的差异控制在了较小范围之内；但是 2005 年和 2006 年差异急剧扩大，这说明，国家和地区汇总 GDP 数据不一致问题并未得到实质性解决。

这种质疑是正确的，不一致的统计数据意味着至少部分统计数据存在问题。

综上所述，第一类质疑和第二类质疑是由于对国民经济统计不熟悉而造成的误解，第三类质疑指向统计数据出现质量问题的原因，而第四类质疑指向统计数据质量问题的表现。

特别地，关于中国 GDP 数据一直存在较大争议，比较突出地表现在以下三个方面：中国 GDP 国家数据和 GDP 地方汇总数据之间存在较大的不一致性①，中国生产法 GDP 和支出法 GDP 之间存在较大的不一致性②，1997—1999 年中国 GDP 数据和某些行业数据之间存在较大的不一致性等③，这些都从侧面证明了中国 GDP 数据可能存在较大的失

---

① 例如，2004 年中国生产法 GDP 国家数据为 136 875.9 亿元，地方汇总数据为 163 240.4亿元，两者间差距占生产法 GDP 的 19.26%，数据为当年价格的初步核算数。资料来源：《中国统计年鉴 2005》。

② 例如，2004 年中国生产法 GDP 为 136 875.9 亿元，支出法 GDP 为 142 394.2 亿元，两者间差距占生产法 GDP 的 4.03%，数据为当年价格的初步核算数。资料来源：《中国统计年鉴 2005》。

③ 这一问题的深入争论可以参见 Rawski（2001）。

真。因此，中国 GDP 数据修正具有较大的现实意义和现实可能性。[①]

二、中国 GDP 统计

从中华人民共和国成立到改革开放初期，中国国民经济统计的核心指标是物质产品平衡体系（MPS）的国民收入（National Income，NI），其反映的是物质生产部门，即农业、工业、建筑业、商业饮食业和交通运输业的生产，而不反映非物质服务业的生产。MPS 产生于前苏联，其理论基础是古典政治经济学对生产的定义，适应于计划经济体制；但是随着中国经济的改革开放，非物质服务业迅速发展，在国民经济中的比重越来越大，作用越来越重要，MPS 难以对国民经济进行全面衡量，也无法满足宏观经济管理的要求。

1985 年国家统计局开始筹备第三产业统计和 GDP 统计[②]，并建立了国家和省两级 GDP 核算制度；初期中国仍以 MPS 的 NI 指标为主，以 GDP 指标为辅，但不断加强其地位，1993 年正式取消 NI 统计，GDP 成为核心指标；初期中国 GDP 是以 NI 核算为基础进行调整和补充得到的，1992 年开始采用直接利用原始资料计算的方法；初期中国 GDP 核算只包括生产核算，不包括使用核算，1989 年开始试行支出法 GDP 核算，1993 年正式开展支出法 GDP 核算；1992 年中国开始采用季度 GDP 核算。

目前中国国民经济统计基本采取了国民经济核算体系（1993 SNA）

---

① 如何判断统计数据修正是否正确或有力，有三个可能的角度。第一，修正数据和直观感觉更为一致。这个角度是相当模糊的，但是，如果某一时期人们的直观感觉趋于一致，那么这一直观感觉应该就可以起到参照系作用。第二，修正数据具有更好的衔接性。经济数据之间存在种种不衔接，完全的衔接是不可能的，但是较大的不衔接也是不合理的。如果 GDP 修正数据较好地消除了不衔接，那么可以说修正数据的自洽性更好；或者套用证伪主义，只能暂时接受其是正确的。第三，修正数据和经济理论更为一致。这一角度最值得商榷，如果我们假设物质世界运行基本符合某种已知的逻辑和范式，那么经济数据就应该基本符合经济理论中的一种，因此，就可以使用与经济理论的符合程度来判断经济数据的质量。综合采用上述三种角度考量修正数据的质量，遗憾的是，目前没有任何一种修正方法是完美的，也没有任何一个修正数据具有绝对的权威地位。

② 1985 年 3 月，国家统计局向国务院提交了《关于建立第三产业统计的报告》，报告中提出的是建立国民生产总值（GNP）核算，但在实施过程中以 GDP 为主。

的框架，在对 GDP 的定义方面与 1993 SNA 的生产范围是一致的。但是在实践中，主要由于受资料来源的制约和历史数据可比性因素的影响，中国 GDP 核算范围仍然存在不完整的方面，部分核算方法也存在不合理的地方；而且中国经济具有转轨经济和发展中经济的特征，这些问题形成了未观测经济的可能空间，造成了 GDP 数据较严重的失真。

三、经济数据偏差的必然性

实践是检验真理的唯一标准，经济理论和经济政策必须建立在经济现实基础之上。由于社会经济现实是如此的庞大和复杂，直接使用经济现实十分困难，甚至是不可能的；而经济数据具有客观、简便和广泛等优点，因此，我们使用经济数据来描述、抽象和替代经济现实，进而在经济数据的基础上来构建、检验经济理论和制定、评估经济政策。

经济学理论研究和经济政策制定中的一般假设是，信息系统运行有效，经济数据中包含的信息基本正确；但是，这一假设却未必成立，经济数据存在失真的可能。经济数据失真是由其内生性决定的。经济数据是由社会体系内生形成的，并不是对社会经济活动的完全外生的描述刻画，或者说，并不存在超脱于社会的全能的机构或个人来收集和提供经济数据，收集经济数据本身必然会对经济活动造成干扰。简而言之，经济数据是由社会体系内生形成的信息，因此，经济数据可能由于发生偏差而无法准确地描述经济现实，例如国民经济统计体系本身的缺陷、地方政府 GDP 政绩冲动或者微观经济主体规避税收、管制的动机等都可能造成经济数据的扭曲。特别地，中国经济数据质量不断地陷入各种争议之中，例如，1997—1999 年 GDP 数据是否存在高估问题，2005—2007 年商品和服务净出口数据是否存在高估问题，2002—2006 年资本回报率估算问题，中国 CPI 编制构成和采样问题，1990—2004 年第三产业增加值和就业人员问题，等等，这些都表明经济数据可能存在较显著的失真。

根据失真的经济数据来构建、检验经济理论或者制定、评估经济政策，是缺乏科学严谨性的；建立在失真数据基础之上的经济决策有可能对经济构成现实损害。一般情况下，宏观经济是一个自平衡系统（Homeostatic System），存在某种控制机制将各种主要指标维持在可容忍的范围内；而控制机制正是通过对信息进行收集、接收、处理和反应来实现的，虽然各个经济学流派对具体机制持有不同的观点。

古典学派认为个人理性，市场有效，微观主体根据完全信息来配置资源，从而达到帕累托最优。凯恩斯主义认为市场可能失灵，理性和利他主义的政府可以根据完全信息对经济进行微调，从而将经济保持在稳态增长路径上。由于假设和结论与经济现实存在较大差距，二者各自的继承者——新古典学派和新古典综合学派都各自做了温和化修正，完全理性和完全信息不再存在，取而代之的是部分理性和非完全信息，最优和均衡不再是必然的；非完全信息意味着微观主体和政府都不是全知全能的，因此，必须考察它们如何对信息进行收集、接收、处理和反应，而经济数据可能就是最容易被得到和利用的信息，例如 Wilensky（1981）认为，微观主体更多地利用经济数据而非个人的生命周期预期来形成决策；Taylor（1993）认为，货币当局根据 CPI 和 GDP 数据来制定货币政策。如果经济数据存在失真，那么微观层面和宏观层面的经济决策都会被误导，因此，修正经济数据具有重要的理论价值和现实意义。

在经济数据中，GDP 数据占有重要地位，GDP 及其增长率是目前用来衡量一个国家的经济发展水平和国民福利水准的首要指标[①]，通常也是宏观经济政策的最重要的目标之一，是宏观经济政策制定实施中所依据的最重要的观测变量之一，因此，GDP 数据失真的后果尤其严重。在国外文献中，GDP 数据失真问题一般被纳入未观测经济（Non - Observed Economy，NOE）的研究之中，本研究也从这个角度出发研究 GDP 数据修正。从理论层面讲，如果观测到的经济部门和未观测到的经济部门之间存在周期性的、相当规模的转移的话[②]，那么，就可能在很大程度上削弱现有宏观经济理论框架，并改变我们对经济史的看法；从

① GDP 指标存在许多缺陷，近年来经济学家也不断提出新的统计指标，以试图更好地衡量经济发展水平和国民福利水准，但是，在各种指标中，GDP 指标仍然是技术上最成熟的和数据量最大的，也是应用最为广泛的。

② 有观点认为，未观测经济可以构成自平衡系统，其占整体经济的比例甚至会收敛于一个特定的自然率（Natural Rate）。

政策层面讲，对未观测经济进行度量可以改进 GDP 数据质量，改进制定货币政策所依赖的信息集，提高货币政策的效率，因此，GDP 数据修正具有重要的理论和现实意义。

因此，本研究选取中国 GDP 数据修正作为切入点，探讨其在理论层面和政策层面的含义，特别是其在货币政策方面的含义。

第二节 GDP 数据的修正

从本质上讲，GDP 数据修正方法都是假设某些数据的质量高于 GDP 官方数据的质量，然后根据一定的理论框架和前提假设，利用这些数据来间接地估计 GDP 的实际规模。①

根据估计方法的不同，可以分为统计改进方法和计量经济学方法。根据所依赖基础数据的不同，计量经济方法可以分为基于宏观数据的估计方法（宏观数据方法）和基于微观数据的估计方法（微观数据方法）。

一、统计改进方法

统计改进方法主要通过对现有国民经济体系的改善，将原有的未观测经济纳入国民经济账户，使得 GDP 官方数据更准确地反映经济活动现实。现在一般使用“推算的未记录收入”（Imputed Unrecorded Income, IUI）来表示已经纳入国民经济账户的未观测经济估计量，例如，可以使用时间法和等价值法来估计非市场化的未观测经济活动的增加值。

OECD 2002 年认为，完备性指国民经济统计中 GDP 统计涵盖了 1993 年 SNA 所界定的生产活动的全部；但是，由于经济活动具有极其复杂和极其广泛的特征，完备性很难实现，因此，必须对国民经济统计体系进行精心的设计和改进。OECD 等国际组织和各国统计机构都在不断改进统计系统，力争提高 GDP 统计的完备性。OECD、国际劳工组织

---

① 部分方法首先估计未观测经济规模，部分方法首先估计 GDP 的实际规模；二者是等价的，结合官方 GDP 数据可以由其中一个推导出另一个。

(International Labor Organization，ILO)、IMF 和部分国家统计机构合作编写了《未观测经济测算手册》，广泛吸收了世界各国未观测经济核算的实践经验，阐述了未观测经济的概念和类型、估算原则、方法和步骤，是目前关于 GDP 数据统计改进方法的最完备的综合。

近年来，中国国家统计局不断改进统计体系，提高统计质量，已经使用统计改进方法对 GDP 进行了大量修正，因此，本研究对统计改进方法不作详细论述。

二、计量经济学方法

根据所依赖数据的不同，计量经济学方法可以分为宏观数据方法和微观数据方法。

（一）宏观数据方法

宏观数据方法假设国民经济统计中部分宏观经济数据的质量高于 GDP 数据的质量，因此，依赖该部分宏观经济数据在一定假设之上推测 GDP 的实际水平。

宏观数据方法主要有：（1）税收差异法，例如，美国商务部经济分析局（Bureau of Economic Analysis，BEA）采用税收差异法建立了调整后毛收入（Adjusted Gross Income，AGI）缺口估计的常规性制度；（2）劳动力参与率法，例如 Contini 1981 年对意大利的研究和 Denison 1982 年对美国的研究；（3）简单化方法，例如 Frey 和 Weck 1983 年使用的方法；（4）模糊逻辑方法，例如 Draeseke 和 Giles 2002 年使用的方法；（5）差异法；（6）物量投入法，例如 Klein 和 Özmucur 2002 年对中国的研究；（7）灰色系统模型，例如夏南新 2004 年使用的方法；（8）大面值现金法（Large Denomination Bill Approach），例如 Henry 1976 年使用的方法；（9）货币分解法，例如 Bhattacharyya 1990 年对美国的研究；（10）现金比率法，例如 Gutmann 1977 年对美国的研究；（11）现金需求方程法，例如 Tanzi 1980 年对美国的研究；（12）Mimic 方法，例如 Schneider 2005 年所作的国际比较；（13）交易法，例如 Feige 1979 年对美国的研究。

宏观数据方法的优势主要体现在以下三个方面：（1）宏观数据方法的最大优势在于使用公开发布的数据，这些数据的统计方法较为成熟，数据样本量较大，特别是从金融行业和某些垄断性行业得到的数据具有很高的质量[①]。(2) 宏观数据的历史可比性较强，而且时间序列较长，能够作出较长时期的估计。(3) 宏观数据方法可能具有较高的时效性，在宏观经济政策制定和效果评估中便于使用。

宏观数据方法的主要缺陷在于：(1) 宏观数据方法需要很强的显性（Explicit）的[②]假设，估计结果的可靠性依赖于这些假设是否合理[③]。(2) 宏观数据方法往往无法提供关于 GDP 失真部分构成和特征的细节信息，只能提供总体信息。

（二）微观数据方法

微观数据方法通过抽样调查获得部分微观经济数据，通过对该部分微观数据与国民经济统计中对应口径的宏观数据进行比较分析，可以得到 GDP 实际水平的估计值。

微观数据方法主要有：(1) 自愿调查法，例如 Feinstein 1999 年公布的方法；(2) 税收审计法，美国是较早使用税收审计法来估计未申报收入的国家，例如 General Accounting Office（GAO）1979 年公布的方法；(3) 消费者支出方法，例如 Mc Crohan 和 Smith 1986 年对美国的研究；(4) 劳动力参与率法，例如 CENSIS（Centro Studi Investimenti Sociali）1976 年对意大利的研究；(5) 居民家计调查法，例如 Dilnot 和 Morris 1981 年对英国的研究。

微观数据方法的最大优势在于，它能够提供关于 GDP 失真部分构成和特征的细节信息。

微观数据方法的主要缺陷在于：(1) 微观数据方法通常需要较高的成本，无法建立高频率的常规性的统计调查。(2) 微观数据方法的

① 这并不意味着这些数据是绝对精确的，参见唐旭（2005）。

② 从另一个角度讲，假设是显性的，这使得可以对估计结果进行敏感性分析，从而控制假设对估计结果的影响，这反而是一个优点。

③ 对此有不同的观点，即认为假设的合理性并不重要，不需要对假设进行事前的合理性检验，例如 Friedman（1953）认为，假设的好坏不在于是否与现实完全相符，而在于就理论所强调的规律而言是否是一个良好的近似，重要的是建立于该假设之上的理论是否能够成功地进行经济预测；Waltz 认为，假设的合理性并不重要，重要的是有用性，即是否可以在该假设上建立有启发性判断的理论；Singer 认为，如果研究目的是预测而非解释，则假设合理性并不重要。

数据收集和处理时间较长，这损害了估计结果的时效性。(3) 微观数据方法通常只能提供时点估计，而无法提供对未观测经济增长的时期估计（Temporal Estimates）。(4) 微观数据方法中，观测方法往往存在主观性的问题，这影响了数据的质量。(5) 微观数据方法中，调查结果对调查的提问方式十分敏感。

三、中国 GDP 数据的修正

在 GDP 修正的 17 类方法中，由于估计对象和结果特征与本研究的研究目的不相符合，或者由于不存在相关的公开统计数据，自愿调查法、税收审计法、税收差异法、消费者支出方法、劳动力参与率法、简单化方法、居民家计调查法、大面值现金法、模糊逻辑法、货币分解法和交易法等 11 种方法无法应用于中国 GDP 数据修正。

由于技术上比较成熟，而且相关的公开统计数据比较充分，差异法、物量投入法、灰色系统模型方法、现金比率法、现金需求方程法和 MIMIC 方法[①]等 6 种方法将被应用于中国 GDP 数据修正。对于 1978—2006 年 GDP 年度数据，通过不同的修正方法，可以得到 15 个不同的修正序列，另外还有 2006 年修订前后的两个官方数据序列。[②]

从 GDP 指数序列来看，15 个不同的修正序列与官方数据序列随时间变化的趋势基本一致。使用 GDP 指数的 15 个不同的修正序列减去官方数据，形成以官方修订数据为参照系的差异序列，如图 3－1 所示。

从 GDP 增长率序列来看，15 个不同的修正序列和官方数据序列之间的差异较大，详细情况如图 3－2 所示。

综合考虑，本研究认为使用主成分法和现金需求方程法来对中国 GDP 数据进行修正得到的结果较好。

---

① 其中，MIMIC 方法由于软件技术上的原因，没有估计出具体的修正结果。

② GDP 数据修正的方法、数据和处理过程参见曾辉（2008）。

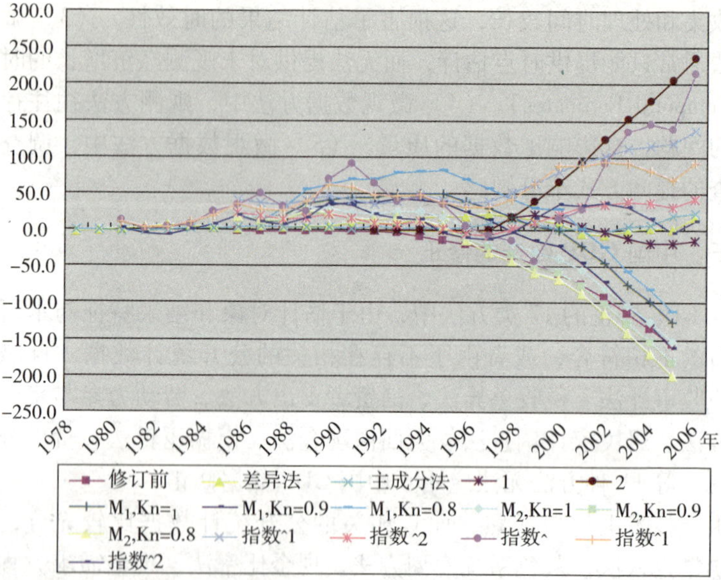

图 3-1 GDP 指数修正结果与官方数据间的差异（1978 年 =100）

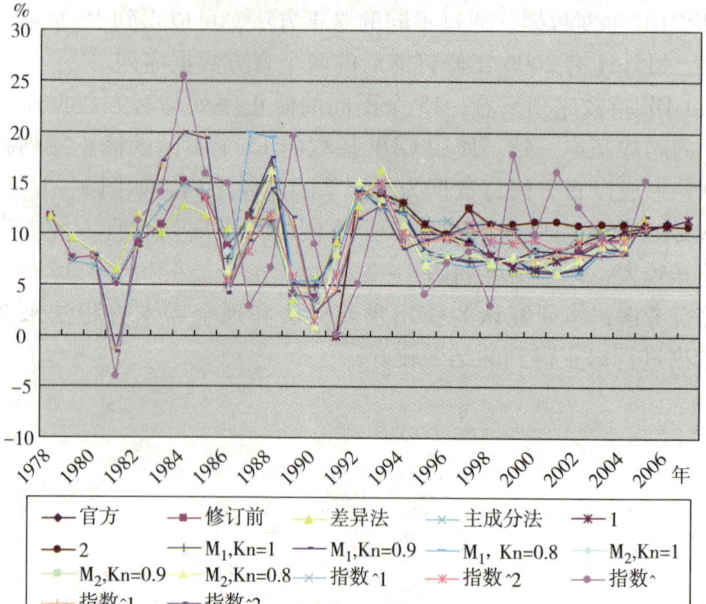

图 3-2 GDP 增长率修正结果

第三节　内含未观测经济的宏观模型

经济数据不是对社会经济活动的完全外生的描述刻画，而是由社会系统内生形成的，并不存在超脱于社会的全能的机构或个人来收集和提供经济数据，况且收集经济数据本身也会对经济活动造成干扰。简而言之，经济数据的内生性决定了其可能遭到扭曲。

一、经济政策形成

宏观经济自平衡系统的控制机制将各种主要指标维持在可容忍的范围内，而控制机制正是通过对信息的收集、接收、处理和反应来实现的。

因此，如果经济数据存在失真，那么中央银行获得的信息就是扭曲的，货币政策的制定和执行就会被误导；而且，政府和公众获得的信息也是扭曲的，可能对货币政策施加错误的政治压力，二者可能对经济造成现实损害。

简而言之，一旦信息的收集、接收、处理和反应无法正常进行，那么控制机制就会失灵，宏观经济自平衡系统就可能被打破。货币政策被误导不过是控制机制失灵的一种途径。

二、"决策者—观测者—被观测者"模型

经济数据是由社会系统内生形成的，不存在超脱于社会的全能的机构或个人来收集、处理和提供经济数据；相反，经济数据的收集、处理和提供都是由社会中的个体和机构进行的，而经济数据的使用者也同样处于社会之中。

经济数据生成和使用过程中的主体可以大体划分为三类：（1）被观测者，提供和申报基础数据；（2）观测者，收集基础数据并汇总计算经济数据；（3）决策者，使用经济数据来制定经济政策。

在传统的数据生成模型中，被观测者、观测者和决策者都被简化了，三者之间的关系是单向的，而且也没有考虑到三者作为理性人采取欺骗策略的可能性。被观测者如实地提供基础数据，观测者接收基础数

据并如实地提供经济数据，决策者接收经济数据并制定经济政策，而经济政策会影响被观测者。这种简化并不符合现实，而且可能导致错误的推导结论。传统模型如图 3－3 所示。

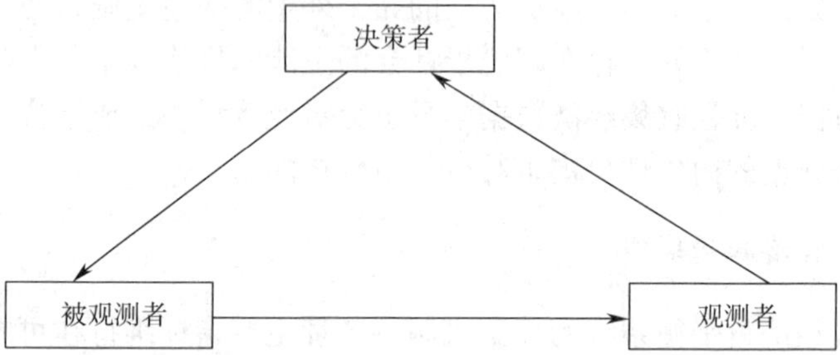

图 3－3　传统的数据生成模型

对传统模型进行修正，在改进的数据模型中，被观测者、观测者和决策者都可能采取欺骗策略①，三者间的作用也是相互的。被观测者可能提供虚假的基础数据，观测者接收基础数据后也可能提供失真的经济数据，决策者接收经济数据后可能试图采取动态不一致的经济政策。被观测者、观测者和决策者之间存在相互作用，这正是三者都试图采取欺骗策略的原因。改进模型如图 3－4 所示。

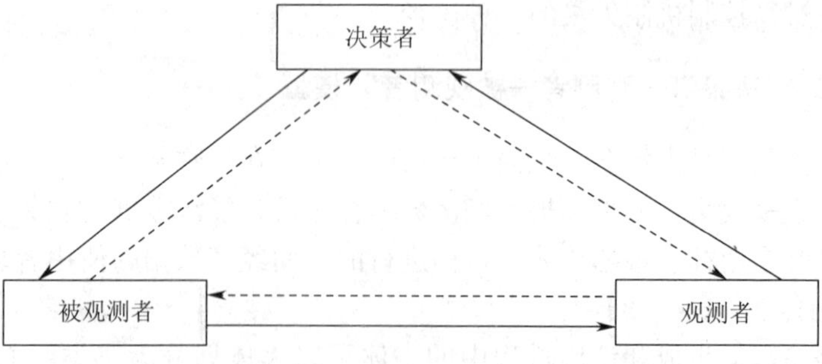

图 3－4　改进的数据生成模型

① 在改进的数据生成模型中，我们暂时不考虑失误、误差和统计方法的不足，虽然这些也会造成经济数据失真。

被观测者可能提供虚假的基础数据，原因主要在于其提供的基础数据对其自身有反馈作用。例如，被观测者提供的收入数据将成为纳税额的计算依据，被观测者提供的雇佣劳动力数据将成为劳动力市场管制的依据。例如，洪永淼认为，规避税收动机所导致的灰色收入会造成数据缺陷。

观测者可能提供失真的经济数据，原因主要在于观测者、被观测者和决策者可能是融合的。这种融合在官僚架构下是一种常见现象，例如，各级政府负责所管辖地区的经济发展，从这个角度讲，它是被观测者；各级政府下属的统计机构负责本地区的经济数据统计，从这个角度进，它是观测者；政府负责制定经济政策，从这个角度进，它又是决策者。在这种情况下，观测者就有动机提供扭曲的经济数据，而且，某个经济数据越是重要，观测者就越有动机扭曲该数据。例如，洪永淼认为，以 GDP 为指标的官员考核制度会造成数据缺陷。

简而言之，经济数据是由社会体系内生形成的信息，因此，经济数据可能遭到扭曲而无法准确地描述经济现实。

三、内含未观测经济的宏观模型

经济数据是内生的，可能存在系统性扭曲，因此，就有必要构建内含未观测经济的宏观模型，考察未观测经济的存在对宏观经济均衡状态和动态路径的影响。研究的重点在于，经济活动在已观测部门和未观测部门之间的转移会对经济数据造成何种影响，并进而对货币政策和实际经济活动造成何种影响。

假设，代表性个体对是否参与未观测经济及参与程度的决策，仅仅取决于其自身偏好和税收负担。

首先，假设代表性个体对已观测经济和未观测经济收入的偏好服从 Cobb – Douglas 函数

$$U = cY_{oe}^{\lambda}Y_{noe}^{1-\lambda} \tag{3-1}$$

其中，Y_{oe}为已观测经济收入，Y_{noe}为未观测经济收入，$0<\lambda<1$ 为常数。总产出为

$$Y = Y_{oe} + Y_{noe} \tag{3-2}$$

效用最优化选择的结果是

$$Y_{oe} = \gamma Y \tag{3-3}$$

其中，$0 < \gamma = \dfrac{\lambda(1-\theta)}{1-\lambda\theta} < 1$。

（一）垂直菲利普斯曲线情形

考虑税收被完全指数化的情形，此时 θ 和 γ 为常数，菲利普斯曲线垂直。

假设初始经济处于充分就业状态，对应的经济增长率为 y，实际菲利普斯曲线垂直

$$U = U^{nat} \tag{3-4}$$

θ 为常数时，由式（3-4）可知已观测经济和未观测经济的比例不变，观测到的菲利普斯曲线和实际菲利普斯曲线平行，因此也是垂直的。

$$U_o = U_o^1 \tag{3-5}$$

假设中央银行的目标函数中包含就业率，而中央银行无法得知实际菲利普斯曲线，只能根据观测到的失业率制定货币政策，货币政策反应函数为

$$m = \alpha U_o \tag{3-6}$$

通货膨胀率由下式确定

$$p = m - y \tag{3-7}$$

经济最初处于均衡状态，如图 3-5 所示，经济实际上处于点 A，而中央银行认为经济处于点 B。由于经济中已观测部分和未观测部分的比例没有发生变化，因此，中央银行认为 U_o^1 就是经济处于充分就业状态时的失业率，没有动力采取扩张的货币政策，将货币增长率保持在 m_1，此时通货膨胀率为 0。

假设此时受到一次性冲击，经济活动从已观测部门向未观测部门进行一次性移动，例如，腐败丑闻降低了公众对政府的信任，公众的纳税责任感下降，更多地参与未观测经济，从而导致观测到的菲利普斯曲线向右移动，如图 3-5 所示。

此时，经济数据显示失业率上升到 U_o^2，即使实际上失业率并没有变化仍然是 U^{nat}。

经济中已观测部分和未观测部分的比例没有发生变化，新的观测到

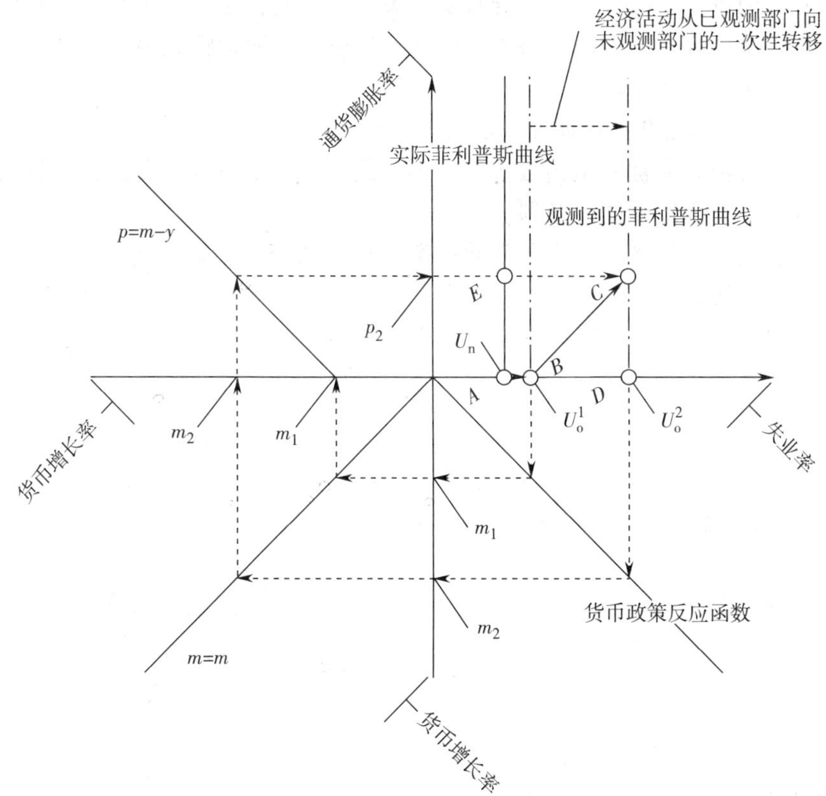

图 3 – 5　垂直菲利普斯曲线的宏观模型

的菲利普斯曲线为

$$U_o = U_o^2 \quad (3-8)$$

中央银行根据失业率数据作出反应，将货币增长率提高至 m_2。由式（3-7）和式（3-8），通货膨胀率水平将上升至 p_2，$p_2 = \alpha(U_o^2 - U_o^1)$。

现在，实际经济处于点 E，而经济数据显示经济处于点 C。

点 C 对应的失业率仍然为 U_o^2，因此，中央银行根据失业率数据将货币增长率维持在 m_2，对应的通货膨胀率维持在 p_2，经济不再继续变动，点 E 和点 C 就是实际经济和经济数据的均衡点。

因此，在垂直的菲利普斯曲线情形下，经济活动从已观测部门向未观测部门进行一次性移动将导致实际失业率不变，通货膨胀率上升并稳定在一个更高水平；而经济数据则显示失业率和通货膨胀率都上升并稳定在一个更高水平。

（二）倾斜菲利普斯曲线的宏观模型

考虑税收未被完全指数化的情形，此时 θ 和 γ 不是常数，而是收入的函数，菲利普斯曲线倾斜。

假设初始经济处于充分就业状态，对应的经济增长率为 y，实际菲利普斯曲线倾斜，仍服从式（3－4）。同样，假设中央银行货币政策反应函数不变，通货膨胀率确定方式不变。

考察观测到的菲利普斯曲线。考虑税收未被完全指数化的情形，有 $\partial\theta/\partial p>0$，$\partial\gamma/\partial\theta=\dfrac{\lambda[\theta(\theta-1)+(\lambda-1)]}{(1-\lambda\theta)^2}<0$，$\partial\gamma/\partial p=\dfrac{\partial\gamma}{\partial\theta}\dfrac{\partial\theta}{\partial p}<0$，观测到的菲利普斯曲线的斜率为 $\beta=\partial U_o/\partial p=\dfrac{\partial U_o}{\partial Y_o}\dfrac{\partial Y_o}{\partial p}=Y\dfrac{\partial U_o}{\partial Y_o}\dfrac{\partial\gamma}{\partial\theta}\dfrac{\partial\theta}{\partial p}>0$，观测到的菲利普斯曲线向上倾斜，假设其方程为

$$U_o=U_o^1+\beta p \tag{3-9}$$

经济最初处于均衡状态，如图 3－6 所示，经济实际上处于点 A，根据经济数据，中央银行认为经济处于点 B。由于经济中已观测部分和未观测部分的比例没有发生变化，因此，中央银行认为 U_o^1 就是经济处于充分就业状态时的失业率，没有动力采取扩张的货币政策，将货币增长率保持在 m_1，此时通货膨胀率为 0。

假设此时受到一次性冲击，经济活动从已观测部门向未观测部门进行一次性移动，例如，腐败丑闻降低了公众对政府的信任，公众的纳税责任感下降，更多地参与未观测经济，从而导致观测到的菲利普斯曲线向右移动，如图 3－6 所示。

此时，经济数据显示失业率上升到 U_o^2，即使实际上失业率并没有变化仍然是 U^{nat}。观测到的菲利普斯曲线向右平移，新的观测到的菲利普斯曲线为

$$U_o=U_o^2+\beta p \tag{3-10}$$

中央银行根据失业率数据作出反应，将货币增长率提高至 U_o^2 对应

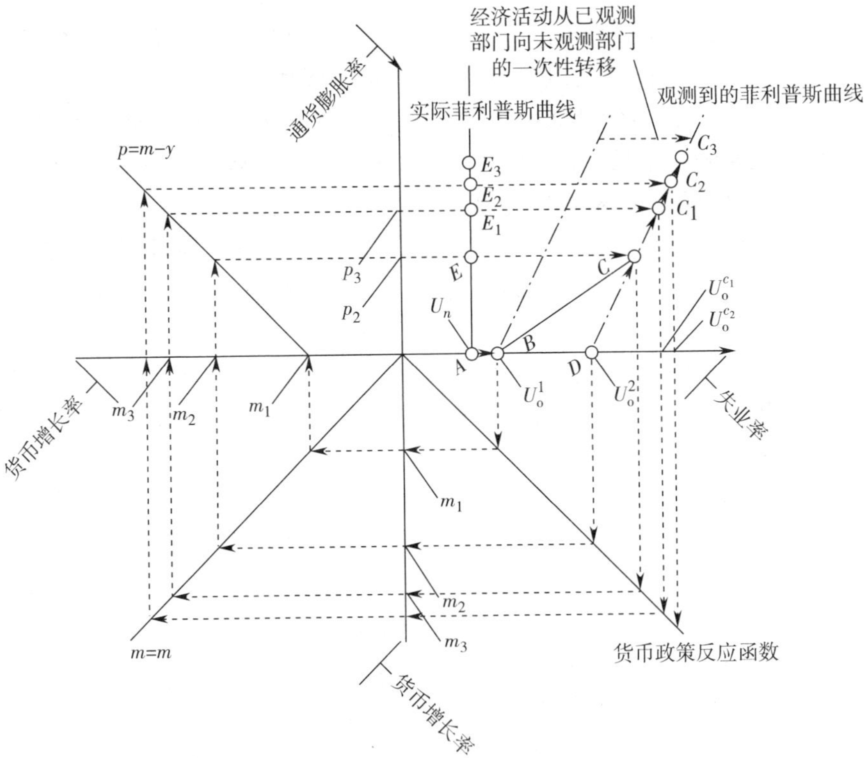

图 3－6　倾斜菲利普斯曲线的宏观模型

的 m_2。由式（3－7）～式（3－10），通货膨胀率水平将上升至 p_2，$p_2=\alpha(U_o^2-U_o^1)$。

经过第一轮作用，实际经济处于点 E，而经济数据显示经济处于点 C。

点 C 对应的通货膨胀率为 p_2，但是由于税收未被完全指数化，真实税率提高，经济活动继续向未观测部门移动，由式（3－7）～式（3－10），从而失业率数据上升到 $U_o^{C_1}$。因此，中央银行根据失业率数据继续提高货币增长率至 m_3，这导致通货膨胀率继续爬升至 p_3。因此，点 E 和点 C 不是实际经济和经济数据的均衡点。

经过第二轮作用，实际经济处于点 E_1，而经济数据显示经济处于

点 C_1。

点 C_1 对应的通货膨胀率为 p_3，但是由于税收未被完全指数化，真实税率提高，经济活动继续向未观测部门移动，由式（3－7）～式（3－10），从而失业率数据上升到 $U_o^{C_2}$。因此，中央银行根据失业率数据继续提高货币增长，这又将导致通货膨胀率继续爬升，点 E_1 和点 C_1 不是实际经济和经济数据的均衡点。

在倾斜菲利普斯曲线情形下，货币政策持续扩张，通货膨胀率持续上升，经济活动继续向未观测部门移动，就业率数据持续上升①，构成了循环过程②。

因此，在倾斜菲利普斯曲线情形下，经济活动从已观测部门向未观测部门进行的一次性移动将导致通货膨胀率持续上升，失业率数据持续上升，而实际失业率不变。

（三）模型中的货币政策

在上述模型的框架下，本节将考察模型中货币政策的作用与影响。

垂直菲利普斯曲线情形。初始时实际经济处于点 A，而经济数据处于点 B。假设经济活动从已观测部门向未观测部门进行一次性移动，实际经济处于点 A，经济数据则移动至点 D，如图 3－5 所示。

如果不存在相机的货币政策，货币增长率将维持在 m_1，通货膨胀率维持在 0，则点 A（U_n，0）和点 D（U_o^2，0）就是实际经济和已观测经济的均衡点。存在相机货币政策时，均衡点分别为点 E（U_n，p_2）和点 C（U_o^2，p_2）。

对比点 E（U_n，p_2）、点 C（U_o^2，p_2）与点 A（U_n，0）、点 D（U_o^2，0），可以发现，存在相机货币政策时，观测到的失业率不变，观测到的通货膨胀率上升；实际失业率并未降低，而实际的通货膨胀率上升。

因此，相机货币政策对实际经济的影响仅仅是提高了通货膨胀率。

倾斜菲利普斯曲线情形。初始时实际经济处于点 A，而经济数据处于点 B。假设经济活动从已观测部门向未观测部门进行一次性移动，实

① 此时，实际经济的就业率保持不变。

② 原理上，经济活动向未观测部门的转移将一直持续到已观测部门消失，通常在这之前，政府就会采取措施来终止转移过程。这里只研究转移可以持续的情形。

际经济处于点 A，经济数据则移动至点 D，如图 3-6 所示。

如果不存在相机的货币政策，货币增长率将维持在 m_1，通货膨胀率维持在 0，则点 A（U_n，0）和点 D（U_o^2，0）就是实际经济和经济数据的均衡点。存在相机货币政策时，失业率、货币增长率和通货膨胀率相互作用，实际经济沿着点 E、点 E_1、点 E_2 和点 E_3……移动，而经济数据则沿着点 C、点 C_1、点 C_2 和点 C_3……移动，不存在稳定的均衡点。

对比点 E、点 E_1、点 E_2……的轨迹，点 C、点 C_1、点 C_2……的轨迹和点 A（U_n，0）、点 D（U_o^2，0）可以发现，存在相机货币政策时，实际经济和观测到的经济都无法达到稳定均衡；观测到的失业率和通货膨胀率循环上升；实际失业率并未降低，而实际的通货膨胀率却不断上升。

因此，相机货币政策对实际经济的影响是，通货膨胀率螺旋式上升，实际经济无法达到均衡状态。

综合上述两种情形，由于未观测经济的存在，经济数据失真，据此制定的货币政策本身就成了经济波动的根源。

第四节　GDP 数据修正与货币政策实证

从上节的模型可以知道，根据失真经济数据制定的货币政策将成为经济波动的根源，因此，进行经济数据修正可以提高货币政策效率。如果能够对失业率数据进行修正并得到实际经济的准确信息，中央银行将会认识到实际经济一直处于点 A，根据其反应函数就会维持货币增长率 m_1 不变，从而实际经济始终处于点 A 的零通货膨胀充分就业状态。

中央银行有必要进行经济数据修正，以获取更加接近于实际经济状态的信息；但是现实经济远比上述模型更为复杂，GDP 数据失真绝对不仅限于简单的线性形式[①]，这增大了修正的难度，同时也加强了修正的必要性。GDP 数据可能存在各种形式的扭曲，例如，如果未观测经济是

① 例如，Giles、Tedds 和 Werkneh 2002 年使用 VAR 方法研究了加拿大 1976—1995 年的数据，认为已观测经济是未观测经济的 Granger 原因。

顺周期的，会造成失业率变动率数据被高估，在经济高涨期造成 GDP 增长率数据被低估，在经济紧缩期造成 GDP 增长率数据被高估；反之，如果未观测经济是逆周期的，会造成失业率变动率数据被低估，在经济高涨期造成 GDP 增长率数据被高估，在经济紧缩期造成 GDP 增长率数据被低估。

国内关于经济数据失真的研究不多，有关 GDP 数据失真问题对货币政策影响的研究更少。在为数不多的研究中，卢亚娟等认为，非正规金融的存在会扭曲中央银行所依赖的信息集，从而使得货币政策的制定和实施产生偏差，但没有提出对策建议；刘士余和王辰华在货币化的研究中认为，GDP 数据失真是导致中国 M_2/ GDP 比率畸高的原因之一；汪恒认为，GDP 数据失真和滞后对最优货币规则的形式和效果都有显著影响，但其数据样本和处理方法都不够深入。

目前，货币政策进行实证研究的方法主要包括以下几种。(1) 事件分析法，例如，Friedman 和 Schwartz (1963b) 通过对美国 1867—1960 年的宏观经济事件和货币政策进行重述而构建了货币主义。(2) 结构模型法，20 世纪 70 年代以后因为理性预期和卢卡斯批评的冲击，结构模型在理论界已经不再流行，但在实务中仍被使用。(3) 向量自回归模型（VAR），不需要太多的经济理论假设，无需确定变量的内生性或外生性，根据 KISS 原则选取最优滞后阶数，估计简单，预测较好。(4) 动态随机一般均衡模型（Dynamic Stochastic General Equilibrium Model, DSGE）根据一般均衡理论，使用动态优化方法研究各经济主体的跨期优化问题，不仅可以描述行为方程的长期均衡状态，而且可以描述其短期调整过程。(5) 状态空间模型，主要通过 Kalman 滤波等方法对自然失业率等不可观测变量进行建模和估计。

目前，国内对货币政策的实证研究较多，主要包括：(1) 无效性和对称性，例如，陆军等 2002 年使用两步 OLS 方法研究了中国 1982—1999 年的年度数据，倾向于认为预期到的与未预期到的货币冲击都影响实际 GDP；未预期到的货币冲击对真实 GDP 的影响存在非对称性，紧缩的效应大于扩张的效应。(2) 中介目标，例如，蒋瑛琨等 2005 年使用 VAR 方法研究了中国 1992 年第一季度到 2004 年第二季度的季度数据，认为 M_1 是零售物价指数的 Granger 原因，滞后 8 个季度；金融机构贷款余额是零售物价指数的 Granger 原因，滞后 4 个季度；金融机构贷款余额是 GDP 的 Granger 原因，滞后 4 个季度。金融机构贷款余额的贡献度最大，但是其影响的稳定性较差；而 M_1 是较理想的中介目标。（3）时滞，例如，常玉春 2004 年使用混合型模型（Hybrid Model）研究了中国 1992 年第一季度到 2003 年第四季度的季度数据，认为 M_1 的增长率变动对 GDP 作用的时滞为 2 个季度；M_1 增长率变动在 2 个季度内对 GDP 不产生确定性影响，在 3 ~ 4 个季度及以后的作用具有动态不一致性。（4）货币供给内生性，例如，周英章和蒋振声 2002 年使用 VAR 方法研究了中国 1993 年第一季度至 2001 年第三季度的季度数据，认为 GDP 与金融机构贷款余额、M_2 之间存在协整关系；GDP 和 M_2 互为 Granger 原因，货币供应量具有一定的内生性。

现有的研究都没有考虑到经济数据的质量问题，因此，本研究将使用 GDP 修正数据对中国货币政策进行实证研究。

一、使用年度 GDP 修正数据的实证

使用中国年度 GDP 主成分法和现金需求方程法得到的两个修正数据和官方数据，从动态相关性来看，官方数据和两个修正数据之间的差异不大，说明依据二者分别得到的 GDP 和货币供应量间的短期关系并不存在大的差异。

从协整检验来看，GDP 官方数据与货币供应量、通货膨胀率之间并未发现显著的协整关系，而两个修正数据分别与货币供应量、通货膨胀率之间都存在显著的协整关系。从 Granger 因果检验来看，官方数据显示 GDP 是 M_0 的 Granger 原因，而修正数据显示 GDP 不是 M_0 的 Granger 原因；和特征事实对照，使用 GDP 官方数据得到的实证结论与特征事实相违背，而使用 GDP 修正数据得到的实证结论则与特征事实相一致。

对存在的协整关系构建 VEC 模型，在系数和冲击响应函数等方面，GDP 主成分法和现金需求方程法两个修正数据之间也存在较大差异。

从货币政策实证结果来看，不仅 GDP 官方数据与修正数据之间存在差异，而且不同的修正数据之间也存在差异。一方面，这说明 GDP 数据修正的确会改变货币政策实证研究的结果，中央银行可能需要根据修正数据重新考量货币政策传导的时滞和程度，修正其理论价值和现实

价值；另一方面，这也意味着不同的修正方法并不能相互支持印证，修正结果稳健性并不好。

（一）动态相关性

真实产出各序列与货币供应量各口径的当期、超前1期及滞后1期、滞后2期都表现出正相关性，这似乎说明货币供应量增加在短期内会导致真实产出上升，而真实产出上升又会在短期内导致货币供应量增加。

GDP和货币供应量的动态相关系数仅能够定性描述两者间的短期关系，货币供应量的增加可能是货币政策调整的结果，也可能是由于经济增长导致货币需求和货币供给增加，两者都可能产生上述正相关性。

GDPOR、GDPPIR和GDPCDFR① 与 M_0、M_1 和 M_2 的动态相关系数表现出较强的一致性，这说明GDP修正数据与官方数据之间的差异不大；而货币供应量各口径之间也不存在明显差异，如图3－7所示。

（二）VAR模型

年度数据的样本区间过小，使用VAR模型序列面临的长度不够，模型的稳定性会存在一定程度的问题。下面只能尝试在平稳性检验的基础上，对年度数据构建VAR模型，进行协整检验、Granger因果检验和冲击响应分析。

使用I（1）变量进行协整检验，在1%的置信水平上，不存在协整关系；在5%的置信水平上，存在协整关系。检验结果参见曾辉(2008)。

GDP官方数据与货币供应量、价格指数之间不存在协整关系，而两个GDP修正数据与货币供应量、价格指数之间存在协整关系。这似乎说明了与GDP官方数据相比，GDP修正数据和其他经济数据具有更好的长期稳定关系，具有更好的解释能力和预测能力。

在协整检验中，消费者价格指数和零售价格指数表现出较强的相似性，因此，下面只检验消费者价格指数。

---

① 其中，GDPOR、GDPPIR和GDPCDFR分别代表去掉趋势项的1978年为100的年度GDP官方数据、主成分法修正数据和现金需求方程法修正数据。

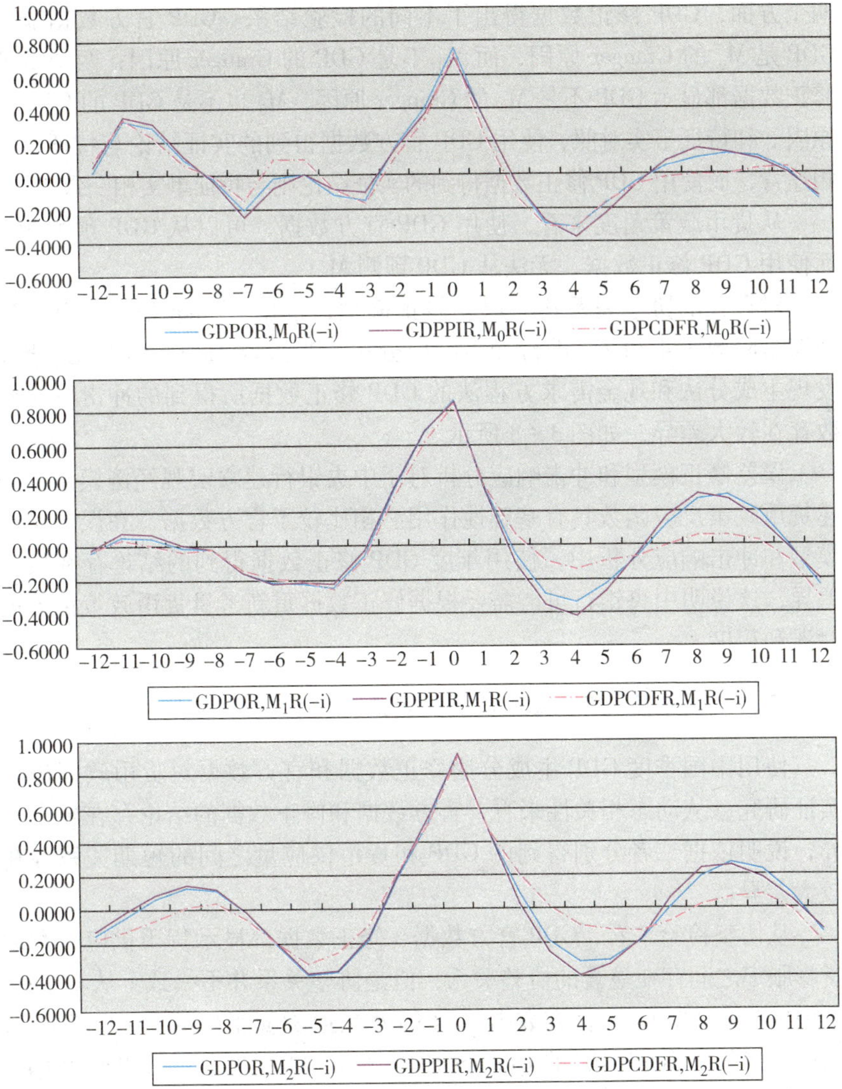

图 3－7 真实产出与货币供应量年度数据的动态相关系数

使用I（1）变量进行 Granger 因果检验，与 GDP 官方数据相比，在 GDP 是否是 M_0 的 Granger 原因、GDP 是否是通货膨胀率的 Granger 原因两个方面，GDP 修正数据得出了不同的检验结果。GDP 官方数据显示 GDP 是 M_0 的 Granger 原因，而 M_0 不是 GDP 的 Granger 原因；两个 GDP 修正数据都显示 GDP 不是 M_0 的 Granger 原因，M_0 也不是 GDP 的 Granger 原因。和特征事实对照，使用 GDP 官方数据得到的实证结论与特征事实相违背，而使用 GDP 修正数据得到的实证结论则与特征事实相一致。

从货币政策角度来看，使用 GDP 官方数据，可以从 GDP 预测 M_0；而使用 GDP 修正数据，无法从 GDP 预测 M_0。

对存在的协整关系建立误差修正模型，根据 Akaike 信息准则，选择滞后阶数为 4 和 2，进行冲击响应分析。当采取 M_0 口径时，经比较发现主成分法和现金需求方程法的 GDP 修正数据所得到的冲击响应函数存在较大差异，如图 3－8 所示。

误差修正模型和冲击响应分析对于中央银行建立宏观经济模型、构建货币政策反应函数具有基础性作用。相比较于官方数据，在误差修正模型和冲击响应分析中，使用年度 GDP 修正数据得到的结论存在较大差异，这说明中央银行可能需要根据修正数据重新考量货币政策传导的时滞和程度。

二、使用季度 GDP 修正数据的实证

使用中国季度 GDP 主成分法修正数据和官方数据对货币政策进行实证研究，从动态相关性来看，官方数据和修正数据的结论存在较大差异，说明依据二者分别得到的 GDP 和货币供应量之间的短期关系存在较大差异。

从协整检验来看，GDP 官方数据、修正数据都显示货币供应量和通货膨胀率之间存在显著的协整关系，但是协整关系并不一致。从 Granger 因果检验来看，GDP 官方数据显示 GDP 是通货膨胀率的 Granger 原因，而通货膨胀率不是 GDP 的 Granger 原因，这说明中央银行可以使用 GDP 来预测通货膨胀率，而无法使用通货膨胀率来预测 GDP；而修正数据显示的结论却恰恰相反。

对存在的协整关系构建 VEC 模型，在系数和冲击响应函数等方面，

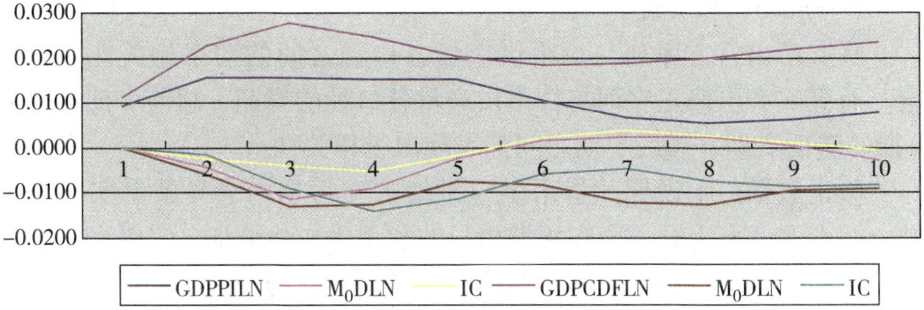

GDP的冲击响应函数

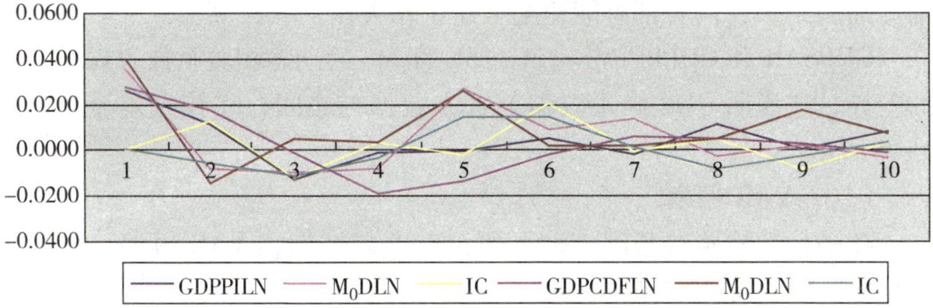

M_0的冲击响应函数

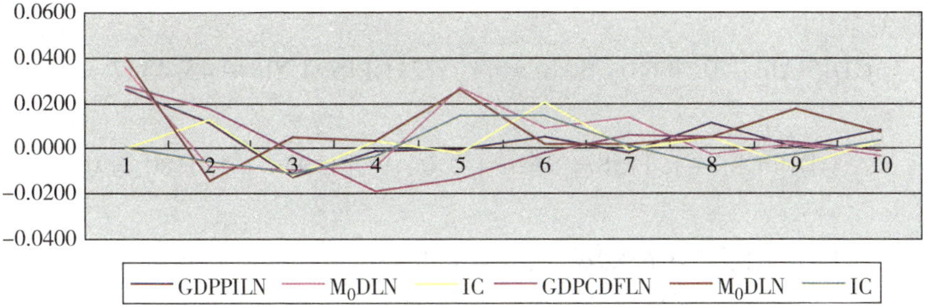

通货膨胀率的冲击响应函数

图 3-8 年度数据冲击响应函数的比较

GDP 官方数据和修正数据之间也存在较大差异；这说明中央银行可能需要根据修正数据重新考量货币政策传导的时滞和程度。

从货币政策的实证结果来看，GDP 官方数据与修正数据之间存在多方面的差异，这说明 GDP 数据修正的确会改变货币政策实证研究的结论，进而影响货币政策的制定，因此，GDP 数据修正有其理论价值和现实价值。

（一）动态相关性

真实产出官方序列与货币供应量各口径之间的动态相关性并不稳定，而真实产出修正序列与货币供应量各口径的当期、超前1期及滞后1期、滞后2期、滞后3期之间都表现出正相关性。

修正数据似乎说明，货币供应量增加在短期内会导致真实产出上升，而真实产出上升又会在短期内导致货币供应量增加。GDP和货币供应量的动态相关系数仅能够定性描述二者间的短期关系，货币供应量的增加可能是货币政策的结果，也可能是经济增长导致货币需求和货币供给增加的结果，两者都可能产生上述正相关性。

GDPSAR和GDPPCR①与M_0、M_1和M_2的动态相关系数表现出较大的差异，这说明GDP修正数据与官方数据与之间存在较大差异，如图3－9所示。

（二）VAR模型

在平稳性检验的基础上，下面对季度数据构建VAR模型，进行协整检验、Granger因果检验和冲击响应分析。

使用I（1）变量进行协整检验，在1%的置信水平上，存在下列协整关系。

$$\text{GDPSAln} + 0.4968 m_0 \text{SAln} - 11.3721 \text{CPISALNln} - 45.4367 = 0 \quad (3-11)$$

$$\text{GDPPCln} - 1.1158 m_0 \text{SAln} + 0.0419 \text{CPISAln} + 4.6180 = 0 \quad (3-12)$$

$$\text{GDPPCln} - 0.6589 m_1 \text{SAln} - 1.4645 \text{CPISAln} + 9.0579 = 0 \quad (3-13)$$

GDP官方数据和主成分法修正数据与货币供应量、通货膨胀率间存在协整关系，但是协整关系存在差异。只有当采取M_1口径时，官方数据和修正数据之间的协整关系的正负符号才是一致的。

使用I（1）变量进行Granger因果检验，与GDP官方数据相比，在M_1是否是GDP的Granger原因、GDP是否是通货膨胀率的Granger原因

① 其中，GDPSAR和GDPPCR分别代表经季节调整的去掉趋势项的季度GDP官方数据和主成分法修正数据。

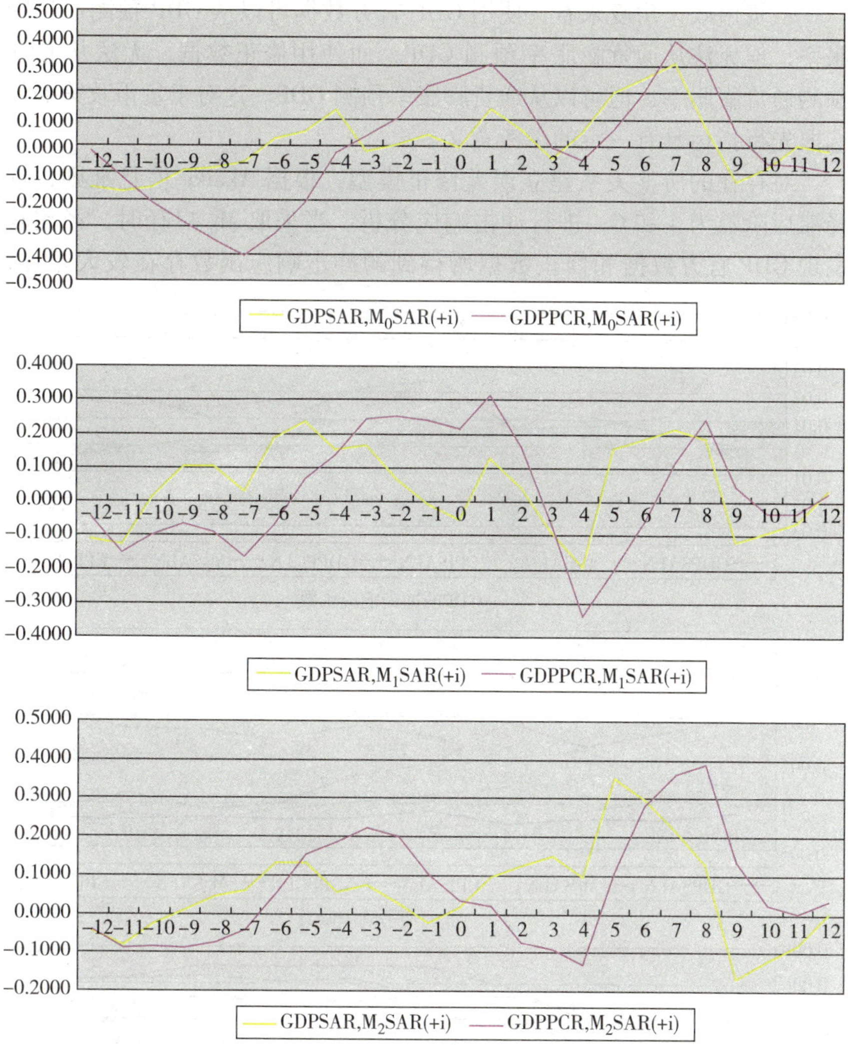

图 3－9　真实产出与货币供应量季度数据的动态相关系数

两个方面，修正数据得出了不同的检验结果。

GDP 官方数据显示，GDP 是通货膨胀率的 Granger 原因，而通货膨胀率不是 GDP 的 Granger 原因；修正数据显示，GDP 不是通货膨胀率的 Granger 原因，而通货膨胀率是 GDP 的 Granger 原因。

从货币政策角度来看，使用 GDP 官方数据可以从 GDP 预测通货膨胀率，但无法从通货膨胀率预测 GDP；而使用修正数据，无法从 GDP 预测通货膨胀率，但可以从通货膨胀率预测 GDP。这对于货币政策如何选取先行指标具有一定的参考意义。

对存在的协整关系建立误差修正模型，根据 Akaike 信息准则，选择滞后阶数为 4 和 6，进行冲击响应分析。当采取 M_0 口径时，经比较发现 GDP 官方数据和修正数据所得到的冲击响应函数存在较大差异，

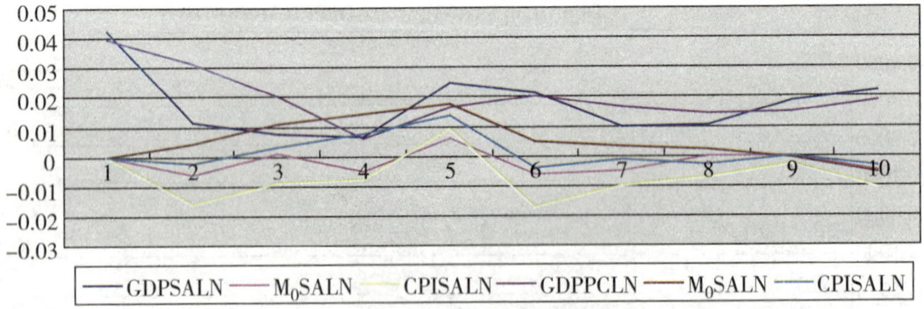

GDP的冲击响应函数

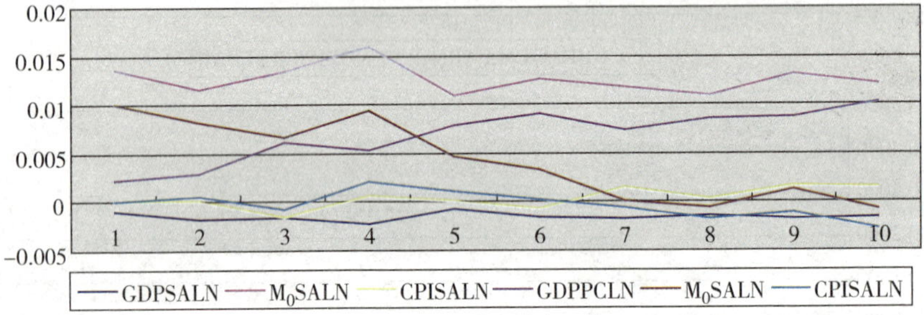

M_0的冲击响应函数

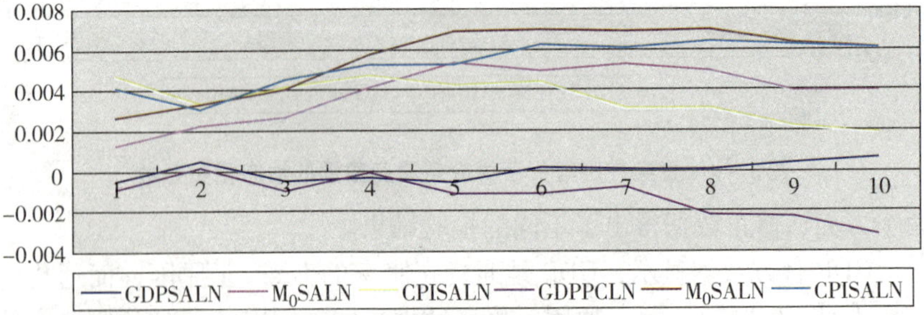

通货膨胀率的冲击响应函数

图 3-10 季度数据冲击响应函数的比较

如图 3－10 所示。

误差修正模型和冲击响应分析对于中央银行建立宏观经济模型、构建货币政策反应函数具有基础性作用。相比较于官方数据，在误差修正模型和冲击响应分析中，使用季度 GDP 修正数据得到的结论存在较大差异，这说明中央银行可能需要根据修正数据重新考量货币政策传导的时滞和程度。

第五节　经济数据修正的政策含义

从 1984 年中国人民银行开始专门行使中央银行的职能以来，有关货币政策的制定、执行就存在较大争议，相当多的观点认为中国货币政策的效率较低。现有研究往往关注于货币政策中介目标选择和制度框架等方面，本研究将从中央银行可获得的信息集角度出发，阐明经济数据扭曲会导致货币政策低效率，从而使对各种经济数据进行修正成为必要。

本研究提出了问题，对 GDP 数据修正作了一些探讨，但仍然有待继续深入研究，对其他经济数据则仅仅提出了问题。

一、中介目标选择

一般认为，货币政策需要中介目标的原因主要有两点：首先，货币政策传导具有一定的时滞，需要选取一些时滞较短的变量来观测货币政策实施的效果，从而可以对货币政策进行调整；其次，为货币政策设定一个公开且明确的名义锚（Nominal Anchor），防止中央银行的机会主义和政策不一致性，从而提高货币政策的可信度（Credibility）。1993 年中国人民银行开始向社会公布货币供应量指标[①]，1996 年采取 M_1 和 M_2 作为货币政策的调控目标，1998 年取消信贷规模控制而实行资产的负债比例管理，正式采取货币供应量作为中介目标，但是对中介目标一直存在争论。对 GDP 数据进行修正，将在一定程度上影响相关结论。

首先，中介目标是否仍然选择货币供应量呢？现有研究多探讨货币

① 货币供应量中，M_1、M_2 和 M_3 的数据由中国人民银行补充至 1985 年，见 CEIC Database；M_1 和 M_2 的数据由国家信息中心补充至 1978 年，见 Resset Database。

供应量的相关性，但是正如本研究使用年度 GDP 修正数据的实证部分和使用季度 GDP 修正数据的实证部分的论述，对 GDP 数据进行修正将改变货币政策实证研究的部分结论，货币供应量与真实产出、通货膨胀率之间关系的检验结论将会发生改变；本研究的基本结论是，货币供应量能够对通货膨胀率产生一定的影响，使用货币供应量作为中介目标仍有一定的合理性。

其次，以货币供应量作为中介目标必须在 M_1、M_2、准货币和 Divisia 指数等货币口径中进行选取[①]。对 GDP 数据进行修正可能也会改变对货币口径的选择，正如本研究使用季度 GDP 修正数据的实证部分的论述，在 GDP 官方数据和修正数据下，对 M_0、M_1 和 M_2 将产生不同的协整检验和 Granger 因果检验结论，这对于货币口径选择有一定的参考意义。

最后，以货币供应量作为中介目标还涉及货币统计范围及其调整的问题。例如，中国人民银行对货币统计就进行了多次调整[②]；货币统计范围及其调整当然主要考虑中国金融变迁的现实，但同时也需要考虑口径的有用性。因此，对 GDP 数据修正也可能会影响各口径的货币需求方程的稳定性，进而会影响对货币统计范围的调整。

二、制度框架

货币政策的规则与相机抉择实际上是货币政策操作规范的二分法。一般而言，货币政策规则是指在政策制定和实施之前就已经确定并据以操作的程序或原则，而规则就是货币当局在每一阶段执行事前选取原则在该决策区间的偶然性公式。

---

① 按照中国人民银行的货币统计，M_0 = 流通中现金，$M_1 = M_0$ + 活期存款，$M_2 = M_1$ + 准货币（定期存款 + 储蓄存款 + 其他存款），自 2001 年 6 月起，其他存款中含证券公司存放在金融机构的客户保证金。

② 现在中国货币供应量的统计范围是除证券公司、保险公司以外的金融机构，即由货币当局的资产负债表、存款货币银行的资产负债表与特定存款机构的资产发债表合并而成；其中，存款货币银行包括国有商业银行、中国农业发展银行、其他商业银行、城市商业银行、农村商业银行、外资银行、城市信用合作社、农村信用合作社、财务公司，特定存款机构包括国家开发银行、中国进出口银行、信托投资公司、金融租赁公司。

最常见的目标规则是通货膨胀目标制，通货膨胀目标制是一种相机抉择型的规则（Discretionary Rules）。通货膨胀目标制的实施需要中央银行对宏观经济模型和货币政策传导机制具有深刻的理解，能够对通货膨胀率作出较为准确的预测。但是，如果中央银行不能够得到准确的经济数据，或者不能够对经济数据进行修正，那么对通货膨胀率的预测和通货膨胀目标制的实施在技术上就是不可能的。

正如本研究在中国 GDP 数据修正结论部分的论述，GDP 数据修正将改变我们对中国宏观经济周期特征的判断。

下面使用主成分法修正结果，分析数据修正对货币政策制定和效果的影响，如图 3 - 11 所示。

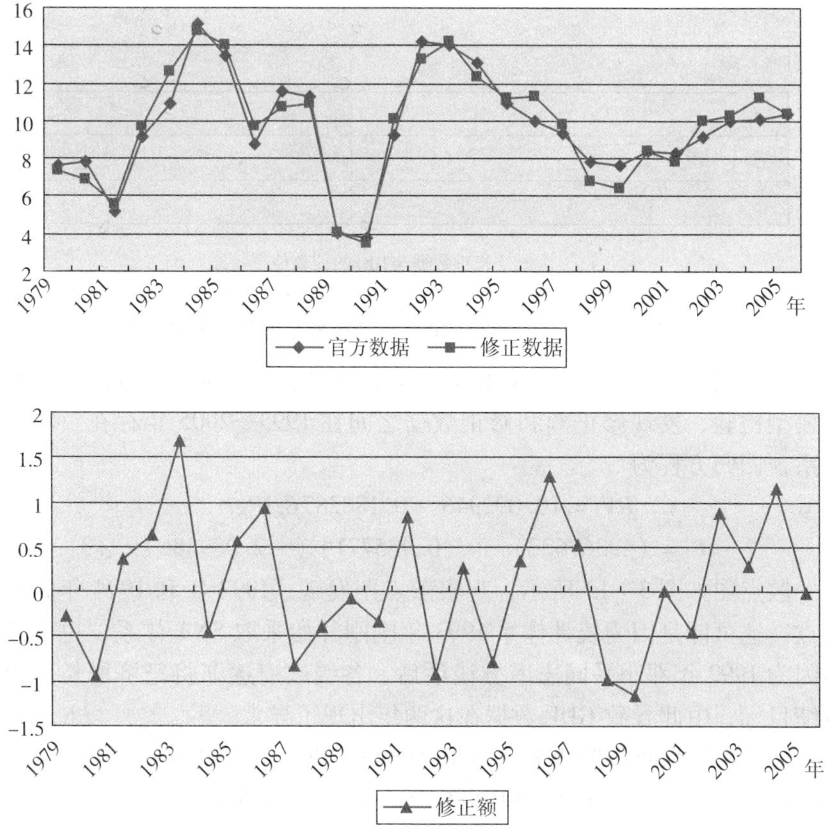

图 3 - 11 GDP 年度增长率的主成分法修正

使用含结构变化的线性模型进行实证检验，修正额和官方数据之间、修正额和修正数据之间在1979—2005年整个区间上并不存在显著的相关关系；散点图如图3-12所示，直观上也无法观察到分布规律。

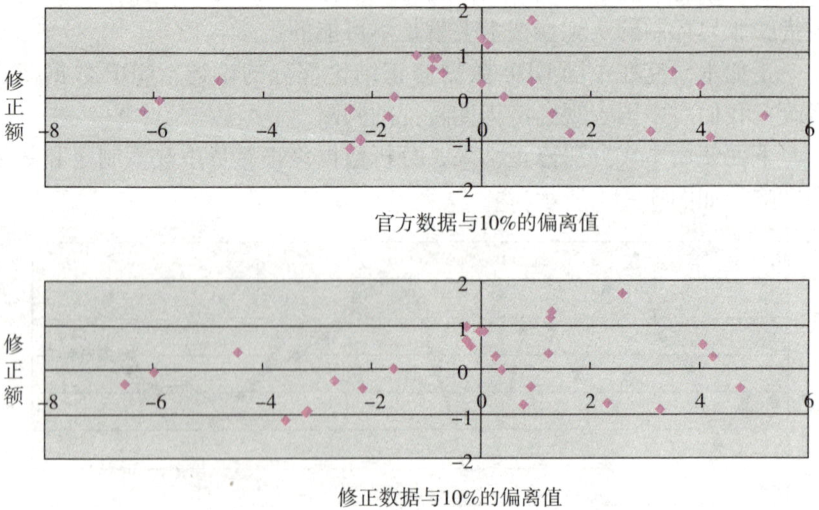

图3-12　主成分法1979—2005年修正额和偏离值间的关系

考虑到1993年前后GDP数据在生成方法上的差别，分区间进行线性模型检验，发现修正额和修正数据之间在1993—2005年存在负相关关系，回归方程为

$$RV = 10.092946 - 0.188287GDPgrr$$

$$F = (4.367622) \quad (0.485771)(-2.089886) \quad (3-14)$$

散点图如图3-13所示，观察散点图发现，1993年和1994年为异常点，这可能是因为统计体系1993年刚刚开始采取SNA体系，也可能是因为1992年邓小平同志南方谈话后，各级政府逐渐将经济增长作为政绩目标，由此导致GDP数据在这两年出现了异常。

如果根据散点图除去异常点1993年和1994年，回归结果更好

$$RV = 10.395397 - 0.406234\ GDPgrr$$

$$F = (37.17556) \quad (3.320764) \quad (-6.097176) \quad (3-15)$$

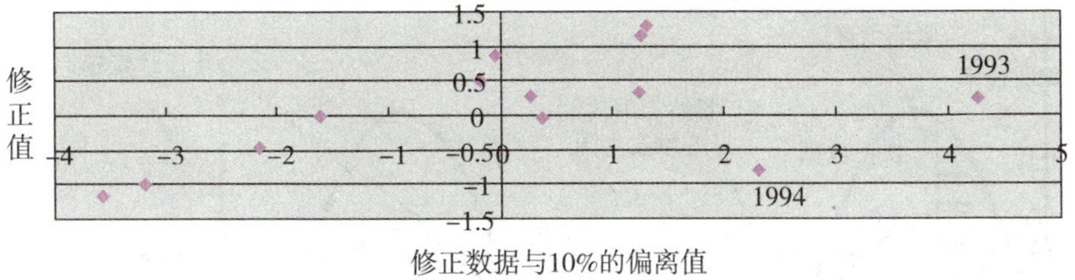

图 3－13　主成分法 1993—2005 年修正额和偏离值间的关系

由于时间序列过短，计量分析的说服力并不足够强，但计量结果的解释却相当有趣：当 GDP 的增长率高于 10.40% 时，官方数据倾向于低估 GDP；而当 GDP 的增长率低于 10.40% 时，官方数据倾向于高估 GDP。这似乎可以解释为，各级政府认为潜在的或者合意的 GDP 增长率为 10.40%，因此，试图通过影响统计体系而将 GDP 官方数据维持在 10.40% 附近的区间内；同时，这可能也意味着经济的实际波动较大，而统计局通过处理来减小 GDP 数据的波动性。

中央银行根据 GDP 数据来制定货币政策，就会低估经济的波动性，从而延误货币政策时机或者减小货币政策的力度；即使中央银行认识到 GDP 数据存在问题，试图及时采取适当力度的货币政策，但是，由于 GDP 数据的官方性质和权威地位，中央银行将很难说服政府、人民代表大会和公众，从而实施其货币政策意图，特别是在中央银行独立性不足的情形下。

如果相信 GDP 修正数据更加接近于经济现实，就可以使用图 3－14 简单地表示货币政策被延误的过程。假设潜在 GDP 的增长率为 10.40%，对中央银行的决策行为进行简单化假设，在 GDP 增长率高于 11.2% 时，开始采取紧缩货币政策，紧缩力度与（GDP 增长率－11.2%）正相关；当 GDP 增长率低于在 9.6% 时，开始采取扩张货币政策，扩张力度与（9.6%－GDP 增长率）正相关。

首先从采取货币政策的时机的角度考察经济繁荣阶段。经济实际，如修正数据显示的那样，已经在点 *A* 超出了紧缩货币政策的触发上限，中央银行本应该采取紧缩货币政策；但是官方数据显示经济仍然位于触发上限以下，中央银行没有采取紧缩货币政策，错过了最佳时机。直至

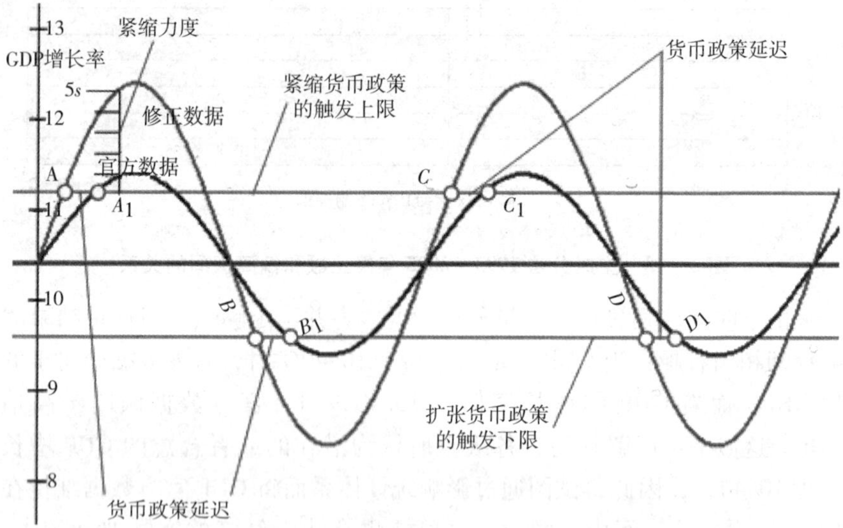

图 3-14　GDP 数据质量问题对货币政策的误导

点 A_1，官方数据显示经济超出了触发上限，中央银行采取紧缩货币政策；但此时经济实际已经在远远高于触发上限的区间内运行，由于经济的巨大惯性，紧缩政策在短时间内很难发生明显作用。由于时机被延误，紧缩货币政策很难取得良好效果。

从货币政策力度的角度，中央银行通过观测经济偏离潜在增长率的程度来决定紧缩力度。经济实际上如修正数据显示的那样，已经偏离潜在增长率达 $5s$，中央银行本应该采取的紧缩力度为 $f(5s)$；但是，官方数据显示，经济偏离潜在增长率仅为 s，中央银行采取的紧缩力度为 $f(s)$，$f(s) < f(5s)$。由于力度不足，紧缩货币政策很难取得良好效果。

因此，GDP 数据对经济实际波动性的低估，将对货币政策时机和力度的正确选择造成负面的影响，这可能是中国货币政策效果不尽如人意而经济屡屡硬着陆的原因之一。

三、价格指标选择

价格指标是货币政策的重要目标和观测变量，相关统计数据的质量也备受质疑，遗憾的是由于能力和时间的限制，本研究并未能够提供成熟的答案，只是提出了问题，希望能够为后续研究的开展提供思路。

（一）核心通货膨胀率

核心通货膨胀（Core Inflation）指标[①]与标题通货膨胀（Headline Inflation）指标相对应，是从标题通货膨胀指标中剔除暂时性价格变动的价格指数。核心通货膨胀指标反映通货膨胀率变化的长期趋势，是价格指数中与货币政策存在某种长期或持久联系的部分，有助于预测短期乃至中期的通货膨胀率。例如，刘建伟等 2006 年使用美国口径计算中国 1978—2005 年的核心 CPI，认为核心 CPI 的波动性比 CPI 小，和 M_0 的相关性更强。

但是，这一推理逻辑远非完美，至少存在两点反对原因。首先，食品价格上涨会增加生活成本，推动工资上升，提高通货膨胀预期，从而推动价格的全面上涨，这对货币政策构成了挑战；其次，CPI 衡量的是居民生活成本，特别是对于像中国这样一个经济发展程度不高、恩格尔系数较高的国家而言，食品价格对居民生活影响很大，因此，核心 CPI 的意义很不明确。

中国的货币政策目标是物价稳定，那么中央银行究竟是以 CPI 还是以核心 CPI 为目标呢？抑或以其中之一作为先行指标呢？明确这一点对于公众判断中央银行行为、形成通货膨胀预期具有相当意义，对于非加速通货膨胀的失业率（Non - Accelerating - Inflation Rate of Unemployment，NAIRU）的确定也具有重要意义。图 3 - 15 是近年来中国 CPI 和核心 CPI 的走势图[②]，二者之间还是存在较大差距的。

（二）广义的价格指数

Alchian 和 Klein（1973）认为，传统的价格指数只反映商品价格的当期变动，不能反映商品价格的未来走势，而对未来价格的预期会影响

---

① 核心通货膨胀最早由 Eckstein 于 1981 年提出，是价格指数中与货币增长相联系的长期或持久的部分，是反映潜在通货膨胀长期变化趋势的重要指标，并有助于预测短期和中期通货膨胀率。度量核心通货膨胀的方法有统计途径和计量途径两大类，统计途径主要包括剔除法（Exclusion）、有限影响估计法（Limited - influence Estimation）、平滑技术法（Smoothing）和动态因素指数法（Dynamic Factor Index，DFI）等；计量途径主要是 SVAR。

② 核心 CPI 指数根据分类 CPI 指数计算，资料来源：CEIC database。

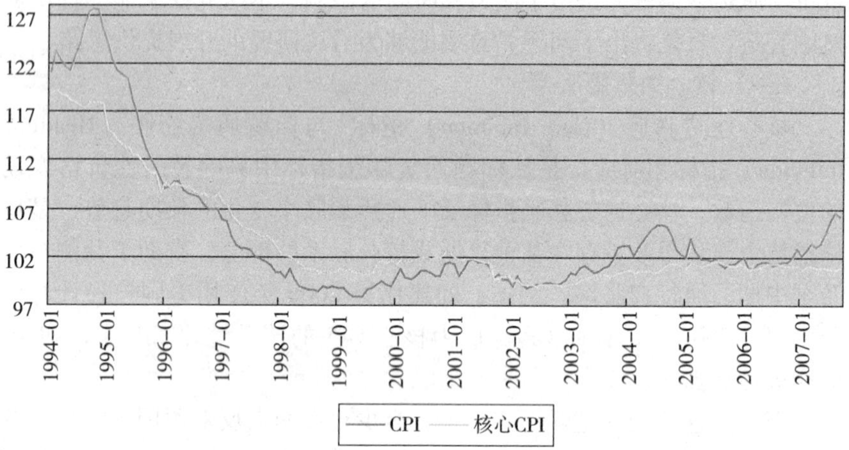

图 3-15 CPI 和核心 CPI 月度数据

居民的行为决策，因此，传统的价格指数具有排除物品偏误（Exclued Goods Bias）的特点。因此，至少从理论上讲，理想的价格指数应该是购买阿罗—德布鲁未来商品市场的完整集合（Complete Set of Arrow - Debreu Futures Market）中单位商品的价格；可以使用跨期生活费用指数（Inter - Temporal Cost of Living Index, ICLI）来反映整个生命周期的生活成本的变动，集合中未来商品的价格可以使用资产价格来替代，由此 ICLI 可以表示为传统价格指数和资产价格指数的加权平均。例如 Bryan、Cecchetti 等 2002 年采取 ICLI 的思路，认为美国 1978—1999 年的年度 CPI 被低估了 0.25 个百分点。

Goodhart 和 Hoffman（2000）认为，包括资产价格在内的各种广义价格指数是否能够准确衡量通货膨胀，取决于是否能够对资产价格中的噪声进行剔除，但是这在技术上存在很大的难度，甚至是不可能的。

由于技术上的难度，是否编制 ICLI 类型的广义价格指数应该是中国中央银行在远期考虑的问题。

（三）资产价格

Bernanke 和 Gertler（1999）认为，如果资产价格波动是由非基本面因素引起的[①]，同时该波动对宏观经济有潜在的显著影响[②]，那么资产价格波动就成为导致经济不稳定的独立因素，货币政策就应该关注资产价格。

将资产价格纳入货币政策信息集的方法主要有三种：

第一种的代表是 Alchian 和 Klein，主张在价格指数中加入资产价格形成广义的价格指数，并将其作为货币政策目标[③]。

第二种的代表是 Cecchetti 等，主张在中央银行的反应函数中加入资产价格偏离（Asset Price Misalignments）。这种方法存在三个难点：（1）如何识别资产价格的波动是由非基本面因素引起的，或者说如何识别资产价格偏离或资产泡沫；（2）如何描述资产泡沫的演变路径；（3）如何保证刺破资产泡沫而不会导致金融市场恐慌。

第三种的代表是 Bernanke 和 Gertler，认为价格稳定和金融稳定密切联系，因此，主张中央银行应该充分关注资产价格的波动，采取弹性通货膨胀目标制（Flexible Inflation Targeting）[④]，但是考虑到技术上的难度，不应该直接在反应函数中加入资产价格项；Goodhart 和 Holfmann 2001 年使用包括房地产价格和股票价格在内的变量构建了金融形势指数（Financial Condition Index，FCI）。在国内研究中，易纲和王召（2002）也持相似的观点。Issing 等（2001）认为，中央银行将资产价格明确地纳入货币政策目标，其行为规律会造成道德风险。

中国的货币政策应该采取哪种思路将资产价格纳入货币政策制定

① 一般认为，非基本面因素引起资产价格波动的情形主要有三种可能性：（1）不完善的制度变迁，例如 Borio、Kennedy 和 Prouse 认为，20 世纪 80 年代日本金融改革导致信贷可得性急剧增加，从而造成了资产价格的快速膨胀，而 Allen 和 Gale 则将这一思路模型化。（2）投资者的非完全理性，例如羊群效应、过度乐观、短期行为等。（3）非完备套利，现实金融市场不存在完备套利也并非总是有效的，因为，首先，许多证券没有完全替代品，甚至没有近似替代品；其次，套利者面临着噪声交易者风险、进入成本和流动性约束等。

② 由于数据大多表明资产价格和真实经济之间存在双向 Granger 因果关系，这导致很难或者无法使用计量方法来识别该影响的程度，但我们可以采取对历史上金融危机进行事件研究的方法来考察该影响的存在和程度；而资产价格波动对宏观经济影响的传导机制包括财富效应、托宾 q 效应和金融加速因子等理论。

③ 较详细的论述参见“广义的价格指数”部分。

④ 弹性通货膨胀目标制既可以采取 Fed 的隐性形式，也可以采取 ECB 的更为显性和透明的形式，Bernanke、Gertler（1999）倾向于后者。

中，是有待商榷的问题。但首先必须注意到，中国并不存在关于资产价格的可信数据，例如，房地产价格指数存在诸多争议，空置率口径也不具有国际可比性等①。

本章主要观点

本文的主要观点及结论包括如下几点：

1. GDP 数据本身的实际意义并不大。从度量经济发展和福利水平的本义出发，到 GDP 理论定义，再到 GDP 统计定义，最后到 GDP 统计数据，每一步都存在限制、不足、妥协与差别，因此，GDP 数据就其能否反映经济发展和福利水平而言，并不具有太大的实际意义。但 GDP 数据仍然有其意义：第一，通过分析 GDP 数据，可以得到关于宏观经济的信息，包括长期的和短期的；第二，作为一种标题指标（Headline Indicator），GDP 数据对预期的形成和经济政策都会产生影响。

2. 通过构建内含未观测经济的宏观模型，说明了根据扭曲经济数据而制定的货币政策将成为经济波动的原因。通过“决策者—观测者—被观测者”框架说明经济数据内生形成的机制，在此基础上，构建内含未观测经济的宏观模型，考察“经济数据被扭曲—错误的货币政策—经济数据进一步被扭曲”的循环过程。本研究的结论是，基于扭曲的经济数据而制定的货币政策，将可能成为经济的扰动因素，而非稳定因素。

3. 对年度 GDP 和季度 GDP 数据进行修正，将改变中国货币政策实证研究的结论。使用年度 GDP 和季度 GDP 修正数据，就中国的货币政策进行动态相关性分析、协整检验、Granger 因果检验，建立 VEC 模型和冲击响应函数，相关实证结论与使用官方数据时得到的结论之间存在较大差异。这些实证结论对于中央银行建立宏观经济模型、构建货币政策反应函数和制定货币政策具有基础性的作用。

4. GDP 数据质量对货币政策的效果有较大影响。以年度 GDP 主成分法修正数据为例，本研究阐述了 GDP 官方数据失真造成的货币政策

① 美国国家统计局将空置率定义为“调查时点无人居住且不是暂时无人居住的住宅单元数量占全部住宅存量的比重”，中国国家统计局的定义为“报告期末已竣工但尚未销售或租出的部分占近 3 年商品住宅可供面积”，二者之间差距很大。

时机和力度被误导的机制，说明国际流行的货币政策规则未必能显著地提高货币政策效率；同时，这也可能是中国货币政策效果不尽如人意的原因之一。

参考文献

［1］常玉春：《货币供应量作为我国货币政策中介目标的有效性及其检验》，载《世界经济文汇》，2004（5）。

［2］范从来：《论通货紧缩时期货币政策的有效性》，载《经济研究》，2000（7）。

［3］蒋瑛琨、刘艳武、赵振全：《货币渠道与信贷渠道传导机制有效性的实证分析》，载《金融研究》，2005（5）。

［4］刘斌、邢述慧：《Divisia 货币指数与中国货币政策中介目标分析》，载《数量经济技术经济研究》，1999（4）。

［5］万解秋、徐涛：《货币供给的内生性和货币政策的效率——简评我国当前货币政策的有效性》，载《经济研究》，2001（3）。

［6］夏斌、廖强：《货币供应量已不宜作为当前我国的货币政策中介目标》，载《经济研究》，2001（8）。

［7］易纲、王召：《货币政策与金融资产价格》，载《经济研究》，2002（3）。

［8］曾辉：《GDP 数据修正与货币政策信息集》，中国人民银行金融研究所博士研究生学位论文。

［9］周英章、蒋振声：《货币渠道、信用渠道与货币政策有效性：中国 1993—2001 年的实证分析和政策含义》，载《金融研究》，2002（9）。

［10］唐旭：《不良资产、税收与银行准入的开放》，载《经济研究》，2005（7）。

［11］Alchian A. A. & L. R. Klein, 1973, "A Correct Measure Inflation", *Journal of Money, Credit and Banking*.

［12］Bernanke, B. S. & M. Gertler, 1999, "Monetary Policy and Asset Prices Volatility", *Economic Review*.

［13］Friedman, Milton, 1953, "The Methodology of Positive Economics", Essays in Positive Economics, University of Chicago Press.

［14］Friedman, Milton & Anna Schwartz, 1963, "A Monetary History of the United States, 1867 - 1960", Princeton University Press.

［15］Goodhart, C. & B. Hoffman, 2000, "Do Asset Prices Help to Predict Consumer Price Inflation", Unpublished manuscript.

[16] Issing, O., V. Gaspar, I. Angeloni & O. Tristani, 2001, "Monetary Policy in the Euro Area", Strategy and Decision – Making at the European Central Bank, Cambridge Press.

[17] McCallum, Bennett T., 1997, "Issues in the Design of Monetary Policy Rules", *NBER*, *Working Paper*, No. 6016.

[18] Meng Lian & Wang Xiaolu, 2001, "A Reevaluation of China's Economic Growth", *China Economic Review* 12, 338 – 346.

[19] Rawski, T. G., 2001, "What's Happening to China's GDP Statistics?", *China Economic Review.*

[20] Ren, R., 1997, "China's Economic Performance in an International Perspective", OECD Development Centre.

[21] Taylor, J. B., 1993, "Discretion versus Policy Rules in Practice", *Carnegie Rochester Conference Series on Public Policy*, 39, 195 – 214.

[22] Taylor, J. B., 1998, "An Historical Analysis of Monetary Policy Rules", *NBER Working Paper*, No. 6768.

[23] Wilensky, H. L., 1981, "Family Life Cycle, Work, and the Quality of Life. Institute of Industrial Relations (eds.)", Berkeley, Calif., University of California.

[24] World Bank, 1992, "China Statistical System in Transition", *Report* No. 9557 – *CHA.*

[25] World Bank, 1994, "China GNP per Capita", No. 13580.

[26] Wu, Harry X., 1997, "Reconstructing Chinese GDP according to the National Accounts Concepts of Value Added: the Industrial Sector, 1949 – 1994", COPPAA, No. 4, Griffith University, Brishbane.

[27] Wu, Harry X., 2002, "How Fast Has Chinese Industry Grown? – Measuring the Real Output of Chinese Industry, 1949 – 1997", *Review of Income and Wealth.*

第四章　金融资产膨胀与金融系统稳定

“如果正统经济学有错误的话，其病不会在其上层建筑，而在其前提之不够明白、不够普遍，上层建筑在逻辑上总是很少可非议的。因此判断一个理论的解释力，不应从其结论入手，而应当从其前提入手，看其据以构建理论基础的假设条件或是前提是否成立。”

凯恩斯《就业、利息和货币通论》

第一节　金融危机与传统金融理论

一、金融危机的爆发让传统金融理论再次面临挑战

经济理论的生命力在于它对现实事件的解释力。

20 世纪 90 年代以来全球经济结构的一个突出特征是经济过度金融化，从全社会资产结构看，金融资产数量已远远超过实物资产，发达国家尤为明显。以美国为例，1990 年后在居民家庭总资产中，金融资产占比始终保持在 60% 以上；在非金融企业资产结构中，金融资产占比在 2004 年后也升至 48% 以上。这就使得金融资产的价格变动不仅会严重地影响居民家庭和企业的资产负债情况和企业的融资能力，而且可能由此引发信贷市场的变化。

表 4－1　　**美国居民资产结构变化**　　单位：10 亿美元、%

年份	1990	1995	2000	2004	2005	2006	2007	2008
全部资产	24 315	32 487	48 979	62 909	70 286	75 730	77 018	65 718
有形资产	9 326	10 697	15 243	23 969	27 391	28 360	27 264	24 904
金融资产	14 989	21 790	33 736	38 940	42 895	47 370	49 754	40 814
金融资产占比	61. 6	67. 1	68. 9	61. 9	61	62. 6	64. 6	62. 1

资料来源：根据历年美联储“美国资金流量表”整理。

表4－2 **美国非金融企业资产结构的变化** 单位：10亿美元、%

年份	1990	1995	2000	2004	2005	2006	2007	2008
全部资产	9 814	11 647	16 919	21 697	24 750	27 107	29 112	28 277
有形资产	6 235	6 686	9 458	10 766	12 841	14 423	15 332	14 228
占比	63.53	57.40	55.9	49.6	51.9	53.2	52.7	50.3
金融资产	3 579	4 961	7 461	10 931	11 909	12 684	13 780	14 049
占比	36.5	42.6	44.1	50.4	48.1	46.8	47.3	49.7

资料来源：根据历年美联储"美国资金流量表"整理。

与此同时，国际金融体系发生了一系列前所未有的变革，金融创新和金融发展不仅深刻地影响着世界各国的经济发展路径和结构变迁，而且也改变了金融体系自身的运行机制。金融资产的价格变动更加剧烈和频繁，远远超过实体经济的物价和经济增长等指标。从图4－1和图4－2中，我们可以清晰地看到，从1981年至2003年主要发达国家的金融资产价格波动是如此频繁与剧烈。从1980年到2004年，美国的物价变动为130%，而股价变动则高达1 018%。

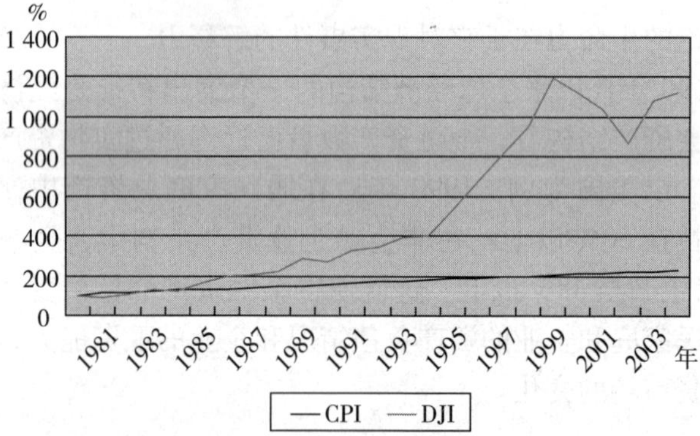

图4－1 美国道琼斯工业指数和物价指数的同比变化

在宏观政策层面上，金融资产膨胀改变了货币政策的传导机制，使得经济体系的稳定性下降，金融危机频繁发生。在原有的以银行存款为主要金融资产的金融体系下，货币政策的传导机制主要通过利率调整影响消费和投资，从而调节经济体系的周期性波动。在传统的经济系统

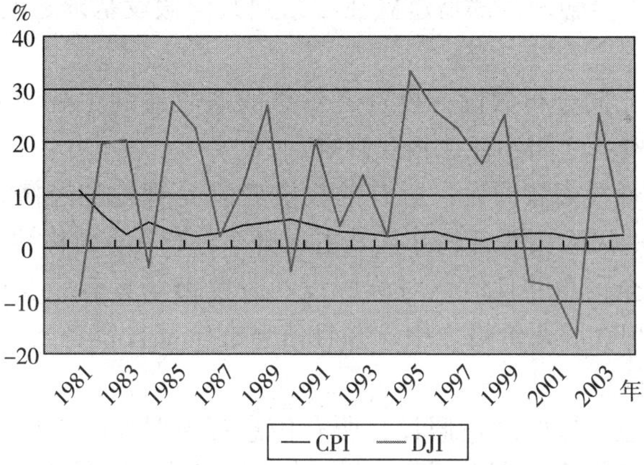

图 4－2　美国道琼斯工业指数和物价指数的环比变化

中，以负反馈为特征的自动调节机制发挥着稳定器的作用，同时宏观经济政策的可测度性和可控性较好。然而在现代经济中，随着金融资产的增加，金融资产价格变化对市场主体（家庭、企业）所持有的资产价值和一国宏观经济运行的影响日益增大。造成宏观经济波动的起因往往不再仅仅是来自实体经济，而更多是来自金融市场资产价格的异常波动。

目前的这场全球金融危机就是一个很好的例证。在 2007 年金融危机伊始，美国的实体经济指标十分健康，很多人认为次贷危机不过是一个金融市场的局部问题，不会引起经济体系的过大波动。但是随着金融危机的加剧，不仅出现了全面的金融危机，甚至引发了全球性的经济衰退。随着经济的过度金融化，以各种市场化金融工具为代表的资本类金融资产逐渐成为金融体系的主体，金融体系运行日益表现出非线性、正反馈的特征，尤其是在各种信用工具的放大下，金融资产价格变化会加剧金融体系和经济体系的不稳定性。这不仅增加了各国货币当局制定货币政策的难度，也使得传统经济理论面临着越来越多的困惑，这一切说明：传统经济理论需要一次“涅槃”。

二、金融危机与传统金融理论的冲突

（一）建立在大概率假设下的线性微观金融理论

无论是有效市场理论、资产组合理论，还是资本资产定价理论，经典的线性微观金融理论都是建立在一系列共同假设基础之上的[①]，主要是：

（1）独立同分布假设：投资者对于股票收益的主观预期是独立同分布的，投资者之间不存在相互影响。

（2）理性投资者假设：所有的投资者都是理性的经济人，是追求利益最大化的风险厌恶者，并且其主观概率分布具有对称性。

（3）完全信息并且信息对称假设：股票市场具有完全信息，全部信息都已体现在股票价格之中，并且信息在全部投资者之间是对称的，不存在内部信息。

（4）信息反应即时性假设：所有信息都及时反映在股票价格的变动之中，不存在任何时滞，因而股票价格的变动是即时的，不存在一个连续的扩散过程。

基于这样一些假设，金融资产市场处于完全竞争状态，各种投资工具之间具有无限的替代性，金融资产的供需都具有无限弹性，价格只能停留在均衡状态，些微的差异都会被无限的供需所迅速弥补。因此，在线性范式下，金融资产价格是一种均衡分析的结果，遵循均值回复过程。一旦价格偏离均衡值，则供需力量会迅速将之拉回到均衡点。

经典线性微观金融理论的一个隐含结论是：小概率事件不可能发生。尽管投资组合理论是关于不确定条件下的投资选择理论。然而在其理论前提中摒弃了小概率事件发生的可能性，而只是一种对金融市场大概率常态的分析，实际上是以常态代替不确定性，以均值作为确定值，回复到经济学中的均衡分析。在这一前提下，金融市场总是处于均衡的常态，远离均衡的非常态是不会发生的，或者我们不需要研究远离均衡的非常态。因此，根据传统金融理论，无论是1929年的美国股灾还是目前的金融危机，都是不会发生的小概率事件而无须考虑。

---

① 有效市场理论认为股票价格服从鞅过程，其主要假设有独立同分布假设，理性投资者假设，无交易成本假设，完全信息并且信息对称假设，信息反应即时性假设和借贷无限制假设。马柯维茨的资产组合理论要求股票收益率满足正态分布，风险厌恶型投资者，所有投资者都追求马柯维茨的均值/方差有效性，即它们要求在给定风险水平上收益率最高的资产组合。

（二）小概率事件的真实概率有多小？影响有多大？

经典金融理论的最大缺陷在于其前提假设是错误的。这些假设不仅与现实存在巨大冲突，而且对于实际金融体系运行机制的描述存在理论错误。

1. 小概率事件的发生频率超过理论预期

在经典金融理论中，依据正态分布假设小概率事件的发生概率是很低的。然而，Osborne（1964）、Fama（1965）、Turner 和 Weigel（1990）的研究显示（见图 4－3），道琼斯工业股票指数年均收益率分布并不符合正态分布假设，在两个尾部（极大偏离情况）的概率值要大于正态分布的预测，而在均值处发生的概率高于正态分布的理论值，并且出现波动相关性，即不仅出现异方差现象，并且出现波动集束（Clustered）。

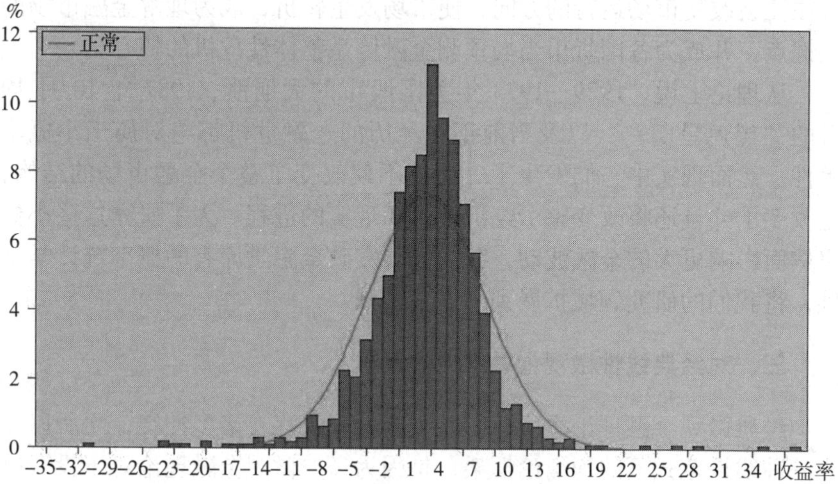

图 4－3 道琼斯工业股票指数年均收益率分布

从另一个角度看，尽管在一定的时间跨度内，金融市场发生目前这样的全面大危机的概率较低，但是对于一家有足够长历史的金融机构而言，它是一个必然遭遇的事件，例如，严重金融危机是一个几十年发生一次的小概率事件，但是这次的金融危机让雷曼兄弟公司这样一个有着168 年历史的金融机构轰然倒下。如果不是美国政府不计成本地救助，花旗集团和美国银行这两家美国金融体系的核心机构也早已破产。

2. 小概率事件是否重要

究竟是大概率的微扰重要，还是小概率的严重偏离更为重要呢？这不仅是统计基础问题，更是经济学方法论上的问题。也许换一个角度来思考这个问题，答案就会更为清楚一些：地震研究者是应该关注和预报经常发生的震级很小的地震，还是很少发生但是严重的地震呢？严重灾害（大地震、海啸、飓风等）、股市崩溃、经济危机，等等，这些小概率突变事件往往是科学研究的重点，原因恰恰是因为它们是不经常发生的极端状态，但是会给人类带来重大损失。

金融市场也是一样的：小概率事件是理解金融市场的关键。大概率事件是常态，然而小概率事件通常意味着转折点。尽管在经典金融理论中，小概率事件没有容身之处，然而在现实中小概率事件不仅存在，而且往往会改变市场运行的方向，使市场发生转折，成为理解金融市场的关键点，并成为各国货币当局预测金融体系整体性危机的核心。

从理论上说，1929—1933 年美国股市的大崩溃、1987 年 10 月 19 日的“黑色星期一”以及当前正在经历的金融危机都绝对属于小概率事件。然而现实中它们发生了，而且不仅改变了整个金融市场的结构，也改变了并且还将改变整个经济理论和现实的进程。为了研究这些小概率然而影响更大的金融波动，我们必须突破金融学原有的概率统计学基础，将我们的研究领域扩展到小概率领域。

三、对经典线性微观金融理论的反思

经典微观金融理论之所以与现实金融现象存在诸多冲突，之所以形成一种线性范式下的均衡论框架，是因为经典微观金融理论对于投资决策的维度、个体理性和金融资产定价机制的分析过于简单。

（一）投资决策维度的过分简单化——均值/方差分析的局限性

马柯维茨资产组合理论通过分析资产收益率及其波动性，提出了建立在正态分布基础上的均值/方差分析方法，从而使金融理论发生了一场革命，并在此基础上繁衍出了丰富的关于金融资产定价和风险管理的理论。然而，马柯维茨的资产组合理论是建立在正态分布、大概率事件条件下的金融市场均衡理论，它不仅要求各类资产的均值和方差相对稳定，而且还要求各类资产的均值/方差之间的相关系数相对稳定。在这样的条件下，各类资产收益率统计分布的偏度系数①和峰度系数②都是一样的（偏度系数为0，峰度系数为3）。因此，在进行投资决策时无须考虑各类资产收益率统计分布的三阶矩和四阶矩，而只需要考虑收益率统计分布的均值/方差。

但是，现实中一方面各类资产收益率的统计分布并非符合正态分布假设，而是一个有偏、尖峰肥尾的分布，各类资产收益率统计分布的三阶矩和四阶矩明显与马柯维茨的假设相冲突。另一方面，由于马柯维茨均值/方差分析仅仅考虑两个简单的统计量，造成统计分布的波动频率与振幅的混杂③。对于这一点，我们通过构建两组简单的数据就可以看到（见表4-3、表4-4）。

表4-3　数据组1

组别	数值	方差
1	6	16
2	15	25
3	6	16
4	7	9
5	14	16
6	8	4
7	15	25
8	7	9
9	16	36
10	6	16
总体	100	172

表4-4　数据组2

组别	数值	方差
1	9	1
2	2	64
3	11	1
4	10	0
5	20	100
6	11	1
7	10	1
8	9	1
9	9	1
10	9	1
总体	100	171

① 三阶矩标准化得到偏度系数，衡量一个随机变量分布的对称程度。

② 四阶矩标准化得到峰度系数，衡量一个随机变量分布的尖峰肥尾程度。

③ 系统的波动性是由波动的频繁程度和幅度两个因素共同决定的。方差将这两个因素混杂在一起，因而难以反映不同序列在这两个方面的差异。

这两组数据的均值都是10，方差十分接近，分别为172、171。因此，以均值/方差分析来评判这两组数据，在统计分布上是无差异的。如果两组资产的收益率统计分布也出现了类似的情况，在马柯维茨均值/方差分析上也就是无差异的。然而事实是这样吗？图4－4显示，这两组数据的统计分布存在明显差异。

两组数据的波动性表现出完全不同的特征。在数据组1中，数据经常性地偏离均值，但是每点的偏离相对稳定并且不太大；而在数据组2中，大多数的数据很少偏离均值，但是偶尔会发生十分大的偏离。因此，序列1的易变性较高，但是波动幅度相对稳定；而序列2的易变性较低，但是在极端情况下数据会出现大幅波动，类似于市场出现危机状态。

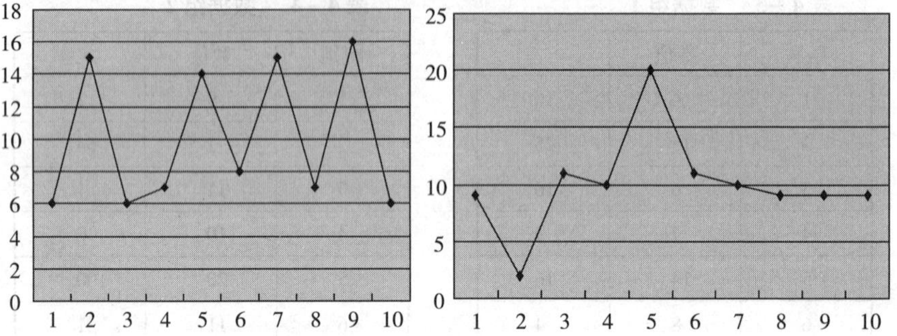

图4－4　均值/方差相同的两组序列的波动性对比

在这次全球金融危机中，很多金融机构发现它们依据投资组合理论所建立的资产组合的风险突然急剧上升，让它们顿感困惑。其原因之一就是不仅各类资产的收益率和方差是不稳定的，而且它们之间的相关性在金融危机期间也是极其不稳定的，原本是相关度很低甚至是负相关的资产突然几乎成为完全正相关，于是资产组合的风险快速上升。

（二）个体理性概念的过于简单化——概率理性与隶属理性

经典金融资产价格微观理论的个体理性概念，是指假设每个人都依据其所拥有的信息集，依据其已有知识作出追求效用最大化和风险最小化的决策，即投资者遵从一定的约束条件，在信息集 I_t 的基础上，作出理性决策，使得 $E[U_{t+1}]$ 最大化。

$$\begin{cases}\max \sum_{i}^{T} E_t(U_{t+1} \mid I_t) \\ S.t. Y_t\end{cases} \tag{4-1}$$

这里几个关键点是：

（1）信息集的含义是什么？

（2）已有知识是什么？

（3）在不确定条件下，风险最小化的选择依据是什么？

经典金融微观理论的答案是：

（1）信息集是指关于各种投资方案的收益、方差及其概率分布。

（2）已有知识是指投资者群体的共有信息，群体间不存在知识差异。

（3）在不确定条件下，投资者依据收益/方差概率分布作出风险最小化选择。

这一切似乎是完美而不可置疑的。真是如此吗？并不尽然。

在现实投资决策中，投资者只拥有主观概率，而不拥有客观概率。在现实中，投资者只能根据金融资产的历史数据在一定的统计假设下，得到相关金融资产的主观概率分布。由于统计数据大量来自常态、大概率状态，因此，所得到的主观概率也仅仅适用于正常状态下的投资决策，在市场处于极端、小概率状态时是不适用的。例如，当2008年末美国股票市场在短期内下跌30%时，巴菲特依据历史经验判断继续下跌的概率已经十分低了，增加了股票投资。但是，结果是市场继续下跌了30%。

在投资决策中，投资者理性是多元化构成的。认知科学研究证明：在进行判断和决策时，人们所依据的绝不是单一的概率理性，而是一个多元化的理性思维过程。在投资决策过程中，投资者不仅依赖于建立在概率信息集基础上的概率理性，而且还依赖于建立在隶属信息集基础上的隶属理性[①]。在经济学中，隶属信息集是指不同研究对象经济属性之间的相似性信息，包括不同对象之间的属性种类和相似程度两个方面。例如，在对于上市公司的股价变动分析中，人们常常进行区域、行业比较，就是根据它们的行业属性差异来进行的隶属推理。当两个公司所属行业越接近时，投资者所主观赋值的隶属性就越高。

因为内在机理和实质的不可观察性，人们的思维总是遵从一个由表及里的过程，即通过观察事物和过程的外部表象，并对不同事物和过程外部表象的异同进行全面分析比较，进而推断内在机理和实质的异同，进一步在此基础上判断事物和过程的发展趋势。这实际上就是隶属理性的运用过程。这在一定程度上也是一个科学的推理过程，因为通常不同事物或者过程之间表现出较多的相似性，往往是由它们的内在属性和运行机理相似性所决定的。

在我们的思维过程中，常常是将隶属信息与概率信息相混杂的。对于缺少隶属信息的事物，我们倾向于更多地运用概率信息；而对于缺少概率信息的事物，我们倾向于更多地运用隶属信息。通常隶属理性会改变投资者的主观概率信息。正如前面所分析的，由于客观概率的不可知性，投资者在作出投资决策时依据的是主观概率理性，而非客观概率理性，而恰恰在主观概率的赋值上，隶属理性发挥着很大的作用。如果我们在早晨观察到天边有很多的云朵，我们通常会对当天降雨这一事件赋予很高的主观概率，这就是隶属理性影响了我们的主观概率理性。

（三）金融资产定价机制的过度简单化——价格锚定的不确定性

金融资产价格的锚定机制不同于实物资产。在实物资产投资中，由

① 在模糊数学中，对于事物之间的相似性定义了隶属函数（Membership Function）。当事物 A 与事物 B 的属性完全相同时，其隶属函数取值为 1，即如果 $\{A\} = \{B\}$，则 MF = 1；当事物 A 与事物 B 完全不同时，隶属函数取值为 0，即如果 $\{A\} \cap \{B\} = \Phi$，则 MF = 0；当事物 A 与事物 B 既不完全相同，也不完全不同时，隶属函数取值在 0 ~ 1，即 $\{A\} \cap \{B\} \neq \Phi$，MF ~ (0，1)。在行为经济学实验中，随意选择 10 个人站在实验者面前，告诉他们其中有一名是教师，而这 10 个人中只有一人戴有眼镜，人们发现实验者们大都倾向于选择这位戴眼镜的人是教师。行为经济学对这一现象的解释是出于人的非理性行为，这是一种误解。人作出判断是理性的、是多元的，对象属性的相似性、不同过程之间的相似性，常常会形成我们分析判断的一个基础因素，即当我们判断一个事物时，我们不仅会根据概率理论，还会依据事物属性之间的相近性对事物进行模糊的隶属判断。

于实物资产价格判断的依据是实物资产的历史价格和成本，因此，投资者努力发掘的是实物资产价格与真实价格的偏离，并预期其价格将向价值回归，据此实现低买高卖。即价格低于价值时，买入这种实物资产，期待其价格回复到价值，取得相应收益，其行为的结果是过低的价格逐渐上升，实现纠偏；当价格高于价值时，卖出这种实物资产，期待其价格下降回复到价值，取得相应收益。实物资产价格的锚定机制决定了实物资产价格遵循一种有阻尼的负反馈过程，其市场交易行为的结果是对于价格误定的一种纠偏。

金融资产的价值在于它能给投资者带来的未来收入的现值，因此，金融资产价格不是锚定于一个过去已实现的量值，而是锚定一个未来可能实现的量值——金融资产的预期收益。因此，金融资产基准价值存在着很大的不确定性。

（四）经典金融资产价格线性范式只适用于大概率状态

经典金融资产价格理论是建立在一系列线性范式假设基础之上的线性定价理论。信息的对称性、完全理性投资者、投资者独立决策、完全竞争市场等条件对于金融资产交易市场的线性定价基础具有实质性意义。2008 年的金融危机表明：当金融体系过度膨胀或者处于危机之中时，线性范式的缺陷则日益显露，需要对金融资产价格的线性微观基础进行理论校正。

第二节　非线性金融理论与金融危机

一、非线性微观金融理论的形成机制和实证分析

金融资产价格锚定目标的不确定性、非匀质信息分布和金融市场自我放大的交易机制，使得金融资产价格存在自我实现的正反馈机制，系统可能出现多重稳定态和非稳定态，金融资产的非线性机制常常引发严重金融危机，因此，理解金融资产价格的非线性机制是我们理解现代金融体系和经济的一个重要基础。

（一）金融资产价格非线性变化的信息分布与传递机制

由于金融资产价格锚定于未来持有收益、未来长期利率和未来价格

变化等一系列关于未来的预期值，而投资者对未来预期的判断是基于目前所拥有的信息集和已有知识来进行的，因此，在金融资产价格形成过程中，信息的分布与传递机制具有非同寻常的、特别重要的作用。

在金融资产价格形成过程中，信息的影响集中体现在三个方面：信息的非完全性、共有知识差异和信息流动的非即时性与投资者学习过程。

1. 信息的非完全性造成了投资者对于金融资产价格判断的差异化

信息的完全性，主要是指投资者所拥有的信息集是否包含了投资对象的全部信息，诸如历史价格、收益信息、宏观经济数据等。

在传统的强有效市场假设下，假设所有投资者的信息集是相同的，并且具有相同的共有知识。这样投资者之间就没有信息优势差异，也就不可能存在信息流动对于交易价格的影响。同时，由于共有知识相同决定了投资者之间也没有学习过程，他们会对金融资产价格形成一个共同的价值认定，所有的交易都会以这样一个相同的价格来进行。

从现实情况看，信息的完全性是一种理想化的状态，是不可能达到的。由于每个投资者所拥有的信息是非完全的信息子集，因此，不同投资者的信息子集之间可能会不同。每个投资者只能依据自己的信息子集来判断金融资产价格的未来价值，信息的差异化决定了金融资产价格判断的差异化。

2. 共有知识差异是产生学习性协同行为的基础

经典金融理论假设所有投资者具有完全相同的共有知识，然而在现实中投资者的共有知识不仅常常存在明显的差异，而且共有知识差异和学习过程会对市场价格的形成和变化产生显著影响。由于投资者之间存在显著的共有知识差异，一部分专业投资者在共有知识上具有明显的理论和经验优势，对于信息可以进行很好的过滤、筛选和处理，形成对金融资产价格更好的判断；而另一部分普通投资者不仅处于信息劣势，而且处于共有知识劣势，这使得他们在仅有的信息过滤和处理能力方面也显得不足，因此，这部分普通投资者主要依靠适应性推断的模仿式学习，即根据市场上成功者的投资模式来调整自己的投资行为。当这种学习性协同行为达到一定的群体化水平时，通常会引发市场的“羊群效应”，产生较大的市场共振。

3. 信息流动的非即时性与投资者学习过程推动了金融资产价格的自我实现机制得以形成

学习过程是投资者在已有信息集合共有知识基础上，通过观察外部信息集的变化来调整自己的信息、知识和行为的过程。在传统金融理论中，市场价格对信息的反应是即时性的。当一个信息出现时，就会立即全部地反映在市场价格上，这需要以供需对于价格的无限弹性为前提。然而我们知道，价格对信息反应的即时性假设是非现实的，同样供需对于价格具有无限弹性也是非现实的。因此，市场内就存在信息的传递过程，这就使得交易行为及价格变化表现出时序特征。这一时序特征通常表现为一种逐渐趋近均衡价格的、有阻尼振荡衰减的过程，但有时也可能表现为一种超调过程。

信息在人际间的交换是一个不断流动的过程，人们处在这一流动的不同层面，所以接收到信息的时间、失真度和信息损失就不同，形成的反应就会不同。假设初始原信息 I_0 经过 t 时间传递到第一群体 A，其间信息失真度为 $l(t)$，则群体 A 接收到的信息为 $I_0[1-l(t)]$。又经 $t+1$ 时间传递到第二群体 B，其间信息失真度为 $l(t+1)$，则第二群体 B 接收到的信息为 $I_0[1-l(t)][1-l(t+1)]$。那么在 t 时刻，A、B 群体就属于信息不对称形态。A 可以根据已有信息作出决策，而 B 就只能靠观察 A 的行为来推测 A 所拥有的信息 I_A。同时在 $t+1$ 时刻，A、B 都拥有信息，但是 A 的信息相比 B 更为精确[①]，而 C 则不拥有信息。于是 C 只能靠观察 A、B 的行为来预测信息，如图 4－5 所示。

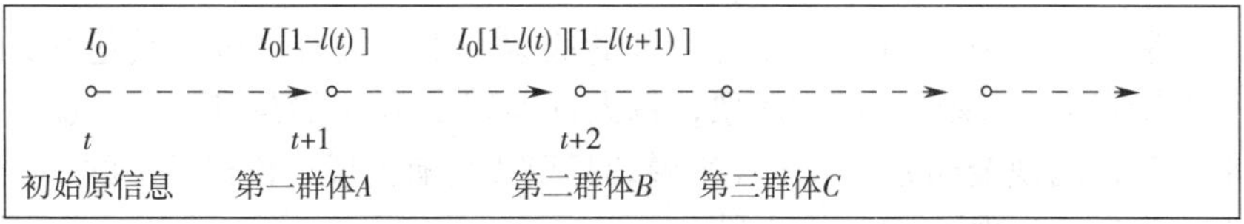

图 4－5　信息传递与差异

学习过程是金融资产价格遵循自我实现正反馈机制的基础。投资者观察到金融资产价格上涨后，会形成价格继续上涨的预期，增加资金投

① 因为 $I_0[1-l(t)] \geqslant I_0[1-l(t)][1-l(t+1)]$。

入，于是资金的不断流入推动价格进一步上涨，价格预期得以自我实现，这种反馈更加强了投资者的学习过程，就会进一步形成价格上涨预期，增加资金投入，依次循环。正是在这样的学习过程下，金融资产价格预期的自我实现机制得以形成。

（二）非线性金融理论的微观交易机制

1. 在无借贷条件下，“零和交易”中的增值效应

人们分析股票交易通常建立在“零和交易”的假设下，认为市场内一部分人收益就会造成另一部分人亏损。其实，当我们用动态观点来分析封闭体系的交易时，即便没有新的资金加入，也并不总是“零和交易”，而可能形成增值效应，这一点是形成金融资产膨胀的微观交易基础。

例如：有 10 个人，每人有 10 元钱，A 拿出其中 1 元买成股票，随后转手 2 元卖给 B。B 付出 2 元买入股票后，又以 3 元的价格将股票转手卖给 C，依次循环。第九人 I 以 10 元价格卖给 J，这样就完成了第一个循环。见下图[①]：

$$A \xrightarrow{2} B \xrightarrow{3} C \xrightarrow{4} D \xrightarrow{5} E \xrightarrow{6} F \xrightarrow{7} G \xrightarrow{8} H \xrightarrow{9} I \xrightarrow{10} J$$

在第二个循环中，为了分析的方便，假设 J 又将股票以 11 元的价格卖给 A：$J \xrightarrow{11} A$。然后继续依次循环。见下图：

$$J \xrightarrow{11} A \xrightarrow{12} B \xrightarrow{13} C \xrightarrow{14} D \xrightarrow{15} E \xrightarrow{16} \cdots\cdots$$

这时，如果无借贷发生，A 无法以 12 元的价格将股票卖给 B，因为这时 B 只有 11 元现金，于是交易链终止。

最终结局是：A 持有 11 元买入的股票，手中没有现金；其他 9 人每人持有 11 元现金，没有股票，每人都实现了 10% 的盈利，这一盈利来自于 A 的现金部分。对于 A 来说，只要 A 持有的股票价格不下跌，他也认为自己实现了 10% 的盈利。

2. 信用的介入加剧金融资产价格的波动

（1）在存在私人借贷的情况下，金融资产价格增值进一步扩大

首先，考虑一种简单情况：假设只允许私人借贷发生。

① 箭头上的数字表示交易价格。

继续上述分析。在第二个循环中，如果此时 B 可以向任何人（除 A 外）借入 1 元买入股票，然后再以 13 元的价格将股票卖给 C。这时，C 只有 11 元现金，为了实现交易 C 可以向任何人借入 2 元，依次循环。见下图[1]：

$$A \xrightarrow{12} B(1) \xrightarrow{13} C(2) \xrightarrow{14} D(3) \xrightarrow{15} E(4) \xrightarrow{16} F(5) \xrightarrow{17} G(6) \xrightarrow{18} H(7) \xrightarrow{19} I(8) \xrightarrow{20} J(9)$$

在完成第二个循环后，最终结局是：这时所有人实现的盈利增加为 20%，同时，J 以 20 元价格持有股票。可见在私人借贷的推动下，金融资产价格得到了进一步提升，金融资产收益率也有明显提高。在这一循环中，所有人发生的借贷总金额为：$1+2+\cdots+9=45$（元）。

在第三个循环中，假设依旧只允许私人借贷发生。这时交易只能持续到 D 为止，因为此时全部借贷金额已经达到 91 元，仅剩 9 元可用于放贷，而 E 如果想买入股票，则需要借入 14 元，剩余资金无法满足 E 的资金需要，于是交易终止。见下图：

$$J \xrightarrow{21} A(10) \xrightarrow{22} B(11) \xrightarrow{23} C(12) \xrightarrow{24} D(13) \xrightarrow{25} E(14)$$

这时的最终结局是：A、B、C 实现的盈利进一步增长到 30%，E、F、G、H、I、J 实现的盈利达到 20%。同时，D 持有 24 元的股票，借入资金 13 元，如果股票价格不出现下跌，则 D 实现的盈利为 10%。这时所有现金还剩 9 元，股价无法继续上升。

但是，如果当借贷到期时，D 还未将股票卖出，那么为了清偿债务，他将被迫低价卖出股票，设卖出价格为 23 元[2]，实现亏损 1 元。这时，考虑反向顺序循环，D 以 23 元的价格将股票卖给 C：$D \xrightarrow{23} C$。交易前，C 的情况是：拥有现金 24 元，同时负债 12 元。在买入股票后，C 手持现金 1 元，负债 12 元，购入的股票市值 23 元。C 手持现金依然不够偿还其负债。当借贷到期时，C 也只好低价卖出股票。

考虑其他情况，D 是否能将其股票卖给其他人。若 D 试图卖给 A，

---

① 括号内的数字表示相应交易者的借贷金额。

② 因为 C 以 23 元的价格买入股票，又以 24 元的价格将股票卖给 D，因此，C 不会同意以 24 元的价格再将股票买回，而此时只有 C 具有购买能力，所以，交易价格只能是 23 元。

买入股票前 A 手持现金仅为22元，无法完成交易，借贷又无法实现，所以 A 无法购买 D 的股票，只有 B、C 可以购买。

因此反序逆推回来，C 将以22元的价格将股票卖给 B。交易完成后，B 手持现金1元，负债11元：$B \xrightarrow{21} A$。这时，A 手持现金1元，负债10元。A 也将被迫卖出股票：$A \xrightarrow{20} J$。交易实现后，J 手持现金1元，负债9元。如此循环下去，直至 B 以11元的价格将股票卖给 A 后，手持现金1元，负债1元，可以偿还其负债。A 不需被迫卖出股票了，于是股价可能稳定下来。见下图：

$$J(9) \xrightarrow{19} I(8) \xrightarrow{18} H(7) \xrightarrow{17} G(6) \xrightarrow{16} F(5) \xrightarrow{15} E(4) \xrightarrow{14} D(3) \xrightarrow{13} C(2) \xrightarrow{12} B(1) \xrightarrow{11} A$$

此时，A 以11元的价格买入股票，B，C，D，…，J 9人手持现金。

(2) 在银行信用存在的条件下，金融资产的价格将进一步上升，交易量将急剧扩张，因此，出现高杠杆推动的金融资产膨胀

假设在第三个循环中存在一家银行，A，…，J 等人每次交易完成后都立即将资金存入银行。首先是 A 从银行提出1元买入股票，依旧是重复上述过程，这时循环就进一步被延长了，股价也可以进一步上升，直至其中一人借入资金达到100元时（这时股价也上升至100元），银行资金再也无法满足借贷需要了。贷款到期时，负债者要偿还贷款，只能被迫低价卖出股票，于是可能引起股价的连锁反应甚至导致股价崩溃。这时，由于银行借贷资金的介入，股价的急剧下降可能引发银行危机。可见，信用尤其是银行信用的介入，不仅会加剧金融资产价格膨胀的程度，并且常常成为触发金融资产价格骤跌的主要原因。

（三）对于金融资产价格非线性模型的实证分析

对于金融资产价格是否符合经典微观金融理论的正态分布或者随机游走假设，我们可以利用 Hurst 指数和分整自回归移动平均模型分别作出检验。

1. 对于随机游走假设的检验——Hurst 指数检验

根据分形几何学理论，可以根据一组时间序列数据的 Hurst 指数判断其是否符合独立同分布假设。如果一组时间序列数据的 Hurst 指数

$H=0.5$，该时间序列符合随机游走过程；如果 Hurst 指数：$0<H<0.5$，该时间序列表现为过度易变性，易变性的强度依赖于 H 值，H 值越小，序列的易变性越强；如果 Hurst 指数：$0.5<H<1$，该时间序列是一个趋势持续性序列，趋势增强行为的强度依赖于 H 值，H 值越大，趋势越确定。

对道琼斯工业指数的实证检验发现，其 Hurst 指数在统计上显著大于 0.5，这说明道琼斯工业指数并不符合随机游走假设，而是属于分形概率分布的趋势持续性时间序列。也就是说，道琼斯工业指数具有明显的趋势延续性，当市场价格出现上升时，下一期市场价格的运动方向趋向于进一步上升，而不是回调。因此，股票市场的价格运动在其分形运动时间窗口内表现出趋势增强行为，而不是经典微观金融学所假设的均值回复行为。

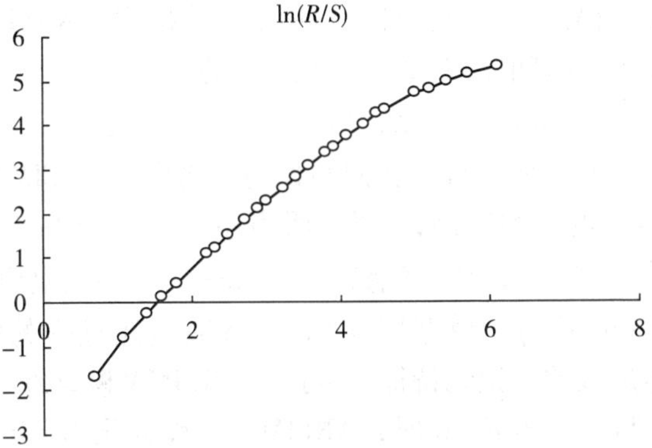

图 4－6　道琼斯工业指数的 Hurst 指数

2. 金融资产非线性定价机制的检验——分整自回归移动平均模型

在对时间序列的实证研究中，序列协整（Cointegrate）是一个极为重要的基础概念。对于两个不同的时间序列而言，只有当它们波动频率一致时，才可能存在长期的、稳定的数量关系。对于波动频率不一致的时间序列，单整理论可以通过整数维差分处理得到两个时间序列稳定的数量关系。但是，随着对时间序列实证研究方法的扩展和深入，我们发现很多时间序列的波动维度之间并不存在单整关系，而是属于分数维协整时间序列。这些分整时间序列之间的协整关系通常无法满足线性协整条件，而只能存在非线性协整关系。

（1）分整时间序列

如果序列 $\{X_t\}$ 满足差分方程

$$(1-L)^d x_t = a_t \tag{4-2}$$

则称 $\{X_t\}$ 为 d 阶分整序列。其中，L 为滞后算子：$Lx_t = x_{t-1}$，分整阶数 $d=H-0.50$，H 是 Hurst 指数。

◇ d=0 代表白噪声序列；

◇ -0.5<d<0 代表易变性序列；

◇ 0<d<0.5 代表趋势持续性序列。

（2）分整自回归移动平均模型（ARFIMA）

在单整时间序列 ARIMA 模型（p，d，q）中，差分参数 d 是一个整数值。Hosking（1981）对此进行了一般化扩展，即差分参数 d 可以是任何实数，于是得到一个分整自回归移动平均模型（ARFIMA）。

若协方差平稳时间序列 $\{X_t\}$ 满足差分方程

$$\phi(L)(1-L)^d(x_t-\mu) = \theta(L)\varepsilon_t \tag{4-3}$$

则称时间序列 $\{X_t\}$ 满足分整自回归移动平均模型 ARFIMA（p，d，q）。其中，μ 为 $\{X_t\}$ 的平均值，$\{\varepsilon_t\}$ 为 θ 噪声序列，$|d|<0.5$，$\phi(L)$、$\theta(L)$[①]分别为 p 阶自回归算子和 q 阶移动平均算子，其特征根均在单位圆外。

ARFIMA（p，d，q）模型用 $p+q$ 个参数描述过程的短记忆特征，用参数 d 描述过程的长记忆特征。因此，ARFIMA 模型综合了时间序列的长、短记忆特征。当 $d=0$ 时，ARFIMA 过程退化为 ARMA 过程；当 $0<d<0.5$ 时，$[X_t]$ 是持续性序列，ARFIMA 过程呈现长期记忆性。

我们选择两个样本数据：样本序列 1 是上证指数每日收盘价，用 INDEX－SHD 表示，取样时间段为 1990 年 12 月 31 日到 2005 年 4 月 29 日，共 3 500 个数据；样本序列 2 是道琼斯工业指数每月收盘价，用 INDEX－DJM 表示，取样时间段为 1928 年 4 月到 2003 年 4 月共计 75 年

① 其中，$(1-L)^d = \sum_{j=0}^{\infty}(-t)^t\binom{d}{j}(L)^j = 1-dL+\frac{d(d-1)}{2!}L^2\frac{d(d-1)(d-2)}{3!}L^3+\cdots$

$= \sum_{j=0}^{\infty} bj(d) = \frac{1}{\Gamma(-d)}\sum_{j=0}^{\infty}\frac{\Gamma(j-d)L^j}{\Gamma(j+1)}$，$\Gamma(\alpha) = \int_0^{\infty} e^{-x}x^{\alpha-1}\mathrm{d}x$。

的900个数据。

以价格 $\{P_t\}$ 代表样本的收盘指数。通常收益率的数值较小，因此，可以用其对数收益率来代替常用的收益率，即

$$r_t = \ln(P_t / P_{t-1}) = \ln P_t - \ln P_{t-1} \quad (4-4)$$

实证分析的结果：

➢ 收益率序列的基本统计特征：两个样本的偏度系数远大于正态分布情况下的标准值0，其中道琼斯工业指数的偏度系数为6.2185，说明其长尾出现在正向；上证指数的偏度系数为-0.77984，说明其长尾出现在负向；两个序列的峰度系数也都明显偏离正态分布下的标准值3，说明这两个序列的分布明显不同于正态分布假设，呈现出尖峰肥尾的特征。

➢ 在0.01的显著性水平下，两个收益率序列存在明显的序列自相关性，表现出短期记忆特征。

➢ 修正R/S检验量远远超过临界值，说明上证指数和道琼斯工业指数两个序列存在显著的趋势持续性；LM检验也证明了这一点。

二、非线性宏观金融理论——包含可交易金融资产的FM-IS-LM一般均衡模型

（一）传统宏观经济理论体系的局限性——金融资产资本利得的影响

传统宏观经济学是建立在凯恩斯宏观经济理论基础之上的①，主要侧重于从实体经济的就业、产出和价格等角度对宏观经济变化及其原因进行理论分析。凯恩斯经济理论打破了经济系统是一个可以自动实现均衡的、自治系统的古典经济学观念框架，认为经济系统的自在形态经常处于非均衡状态。

在凯恩斯经济系统中，货币资源依据资本的边际效率和利率这两个收益率在实物资产和非流通金融资产（存款和债券）之间进行配置。当利率高于资本的边际效率时，人们在其投资组合中愿意持有更多份额的金融资产，因而会减少对于实际经济的消费和投资；而当利率低于资本的边际效率时，人们愿意更多地将货币财富用于消费和投资，因此推

① 通常认为，《就业、利息和货币通论》的出版代表宏观经济学的诞生。

动实体经济的需求增长。这样货币需求也就表现为

$$M^d = L(Y,i), L_Y > 0, L_i < 0 \quad (4-5)$$

但是，在凯恩斯经济模型中，一个未曾说明但却重要的、隐含的前提是：无论债券还是股票都不考虑其资本利得收益，而只考虑其现金收益，这实际上将它们等同于存款这类不可交易的金融资产。投资者的投资动机仅限于在资本的边际效率和金融资产的到期收益率之间进行选择，而不考虑金融资产交易带来的资本利得对于交易动机的影响。从当时的历史情况来看，这一分析的基础是可以理解的，但是随着全球经济的日益金融化，这一前提受到了越来越多的挑战。

（二）包含可交易金融资产宏观经济模型的局部均衡分析

为了对金融资产的价格变化及其对于宏观经济的影响作出全面的分析，将可交易金融资产引入传统宏观经济模型，有必要建立一个包含可交易金融资产市场的一般均衡模型。

下面对于可交易金融资产市场、商品市场和货币市场进行局部均衡分析。

1. 对于可交易金融资产市场的局部均衡分析

首先，在短期内，可交易金融资产的价格变化常常表现出正反馈特性，即金融资产价格出现初始上升后，由于资本利得增加带动金融资产收益率 R_f 提高，原有的市场均衡结构被打破，吸引更多的资金流入可交易金融资产市场，推动金融资产价格进一步上升。因此，可交易金融资产的需求曲线在短期内可能向右上方倾斜，而其供给曲线也可能向右上方倾斜，不过二者的变化趋势有所不同（见图4－7，图4－8）。

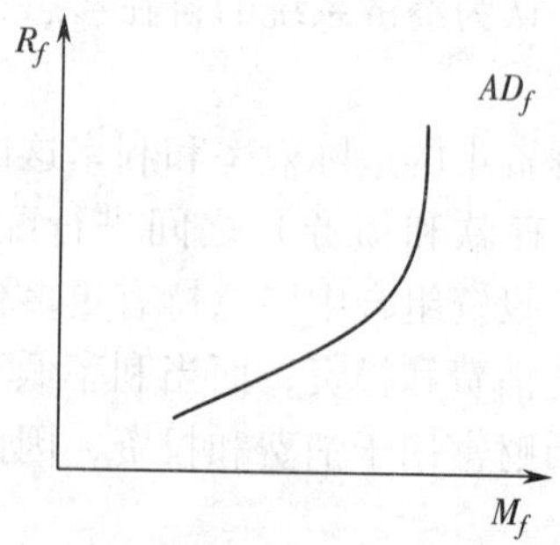

图4－7　金融资产需求函数

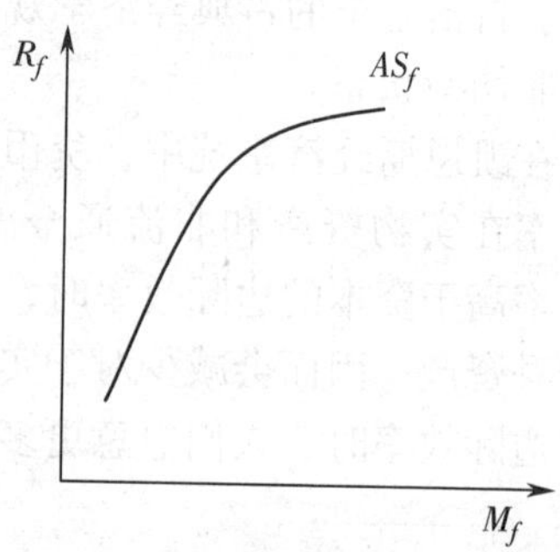

图4－8　金融资产供给函数

其次，可交易金融资产市场往往存在多重均衡（见图 4－9），即 AD_f 与 AS_f 至少有两个交点：E_A、E_B。

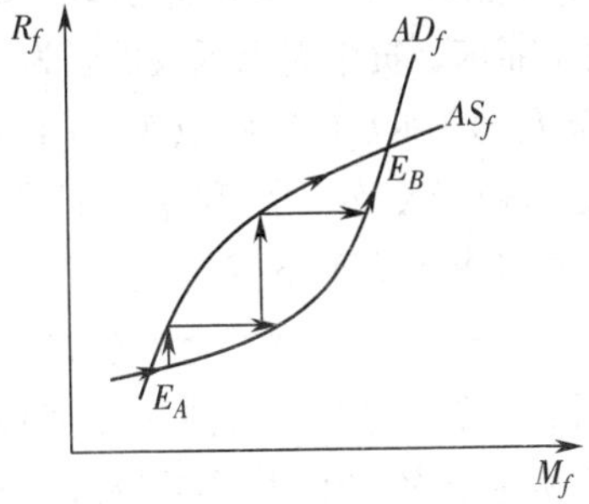

图 4－9　金融资产交易市场的局部均衡

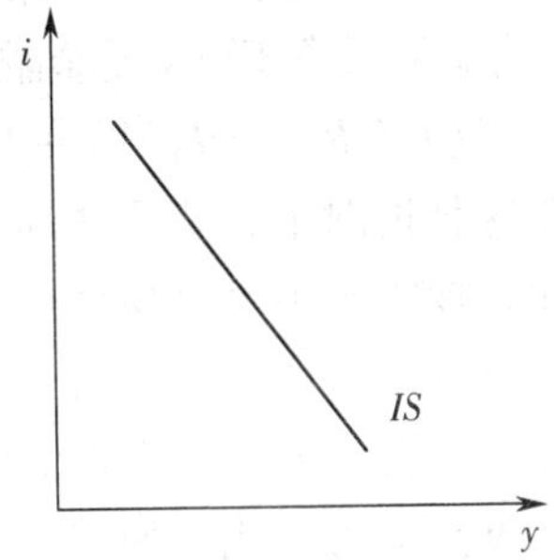

图 4－10　实体经济均衡

2. 对于商品市场的局部均衡分析

模型继续沿用凯恩斯理论中的 IS 曲线分析方法。即当点（i，y）位于 IS 曲线上时，商品市场的供需达到均衡（见图 4－10）。

3. 对于货币市场的局部均衡分析

由于可交易金融资产的存在，对于货币市场的局部均衡分析需要进行较大的扩展。在传统宏观经济理论中，未能考虑金融资产交易带来的资本利得所引发的交易动机，因此，其模型中的金融资产实际上只是不可交易的金融资产（等同于不可交易的存款）。这就使得投资者的投机动机仅仅与利率变化有关，而与其交易价格变化无关。因此，货币需求仅与产出和利率有关，而与金融资产交易价格无关。即

$$L(i,Y) = L_1(Y) + L_2(i) \tag{4-6}$$

在这种假设下，当利率 i 下降时，货币的投机需求下降，货币从不可交易的金融资产中流出，进入实体经济，推动实体经济增长；当 i 上升时，货币的投机需求上升，货币从实体经济中流出，购买不可交易金融资产，同时实体经济增长减速。

但是，随着可交易金融资产的迅速发展，金融资产交易价格变化所带来的资本利得对于投资者的投资动机产生的影响日益加大。在这种情况下，投资者对于金融资产的投资动机不再仅仅取决于持有收益，还取决于交易价格变化带来的资本利得收益。即

$$L_2 = L_2(i, R_f) \tag{4-7}$$

为了分析方便，对于L_2做进一步的分解：将其分解为投资于不可交易金融资产的货币需求$L_2(i)$和投资于可交易金融资产的货币需求$L_3(R_f)$。因此，考虑到投资于可交易金融资产的货币需求，货币需求函数扩展为

$$L(Y,i,R_f) = L_1(Y) + L_2(i,R_f) = L_1(Y) + L_2(i) + L_3(R_f) \tag{4-8}$$

在这种情况下，货币需求函数的变化趋于复杂。当利率i下降时，一方面，投资于不可交易金融资产的货币需求$L_2(i)$下降，资金从不可交易金融资产市场流出；另一方面，利率i的下降推动了金融资产价格的上升。可交易金融资产投资的资本利得收益率的上升时滞短于实体经济投资收益率的变化，使得投资于可交易金融资产的货币需求$L_3(R_f)$快速上升，吸引资金进入金融资产交易市场，而$L_1(Y)$的变化难以确定，因此，实体投资I的变化也就难以确定。

当利率i上升时，利率i的升高迫使金融资产交易价格下降，可交易金融资产的资本利得收益率急剧下降，金融资产交易对货币的需求$L_3(R_f)$下降，资金将从金融资产交易市场流出，其既可能流向不可交易金融资产，也可能流向实体经济。

对货币市场变化进行动态分析，可以进一步看到这种复杂性。

设定初始时，货币市场处于均衡状态：$L(\cdot) = M^s$

对式（4-8）取全微分，有

$$\mathrm{d}L(\cdot) = L_y \cdot \mathrm{d}y + L_i \cdot \mathrm{d}i + L_{R_f} \cdot \mathrm{d}R_f \tag{4-9}$$

考虑货币供应的外生性，假设M^s不变，则

$$\mathrm{d}L(\cdot) = L_y \cdot \mathrm{d}y + L_i \cdot \mathrm{d}i + L_{R_f} \cdot \mathrm{d}R_f = 0 \tag{4-10}$$

其中，$L_y > 0$，$L_i < 0$，$L_{R_f} > 0$。

（1）考虑短期内产出y不变（$\mathrm{d}y=0$），因此，实体经济的货币交易需求不变，即$\mathrm{d}L(y) = 0$。所以有

$$L_i \mathrm{d}i + L_{R_f} \mathrm{d}R_f = 0 \tag{4-11}$$

$$\frac{\mathrm{d}R_f}{\mathrm{d}i}\Big|_{\mathrm{d}y=0} = -\frac{L_i}{L_{R_f}} > 0 \tag{4-12}$$

因此，在短期内产出不变条件下，货币需求曲线的斜率大于0，曲线$LM|_y$向右上方倾斜（见图4-11）。

（2）如果利率 i 不变，$\mathrm{d}i=0$，则

$$L_y\mathrm{d}y + L_{R_f}\mathrm{d}R_f = 0 \tag{4-13}$$

$$\frac{\mathrm{d}R_f}{\mathrm{d}y}\bigg|_{\mathrm{d}i=0} = -\frac{L_y}{L_{R_f}} < 0 \tag{4-14}$$

因此，在利率不变条件下，货币需求曲线的斜率小于0，曲线 $LM|_i$ 向右下方倾斜（见图4-12）。

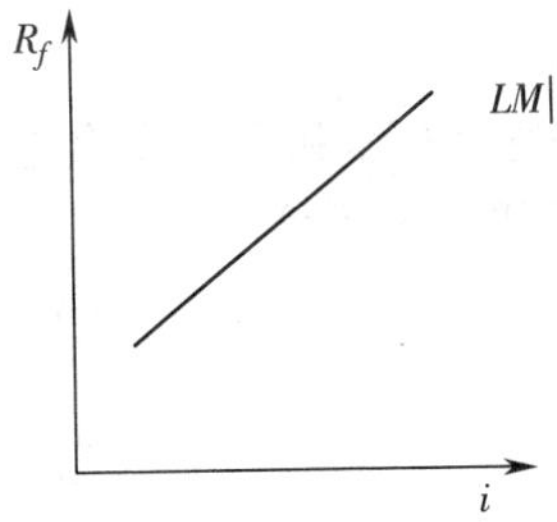

图4-11　短期内产出不变条件下货币均衡曲线 $LM|_y$

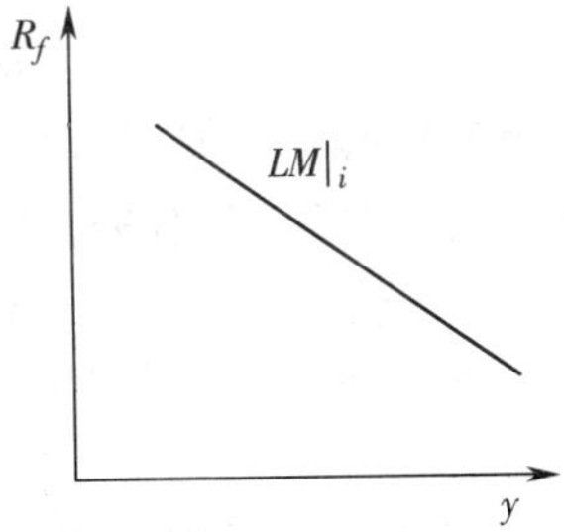

图4-12 利率不变条件下货币均衡曲线 $LM|_i$

（3）如果金融资产收益率 R_f 不变，$\mathrm{d}R_f=0$，那么式（4-10）简化为传统经济模型

$$L_y\mathrm{d}y + L_i\mathrm{d}i = 0 \Rightarrow \frac{\mathrm{d}y}{\mathrm{d}i}\bigg|_{R_f} = -\frac{L_i}{L_y} > 0 \tag{4-15}$$

即在金融资产收益率不变的条件下，货币需求曲线斜率大于0，曲线 $LM|_{R_f}$ 向右上方倾斜（见图4-13）。

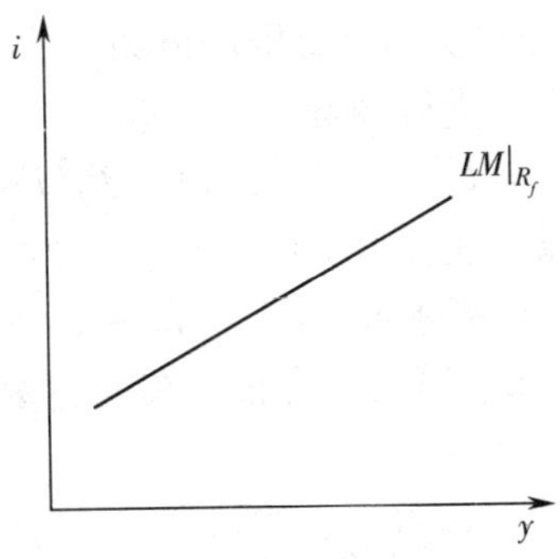

图4-13　金融资产收益率不变条件下货币均衡曲线 $LM|_{R_f}$

（三）对于含可交易金融资产 FM－IS－LM 一般均衡模型分析

为了对于包含可交易金融资产市场的宏观经济进行一般均衡分析，首先建立关于金融资产交易市场、商品市场和货币市场的供需函数和均衡条件。

1. 对于可交易金融资产市场

购买方意愿主要与可交易金融资产收益率 R_f 和可交易金融资产市场中的货币存量 M_f 有关，表示为

$$AD_f = f(R_f, M_f) \tag{4-16}$$

出售方意愿也主要与可交易金融资产收益率 R_f 和可交易金融资产市场中的货币存量 M_f 有关，但是函数关系不同，表示为

$$AS_f = g(R_f, M_f) \tag{4-17}$$

均衡条件是购买方意愿和出售方意愿达到一致

$$AD_f = AS_f \tag{4-18}$$

2. 商品市场：沿用传统经济理论模型

总产出：$$Y = Y(\cdot) \tag{4-19}$$

总需求：$$E = C + I + G \tag{4-20}$$

均衡条件：$$Y = E = C + I + G \tag{4-21}$$

3. 货币市场

根据货币存量在不同市场间的配置，对货币存量进行分解

$$M^s = M_r^s + M_f^s \tag{4-22}$$

其中，M_r^s 为存在于实体经济和不可交易金融产品市场（如存款）中的货币存量，M_f^s 为存在于可交易金融资产市场中的货币存量。

类似地，对货币需求进行分解

$$L(y, i, R_f) = L_r + L_f = L_1(y) + L_2(i) + L_3(R_f) \tag{4-23}$$

货币市场的均衡条件是货币供需均衡

$$M^s = M_r^s + M_f^s = L = L_1 + L_2 + L_3 \tag{4-24}$$

另外，为了与 IS—LM 模型相比较，在上述函数的基础上建立分析的 FM－IS－LM 框图（见图 4－14）。

在图 4－14 中我们可以看到，当可交易金融资产市场达到均衡状态 E_f 时，金融资产收益率的均衡值为 R_f^*，可交易金融资产市场中的

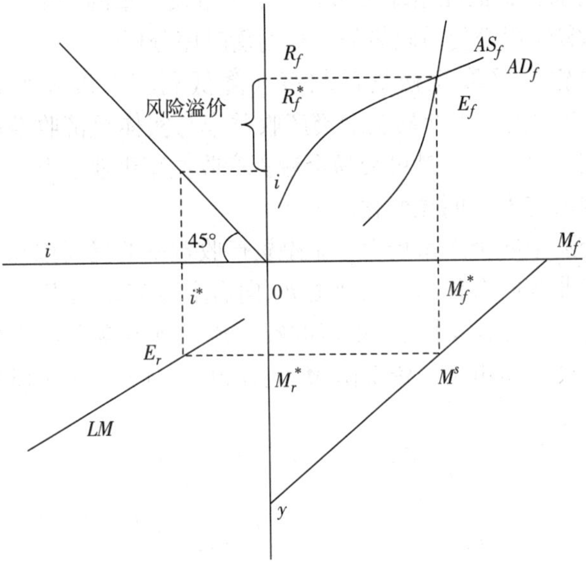

图 4－14 包含可交易金融资产交易市场的总体经济模型的一般均衡分析

货币需求为 M_f^*；如果同时货币市场也达到了均衡，则均衡状态为 M^s，对应的实体经济货币需求为 M_r^*；在 M_r^* 确定的条件下，实体经济中的均衡状态 E_r 决定了相应的产出，于是由 LM 曲线确定了相应的均衡利率为 i^*。

在第二象限中，通过45°线将 i^* 折射到 R_f 轴，可以看到在 R_f^* 与 i^* 之间存在一个差值，这就是可交易金融资产市场的风险溢价。

三、对于金融资产膨胀①与金融资产危机②的 FM－IS－LM 分析

可交易金融资产微观价格上的非线性特征和在包含可交易金融资产宏观经济框架下表现出的正反馈机制，在宽松货币条件下常常推动金融

① 金融资产膨胀，是指金融资产价格的持续上涨和金融资产数量的快速上升。

② 金融资产危机，主要是指由于金融资产价格急剧大幅下跌，造成金融资产名义价格的迅速大幅减少，对金融资产持有人的财产造成巨额损失而形成的一种金融危机状态。20 世纪 20 年代美国金融危机、1990 年日本金融危机和目前正在经历的全球金融危机都源于金融资产危机。

资产膨胀的加剧，而在紧缩货币条件下又触发严重的金融危机。

（一）实施宽松货币政策的一般均衡时序分析

当中央银行采取宽松货币政策（降低利率 i 和增加货币供应量 M^s），在短期内由于可交易金融资产收益率与实体经济收益率动态特征的响应时间差异，首先是可交易金融资产收益率迅速上升，而实体经济的收益率并没有发生明显变化。

在可交易金融资产市场上，金融资产收益率的提高拉动金融资产需求函数 AD_f 曲线向右移动，均衡由 E_1 向右上方移动到 E_2。金融资产收益率提高到 R_{f_2}，而同时吸引更多的资金流入到金融资产交易市场，因此，金融资产交易市场的资金由 M_{f_1} 上升到 M_{f_2}（见图 4－15）。

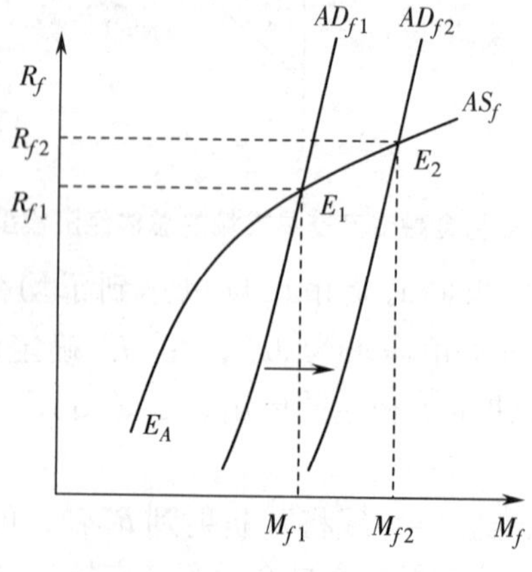

图 4－15　金融资产膨胀

由于各国金融资产规模的不同和金融资产膨胀程度的差异，这一变化对于实体经济的影响可能存在三种不同的情况。

1. 如果货币供应量 M^s 的增量 ΔM^s 多于金融资产交易市场上的资金增加量 ΔM_f，则会有一部分资金流入到实体经济之中（$\Delta M_r = \Delta M^s - \Delta M_f > 0$）。这使得实体经济中的 LM 曲线向右移动，而短期内 IS 曲线不变，于是导致利率进一步降低，产出由 y_1 增加到 y_2。在这种情况下，一方面出现金融资产膨胀，另一方面实体经济也出现增长①，即呈现“双增长”状态（见图4－16）。

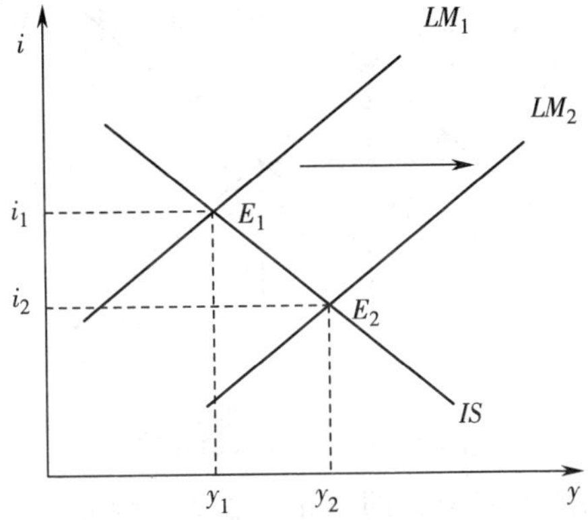

图4－16　实体经济增长

2. 如果货币供应量 M^s 的增量 ΔM^s 小于可交易金融资产市场的资金增加量 ΔM_f，则会有一部分资金从实体经济中流出，进入到可交易金融资产市场②，于是在实体经济中 *LM* 曲线左移，利率出现上升，同时产出也从 y_1 下降到 y_2，实体经济陷入紧缩状态。在这种情况下，宏观经济表现为金融资产膨胀与通货紧缩并存（见图4－17）。

3. 如果宽松货币政策使得货币供应量 M^s 的增加量 ΔM^s 接近于可交易金融资产市场的资金增量 ΔM_f，即 $\Delta M^s \approx \Delta M_f$，增加的货币供应主要流入到可交易金融资产市场，而对实体经济没有明显影响，因此，*LM* 曲线、*IS* 曲线基本不动，可能物价不变或微涨。这种状态是金融资产膨胀与实体经济稳定并存③。

在中短期内，可交易金融资产价格存在正反馈效应。从上面的分析中可以看到，在实施宽松货币政策时，初始期可交易金融资产市场的流入资金增加较慢，ΔM_f 较小。这时经济总体货币存量的增加远大于可交

---

① 但是，产出的这一增量比不考虑金融资产交易市场影响时的产出增加要小得多。

② $\Delta M_r = \Delta M^s - \Delta M_f < 0$。

③ 日本1987—1990年的情况类似于此。

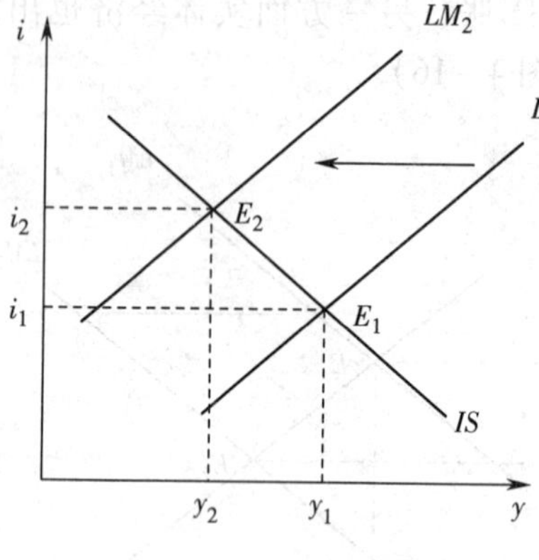

图 4－17　实体经济紧缩

易金融资产市场的流入资金，即 $\Delta M^s > \Delta M_f$，因此，相当一部分资金流入到实体经济中，实体经济中货币存量 M_r 的增加使得 LM 曲线右移。短期内 IS 曲线变动很小，于是产出由 y_1 增加到 y_2，同时利率由 i_1 下降到 i_2（见图 4－18）。

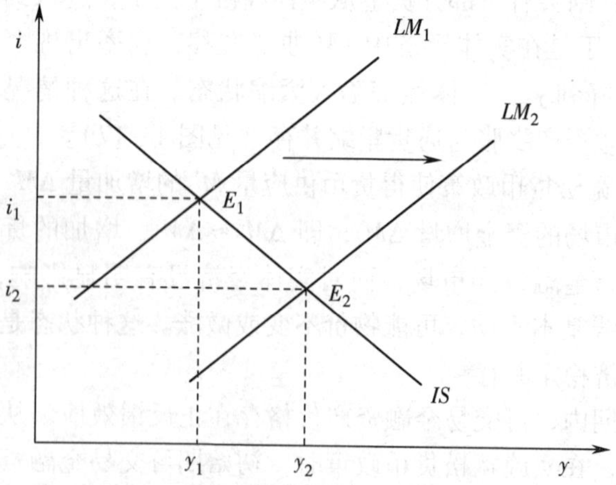

图 4－18　实体经济中短期的扩张效应

利率 i 的进一步下降和货币供应 M^s 的进一步增加所引致的内生性宽松货币政策效果刺激可交易金融资产收益和可交易金融资产市场资金存量进一步增加（见图 4－19）。金融资产需求函数 AD_f 进一步由 AD_{f2}

向右移动到 AD_{f3} 的位置。这时金融资产收益率 R_{f_2} 进一步上升到 R_{f3}，而可交易金融资产市场中的货币存量也由 M_{f2} 增加到 M_{f3}。

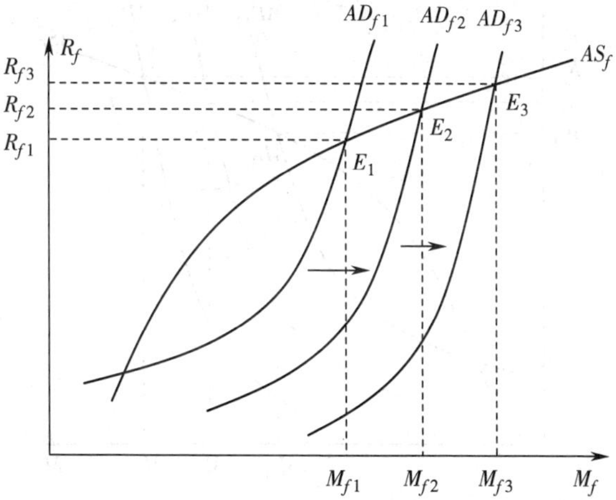

图 4－19　金融资产市场的中短期正反馈效应

从长期看，可交易金融资产的价格变化服从负反馈机制。经过一个较长时期，供给进行调整，*IS* 曲线向右移动，使得均衡点 $E_1' \to E_2'$。在实体经济中，产出由 y_1 增加到 y_2，同时利率由 i_1 上升至 i_2（见图 4－20）。利率 i 的上升通过信号效应和货币供应量的内在紧缩效应导致

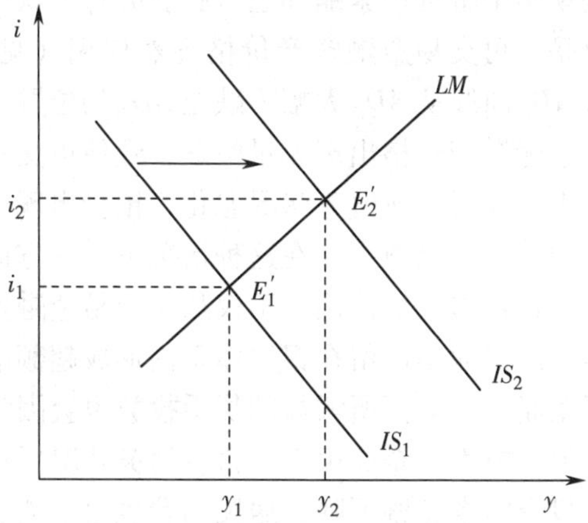

图 4－20　实体经济的长期变化

M^s 下降，这使得金融资产交易价格出现下降，金融资产收益率 R_f 也随之下降，表现为 AD_f 曲线左移至 E_3（见图 4－21）。

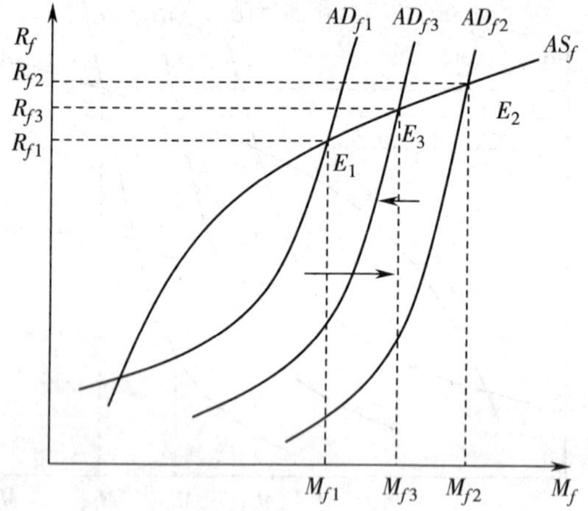

图 4－21　金融资产的长期负反馈效应

由于可交易金融资产价格变化的不同会导致实体经济出现两种不同的情况。一种情况是金融资产收益率 R_f 出现缓慢而持续的下降，这会导致资金逐渐从可交易金融资产市场中流出，增加实体经济的投资和消费，从而促使实体经济中投资需求迅速上升，拉动实体经济增长和物价上涨。经济体表现出金融资产紧缩和通货膨胀并存的状态。

另一种情况是，可交易金融资产价格突然崩塌（见图 4－22）。金融资产需求函数 AD_f 曲线从 AD_{f2} 大幅下跌至 AD_{f3} 的位置，金融资产需求意愿急剧萎缩，金融资产价格出现无量空跌，致使可交易金融资产市场内的资金无法撤出，同时企业财务状况恶化，银行出现大量坏账，这就造成货币供给的内生性急剧减少。在这种情况下，一方面，为了避免出现流动性危机的银行被迫收缩信用，不仅从可交易金融资产市场流出的资金没有进入实体经济而是停留在银行体系内形成超额准备，而且即便是货币当局为了摆脱这一局面所增加的货币投放也会因为银行急于增加流动性而失效。另一方面，企业由于受自身财务状况恶化和银行信用紧缩的双重影响，投资需求急剧下降，居民消费也由于消费信贷的压力而下降（见图 4－23）。

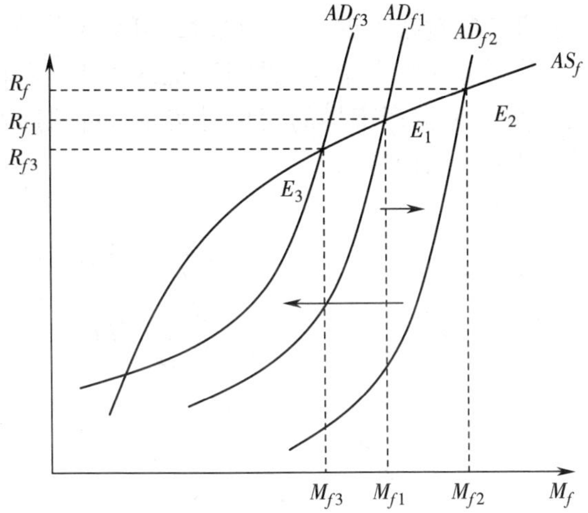

图 4－22　金融资产收益率快速下降

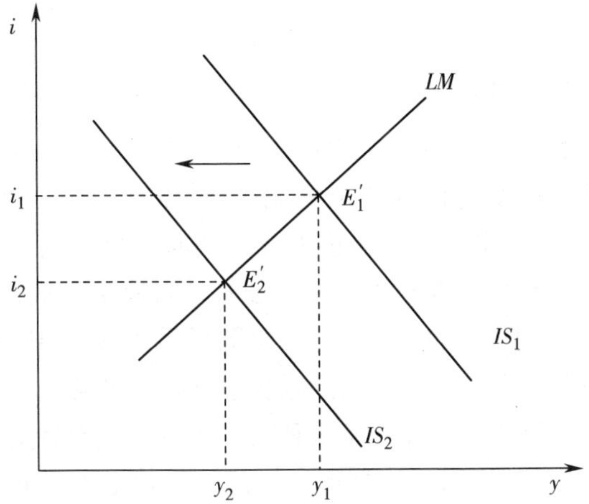

图 4－23　实体经济受到较大冲击

（二）实施紧缩货币政策的一般均衡时序分析

当中央银行实施紧缩的货币政策（提高利率、减少货币供应量）

时，在短期内由于金融资产价格变化的短时滞特征，金融资产价格发生及时调整，金融资产收益率出现下降。同时，可交易金融资产市场的资金开始流出，这使得金融资产需求函数 AD_f 曲线由 AD_{f1} 左移到 AD_{f2}（见图4-24）。可交易金融资产市场的变化对实体经济的影响，由于资金流向结构的不同又分为两种情况。

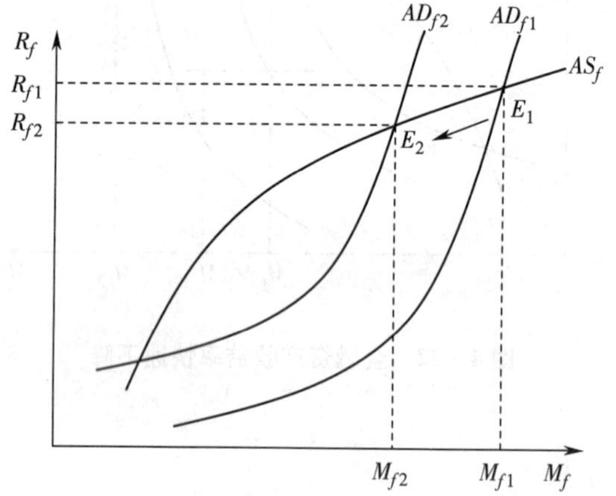

图4-24　紧缩货币政策对金融资产交易市场的影响

1. 第一种情况（见图4-25）。如果货币供应量 M^s 的总体减少量 ΔM^s 大于金融资产交易市场资金的减少量 ΔM_f①，那么在实体经济中，*LM* 曲线左移导致产出减少，物价下降，同时利率升高。因此，就会由于金融资产紧缩导致实体经济紧缩而出现“双紧缩”状态②。

2. 第二种情况（见图4-26）。如果货币供应量 M^s 的总体减少量 ΔM^s 少于金融资产交易市场资金的减少量 ΔM_f，就意味着从金融资产交易市场中流出的资金有一部分流入到实体经济中，于是实体经济中的增量资金推动 *LM* 曲线右移，出现产出增加，物价上涨，同时利率逐步下

---

① 即实体经济中的货币供应量 M_r 也出现了下降。

② 在历史上曾经多次出现过这种“双紧缩”状态，例如20世纪30年代美国由股灾而引发的大萧条，使得“双紧缩”状态持续了十几年。近期的例证是20世纪90年代日本经济由于资产价格紧缩而引发的持续萧条，至今也已经持续了十几年之久。

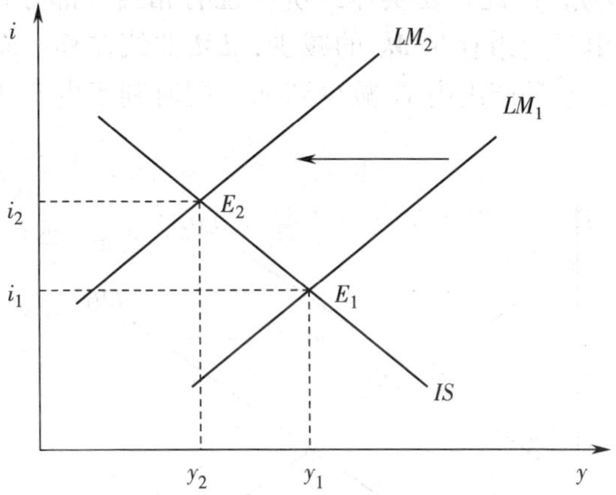

图 4－25　金融资产紧缩引发实体经济紧缩

降。实体经济逐渐进入复苏甚至通货膨胀状态，即由金融资产紧缩导致出现轻度通货膨胀①。

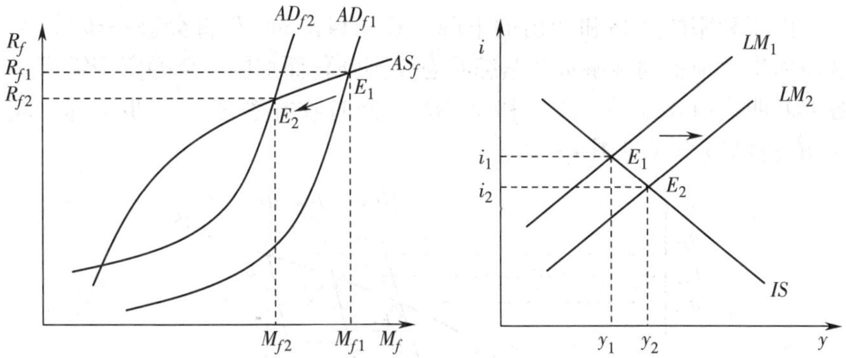

图 4－26　伴随金融资产紧缩出现的通货膨胀

在中短期动态特征上，金融资产价格变化表现出正反馈效应。在实施紧缩货币政策的初始时期，可交易金融资产市场的资金减少较慢，ΔM_f 较小。这时总货币存量的减少远大于可交易金融资产市场的流出资

① 这种情况通常发生在非恶性金融资产膨胀后出现的缓慢金融资产紧缩过程中。

金（$\Delta M^s > \Delta M_f$），因此，在实体经济中也有相当一部分资金流出。在实体经济中，由于货币存量 M_r 的减少，LM 曲线左移；而在短期内 IS 曲线变动很小，于是产出由 y_1 减少到 y_2，同时利率由 i_1 上升到 i_2（见图 4－27）。

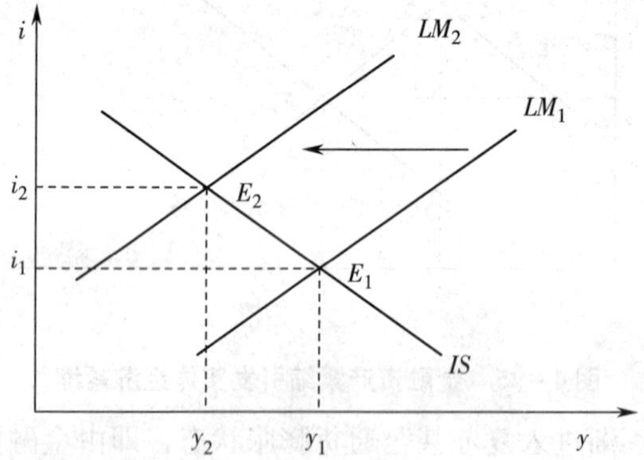

图 4－27　紧缩货币政策对实体经济的中短期影响

由于利率的升高和产出的下降，货币供应量 M^s 将会进一步减少，从而内生性地推动金融资产紧缩状态受到强化而加剧。金融资产需求函数 AD_f 曲线由 AD_{f2} 进一步左移至 AD_{f3}，同时收益率 R_f 进一步下降，同时 M_f 逐渐减小（见图 4－28）。

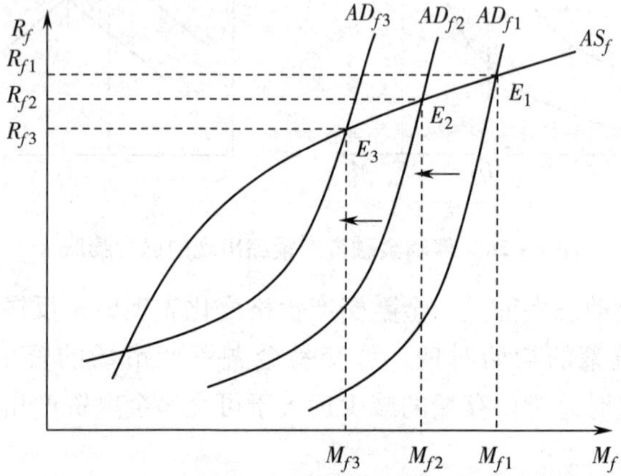

图 4－28　金融资产价格的中短期正反馈效应

可交易金融资产收益率的长期时序特征表现出负反馈效应。经过较长时间后，实体经济供给进行调整，*IS* 曲线由 IS_1 向左移动到 IS_2 位置，于是实体经济的均衡点由 E_2 移动到 E_3，这时利率 i 从 i_2 逐渐下降到 i_3。在可交易金融资产市场上，金融资产收益率 R_f 重新开始上升，可交易金融资产市场中的资金逐步增加，推动 AD_f 曲线开始右移（见图4－29、图4－30）。

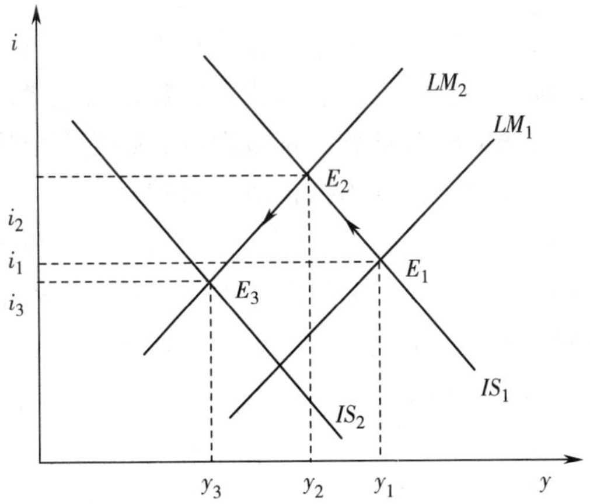

图4－29　长期效应：实体经济进行调整

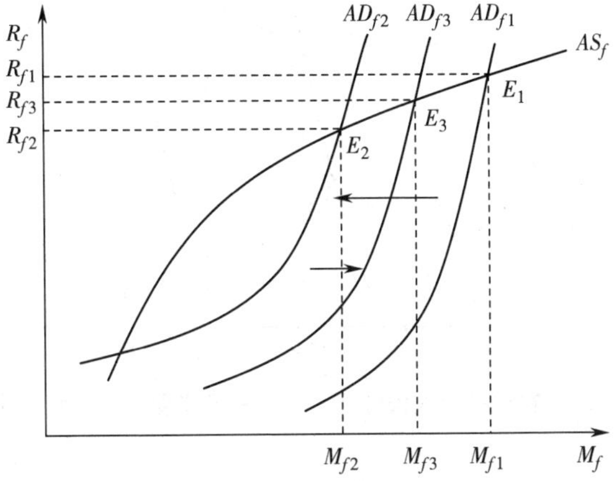

图4－30　长期效应：金融资产价格的负反馈效应

（三）银行信用介入条件下的 FM - IS - LM 模型

在上面的讨论中，我们没有考虑银行信用通过金融资产抵押介入对可交易金融资产市场的影响，但是银行信用介入的深度往往不仅是影响可交易金融资产市场波动幅度的主要因素，更是可交易金融资产价格波动能否触发严重金融危机的关键环节。因此，对其必须加以考虑。

1. 在银行介入的条件下，对于宽松货币政策效果的分析

银行以金融资产作为抵押物所发放的抵押贷款通常按金融资产市值的一定比例确定贷款额度。由于金融资产价格上升，可交易金融资产的市值随之快速增加，一方面投资者可贷资金额度快速增加，另一方面由于金融资产交易市场的收益良好，银行发放金融资产抵押信用的意愿也进一步提高。银行以金融资产为抵押所发放的贷款为可交易金融资产市场提供了增量资金，从而推动金融资产交易市场趋于活跃。

在图 4 - 31 中，银行信用的介入表现为金融资产需求函数 AD_{f_2} 曲线进一步右移到 $AD_{f_2}^c$ 曲线的位置①。这使得金融资产收益率进一步提高到 $R_{f_2}^c$（$R_{f_2}^c > R_{f2}$），而可交易金融资产市场的资金量也有明显增加②。

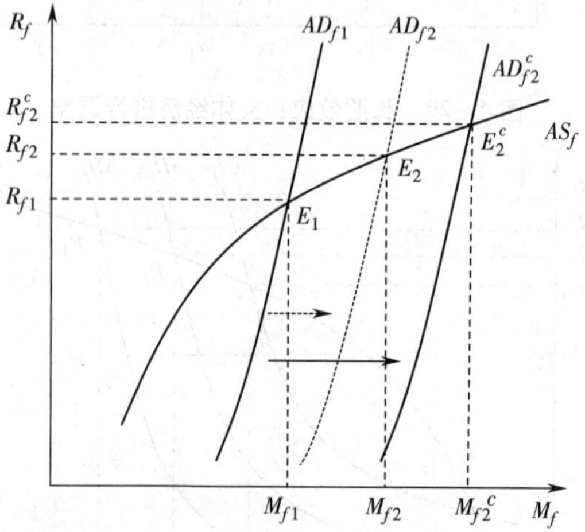

图 4 - 31 在银行介入条件下，金融资产交易市场均衡点的移动

① 比较无银行信贷资金介入时的情况：AD_{f2}。

② 达到 M_{f2}^c，$M_{f2}^c > M_{f2}$。

银行信用对可交易金融资产市场的介入不仅会推动金融资产价格的上升，而且会加剧实体经济波动。银行对金融资产交易市场贷款的增加，通常会在一定程度上对实体经济的贷款产生挤出效应，导致银行对实体经济的贷款出现增速下降甚至减少。在图 4 – 32 中，这种挤出效应表现为 *LM* 曲线向右移动的幅度变小①，甚至可能出现向初始位置的左方移动。所以，尽管货币当局实施宽松货币政策，但是实体经济并没有按预期的目标出现明显复苏。

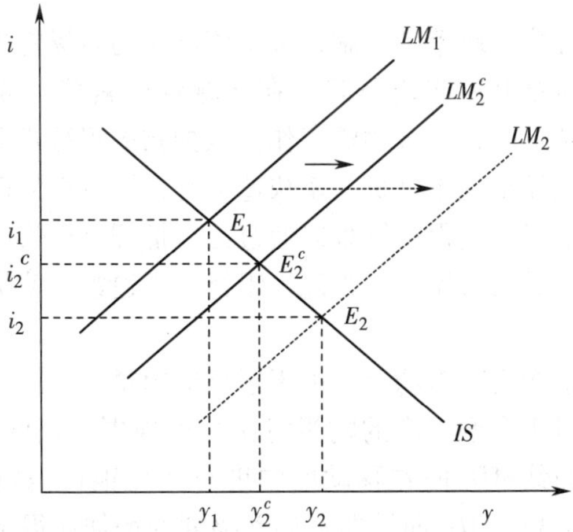

图 4 – 32　在银行介入条件下，实体经济均衡点的移动

同时在图 4 – 32 中可以看到，在这样的市场背景下，利率的传导机制出现偏差，长期利率的内生下降幅度变小②；产出的增加和物价的增加也较没有银行信贷资金介入金融资产交易市场时要小一些③。实体经济的不佳表现往往促使货币当局进一步实施下调利率、增加货币供应量等宽松货币政策以刺激实体经济增长。然而更加宽松的货币政策又为金融资产膨胀注入了新的力量，使金融资产价格和规模得以进一步扩

① 在图 3 – 25 中，与无银行信贷资金介入金融资产交易市场时的曲线 LM_2 相比较，LM_2^c 曲线更加靠左。

② 此时的利率是 i_2^c，而不是 i_2，$i_2^c > i_2$。

③ 具体情况视银行信贷资金介入的程度而定。

张，并吸引更多的银行信贷资金介入到金融资产交易市场中来。

因此，银行信贷资金的介入不仅加剧了金融资产膨胀的发展，并且可能抑制宽松货币政策对实体经济的推动作用。

2. 在银行信用介入的条件下，对于紧缩货币政策效果的分析

可交易金融资产价格的不断上升和规模的不断扩张，诱使银行信贷资金和货币供应量不断增加，这常常使得中央银行担心未来通货膨胀的压力。为此，货币当局最终会调整货币政策的方向，转而实施紧缩性货币政策。

伴随紧缩性货币政策的实施，金融资产交易市场首先作出反应，可交易金融资产价格开始出现下降。在金融资产紧缩（或危机）时，金融资产价格持续下降，以金融资产作为抵押物的银行贷款会因为债务人的财务状况恶化而出现不良贷款率快速上升；同时作为抵押物的金融资产市值的快速下降，使得银行难以通过出售抵押资产收回贷款。这就给银行的流动性造成巨大压力，为此，银行将被迫紧缩信贷，增加超额准备。

在可交易金融资产市场上，由于银行信用紧缩，加之居民、企业财务状况恶化，对于金融资产的购买意愿会出现更大幅度的下降，所以，金融资产需求曲线 AD_f 向左移动的幅度将比无银行信贷资金介入时更大①（见图 4 - 33）。AD_f 曲线向左移动幅度的增加使得金融资产收益率 R_f 下降也更加严重（由 R_{f2} 移动到 R_{f2}^c）。同时金融资产交易市场内的资金也比无银行信贷资金介入时流失得更多（由 M_{f2} 到 M_{f2}^c）。

金融资产紧缩通过银行信用的内生性紧缩而作用于实体经济。由于受到金融资产紧缩的冲击，银行被迫内生性紧缩信用，导致 LM 曲线大幅向左移动（见图 4 - 34）。LM 曲线由 LM_1 向左移动到 LM_2^c；与此同时利率 i 大幅升高，由 i_1 上升到 i_2^c；产出大幅减少（$y_2^c < y_2$），物价出现下降，实体经济出现较为严重的衰退。

① 由 AD_{f2} 进一步向左移动到 AD_{f2}^c。

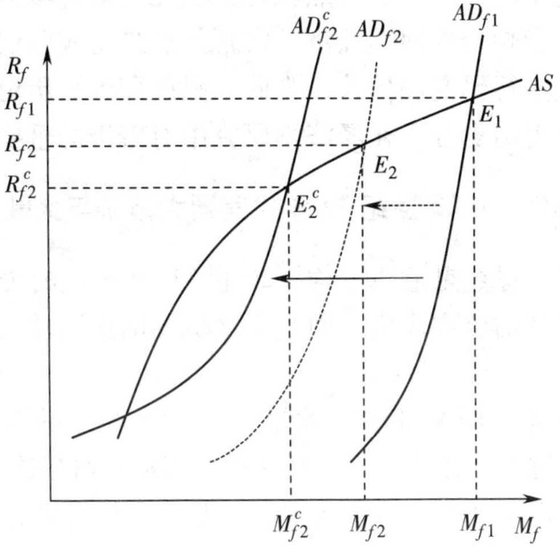

图 4-33　在银行介入条件下，金融资产均衡点的移动

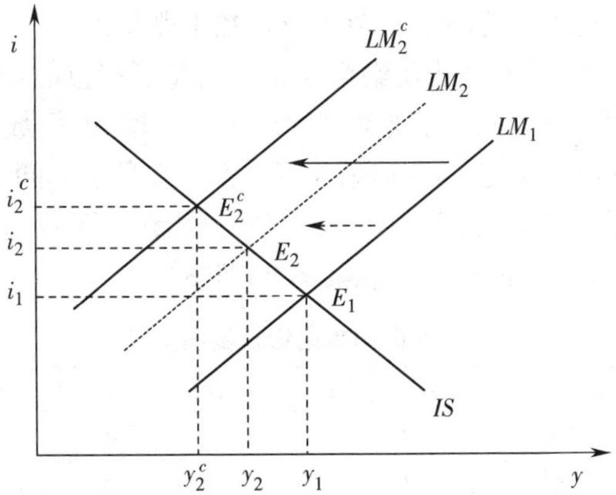

图 4-34　在银行介入条件下，实体经济均衡点的移动

第三节　历史与启示

历史总有惊人的相似，忘记历史的人就不会预知未来。

经济思想的来源常常是对历史的分析和解读，甚至是再解读。经济学不同于自然科学的一个显著特点就是：它无法对环境进行控制以分离某些因素的独立影响，这使得经济学常常无法进行实验研究，尤其是对宏观经济学思想进行研究和检验，为此，只能到各个历史事件中去追寻和比较。这就使得历史分析在经济学研究中有着极为重要的意义。

一、历史事件一：20 世纪 30 年代美国大萧条与金融资产危机

像目前这次全球金融危机一样，20 世纪 30 年代的美国经济大萧条也是源自一场严重的金融危机，而金融危机的前夜同样也出现了过度的金融资产膨胀。

1921—1929 年美国经济的持续繁荣诱发了企业的融资欲望，而美国股市的连续上涨[①]吸引了成千上万的投资者涌进股票市场。在 1929 年股市崩溃前，美国 1.2 亿人中有近 3 000 万人参与股票交易。

1929 年 10 月 24 日美国股市出现暴跌，当日股指下跌幅度达 22%，在 10 月 29 日美国股市又发生了更加惨烈的抛空狂潮。从 1929 年 9 月到 1932 年 6 月期间，美国道琼斯工业指数下跌幅度高达 85%。

美国的股市危机迅速波及银行体系，引发了严重的银行危机。各地大小银行出现了疯狂挤兑的现象。1930 年倒闭的银行数量急剧上升至 1 350家，并在 1933 年达到高峰值 4 000 家。在危机期间，先后有 9 755 家银行倒闭，占全部银行总数的 45.1%；倒闭银行的累计存款额接近 70.7 亿美元，占全部银行存款总额的 23.5%。

表 4-5　　大萧条期间美国银行倒闭情况

年份	倒闭银行数	占比（%）	倒闭银行存款额（亿美元）	占比（%）
1928	498	1.84	2.3	0.3
1929	659	2.47	2.3	0.5
1930	1 350	5.29	8.4	2
1931	2 293	9.87	16.9	4.4
1932	1 453	6.94	7.1	2.4
1933	4 000	20.53	36	14.2

资料来源：Richard Dale，1992，“International Banking Deregulation：The Great Banking Experiment”.

① 在 1922—1929 年美国道琼斯工业指数上涨了 800%。

金融资产危机和银行危机迅速引发全面的信用紧缩。一方面，金融资产危机使得居民和企业的财务状况恶化，贷款能力急剧下降；另一方面，由于缺少投资冲动，居民和企业的贷款动机也出现明显减弱。与此同时，金融资产危机使得原先已经发生的、用股票质押发放的贷款的名义价值急剧缩水，已经不足以抵偿贷款，同时贷款人的财务状况恶化、无力清偿债务，因此，银行的逾期贷款和不良资产迅速增加，金融资产市场的危机和实体经济的衰退增大了贷款风险。为了防止出现流动性困难，各家银行减少信贷发放，想尽办法增加超额准备（商业银行体系的超额准备率一度高达20%），形成了信贷内生性紧缩的局面。

为了缓解这一危机局面，美联储采取了宽松的货币政策：一方面增加基础货币投放①，另一方面下调联邦基金利率②。然而由于金融资产危机和银行危机所导致的信用紧缩行为存在严重的内生性，因此，尽管这期间美联储采取了极为宽松的货币政策，但是货币供应量不仅没有明显上升，反而有所下降，美联储实施的宽松货币政策失效。1933 年货币供应量仅为 1929 年的 73.5%。

金融资产危机引发了严重的实体经济衰退。首先，金融资产危机和信用紧缩导致消费下降。一方面，金融资产危机使得居民财富缩水，迫使他们减少消费，尤其是对耐用品的消费；另一方面，信用紧缩也使得消费信贷急剧减少，于是加剧了消费需求的下降。其次，金融资产危机和信用紧缩导致的投资下降是影响实体经济的主要渠道。一方面，由于股市崩溃，企业利用股权融资量严重下降；另一方面，信用紧缩导致银行对企业的信贷发放也大幅减少，于是企业用于投资的增加大幅萎缩，导致投资需求明显下降。投资急剧减少，在 1931—1933 年净投资已经出现负值。

消费和投资的双向下降导致需求的大幅下降，美国的一系列经济指

---

① 在股市崩塌的一周内，美联储就向银行体系增加了 3 亿多美元的准备金投入，其中 1.5 亿美元是通过公开市场操作进行的，2 亿多美元是通过再贴现进行的，如此大规模的基础货币投放是前所未有的。

② 在 1929 年 10 月发生股市危机后，美联储迅速下调再贴现利率，由 10 月的 6% 下调至 11 月的 4.5%；随后在 1930 年内又将再贴现利率下调至 2%，到 1931 年中期进一步下调至 1.5%。

标都出现了恶化，GNP 下降了近 30%；失业率从 1929 年之前的 3.2% 上升到 24.9%，失业人口达到 1 300 万人，在城市里，大批贫民流落街头，无家可归。

表 4－6　　大萧条的实体经济状态

年份	GNP（10 亿美元）	GNP 增长率（%）	GDP（10 亿美元）	失业率（%）	CPI
1929	314.7	17.8	40.9	3.2	100.0
1930	285.2	13.5	44.6	8.7	97.4
1931	263.3	9.0	46.2	15.9	88.7
1932	226.8	3.5	44.0	23.6	79.7
1933	222.1	3.8	42.8	24.9	75.4
1934	239.4	5.5	48.7	21.7	78.0
1935	260.8	9.2	49.8	20.1	80.1
1936	296.1	10.9	58.5	16.9	80.9
1937	309.8	12.8	56.3	14.3	83.3
1938	297.1	8.1	61.3	19.0	82.3
1939	319.7	10.5	63.8	17.2	81.0

资料来源：美国商业部“美国全国收入和产出账户”，CPI（1929 年＝100）。

危机后经历了长达 10 年的漫长恢复期。虽然大萧条源自金融资产危机，但是却由于前期金融资产膨胀期间银行信用的大量介入，引发商业银行体系出现大量的不良资产和全面的内生性信用紧缩，造成家庭、企业和银行资产负债表的极度恶化和经济的全面衰退。这一修复过程是漫长而痛苦的。经过 10 年的调整美国经济才逐渐走出萧条，1939 年美国的 GNP 重又回到 1929 年的水平，而失业率直到 1942 年才又降至 5% 以下，道琼斯工业指数更是直到 28 年后的 1957 年才重又回到 1929 年的 380 点之上。

二、历史事件二：“失去的十年”与日本金融资产危机

经济学家们曾乐观地认为，从大萧条的噩梦中惊醒，在宏观经济理

论的指导下，大萧条永远不会再次发生[①]。然而多恩布什过低地估计了现实的复杂性，更过于乐观地评估了经济学家的认识能力。相似的历史在60年后的日本再度重现。

在经历了5年的持续上涨后，1990年初日本股市出现了急剧下跌。日经225指数从39 000点跌至20 000点左右，跌幅近50%，随后虽有反复，但是下跌的趋势始终未变。仅1992年日本股市和房地产市场价格下降所形成的减值损失就达到当年日本GDP的90%。

日本的股市危机和房地产价格下跌迅速波及银行等金融机构，引发了严重的银行危机。一方面，银行的股票质押贷款和房地产抵押贷款由于贷款人无力偿还或者股价的大幅下跌变成不良资产和坏账[②]；另一方面，股市危机和房地产价格下跌也造成银行财务状况恶化甚至陷入流动性危机，先后有多家银行、证券公司宣布破产。

股市危机和房地产市场减值引发了全面的信用紧缩。股市危机和房地产减值使得企业和居民的财务状况恶化，贷款能力下降。与此同时，银行等金融机构的不良贷款急剧上升，财务状况也出现恶化甚至出现流动性危机。同时，由于贷款人资信下降，银行也加严了贷款的审核标准。因此，引发了全面的信用紧缩。在1990—1997年，日本商业银行对非银行金融机构的贷款下降了89%，对个人的贷款下降了54%，对房地产的贷款下降了33%。

金融资产危机和信用紧缩合并引发经济衰退。自1991年之后，日本经济进入持续的衰退时期。1991—1997年的7年间，实体经济增长率平均为1.6%。

面对不断发生的银行流动性危机和实体经济衰退，日本中央银行为了刺激经济复苏，开始实行宽松的货币政策和实施金融救援。在1991年7月至1997年数次下调利率，将利率由6%下调至0.25%。在1999年2月更进一步将利率调至0.03%，实施所谓的零利率货币政策，与此

① 见多恩布什、费希尔1997年在《宏观经济学》中提到的，“对大萧条是否会再次发生的问题的回答是一致的，不会再发生，除非政策确有失误，现在同当时相比，可能性较小。一个原因是历史可以帮助我们避免重蹈覆辙”。

② 据估计，到1992年由于股价下跌所造成的银行坏账超过了1万亿美元。

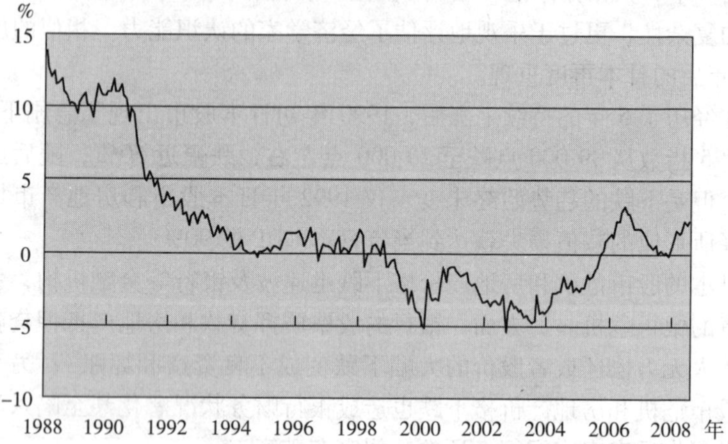

资料来源：根据日本中央银行相关报表整理。

图 4-35　企业贷款增长率

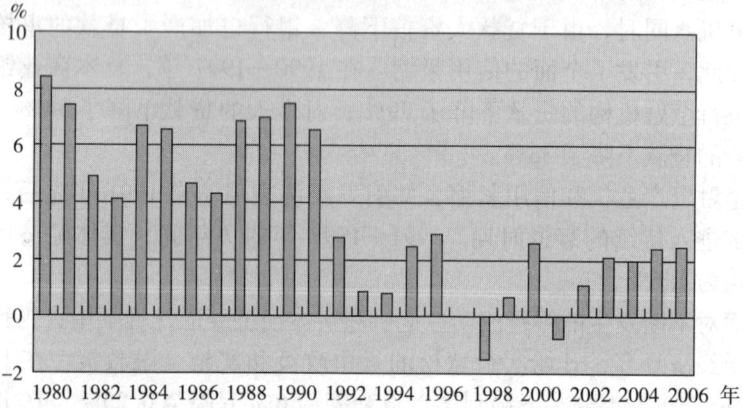

资料来源：根据日本中央银行相关报表整理。

图 4-36　日本 GDP 增长率

同时，对金融体系实施全面救助和改革。先后通过多种方式向金融机构注入资金，到 1999 年末，投入救助资金高达 70 万亿日元，但是收效甚微。

三、历史事件三：2008 年“黑天鹅”[1] 再次降临

2007 年美国次贷市场出现危机迹象，但是当时很多经济学家根据美国健康的实体经济指标判断，这只是一个金融市场的局部危机，不会发展成为一次全面的金融危机。

2008 年 3 月形势急转直下，随着贝尔斯登和雷曼兄弟公司的相继倒闭，美国金融市场发生了全面的危机和恐慌。一时间，不仅高盛、美林等各大投资银行陷入难以支撑的窘境，花旗集团、美国银行等巨型商业银行也濒临技术破产的边缘。无论是资产证券化市场，还是信贷市场，都已经接近流动性枯竭而丧失了融资的基本功能。在这场全面金融危机的冲击下，美国实体经济迅速陷入衰退。一次新的大萧条似乎再次降临。

分析这次“黑天鹅”事件，尽管这次金融危机和经济衰退的表现形式与美国大萧条、日本金融危机等以往的历次严重金融危机相比有诸多不同，但是，实质上其生成机制如出一辙。首先，金融危机爆发前美国出现了过度的金融资产膨胀。美国连年的宽松货币政策和全球过剩的资金，借助银行信贷和资产证券化两个主要渠道不断地注入美国房地产市场及其信贷衍生品市场，推动美国房地产市场出现严重价格泡沫，房地产信贷市场风险增加、资产质量下降。与此同时，房地产贷款及其金融衍生品市场的规模迅猛膨胀，远远超出其基础资产的规模。截至 2007 年末，美国 CDS 市场名义市值高达约 58 万亿美元[2]，是其基础资产的 10 倍，整个市场蕴涵了巨大的金融风险。

其次，2006 年美联储担心过于宽松的货币政策可能会加大通货膨胀的压力，开始逐步通过提高联邦基准利率推高商业银行住房按揭贷款的利率，导致过度高涨的美国房地产市场出现反转，触发次级住房按揭贷款的坏账迅速上升，房地产信贷市场风险集中爆发，住房抵押贷款违约率升至历史最高水平。

次级住房按揭贷款市场和次债市场的危机又通过资产负债表效应和

---

① “黑天鹅”代表有重大影响的小概率事件，这里特指严重的金融资产危机。

② 美国金融机构通过对住房贷款债券的违约风险进行分解和重新组合，创造出担保债务凭证（CDO）、信用违约掉期（CDS）等信贷衍生品。

对手方清算风险传递到股票市场、债券市场、货币市场和信贷市场，出现了全面的金融危机。美国股市在2008年下半年出现大幅下跌，从14 000点连续跌至6 500点，跌幅达到54%；公司债券市场不仅价格大幅下挫，而且新发行债券激减，市场几乎停滞。

金融资产危机的加剧直接引发了美国银行业发生流动性危机。次级住房按揭贷款危机不仅造成商业银行不良贷款规模上升，而且由于很多商业银行持有大量的金融资产头寸，随着金融资产市场的恶化，银行被迫大量减计资产，美国商业银行体系的财务状况变得危机重重，先后有多家商业银行陷入破产。

尽管美国中央银行采取了极度宽松的货币政策，给商业银行提供了大量的短期流动性，但是贷款意愿的下降和风险厌恶程度的提高促使商业银行体系将过量的短期流动性存放于中央银行形成巨量的超额准备。2008年，美国商业银行新增贷款从2007年的3 370亿美元降至2 100亿美元，占新增金融资产的比例从2007年的36%降至10%。与此同时，商业银行在美联储的超额准备金从2007年的15亿美元急剧增加至8 010亿美元，占新增金融资产的比例从2007年的0.16%升至38.8%。[①] 商业银行的内生性紧缩行为，在很大程度上冲销了中央银行的经济刺激政策，致使中央银行的宽松货币政策在一定程度上失效。美国经济再度进入经济衰退，美国GDP增长率快速下降，失业率急剧上升至多年以来的高位。

四、历史的启示

对比分析历次严重的金融危机和经济衰退，我们可以看到，这些金融资产危机和经济衰退有着极为相似的背景和演变过程：银行信用的介入推动可交易金融资产市场在正反馈机制的作用下发生过度膨胀，但是由于资金约束和政策变动，可交易金融资产市场出现反转引发严重的金融资产危机，金融资产危机通过资产负债表效应和流动性枯竭引发商业银行危机和内生性信用紧缩，进而导致实体经济陷入长期衰退。在历次金融危机和经济衰退中，我们看到了极其相似的历史。

---

① 根据美联储“资金流量表”整理。

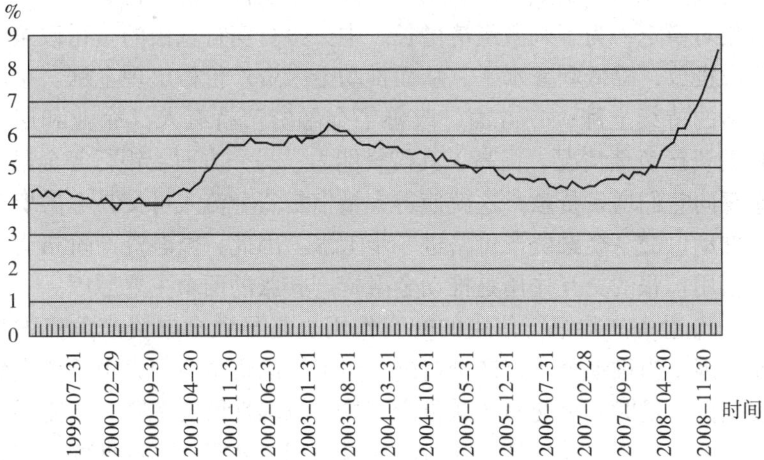

资料来源：彭博通讯社（Bloomberg）。

图4－37 美国的失业率变化

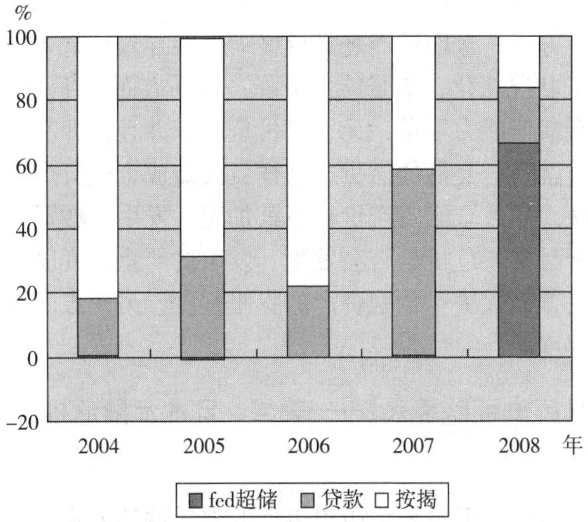

资料来源：彭博通讯社（Bloomberg）。

图4－38 美国商业银行主要资产占比变化

1. 金融资产价格上涨与银行信用扩张的交互作用是推动金融资产

膨胀的主要原因。金融资产膨胀往往发生在实体经济平稳运行期，此时物价相对稳定，为了刺激经济增长，中央银行实行宽松的货币政策，增加货币投放，降低利率水平，从而推动金融资产价格出现上涨。金融资产价格的持续上涨，一方面，改善了金融资产持有人（企业和居民家庭）的资产负债情况，提高了其借贷能力；另一方面，银行等金融机构也愿意向它们增发贷款，这就使得大量信贷资金流入可交易金融资产市场，推动可交易金融资产价格进一步上涨。因此，金融资产价格上涨与银行信用扩张的交互作用是推动金融资产膨胀的两个主要原因。

2. 金融资产与银行信用的交互作用也是导致金融资产危机发生的主要原因。当推动金融资产价格进一步上升的资金驱动力由于资金约束而表现出不足时，可交易金融资产市场的流动性就会下降，于是导致金融资产价格呈现下跌趋势。这时，如果前期金融资产膨胀期间，银行信用介入较少，则这种金融资产价格下降通常不会以突变的形式发生，而是以缓慢下降的渐变形式演变为金融资产价格的合理回调过程。相反，如果前期银行信用介入较多，则这一下降过程往往以突变的形式发生。这是因为：一方面，金融资产名义价格缩水会导致贷款人（企业或居民家庭）的财务状况恶化，借贷能力下降；另一方面，商业银行等金融机构由于贷款人清偿能力不足，无力偿付贷款，并且抵押品价格缩水，因此，收缩对金融资产交易的借贷。这样就又造成金融资产交易市场资金的进一步紧缺，导致金融资产价格下跌加速，发生金融资产价格危机。

因此，金融资产危机是否会发生、发生的严重程度以及是否会引发银行危机，一方面取决于金融资产的膨胀程度，另一方面更取决于银行信用的介入程度。

五、如果历史可以重来[①]——美国、日本金融危机前后货币政策反思

历史没有假设，但是相似历史事件的差异性却为我们提供了这样的机会：对比分析相似历史事件因果中的差异，可以让我们探知历史的真实脉络。

---

① 当然历史不会重来，但是历史却时常会再现。

下面我们就尝试沿着20世纪30年代大萧条和90年代日本经济衰退中所展示的——从金融资产膨胀到经济危机的发展全过程，逐阶段地寻找历史事件进行对比分析，将历史事件串在一起构建一个相对完整的实验。

1. 实验的第一步：如果美国、日本经济强势确定之后，并不上调币值。由于存在着巨额的贸易顺差和外汇储备，造成货币供应量增长过快，也可能造成金融资产价格或物价上涨的压力。这时可行的措施是：利用资金丰裕的时机，加大在公开市场上的冲销操作，运用低息债券大量回收过多的货币供应；加大政府的公共福利支出，提高国民福利水平，既可以有效减少贸易顺差，也可以增强抵御危机的能力。由于同时存在货币升值的国际压力，必须考虑国际经济协调机制。因此，为了平衡国际收支，可能采取的措施是：加大资本输出。以资本输出抵消贸易顺差的扩大，并减少国内币值上升的压力；增加政府公共支出，减少经常项目顺差。

在这一方面的可比较历史事件是第二次世界大战后的美国经济：第二次世界大战后，美国经济的强势地位进一步得到加强，尽管仍旧存在国际压力和国内压力，但是美国这次不同于第一次世界大战后的20世纪20年代，没有上调美元币值，而是一方面大规模地进行资本输出（例如，马歇尔计划）；另一方面加大政府的公共支出，于是美国实体经济平稳快速增长，也未出现金融资产膨胀的迹象。

2. 实验的第二步：如果币值升值后，实体经济受到影响，因此，采取宽松的货币政策，但是增加的货币并没有促进金融资产膨胀，而是流入到实体经济中。在这一方面的可比较历史事件是20世纪80年代的联邦德国经济：1980年联邦德国经济也出现了极强的走势，德国马克币值不断上升，对联邦德国实体经济造成影响，于是联邦德国开始实施宽松的货币政策。然而由于在联邦德国的欧洲大陆金融发展模式中，直接融资市场发育有限，因此增加的货币供应迅速流入实体经济中，推动实体经济保持平稳增长，并没有引发金融资产膨胀。

3. 实验的第三步：如果宽松的货币政策加速了金融资产膨胀的生成，但是制度约束有效地阻断了银行信用和金融资产的交互机制。1933年美国反思股市危机和大萧条的经验教训，认为未能有效地阻断银行与证券业的联系是金融危机的主要成因之一，于是通过了《格拉斯—斯蒂格尔法案》要求银行与证券实行分业经营。从此之后直到1996年，美国金融业一直实行严格的分业经营体制。应该说，这也是此后美国金融资产市场风险明显减弱的主要原因，更是美国没有爆发大规模金融资产危机，尤其是引发实体经济陷入长期衰退的金融资产危机的主要制度原因。

4. 实验的第四步：如果金融资产膨胀业已发生，并且由于银行信用的交互作用而变得十分严重，但是中央银行没有仅因为货币供应量的内在过快增长而采取紧缩的货币政策去突然降温，而是通过其他措施让它缓慢冷却。2002—2004年中国股市的缓慢下降期，就是一个很好的例子。尽管在2002年之前货币供应量就出现超常的高增长，但是中央银行在2002—2004年没有采取紧缩的货币政策去加速金融资产的回调，而是通过其他措施使之缓慢冷却，因此没有形成金融资产危机。

5. 实验的第五步：如果金融资产危机不幸地发生了，但是由于中央银行的合理举措并没有出现银行信用的内生性紧缩。1987年10月19日美国股市狂跌500多点，跌幅达到23.6%，甚至超过了1929年股市危机的单日跌幅。然而吸取1929年的教训，美联储首先立即向市场公开而明确地宣布，着手实施宽松货币政策，将根据需要提供贷款以防止金融崩溃，保证支付体系的正常运行，并且进一步压低利率。美联储和其他主要国家中央银行的协调行动，有效地控制了恐慌的扩散，市场危机并没有大规模扩散到银行体系，更没有形成银行危机和信用紧缩，而仅仅表现为股市危机，实体经济所受冲击很小，股市也很快得以恢复平稳。

6. 实验的第六步：如果发生了银行危机和信用内生性紧缩，但是中央银行采取了有效措施遏制信用的内生性紧缩。这一方面可比较的例证，首先是来自1933年的德国：1933年的德国处于纳粹统治之下，正积极发展军事，准备战争，强大的军事需求推动德国经济迅速从大萧条中走了出来（大萧条中德国的工业产值曾经下降到1896年的水平），当年即恢复到大萧条前的水平。

7. 实验的第七步：最后，但可能是最重要的，如果货币政策能够根据经济结构变迁及时作出调整，减弱金融资产价格非线性机制和正反馈机制的冲击，保持货币资源在实体经济和金融资产之间的均衡结构，这种金融资产危机和剧烈的经济波动也许就可以避免或减轻。这也许是各国货币当局应该努力的方向。

货币政策是随着社会经济结构、金融结构的发展而产生并且不断发展变化的。经济过度金融化导致宏观经济结构发生了深刻的变化，金融资产运行状态与银行信用的交互机制使得货币供应量的内生性增强，改变了货币政策的传导机制，传统货币政策工具在金融危机期间明显失效。

这次全球金融危机再次证明，金融资产危机不仅可能引发全面性的金融危机，甚至可能导致出现严重的经济衰退。历史经验和理论分析表明，经济过度金融化要求各国中央银行必须根据经济结构和运行机制的变迁及时调整货币政策目标取向和政策工具，不仅要关注实体经济的核心指标①，也要日益关注金融资产市场的变动。正如莫迪利安尼所说，货币政策“可选择最终目标的效果和可选择理论的作用，关键取决于经济中的金融结构”。

参考文献

[1] 唐旭：《金融理论前沿课题》（第二辑），北京，中国金融出版社，2003。

[2] 凯恩斯：《就业、利息和货币通论》，第二版，北京，商务印书馆，1983。

[3] 普里戈金：《从混沌到有序》，第一版，北京，社会科学出版社，1987。

[4] 伯南克：《大萧条》，第一版，大连，东北财经大学出版社，2007。

[5] B. Mandelbrot, 1972, “Statistical Methodology for Non－periodic Cycles: From the Covariance to R/S Analysis”.

[6] Ben Bernanke and Mark Gertler, 2000, “Monetary Policy and Asset Volatility”, *NBER Paper.*

[7] Bernanke, B. S. and M. Gertler, 2001, “Should Central Banks Respond to Movements in Asset Prices?”, *American Economic Review.*

[8] Fama, Eugen, 1965, “The Behavior of Stock Market Prices”, *Journal of Business.*

[9] Filardo, Andrew J., 2000, “Monetary Policy and Asset Prices”, Federal Re-

① 诸如经济增长、通货膨胀、失业率和国际收支平衡等经济指标。

serve Bank of Kansas City, *Economic Review*, 3rd quarter.

[10] Hosking J. R. M. , 1981, "Fractional Differencing", Biometrika.

[11] Ito, Takatoshi and Tokuo Iwaisako, 1996, "Explaining Asset Bubbles in Japan", *Bank of Japan*, *Monetary and Economic Studies.*

[12] Mishkin, F. S. , 2001, "The Transmission Mechanism and the Role of Asset Prices in Monetary Policy", *NBER Working Paper* .

[13] Osborne, M. F. M. , 1964, "Brownian Motion in the Stock Market", *The Random Character of Stock Market Prices*, Cambridge, MA: M. I. T. Press.

[14] Turner, A. L, and E. J. Weigel, 1990, "An Analysis of Stock Market Volatility", *Russell Research Commentaries*, Frank Russell Co. Tacoma, WA.

第五章 铸币税及其测算

第一节 铸币税的概念

铸币税的英文是Seigniorage[①]，其从法语seigncur演变而来，是一个很早以前就被提及的概念，例如，亚当·斯密在《国富论》中至少34次提及铸币税（Seignorage）。在不同语境和不同文献中，铸币税概念至少有以下几个略有差异的含义。第一个含义指铸币者收取的将原始的贵金属加工成铸币的费用。第二个含义指铸币者向国王或者政府缴纳的利润或者税收。中文把Seigniorage翻译为铸币税可能就是源于这个语言环境。第三个含义指铸币厂收取的总费用[②]，包括铸造硬币的实际成本加上政府赚取的利润。在现代经济文献中，理解铸币税概念有两个角度，一个是从归属的角度，铸币税一般指货币发行者由于具有一定程度的市场垄断权力，从货币发行中获得的利润，这里的货币可以是金属铸币、商业银行货币、中央银行发行的基础货币，还可以是诸如电子货币等其他形态的货币，由此衍化出金属铸币税、商业银行铸币税等私人货币生产者获得的铸币税和中央银行获得的铸币税。另一个是从来源的角度[③]，但文献极少。早期的货币为原始的商品货币，由于使用中的便利，金属铸币出现，其价值高于原始的充当货币的等数量金属的价值。从整个社会经济的角度，高出的这部分价值就是金属货币铸币税。商业银行货币替换金属铸币的使用，节省了开采、制造金属货币的大量社会

---

① 有时为Seignorage。

② 约翰·F. 乔恩：《货币史》，13页，北京，商务印书馆，2002。

③ S. Black，1987，“seigniorage，the New Palgrave：A Dictionary of Economics”，Vol. 4，287.

资源，商业银行货币替代金属铸币节省的这种社会资源就是铸币税。由于商业银行货币的私人性质，商业银行货币仅在一定程度上替代了金属铸币，最终完全替代金属铸币的是政府部门发行的中央银行纸币，中央银行纸币替代金属铸币节省的社会资源就是铸币税。从货币形态变化的逻辑看，中央银行纸币并非货币的最终形态，随着支付技术的发展，例如，一个可想象的情形，当社会经济中所有的支付都可以通过商业银行发行的银行卡进行时，中央银行纸币可能就不存在了，这时为中央银行带来铸币税收益的可能是基础货币中的商业银行存款准备金。

现代文献中，铸币税的这两个角度是一枚货币的两个方面，从整个社会的角度看，铸币税的来源等于其归属。不过，需要注意的是，铸币税并不仅仅归属于货币的发行者，还归属货币的持有者①。下面分别从金属货币铸币税、商业银行货币铸币税和中央银行铸币税的角度讨论铸币税的相关问题。

第二节　金属货币的铸币税及其计算

在人类社会使用货币的早期，通过微观经济单位交易中的多次选择，未经加工过的金银，由于具有易携带、价值稳定等物质特性，从各种充当交易媒介的商品中脱颖而出，逐渐成为世界各地占支配地位的商品货币——交易媒介。不过，未经加工过的贵金属仍具有很多不便利之处，例如每次交易过程中需对未加工过的金属纯度进行甄别，对数量进行度量。于是，在定期举行的集市贸易中，富有的交易者在自己的贵金属上加上标记作为纯度和标准重量的证明。最早的金币被认为是吕底亚的国王克罗塞斯约在公元前550年创造的，他给这种金银货币以保证，使这种货币更受欢迎。这样做对他有利，因为这时他可以更容易地用它来从邻近的商人那里取得他所需要或可能需要的商品。铸币由于使用方便，信誉卓著，或由于有印记保证其纯度与可接受性，有时则仅仅由于审美品质，而使其价值超过其所含金属的价值。标准的金银铸币在经济

① S. Black, 1987, "Seigniorage, the New Palgrave: A Dictionary of Economics", Vol. 4, 287.

中使用便利，更受使用者的欢迎，按照货币搜寻理论的逻辑，持有铸币的交易者更容易找到交易对象进行交换，这也节省了交易者的交易成本。这样，相对未经加工的金银，经济中的交易者愿意为标准化金银铸币的价值提供溢价，金属铸币使用者为金银铸币提供的溢价有一个上限，其不高于使用金银铸币相对于使用未加工过的金银铸币带来的成本的节省，否则，金属铸币使用者将放弃使用金银铸币而使用未加工过的金属。同时，把未加工过的金银制造成为铸币消耗了一定的人力和资本品，由此铸币制造者要收取一定的费用，以弥补制造金属铸币的成本。

金银铸币者将原始的贵金属加工成铸币而收取的费用包括三个部分，第一部分是铸币者将原始的贵金属加工成铸币的实际成本支出；第二部分是在铸币行业非完全竞争情况下铸币者的利润，在完全竞争情况下，铸币者并没有获得这部分收入；第三部分是国王或者政府依靠自己的权力从铸币者处收取的利润，多数情况下这部分是存在的，极少情况下这部分不存在。在现代史的早期，硬币铸造有时是作为一项公共服务，没有铸币税收入。例如，英格兰早在1666年就开始了这项改革，因而铸币厂的费用由税收来负担。

从整个社会的交易看，相对于未加工的金属，一方面，经济单位使用金属铸币可以节省一定的社会资源；另一方面，制造金属铸币需要消耗一定的社会资源。这样，使用金属铸币节省的社会资源减去制造金属铸币消耗的社会资源就是使用金属铸币全社会节省的总资源。从整个社会的角度，这种节省的资源及由其带来的整个社会产出的增加必定要归于经济中的、与金属铸币相关的经济主体，主要有三类，一是金属铸币使用者，二是金属铸币生产者，三是拥有征收税收权力的政府（国王）。在金属铸币生产完全竞争的情况下，金属铸币的市场流通价值等于其生产成本①，这时生产者并没有获得铸币税。金属铸币节省的社会资源及其带来的整个社会产出的增加，流向了金属铸币的使用者和征收金属铸币特许权费用的国王或君主那里。在金属铸币生产非完全竞争的情况下，金属铸币生产者获得了铸币税收入；在金属铸币税生产者完全垄断的情况下，铸币税生产者获得了最大量的铸币税。

① 对生产者而言，生产成本包括对国王或君主上缴的特许权费用。

金属铸币的铸币税为铸币的面值与其实际含有的贵金属价值和铸造货币的成本之差（劳伦斯·H. 怀特，2004）：$S = M - PQ - C = \pi + N$。其中，S 表示铸币税，M 表示铸币的市场价值或者面值，P 表示贵金属市场价格，C 表示铸造数量 M 铸币的铸币者的生产成本及维持铸币正常流通的成本，π 表示铸币者获得的铸币税收入，N 表示国王（或君主）获得的铸币税收入。

对于金属铸币税有以下五点需说明。第一，金属铸币税的来源是金属铸币相对于未加工的原始金属及其制造等成本的溢价，这种金属铸币溢价的存在主要是因为经济单位为使用大小统一、重量及成色得到担保的铸币而带来的使用上的便利而愿意支付的升水或者溢价。然而即使金属铸币使用者愿意支付金属铸币溢价，在铸币生产的市场结构为完全竞争及国王（君主）没有对铸币生产设置特许限制的情况下，铸币税者收取的仍然是一种把原始金属铸造为铸币的费用，而不是我们通常经济学意义上的铸币税概念。第二，在金属铸币情况下，铸币税由两部分构成：一部分利润在金属铸币的生产需要国王（君主）特许的情况下由国王获得，这部分超额利润在很多文献中被称为铸币税。另一部分利润是铸币生产者获得的超额利润，这部分主要和生产铸币的经济单位的市场结构有关。大约在公元1000年至1125年之间，在法国、加泰罗尼亚和阿拉贡，任何人都可铸造和发行货币，政府当局不得不参与竞争，以求其发行的货币被公众接受；商人们要求支付者用指定的铸币厂所铸货币支付。一方面，在完全竞争的铸造金属货币的市场结构下，铸币者并没有获得超额利润，也就没有获得铸币税收入。另一方面，铸币者也可能为了短期利益而竞相发行成色降低的铸币而获得铸币税收入——超额利润。第三，在铸币者市场结构为完全竞争的情况下，如果国王没有要求铸币者缴纳铸币税收入，金属铸币使用导致的整个社会效率提高带来的利益流向了金属铸币使用者。第四，政府垄断货币或者授权私人铸币有两个原因：一是可能源于标准的金银币相对于未经加工的金银在经济交易中有较高的溢价，为获得丰厚的铸币税收入，政府垄断铸币货币企业或者授权私人铸币而获得收益；二是可能由于政府铸造的标准金银币更具有信誉而在经济交易中占据垄断地位。第五，和其他铸币税相比，金属货币铸币税的上限是使用金属铸币节省的社会资源减去制造金属铸币消耗的社会资源，金属铸币税的下限为零。当铸币厂或者政府收取的金属铸币税高于这个上限时，金属铸币就不会为经济单位所使用；当金属铸币税低于此下限时，现有的或者新铸造的铸币就有被熔化或者被出口的危险。

然而，认为在金属铸币情况下将获得少的铸币税或者较少出现通货膨胀的认识可能有误。在金属铸币情况下，主要有两种情况的货币贬值。第一种是技术调整。在商品货币的货币体系中，作为交易媒介，金币和银币在大额和小额交易中具有不同的便利。当这两种货币作为法定货币使用时，由于金银市场价格的变化导致金币或者银币的价值被低估，为了维持金银货币价值的均衡，货币管理机构通常提高被低估的金属货币的法定价值。Glassman 和 Redish 1988 年考查近代英国和法国货币贬值的历史，认为多数的货币贬值是这种技术的原因。第二种货币贬值的原因是出于收益的需要。在早期，由于税收征收体系还不完善，贬值常常被用来产生铸币税收益。在战争时期，当国王不能够通过税收或者债券来获得足够的收益时，通过贬值获得铸币税收入更是常有之事。

第三节　商业银行货币铸币税及其测算

商业银行货币是一种重要的货币形式，其早于中央银行垄断发行的纸币，在社会总货币量中占绝对的支配地位，承担的支付清算作用自不待言。研究商业银行货币铸币税的意义还不限于此，伴随信息和通信技术的发展、金融产品的丰富，微观经济单位对中央银行货币的需求将相对减少，更多的金融产品将充当经济中的交易媒介，更多的金融机构将承担支付结算职能。这些变化必然引起对各类金融机构所提供的交易媒介职能的评价和福利分析，而详细考查商业银行的货币铸币税问题可以为这些分析提供参照。商业银行铸币税的相关文献很少，因为在一般研究中都潜在地假设商业银行部门是完全竞争的，而在完全竞争的条件下，商业银行提供支付清算服务的利润为零，并没有铸币税收入。然而，现实与理论的差距是如此之大，相对于其他行业，商业银行部门更加呈现出非完全竞争的特征。

考查货币形态的衍化历史，伴随金属铸币而出现的货币形态依次是汇票、商业银行活期存款和商业银行券①。随着社会分工的深化，早期各地不统一的商品货币存在的一些弊端开始显现。首先，世界各地使用的货币不同，同一地区的货币也由于铸造分散、成色存在差异、重量不一，要进行交易必须进行兑换，因此，出现了货币兑换商。多数人认为，商业银行是从金匠那里发展起来的。居民把金子存放在金匠那里，金匠发给收据。后来这些收据不断转手，但是存放的金子并没有变动。金匠们观测到这种现象，于是一方面他们可以贷出存放在他们那里的金子，另一方面在没有事先存放金子的情况下可以发行收据。其次，不同地区贸易的发展也促使了货币的衍化。在早期，各个地区之间的贸易很难是完全平衡的。在缺乏信任的情况下，贸易的余额必须用商品货币对冲，一方面，笨重的商品货币必然要向价值更大的容易携带的商品货币衍化，例如各地逐渐统一到黄金作为交易媒介；另一方面，对更加便利的交易媒介提出了制度变革的需求。作为商品货币替代物的汇票就是这种交易需求的结果。汇票是13世纪意大利人的一个创新。地区贸易的发展意味着贸易不平衡出现的可能，在不同地区之间运送商品货币存在种种不便，汇票减少了易货贸易或用大量硬币、金银器皿、金银块进行支付的必要。显然，使用汇票要比运送硬币简单、快捷和安全得多。商业银行对于社会支付体系的发展的重要性不言而喻，从资源节省的角度，使用商业银行货币可以节省金属铸币所包含的金属资源及使用金属铸币的交易成本，从而可以提高社会福利。

和金属铸币一样，商业银行铸币税就是商业银行由于在发行商业银行货币的市场上具有一定程度的市场垄断权力而从货币发行中获得的净收入或者利润，它等于商业银行货币使用者支付的费用与发行货币、维持货币正常运行的成本之差额。从这个角度考查商业银行铸币税收入，则商业银行铸币税就是商业银行提供支付清算业务时获得的利润。

从历史视角看，商业银行铸币税收益早于中央银行由于发行纸币而获得的铸币税收益。早期的商业银行准备金是以金属铸币为主的，而现

---

① 本文这里把它们及商业银行的其他一些流动性强的负债统称为银行货币，但是它们之间还是有很大区别的，汇票的使用者要支付给商业银行费用，商业银行券的使用者并不需要支付费用，商业银行支付给商业银行活期存款持有者利息。

在商业银行的准备金多数为中央银行发行的不可兑换的法定货币，二级准备也多为政府债券。在这两种情况下，商业银行铸币税问题存在量的差异，在没有中央银行作为最后贷款人的情况下商业银行持有的准备金数量高于中央银行存在时持有的准备金数量。本文以下研究商业银行铸币税的前提，是商业银行的准备金为中央银行发行的不可兑换法定货币情况下的铸币税问题，作者相信部分结论可能仍然适用于商业银行准备金为金属铸币的情况。

早期货币兑换者发行商业银行货币的优势是相对于金属铸币税而言的。与金属铸币相比较而言，从社会视角看，商业银行货币使用效率的提高体现在：节省了铸造金属铸币的成本、使用金属铸币的成本及其这种资源节省导致的社会产出的增加。同时，不可忽视的是，与商业银行货币的使用相伴随的是商业银行发行货币的内生交易费用和外部交易费用的增加。从商业银行货币使用者的视角看，由于使用的便利，商业银行货币的使用者愿意为使用商业银行货币支付一定的费用，只要这种费用不高于使用金属铸币的成本。从商业银行的视角看，商业银行发行货币也可以获得一种资金来源，如果这部分资金来源的成本低于其他可获得的资金来源的成本，商业银行提供最优数量的货币就可以获得一定的利润。由此，商业银行货币使用者愿意支付的费用与商业银行发行商业银行货币的成本及相应的内外部交易费用之差额就是使用商业银行货币可节省的社会资源。这种节省的资源归于经济中的三类经济主体，一是商业银行货币的使用者，二是作为生产者的商业银行，三是拥有征收税收权力的政府（国王）。节省的三类资源在三个相关经济主体间的分配依靠三者在市场中的地位及市场地位带来的讨价还价的博弈能力。

商业银行利润和商业银行铸币税两个概念之间存在差异。商业银行利润是商业银行所有业务的收入减去花费的成本，是商业银行由于具有一定的垄断力而获得的，这里的市场垄断力可能源于贷款市场，也可能源于存款市场。商业银行铸币税是商业银行由于在存款市场具有一定垄断力而获得的利润，主要和商业银行提供支付清算服务有关。在商业银行在贷款市场具有一定垄断力的情况下，商业银行仍然可以获得利润，但这个利润和商业银行发行货币无关；在储蓄存款市场不完全竞争而贷款市场完全竞争的情况下，商业银行能够获得利润收入，这部分利润收入是铸币税。因此，铸币税收入是商业银行利润的一部分。

表 5－1　　　　商业银行资产负债表

资产	负债
储备资产① R_n	银行存款 D_n
贷款 L_n	股权资本 K_n②

注：①这里的外部货币既可能是在金属铸币时代的金属铸币，也可能是在不可兑换条件下的中央银行货币。

②以下假定 K 为零。

现代商业银行持有的准备金都低于 100%，代表性商业银行的资产负债表如表 5－1 所示，并满足以下恒等式：$R_n + L_n = D_n + K_n$。假定，市场上有 N 个不同的商业银行（$n = 1,2,3,\cdots,N$），代表性商业银行的贷款供给函数为 $L_n(r_L, r)$，存款需求函数为 $D_n(r_D, r)$，其中，r_L 为商业银行贷款利息率，r_D 为商业银行支付的存款利息率（包括暗含的商业银行为存款持有者提供的服务的市场价值，并减去商业银行收取的每单位存款的成本）。商业银行贷款供给函数是贷款利息率的增函数，商业银行存款需求函数是存款利息率的减函数。r 为金融市场上其他金融资产的收益率，当商业银行为吸收存款要求支付的利息率高于金融市场利息率 r 的时候，商业银行将不会吸收存款作为投资资金的来源，而是直接从金融市场获得资金。商业银行不包括贷款和存款成本的运营成本函数为 $C_n(L_n, D_n)$，并且满足 $C_n(L_n = 0, D_n = 0) > 0, \frac{\partial C_n}{\partial D_n} > 0$, $\frac{\partial C_n}{\partial L_n} > 0, \frac{\partial^2 C_n}{\partial L_n^2} > 0, \frac{\partial^2 C_n}{\partial D_n^2} > 0, \frac{\partial^2 C_n}{\partial L_n \partial D_n} > 0$。$D(r_L, r)$ 为贷款总需求函数，$L(r_D, r,)$ 为存款总供给函数。在均衡条件下，贷款总需求等于贷款总供给，即 $D(r_L, r) = \sum_1^N L_n(r_L, r)$；存款总供给等于存款总需求，即 $L(r_D, r) = \sum_1^N D_n(r_D, r)$；令 $\frac{L_n}{D} = \theta_n$，表示代表性商业银行在贷款总供给中所占的比例，则 $\sum_1^N \theta_n = 1$；令 $\frac{D_n}{L} = \beta_n$，表示代表性商业银行在

存款总需求中所占的比例，则 $\sum_{1}^{N}\beta_n = 1$。这里需要指出的是，贷款市场的总需求函数 $D(r_L, r)$ 是利息率的减函数，商业银行要求的贷款利息率越高，贷款市场的总需求越少，则贷款市场的总需求函数的利息率弹性 $\varepsilon_D(r_L^*) = \left(\frac{\mathrm{d}D/D}{\mathrm{d}r/r}\right)\Big|_{r=r_L^*} < 0$；存款市场的总供给函数 $L(r_D, r)$ 是利息率的增函数，商业银行对存款者支付的利息率越高，存款市场的总供给越多，则存款市场的总供给函数的利息率弹性 $\varepsilon_L(r_L^*) = \left(\frac{\mathrm{d}L/L}{\mathrm{d}r/r}\right)\Big|_{r=r_L^*} > 0$。

在存在多家商业银行的情况下，商业银行市场结构呈现寡头垄断的特征。假定商业银行追求利润最大化，寡头垄断市场结构的古诺均衡解为对每一个商业银行 n 而言，在其他商业银行存款量和贷款量不变的情况下，选择存款 D_n^* 和贷款 L_n^*，商业银行获得最大利润。对代表性商业银行有

$$\max_{(D_n,L_n)} \pi_n = \{[r_L(L_n + \sum_{m\neq n} L_m^*) - r]L_n + [r(1-\alpha) - r_D(D_n + \sum_{m\neq n} D_m^*)]D_n - C(D_n, L_n)\}$$

其中，$[r_L(L_n + \sum_{m\neq n} L_m^*) - r]L_n$ 表示不包括运营成本在内的贷款利润，$[r(1-\alpha) - r_D(D_n + \sum_{m\neq n} D_m^*)]D_n$ 表示不包括运营成本在内的存款利润，即铸币税，$C(D_n, L_n)$ 表示吸收存款 D_n 发放贷款 L_n 的不包括利息支出在内的商业银行运营成本。代表性商业银行利润最大化的一阶条件为

$$\frac{\partial \pi_n}{\partial L_n} = r'_L(L^*)L_n + r_L(L^*) - r - \frac{\partial C(D_n, L_n)}{\partial L_n} = 0$$

$$\frac{\partial \pi_n}{\partial D_n} = -r'_D(D^*)D_n + r(1-\alpha) - r_D(D^*) - \frac{\partial C(D_n, L_n)}{\partial D_n} = 0$$

则有

$$r_L(L^*) - r - \frac{\partial C(D_n, L_n)}{\partial L_n} = -r'_L(L^*)L_n = -\frac{\theta_n^*}{\varepsilon_D(r_L^*)} r_L(L^*)$$

$$r(1-\alpha) - r_D(D^*) - \frac{\partial C(D_n, L_n)}{\partial D_n} = r'_D(D^*)D_n = \frac{\beta_n^*}{\varepsilon_L(r_D^*)} r_D(D^*)$$

则有

$$r_L(L^*) = \frac{r + \dfrac{\partial C(D_n, L_n)}{\partial L_n}}{1 + \dfrac{\theta_n^*}{\varepsilon_D(r_L^*)}}, r_D(D^*) = \frac{r(1-\alpha) - \dfrac{\partial C(D_n, L_n)}{\partial D_n}}{1 + \dfrac{\beta_n^*}{\varepsilon_L(r_D^*)}}$$

1. 在完全竞争的贷款供给市场和完全竞争的存款需求市场结构情况下，$\theta_n = 0$，$\beta_n = 0$，代表性商业银行发放贷款收取的利息率为 $r_L(L^*) = r + \dfrac{\partial C(D_n, L_n)}{\partial L_n}$；吸收存款支付的利息率为 $r_D(D^*) = r(1-\alpha) - \dfrac{\partial C(D_n, L_n)}{\partial D_n}$。发放贷款和吸收存款的利润都为零，商业银行获得的铸币税为零。

2. 在完全竞争的贷款市场和不完全竞争的存款市场结构下，$\theta_n = 0$，$\beta_n > 0$，代表性商业银行发放贷款收取的利息率仍为 $r_L(L^*) = r + \dfrac{\partial C(D_n, L_n)}{\partial L_n}$；吸收存款支付的利息率为 $r_D(D^*) = \dfrac{r(1-\alpha) - \dfrac{\partial C(D_n, L_n)}{\partial D_n}}{1 + \dfrac{\beta_n^*}{\varepsilon_L(r_D^*)}}$，其中，$\varepsilon_L(r_D^*) > 0$，其比完全竞争市场结构下支付给存款者的利息率要低。因此，在贷款市场完全竞争和存款市场存在不完全竞争的市场结构下，商业银行发放贷款的利润为零，吸收存款获得的铸币税为正，则商业银行获得的所有利润都可以归于铸币税，并且有 $S_n = [r_L(L^*) - r]L_n^* + [r(1-\alpha) - r_D(D^*)]D_n^* - C(D_n^*, L_n^*)$。

3. 在贷款市场不完全竞争和存款市场完全竞争的市场结构下，$\theta_n > 0$，$\beta_n = 0$，代表性商业银行在贷款市场收取的利息率为 $r_L(L^*) = \dfrac{r + \dfrac{\partial C(D_n, L_n)}{\partial L_n}}{1 + \dfrac{\theta_n^*}{\varepsilon_L(r_L^*)}}$，其中，$\varepsilon_L(r_L^*) < 0$，比完全竞争情况下的贷款利息率

要高；存款市场支付的利息率为 $r_D(D^*) = r(1-\alpha) - \frac{\partial C(D_n,L_n)}{\partial D_n}$。这样商业银行发放贷款获得利润，而吸收存款并没有获得利润，即铸币税为零。

4. 在贷款市场和存款市场均为不完全竞争的市场结构情况下，$\theta_n > 0, \beta_n > 0$，代表性商业银行在贷款市场收取的利息率为 $r_L(L^*) = \dfrac{r + \dfrac{\partial C(D_n,L_n)}{\partial L_n}}{1 + \dfrac{\theta_n^*}{\varepsilon_L(r_L^*)}}$，比完全竞争情况下发放贷款收取的利息率高；在存款市场支付的利息率为 $r_D(D^*) = \dfrac{r(1-\alpha) - \dfrac{\partial C(D_n,L_n)}{\partial D_n}}{1 + \dfrac{\beta_n^*}{\varepsilon_D(r_D^*)}}$，比完全竞争市场结构下支付的利息率低。这样，代表性商业银行在贷款市场和存款市场都获得了利润，代表性商业银行获得的总利润为 $\pi_n = [r_L(L^*) - r]L_n^* + [r(1-\alpha) - r_D(D^*)]D_n^* - C(D_n^*, L_n^*)$。

商业银行铸币税是商业银行由于在存款市场具有一定程度的垄断力而获得的利润。目前，随电子通信技术的发展、金融市场的完善和金融产品的丰富，微观经济单位对中央银行纸币的需求呈现相对减少的趋势，不仅商业银行类金融机构正在发行可在一定程度上替代中央银行纸币的货币，其他金融机构发行的金融产品也在很大程度上替代了中央银行纸币和商业银行负债。由此，研究商业银行铸币税不仅可以考查商业银行获得利润的情况，而且可以为评价未来其他货币形态提供福利分析的基础。然而，由于商业银行铸币税是商业银行利润的一部分，对商业银行铸币税的研究尚少，对商业银行铸币税和中央银行铸币税之间的关系还需要进一步分析。

第四节 中央银行铸币税及其测算

一、中央银行铸币税

在20世纪布雷顿森林体系建立后，金属货币基本退出了流通领域，中央银行发行的纸币最终替代金属货币，成为在一定程度上不可兑换的货币。中央银行纸币替代金属货币节省了大量资源，这种节省的社会资源就是铸币税的来源，中央银行铸币税是其中的一部分。中央银行铸币税指，相对于没有垄断发行不可兑换货币而言，中央银行垄断发行不可兑换货币所获得的利润。社会中的经济单位可分为两个部门，一个为发行不可兑换货币的政府部门，另一个为使用中央银行不可兑换货币的私人部门，中央银行铸币税就是私人部门为使用政府部门发行的不可兑换货币而转移给政府部门的财富。这样，中央银行的铸币税仅来源于私人部门和政府部门使用货币，例如财政部门持有的中央银行纸币并不产生铸币税收入，这是因为中央银行和财政部门都属于公共部门，一个部门的所得就是另外一个部门的所失。从这个角度界定的中央银行铸币税不仅能够用于分析同一中央银行在不同时期铸币税的情况，而且还可以用于中央银行铸币税的国际比较研究。

这里需要说明的是，中央银行垄断发行的不可兑换货币在现代文献中一般指中央银行发行的基础货币，包括流通中的纸币和商业银行在中央银行的存款准备金。如果中央银行不对商业银行在中央银行的存款准备金支付利息，那么除了纸币本身的生产成本外，中央银行纸币和商业银行在中央银行的存款准备金并没有区别。随着电子通信技术的发展，中央银行的现钞有减少的趋势，在一个极端理想的情况下，如果所有的支付都可以通过商业银行卡等电子手段进行，那么中央银行垄断发行的不可兑换货币将仅仅是商业银行在中央银行的存款准备金。在中央银行对商业银行的存款准备金支付利息的情况下，中央银行从商业银行存款准备金中获得的铸币税等于中央银行的融资成本与其对商业银行存款准备金支付的利息率之差乘以商业银行存款准备金的数量。

中央银行的利润指中央银行在一个会计期内的收入和支出之差，

依赖于中央银行持有的资产及其收益率、负债及其成本等，是中央银行在运营过程中实际获得的利润。中央银行铸币税是中央银行垄断发行基础货币获得的利润，是中央银行发行既定数量货币后潜在的能够获得的利润，其依赖于中央银行发行纸币的数量、微观经济单位持有中央银行纸币时间的长短和财政部门发行债券的市场利息率。由于中央银行并非仅仅承担发行货币的职能，还承担货币政策等职能，中央银行利润、中央银行上交给财政部门的资源和中央银行铸币税存在很大差异。中央银行利润受中央银行承担的职能及资产、负债结构等多种因素影响，利用中央银行利润表示中央银行铸币税存在不精确之处。不过，在实际的中央银行运营过程中，中央银行利润是中央银行实际每年增加的财富。

二、中央银行铸币税测算

对于中央银行铸币税，文献中出现了不同的测算方式，常用的有机会成本铸币税 $i\dfrac{M}{P}$、货币铸币税 $\dfrac{\mathrm{d}M}{P}$、通货膨胀税 $\pi\dfrac{M}{P}$，其中，i 为名义利息率，$\dfrac{M}{p}$ 为实际货币量，$\dfrac{\mathrm{d}M}{P}$ 为实际货币增量，π 为通货膨胀率。到目前为止，还没有一种方式能够精确测度中央银行铸币税，下面分别讨论中央银行铸币税的这些测算方式。

1. 机会成本铸币税测算

在时期 t 内，中央银行发行基础货币 $M(t)$，忽略中央银行发行、反假币等成本不计，中央银行在时期 t 内获得的铸币税为 $S = i(t)M(t)$，其中，$i(t)$ 为中央银行发债的利息率，以价格水平调整可表示为 $S = i(t)\dfrac{M(t)}{P_t}$。在文献中一般称 $S = i(t)\dfrac{M(t)}{P_t}$ 为机会成本铸币税（Opportunity Cost Seigniorage）。不过，不同文献对机会成本铸币税的界定略有差异。Manfred J. M. Neumann（1992）定义机会成本铸币税为"货币持有者的总机会成本。"Carsten Lange、Christine Sauer（2005）认为，"机会成本概念测算了公共部门或者中央银行能够以市场利息率 i 通过投资基础货币 M 潜在地获得的实际利息"。

在现代不可兑换货币制度下，机会成本铸币税相对准确地测算了中央银行铸币税，即中央银行或者政府财政部门增加的财富。由此，在考查商业银行铸币税（Baltensperger，Jordan，1997[①]；Cardoso，2003[②]）、国际铸币税（Cohen，1971[③]；Yiting Li，Akihiko Matsui，2005[④]；Eden，2006[⑤]）时，多数文献都使用了机会成本铸币税概念，在计算中央银行从商业银行缴存的存款准备金中获得的铸币税、政府债券铸币税时的逻辑也和机会成本铸币税的逻辑一致。

不过，利用机会成本铸币税 $S = i(t)\dfrac{M(t)}{P_t}$ 计算中央银行铸币税也具有一定的局限性。首先，计算机会成本铸币税需要一个合适的利息率 $i(t)$ 。由于中央银行和财政部门同为政府部门，一般选择政府债券利息率作为计算机会成本铸币税的名义利息率。尽管如此，选择合适的利息率 $i(t)$ 也并非易事。其次，作为对中央银行铸币税的测算，在财政部门无法通过发行债券获得一定的资源时，机会成本铸币税低估了政府从垄断发行不可兑换货币中获得的实际收益，这一点为多数文献所忽视。最后，机会成本铸币税测算的是中央银行或者政府从垄断发行不可兑换货币中获得的财富，但对财政部门而言，其多数情况下面临的不是可利用财富的多少问题，而是每期可利用资产的流动性约束 $B'_t + T_t + dM_t \geqslant (1 + i_{t-1})B'_{t-1} + G_t$ 问题，其中，B'_t、B'_{t-1} 为政府债券，dM_t 为中央银行不可兑换货币数量的变化、G_t 为政府部门支出。利用机会成本铸币税测算研究这类相关问题不是很方便。

2. 货币铸币税测算

理解中央银行发行纸币的成本和收益的一个角度是，中央银行发

---

① Ernst Baltensperger，Thomas J. Jordan，1997，“Seigniorage，Banking，and the Optimal Quantity of Money”，*Journal of banking and finance* 21，781 – 796.

② Eliana Cardoso，2003，“Seigniorage，Reserve Requirement and Bank Spreads in Brazil”.

③ Benjamin J. Cohen，1971，“The Seigniorage Gain of International Currency：An Empirical Test”，*The Quarterly Journal of Economics*，Vol 85. No. 3，494 – 507.

④ Yiting Li，Akihiko Matsui，2005，“A Theory of International Currency and Seigniorage Competition”，*working paper*.

⑤ Benjamin Eden，2006，“International Seigniorage Payment”，*Working Paper*，Vanderbilt University and The University of Haifa.

行纸币的收益指发行纸币换回的资源；中央银行发行纸币的成本包括两个部分，一部分成本是生产、发行、反假币等维持纸币正常流通的支出、向持币者提供的利息等，另一部分成本是中央银行回收微观经济单位持有的纸币时的支出，例如在中央银行为维持价格水平稳定而需要减少流通中的纸币时，中央银行需要以资源交换流通中纸币。忽略中央银行纸币的生产、发行等成本支出，中央银行在时期 t 发行货币 M_t 获得价值为 dM_t 的资源，中央银行铸币税为 $S_0 = \int_0^{\infty} e^{-r(t)} \frac{dM(t)}{P_t} dt$，显然这里 dM_t 可能为正值，也可能为负值，其中，$r(t)$ 为实际利息率。文献中常用 $S_t = \frac{dM(t)}{P_t}$ 表示一段时间内的中央银行铸币税，称为货币铸币税。

研究最大化中央银行铸币税的文献多数使用货币铸币税测算。不过，以货币铸币税 $S_t = \frac{dM(t)}{P_t}$ 测算中央银行铸币税具有严格的条件。目前的中央银行纸币为不可兑换货币，即微观经济单位不能以中央银行纸币直接向中央银行兑换实际资源，只要经济单位增加货币需求 $dM(t)$，中央银行就获得资源 $S_t = \frac{dM(t)}{P_t}$，经济单位减少货币需求，甚至不用中央银行纸币都和中央银行没有关系，只有中央银行纸币的持有者受到损失。在这样的条件下，中央银行铸币税等于货币铸币税 $S_t = \frac{dM(t)}{P_t}$，货币铸币税测算精确地度量了中央银行铸币税。但是，这里暗含的一个假定是中央银行纸币最终不回流到中央银行，可以替代该假定的一个相对弱的假定是，经济单位对中央银行纸币的需求在一个很长的限期内不减少。然而，上述暗含的假定存在不合理之处：一是作为法定纸币，中央银行纸币可以缴纳政府税收，在经济单位减少中央银行纸币需求的情况下，甚至在不需要中央银行纸币的情况下，经济单位可以用中央银行纸币缴纳政府税收，这样中央银行纸币可以回流到财政部门，因此，包括中央银行在内的政府部门获得的铸币税小于货币铸币税。不过，一个反例是，在中国历史上（千家驹、郭彦岗，2005①），确实存在政府发行的纸币不能完全缴纳政府税收的情况。二是出于维持币值稳定或者其他政策目标的需要，中央银行或其他政府部门有时回收流通中的中央银行纸币，在这种情况下，中央银行铸币税也少于货币铸币税测算。

在中央银行维持价格水平稳定的情况下，如果需要减少经济单位对中央银行纸币的需求，那么中央银行需用实际资源或者金融资源交换回收流通中的中央银行纸币。假定某时期 t_0，经济单位突然增加持有中央银行纸币，经过一系列的调整，中央银行资产负债表上资产方将增加实际资源② $S = \mathrm{d}M(t_0)$，同时负债方也增加 $\mathrm{d}M(t_0)$。假定经济单位持有中央银行货币一段时间后又减少了中央银行纸币需求，在维持价格水平不变的情况下，中央银行资产负债表上资产方减少 $S = \mathrm{d}M(t_0)$，同时负债方也减少 $\mathrm{d}M(t_0)$，经济恢复到均衡状态。在这段时期，中央银行铸币税为 $S = \dfrac{r\mathrm{d}M(t_0)}{P}$，其中，实际利息率③ r 表示这一段时期的中央银行融资成本，假定 $|r| < 1$ 是比较合理的。这样，货币铸币税 $\dfrac{\mathrm{d}M(t_0)}{P} > S = \dfrac{r(t)\mathrm{d}M(t_0)}{P}$。即使经济单位在时期 t_1，t_2，…，t_n 持有中央银行纸币，那么中央银行铸币税在时期 t_0 的现值为 $S_{t_0} = \dfrac{1}{P}\sum\limits_{i=0}^{n}\dfrac{r\mathrm{d}M(t_0)}{(1+r)^i}$。$\dfrac{\mathrm{d}M(t_0)}{P} = \dfrac{1}{P}\left(\sum\limits_{i=0}^{n}\dfrac{r\mathrm{d}M(t_0)}{(1+r)^i} + \sum\limits_{i=n+1}^{\infty}\dfrac{r\mathrm{d}M(t_0)}{(1+r)^i} - \lim\limits_{i\to\infty}\dfrac{\mathrm{d}M(t_0)}{(1+r)^i}\right) > S_{t_0} = \dfrac{1}{P}\sum\limits_{i=0}^{n}\dfrac{r\mathrm{d}M(t_0)}{(1+r)^i}$，其中，$\dfrac{1}{P}\lim\limits_{i\to\infty}\dfrac{\mathrm{d}M(t_0)}{(1+r)^i}$ 表示在一个很长的时间后回收流通中纸币 $\mathrm{d}M(t_0)$ 中央银行支出的成本。因此，在中央银行维持价格水平

① 千家驹、郭彦岗：《中国货币演变史》，上海，上海人民出版社，2005。

② 中央银行进行股权投资或者债券投资的区别不大。

③ 因为中央银行维持价格水平不变，名义利息率和实际利息率相等。

不变的情况下，如果中央银行增加发行 $dM(t_0)$ 货币量，并持续 n 期，中央银行铸币税 $S_{t_0}=\frac{1}{P}\sum_{i=0}^{n}\frac{rdM(t_0)}{(1+r)^i}$ 也小于货币铸币税 $\frac{dM(t_0)}{P}$。

在现实经济中，中央银行关注物价水平的稳定，但仍存在一定的通货膨胀率。例如，每年不超过3%的通货膨胀率在很多国家是正常现象，而6%的通货膨胀率在一些国家也很常见，一些发生恶性通货膨胀国家的通货膨胀率甚至超过50%、100%、200%。在发生高通货膨胀的国家，货币铸币税和中央银行铸币税十分接近，因此，在研究恶性通货膨胀和铸币税最大化的文献中，利用货币铸币税测算中央银行铸币税具有很大合理性。总之，用货币铸币税测算中央银行铸币税具有严格的条件和暗含的假设，在通货膨胀率不是很高的情况下，货币铸币税测算高估了中央银行铸币税。这样，以货币铸币税表示中央银行财富的增加有误导性。不过，一方面，货币铸币税确实度量了中央银行或政府财政部门每期增加的可使用资源；另一方面，从中央银行纸币完全不可直接兑换至今不超过50年的时间里，除了少数小国外，对中央银行纸币的需求并没有出现绝对值减少的现象，并且还呈现上升趋势，从这个角度看，以货币铸币税测算中央银行铸币税也具有合理性。

3. 通货膨胀税的测算

在文献中，一些经济学家对中央银行铸币税和通货膨胀税（Inflation Tax）的概念进行了区分，而另外一些经济学家则把二者等同起来。一般而言，通货膨胀税[①]指当政府增发中央银行纸币并导致一般物价水平上升时，经济单位持有的中央银行纸币购买力下降，就如同政府对持有中央银行纸币者征收了税收，一般表示为 $S_T=\frac{dP/dt}{P}\frac{M(t)}{p(t)}=\pi(t)\frac{M(t)}{P(t)}$，其中，$\pi(t)$ 为通货膨胀率，$M(t)$ 为中央银行纸币数量，$P(t)$ 为一般价格水平。因此，通货膨胀税是从宏观经济角度考虑的通

① Ephraim Kleiman, 2000, "Early Inflaiton Tax Theory and Estimates", *History of Political Economy*, 32: 2 © 2000, Duke University Press.

货膨胀对货币持有者的影响，指中央银行纸币持有者由于一般物价水平上涨所遭受的损失。中央银行铸币税是中央银行垄断纸币发行获得的利润，是中央银行之所得。显然，通货膨胀税和中央银行铸币税所指的经济主体是不同的。

中央银行铸币税可表示为 $S_0 = \int_0^{\infty} e^{-r(t)} \frac{i(t)M(t)}{P(t)} \mathrm{d}t$，其中，$r(t)$ 为实际利息率，$i(t) = r(t) + \pi^e(t)$ 为中央银行或者政府财政部门融资的名义利息率，$\pi^e(t)$ 为预期的通货膨胀率。通货膨胀税可表示为 $S_\pi = \int_0^{\infty} e^{-r(t)} \pi(t) \frac{M(t)}{P(t)} \mathrm{d}t$。由 $S_0 - S_\pi = \int_0^{\infty} [r(t) + \pi^e(t) - \pi(t)] e^{-r(t)} \frac{M(t)}{P(t)} \mathrm{d}t$ 知：

（1）在多数时间里，由于 $i(t) = r(t) + \pi^e(t) > \pi(t)$，即名义利息率大于通货膨胀率，则有 $S_0 > S_\pi$，即中央银行铸币税大于通货膨胀税，也就是中央银行所得大于货币持有者所失。

（2）在恶性通货膨胀时期，一般假定 $r(t) = 0$，$\pi^e(t) = \pi(t)$，则有 $S'_0 - S'_\pi = \int_{t_1}^{t_2} [r(t) + \pi^e(t) - \pi(t)] e^{-r(t)} \frac{M(t)}{P(t)} \mathrm{d}t = 0$，即中央银行铸币税等于通货膨胀税。这是研究恶性通货膨胀的文献没有区分中央银行铸币税和通货膨胀税的原因。

（3）在极少数情况下，$i(t) = r(t) + \pi^e(t) < \pi(t)$，也就是在发生非预期到的通货膨胀的情况下，则有 $S'_0 - S'_\pi = \int_{t_3}^{t_4} [r(t) + \pi^e(t) - \pi(t)] \mathrm{e}^{-r(t)} \frac{M(t)}{P(t)} \mathrm{d}t < 0$，即中央银行铸币税小于通货膨胀税。

总之，中央银行铸币税和通货膨胀税无论是在经济主体上还是在数量上都存在一定的差异。

三、人民银行铸币税的测算

1. 人民银行的机会成本铸币税和货币铸币税的测算

本文计算了 1986—2008 年的人民银行机会成本铸币税 $S_0 = i(t)M(t) + [i(t) - i_r(t)]R(t)$ 及 $S_0 = \frac{i(t)M(t) + [i(t) - i_r(t)R(t)]}{GDP(t)}$

（见表5－2），其中，M 为人民银行货币发行量，i 为国债利息率，i_r 为商业银行存款准备金利息率，R 为商业银行存款准备金余额。

本文也计算了1986—2008年的人民银行货币铸币税 $S_m = dM(t) + [i(t) - i_r(t)]R(t)$ 及 $S_m = \frac{dM(t) + [i(t) - i_r(t)]R(t)}{GDP(t)}$（见表5－2），其中，$dM(t)$ 为每年人民银行发行的货币量变化，$i(t)$ 为国债利息率，$i_r(t)$ 为商业银行存款准备金利息率，$R(t)$ 为商业银行存款准备金余额。

2. 人民银行铸币税的特点

总体来看，人民银行铸币税呈现以下特点（见表5－2）：第一，与其他国家相比（Jakob De Haan，Dick Zelhorst and Onno Roukens，1993；Reid W. Click，1998），在2001年以前，人民银行货币铸币税与GDP之比、机会成本铸币税与GDP之比是比较高的，货币铸币税、机会成本铸币税占财政收入的比重也都比较高；第二，货币铸币税、机会成本铸币税与GDP之比在1986—2008年有下降趋势，占财政收入的比重也有下降趋势；第三，无论从货币铸币税的角度看，还是从机会成本铸币税的角度看，准备金存款的铸币税收入占铸币税的比例都很低，货币发行是人民银行铸币税的主要来源；第四，在多数年份，货币铸币税多于机会成本铸币税，这和本文认为货币铸币税一般高估了中央银行铸币税的判断是一致的。

四、小结

在铸币税问题的讨论中，中央银行铸币税问题最引人注目，目前多数铸币税文献都涉及中央银行铸币税，主要原因是，和金属铸币、商业银行货币相比，中央银行铸币税有两个方面的特点：其一，政府从垄断发行中央银行纸币中获得的铸币税最多。其二，与金属铸币、商业银行货币相比，约束政府发行纸币的外部约束相对较弱。研究中央银行铸币税的文献很多，其中有三个角度是文献关注的对象，第一个角度是最大化政府铸币税收益的研究。如果政府把获得最多的收益作为唯一目标，由于政府纸币的价格通常为其面值，作为生产者的政府所能选择的变量仅为纸币的数量，因此政府需要决定货币增长率的水平以实现政府铸币税的收益最大化。第二个角度是最优化铸币税和政府税收的研究。政府获得最终收益的来源主要有两类：税收收入和铸币税收入。税收收入和铸币税收入都对经济产生一定的负面影响。如何选择税收收入和铸币税收入，以降低给社会经济带来的净损失，是一些文献关注的对象。第三个角度是财政赤字和铸币税及通货膨胀三者之间的关系。继 Sargent 和 Wallace1981 年的开创性研究之后，财政占优假设（Fiscal Dominance Hypothesis）下的财政赤字和铸币税及通货膨胀之间的关系得到了广泛的关注。有关铸币税研究的第一个、第二个角度有大量文献，不过无论是金属铸币税时代，还是目前不可直接兑换的中央银行纸币时代，最大化铸币税问题和最优化铸币税问题在实际生活中都不具有重要性。按照 Malcolm F. McPherson 1999 年的说法，实际经济生活中很少有政府的决策以最大化或者最优化铸币税为标准，宏观经济决策者很少关注铸币税问题，更无须说铸币税最大化或者最优化铸币税问题了。这是因为，在发达国家中铸币税占政府收益的比例很小，因此认为政策制定者把铸币税作为收益的重要来源是毫无道理的。在发展中国家，高通货膨胀的经济完全是不适当的经济决策所致，而不是一个意在获得最大化或者最优化铸币税的长期持久的货币管理策略所致。因此，在自然约束较弱的情况下，如何通过制度约束中央银行，更确切地讲，政府发行货币的行为应是中央银行铸币税问题中的焦点，也就是政府财政赤字、铸币税及通货膨胀之间的关系。同时，随着科学技术的发展，中央银行纸币在总货币量中的比例有下降的趋势，一个想象中的情形是，在价格水平维持相对稳定的情况下，未来中央银行基础货币的绝对量是否有下降的趋势？换一个角度讨论，在中央银行基础货币增长缓慢的情况下，各国中央银行是否都存在亏损的可能？中央银行铸币税的减少对中央银行承担的货币政策、金融稳定等政策有什么影响？

表 5－2 1986—2008 年中国货币铸币税和机会成本铸币税 单位：亿元、%

时间	基础货币	准备金	国债利息率	存款准备金利息率	货币铸币税	货币铸币税中准备金收益占比	机会成本铸币税	机会成本铸币税中准备金收益占比	货币铸币税与 GDP 之比	机会成本税与 GDP 之比	货币铸币税占财政收入之比	机会成本铸币税占财政收入之比
1986	1 296. 80	565. 30	9. 00	4. 32	262. 36	10. 08	143. 17	18. 48	2. 55	1. 39	12. 36	6. 75
1987	1 532. 00	670. 20	9. 00	4. 32	266. 57	11. 77	169. 25	18. 53	2. 21	1. 40	12. 12	7. 70
1988	2 237. 60	841. 40	8. 00	4. 56	734. 54	3. 94	207. 95	13. 92	4. 88	1. 38	31. 16	8. 82
1989	2 472. 00	1 041. 70	14. 00	7. 02	307. 11	23. 68	418. 79	17. 36	1. 81	2. 46	11. 52	15. 72
1990	2 788. 20	1 390. 60	14. 00	7. 38	408. 26	22. 55	482. 41	19. 08	2. 19	2. 58	13. 90	16. 42
1991	3 336. 30	1 809. 80	10. 00	6. 36	613. 98	10. 73	399. 51	16. 49	2. 82	1. 83	19. 49	12. 68
1992	4 574. 50	2 335. 40	9. 50	6. 12	1 317. 14	5. 99	513. 51	15. 37	4. 89	1. 91	37. 81	14. 74
1993	6 314. 20	2 884. 60	9. 11	7. 76	1 778. 64	2. 19	614. 17	6. 34	5. 03	1. 74	40. 90	14. 12
1994	7 883. 90	3 961. 20	11. 98	9. 18	1 680. 61	6. 60	1 055. 40	10. 51	3. 49	2. 19	32. 21	20. 23
1995	8 574. 00	5 246. 50	11. 98	9. 18	837. 00	17. 55	1 174. 07	12. 51	1. 38	1. 93	13. 41	18. 81
1996	9 434. 80	7 612. 40	12. 11	8. 76	1 115. 82	22. 85	1 397. 57	18. 25	1. 57	1. 96	15. 06	18. 87
1997	10 981. 10	9 248. 70	10. 69	8. 18	1 778. 44	13. 05	1 406. 02	16. 51	2. 25	1. 78	20. 56	16. 25
1998	12 064. 10	14 744. 70	7. 11	4. 66	1 444. 25	25. 01	1 219. 00	29. 63	1. 71	1. 44	14. 62	12. 34
1999	15 069. 80	14 728. 50	2. 62	2. 61	3 007. 17	0. 05	396. 30	0. 37	3. 35	0. 44	26. 28	3. 46
2000	15 938. 30	16 019. 00	2. 35	2. 07	913. 35	4. 91	419. 40	10. 69	0. 92	0. 42	6. 82	3. 13
2001	16 868. 70	17 089. 10	2. 89	2. 07	1 070. 53	13. 09	627. 64	22. 33	0. 98	0. 57	6. 53	3. 83
2002	18 589. 10	19 102. 10	1. 91	1. 91	1 720. 40	0. 00	355. 05	0. 00	1. 43	0. 30	9. 10	1. 88
2003	21 240. 48	22 794. 80	2. 32	1. 89	2 749. 40	3. 57	590. 80	16. 59	2. 02	0. 43	12. 66	2. 72
2004	23 104. 00	35 606. 90	2. 35	1. 89	2 027. 31	8. 08	706. 74	23. 18	1. 27	0. 44	7. 68	2. 68
2005	25 854. 00	38 080. 30	2. 10	1. 89	2 829. 97	2. 83	622. 90	12. 84	1. 54	0. 34	8. 94	1. 97
2006	29 138. 70	48 164. 90	1. 92	1. 89	3 299. 15	0. 44	573. 91	2. 52	1. 56	0. 27	8. 52	1. 48
2007	32 971. 60	67 907. 20	2. 61	1. 89	4 321. 83	11. 31	1 349. 49	36. 23	1. 75	0. 55	8. 42	2. 63
2008	37 115. 76	92 106. 57	3. 42	1. 89	5553. 39	25. 38	2 678. 59	52. 61	1. 85	0. 89	9. 06	4. 37

第五节 国际铸币税

货币承担交易媒介和计价单位的功能，具有明显的区域性特征，早期不同国家和地区的商品货币或者铸币类别存在差异，这种具有区域性特征的货币在发行地之外作为交易媒介时具有很高的交易成本，由此产生了不同地区货币兑换的需要。货币衍化到不可兑换的纸币后，货币的区域性特征更加明显，并多和国家主权有关。目前，巴拿马等少数国家放弃了主权货币而使用美元，欧洲几个国家使用共同的货币——欧元，除此之外世界上多数主权国家都发行法定货币。

正如国内经济单位选择持有哪一类货币一样，经济单位在国际经济交易中选择持有哪一类货币是从交易的便利和货币的稳定性角度而言的。目前，最经常使用的国际货币主要是美元、欧元、日元等。在目前国际金融市场高度发达的情况下，经济单位并不仅仅直接持有外币，更多的是持有外汇资产。外汇资产狭义上指以外币表示的可用于进行国际结算的支付手段，如以外币表示的银行存款、银行汇票、银行支票，广义上指一切以外国货币表示的资产，如外国货币、外币有价证券、外币支付凭证。

当国外居民持有本国货币时，也存在铸币税问题，为区别于国内经济单位持有货币带来的铸币税收益，这个由本国以外的经济单位持有本国货币及相应资产带来的铸币税收入一般被称为国际铸币税（International Seigniorage）。国际铸币税因货币形态的衍化而有不同的表现形式。在严格金本位制即金铸币本位制下，黄金直接行使货币的基本职能，一国在国际交易中获得别国商品和劳务的同时，也会放弃另一种实际资源——黄金。因为这种转移体现着等价交换的原则，因此一国相对于其他国家而言并不享有铸币税特权。但是在金块本位制或者金汇兑本位制情况下，国际铸币税的情况和商业银行银行券情况下的铸币税一样。在金本位制下，国家相对于个人和其他国家并不享有任何铸币税特权。在金块本位制和金汇兑本位制下，信用货币仍然要受制于黄金，因此，国家能够征收的铸币税也是相对有限的。但当一张毫无价值可言的纸币被国家印制出来时，铸币税就等于这张纸币所能购买到的社会产品的价值。在现代信用货币情况下，与一国之内的中央银行铸币税和商业银行铸币税等概念相对应，国际铸币税概念也有两种含义，一种是狭义口径，国际铸币税被定义为货币发行者凭借其发行货币在国际流通中的垄断地位所获得的收入。另一种是广义口径，一般而言，多数经济单位并非一定持有外汇现钞，正如国内经济单位持有商业银行活期存款等一样，而更多的是持有外汇资产，这是为了未来交易的便利，这样国际铸币税还应包括由于本币国际化而导致的本国金融资产的净输出，它实际上表现为一国货币当局及商业金融机构由于本币在国际上的广泛使用而获得的发行低利息债券的收益。

Herbert G. Grubel（1969）讨论了源于提供国际流动性的国家铸币税的分配问题。Benjamin J. Cohen（1971）对国际铸币税相关理论进行了检验。一个本国货币在国际上使用的国家获得的国际铸币税数量主要依赖于该国货币作为国际货币来源的垄断程度。若一个国家是一个完全垄断者，其来源于铸币税的净收益应该是相当大的。但是，相反，如果它面临其他国际上可接受的货币工具的激烈竞争，那么它的净收益将因此而减少，因为为了吸收外国储蓄者维持其持有的货币，它必须对其负债支付利息。此外，源于其他货币的竞争越激烈，支付的利息率越高。由此可以获得的结论是，如果是完全竞争的，自由进入得以保证，那么对一个国际货币发行国而言，从净值角度而言，完全没有国际铸币税可以获得。Cohen 以英国为例，对上述结论进行了检验。Yiting Li、Akihiko Matsui 2005 年研究了国际货币之间的竞争和国际货币铸币税之间的关系，认为一个国家货币在世界范围内的流通增加了铸币税收入，一个国家的通货膨胀率对货币国际流通的负面影响形成了对通货膨胀政策的约束，一个国家越开放，这个约束越强。越大的国家为了促使本国货币在其他国家的流通以增加铸币税越降低通货膨胀率，越小的国家为了维持本国货币作为唯一交易媒介也越降低通货膨胀率。Benjamin Eden（2006）认为，铸币税概念的标准定义是创造高能货币导致的收益，一个更广泛的定义还包括收益率超过标准资产定价模型所预测的收益率的其他资产。如果采用窄口径的铸币税定义（对现金支付的铸币税定义），铸币税大概占美国 GDP 的 0.2%，如果采用宽口径的定义，铸币税大概占美国 GDP 的 2%。宽口径的定义包括支付给美国政府的和美国私人部门的。美国政府预计从外国人持有的政府证券和现钞中可获得0.7%的GDP的铸币税收入。

参考文献

［1］ Allan Drazen, 1985, "A general Measure of Inflation Tax Revenues", *Economics Letters* 17, 327 – 330.

［2］ Benjamin Eden, 2006, "International Seigniorage Payment", *Working Paper*, Vanderbilt University and The University of Haifa.

［3］ Benjamin J. Cohen, 1971, "The Seigniorage Gain of International Currency: An Empirical Test", *The Quarterly Journal of Economics*, Vol 85. No. 3, 494 – 507.

［4］ Carsten Lange, Christine Sauer, 2005, "Dollarization in Latin America: Seigniorage Costs and Policy Implications", *The Quarterly Review of Economics and Finance*, 2005 (45), 662 – 679.

［5］ Daniel Gros, "Seigniorage in the EC: The Implications of the EMS and Financial Market Integration", *IMF Working Paper*, WP/89/7.

［6］ Daniel Gros, 1993, "Seigniorage and EMU, The fiscal Implication of Price Stability and Financial Market Integration", *European Journal of Political Economy* 1993 (9), 581 – 601.

［7］ De Haan, Zelhors, Roukens, 1993, "Does It Matter How Seigniorage is Measured?", *Applied Financial Economics*, 3, 307 – 314.

［8］ Eduard Hochreiter, Riccardo Rovelli, Georg Winckler, 1996, "Central Banks and Seigniorage: A Study of Three Economies In Transition", *European Economic Review* 1996 (40): 629 – 643.

［9］ Ernst Baltensperger, Thomas J. Jordan, 1997, "Principles of Seigniorage", *Swiss Journal of Economics and Statistics*, 133 – 151.

［10］ Ernst Baltensperger, Thomas J. Jordan, 1997, "Seigniorage, Banking, and the Optimal Quantity of Money", *Journal of Banking and Finance*, 21, 781 – 796.

［11］ Ernst Baltensperger, Thomas J. Jordan, 1998, "Seigniorage and the Transfer of Central Bank Profits to the Government", *Kyklos*, Vol. 51, 73 – 88.

［12］ George Selgin, Lawrence H. White, 1999, "A Fiscal Theory of Government's Role in Money", *Economic Inquiry*, Jan, 37, 1, P156.

［13］ Harry G. Johnson, 1969, "A Note on Seigniorage and the Social Sabing from Substituting Credit for Commodity, Monetary Problems of the International Economy", ed Robert A. Mundell and Alexander K. Swoboda, 323 – 329, The University of Chicago

Press.

[14] Herbert G. Grubel, 1969, "The Distribution of Seigniorage from International Liquidity Creation", Pnetary Problems of the International Economy, ed Robert A. Mundell, Alexander K. Swoboda, 269 - 282, The University of Chicago Press.

[15] Jakob De Haan, Dick Zelhorst, Onno Roukens, 1993, "Seigniorage in Developing Countries", *Applied Financial Economics*, (3): 307 - 314.

[16] Kevin Dowd, 2001, "The Emergence of Flat Money: A Reconsideration", *Cato Journal*, Vol. 20, No. 3.

[17] Kevin M. Kime, 1998, "Seigniorage, Domestic Debt, and Financial Reform in China", *Contemporary Ecomomic Policy*, Vol. XVI, 12 - 21.

[18] Klein, Martin, Manfred J. M. Neumann, 1990, "Seigniorage: What is It and Who Gets It?", *Weltwirts chaftsliches Archiv*, 126, 205 - 221.

[19] Manfred J. M. Neumann, 1992, "Seigniorage in the United States: How Much Does the U. S. Government Make from Money Production?", *Federal Reserve Bank of St. Louis Working Paper* (March/April), 29 - 40.

[20] Manfred J. M. Neumann, 1996, "A Comparative Study of Seigniorage: Japan and Germany", *Bank of Japan Monetary and Economic Studies*, Vol. 14. No. 1, July, 104 - 142.

[21] Maxwell J. Fry, 1981, "Government Revenue from Monopoly of Currency and Deposits", *Journal of Monetary Economics*, (8): 261 - 270.

[22] Patrick Honohan, 1996, "Does it Matter How Seigniorage is Measured?", *Applied Financial Economics*, 6, 293 - 300.

[23] Paul Collier, Jan Willem Gunning, 1991, "Money Creation and Financial Liberalization in a Socialist Banking System: Tanzania 1983 - 1988", *World Development*, Vol. 19, No. 5, 533 - 538.

[24] Philip N. Jefferson, 1998, "Seigniorage Payments for Use of the Dollar: 1977 - 1995", *Economics Letters*, 58: 225 - 230.

[25] Reid W. Click, 1998, "Seigniorage in a Cross - section Countries", *Journal of Money, Credit and Banking*, Vol. 30, 154 - 171.

[26] Robert G. King, Charles I. Plosser, 1985, "Money, Deficits and Inflation", *Carnegie - Rochester Conference Series on Public Policy*, 22, 147 - 196.

[27] Robert J. Barro, 1982, "Measuring the FED's Revenue from Money Creation", *Working Paper*, No. 883.

[28] Rohinton Medhora, 1995, "The Allocation of Seigniorage in the Franc Zone:

The BEAC and BCEAO Regions Compared", *World Development*, Vol. 23, No. 10, 1781 - 1793.

[29] Shengpen Pen, "The Collection and Allocation of Seigniorage Revenues in China, a Dissertaton", the City University of New York.

[30] Stanley, Fischer, 1982, "Seigniorage and the Case for a National Money", *The Journal of Political Economy*, Vol. 90, No. 2, 295 - 313.

第六章　货币政策传导的信贷渠道

货币政策传导的信贷渠道主要有两种：一种是资产负债表渠道，一种是银行贷款渠道。前者并不是一个新的理论，费雪（Fisher I.，1933）就提出了这个观点。随着信息经济学在 20 世纪 70 年代的兴起，这个观点得到了更严格的阐述。银行贷款渠道则主要考虑银行中介在政策传导中的作用，即将银行的资产（负债）看成是一种不同于“IS—LM 框架中的同质证券”的资产（负债），进而通过资产组合的方法来分析货币政策传导，这也不是一个新方法，托宾和布瑞纳德（Tobin and Brainard，1963）以及布伦纳和梅茨勒（Brunner and Meltzer，1963）最早对其作了正式描述，而伯南克（Bernanke，1988）则将其融入了 IS—LM 框架之中，相关的实证检验也逐渐增加。随着伯南克出任美联储主席，信贷渠道的这一观点变得更加流行。本章将就信贷渠道理论进行介绍，内容安排如下：第一节主要阐述货币渠道和信贷渠道的联系与区别，第二节、第三节则主要阐述货币政策的资产负债表渠道和银行贷款渠道，第四节介绍考虑了信贷渠道之后的一般均衡模型，第五节对相关实证分析以及目前该领域的研究状况进行了简单介绍。

第一节　信贷渠道与货币渠道

货币政策传导机制阐述的是名义货币量的变动如何影响实体经济。从长期来看，名义货币量的变动将导致价格水平的同比例变化，从而使得实际货币数量不变。单纯改变名义货币的数量并不会改变实际货币数量，从而对实体经济产生显著影响。因此，一个国家的实体经济变量从长期来看最终取决于实际因素，比如劳动力的生产效率、各种实际资本和人力资本的数量和质量，以及企业家的创造性才能，等等。

从短期来看，名义货币数量的变化并不会立即带来价格水平的同比例上升，因此，实际货币数量会发生变化，从而实体经济会受到影响。短期价格水平黏性主要有三个方面的原因：一是信息不充分，二是协调困难，三是价格被一些合同所限定。在现实经济中，假设中央银行宣布明天将进行公开市场操作，向经济中投放1 000亿元的基础货币，此时经济中的基础货币恰好为10 000亿元，如果货币中性成立，那么在明天早上，当中央银行公开市场操作完成之后，所有价格应该马上上升10%，但是实际上往往不是这样。

首先，并不是所有的人都知道这一信息，通常作为中央银行公开市场操作对手方的商业银行随时会关注这一信息，而一般的老百姓可能根本就不知道有这回事，因此他们的消费、生产以及定价仍然不会受到影响，于是价格会因为信息传递的不充分而显得有黏性①，这种信息上的隔阂使得某个厂商可能会只有观察到增加的需求传递到自己生产的产品之上时才会作出价格调整的决定，而这种传递显然是缓慢的。其次，即使每个人都关注到了这条消息，但是要使得所有的价格都上涨10%却需要协调一致的行动，如果在别人没有调整价格时，任何单个企业或者个人观察到这个信息之后可能都不愿调整自己生产产品的价格，这就好比夏令时，尽管所有的人可能都觉得在夏天早起晚睡1个小时更好，但是如果其他人不调整作息时间，自己就不会调整，因此，这种策略性的互补使得名义价格调整不可能与名义货币供应数量相一致。最后，现实中很多涉及价格的合同比如工资合同、供货合同，在短期之内都是不可改变的，这又增加了短期价格的黏性。当然尽管价格在短期内调整起来存在这些困难，但是在有一种情况下，价格水平确实可以与名义货币供应量一起变动，那就是当人们处于一种具有稳定通货膨胀功能的经济中时，即使此时单个的价格会由于有一定的菜单成本而只有每隔一段时间才调整一次，但是只要厂商众多，调整步调均匀分布，那么价格水平就

① 实际上，信息不充分的另一个主要原因还在于对实际货币的需求本身是在变动的，因此，这种货币数量的变化究竟是由于中央银行观察到了实际货币需求数量的增加而采取的行动，还是一个纯粹的名义货币数量的改变，需要经济参与者的判断，这种判断很多时候依赖于经验，并且在大多数情况下，只有经过一个较长的时间之后才能见分晓。比如每年的春节，中央银行都会增加基础货币的供应，而根据经验这往往是由于此间实际货币需求增加所导致的，因此，此时这种名义货币供应的增加就不至于给价格水平带来调整的压力。

会平稳增长，而均衡时中央银行向经济中提供的基础货币也会平稳增长。在这种情况下，货币与物价就是同步增长的，从这种意义上来说，持续平稳的货币增长更容易带来中性的结果。

一、传统的货币渠道

货币在短期内会影响经济体的实际变量，通常的宏观经济学将其影响表述在 IS—LM 框架中。实际货币需求是实际产出和名义利率的函数，即 $\frac{M}{P}=L(Y,i)$，在短期价格水平黏性的条件下，名义货币供给的增加将使得实际货币增加，要诱使人们持有更多的实际货币，名义利率水平必须下降，在物价水平不变的条件下，名义利率的下降等价于实际利率的下降，实际利率下降使得投资需求增加，从而增加总需求，在短期内总需求的增加将使得总供给增加，名义货币数量的增加最终使得短期产出增加，这就是货币政策传导的利率渠道。

从利率下降到投资增加，这个中间过程可以用托宾的 q 理论来解释，利率下降使得资产价格上升，从而资本品的市场价值高于其重置成本，这会促进投资的增加，这一般又被称做资产价格渠道，在开放经济中，如果一个国家实行浮动汇率制度，根据利率平价理论，本国利率下降使得汇率贬值，这又会增加对外净出口，从而使得总需求增加。

以上这些渠道通常都被称做货币渠道，其原因是这些效果都是由于货币本身的增加而引起的。如果经济中不存在商业银行，大家都用中央银行发行的纸币来交易，那么货币就指这些中央银行的负债——纸币。货币的一个主要特点是它能够用做交易媒介，克服采取物物交换时普遍存在的需求的双重巧合（Double Coincidence of Wants）困难，实际货币增加能够使得利率水平下降的原因可以由鲍莫尔（Baumol，1952）的存货模型来解释。因为实际货币余额增加之后，人们首先想到的是减少对这些货币的持有，于是将其借给别人，但是在不考虑商业银行时，相互之间的借贷并不能减少私人部门持有的货币余额，这样除非利率下降，否则货币市场不能达到均衡，就如同在股票市场上，每个人都想卖股票，最后不可能每个人都卖掉，而必然是股票价格下跌，使得一部分人愿意增持，这里要恢复货币市场均衡的途径就是利率水平的下降，即持有货币余额的机会成本减少，从而人们愿意增加对实际货币余额的持有。

在存在商业银行的时候，就增加了一些复杂性，需要把商业银行的交易性存款当成一种货币，存款是商业银行的负债。事实上，如果从交易媒介这个功能来定义货币的话，不仅仅现金可以是交易媒介，任何一个大家都信任的机构所发行的债务凭证都可以用做交易之间支付的手段，信誉良好的大企业发行的商业票据其实就可以用做交易媒介，而商业银行发行的负债——银行存款则更是这样。因此，整个社会的非银行部门持有的交易货币就等于现金加上商业银行的活期存款，中央银行通过强制要求商业银行持有一定比例的准备金，就能够通过基础货币的变动影响私人部门持有的总的交易货币的数量。同理，交易货币数量的变化会影响利率水平。

事实上，中央银行进行公开市场操作不仅仅通过货币乘数影响交易货币总量，而且还可能影响到商业银行的资产方的信贷数量。基础货币的收缩不仅仅使得商业银行的负债方——存款减少，而且有可能使得其资产方，比如贷款也同时减少。一般的宏观经济学往往只考虑前者的影响，其根本原因是认为中央银行通过商业银行体系可以较好地控制交易货币的总量，并且这种交易货币的职能不容易被其他方式所替代。设想如果一个经济中有一家大家都非常信赖的大企业，它发行的商业票据可以像现金一样流通，那么此时中央银行控制基础货币的效果就会大打折扣，中央银行减少基础货币供应使得交易货币紧缺，此时大家就会转而更多地利用这家大企业发行的商业票据来做交易媒介。现实中能够与银行存款和现金一样方便地用做交易媒介的金融工具并不多，因此，中央银行通过控制货币来影响经济是有基础的。但是不具有完全替代性，并不是说就完全不能替代，当经济处于高通货膨胀阶段时，我们常常看到人们采用物物交换的方式来替代现金或银行存款作为支付手段。

二、银行贷款渠道（Bank Lending Channel）

商业银行介入的影响不仅仅体现在其负债可以用做交易媒介上，其资产方的银行贷款可能是一种特殊资产，因此，这种资产的变动本身也会给经济带来额外的影响，这就是信贷渠道中的银行贷款渠道。整个商业银行体系的资产负债表大致如表6－1所示。

表6－1　整个商业银行体系的简化资产负债表

资产	负债和所有者权益
准备金	活期存款
贷款	定期存款
债券	

如果中央银行收缩基础货币，那么整个商业银行体系的准备金将减少，按照货币创造的乘数原理，其负债方的存款会相应减少，要保持贷款数量不变，那么商业银行就必须向非银行部门出售债券，债券出售之后非银行部门持有了更少的货币和更多的债券，根据上面提到的利率渠道，这意味着要使私人部门愿意持有这个调整之后的资产组合，利率水平必须下降。利率下降使得非银行部门对其资产和货币头寸的组合感到满意，但是银行部门却并不一定满意，因为这种调整意味着在银行的资产组合中贷款所占比例更高，如果贷款和债券对银行来说并不是完全替代的资产①，此时尽管利率下降，银行对贷款和债券比例的不满意会带来进一步的调整，此时很有可能银行的贷款意愿会减弱，因为相对于以前贷款的比例过高，使得其流动性受到影响。因此，银行会减少贷款，而增加对债券的持有，如果非银行部门对这种调整并不敏感，比如当企业认为通过银行贷款和发行债券融资二者之间并无明显区别时，企业就可以通过发行债券的方式来代替银行贷款，银行通过增持这部分债券并减少贷款就可以实现资产组合的调整，此时利率水平不会受到进一步的影响，而非银行部门的资金来源也不会受到影响，因此改变基础货币的作用就仅仅限于利率渠道。

但是事实上，对很多企业来说，银行贷款和发行债券筹资并不是完全可替代的，最简单的情况就是，有些企业，尤其是中小企业它们没有办法在市场上直接发行债券筹资，因为要直接发行债券通常需要良好的口碑和信誉，而对中小企业来说，公众往往对其并不了解而并不愿购买

① 资产的完全替代意味着银行并不在乎资产组合中贷款和债券的比例，如同个人在消费可乐和雪碧时并不特别介意，只是在意其消费总量而不关注其具体比例一样。

其债券①，因此，银行放款意愿的减弱意味着贷款利率必须高于债券市场利率它们才愿意放款。面对较高的银行贷款利率，那些不能够利用直接发行债券融资的企业的融资成本上升，从而使投资需求受到抑制。货币紧缩影响的不仅仅是债券市场的利率水平，而且还会影响到贷款的利率水平，而投资需求受这两个利率水平的影响（因为能直接发行债券的企业的融资成本通常受债券市场利率水平的影响，而只能靠银行贷款的中小企业的投资则主要受贷款利率影响），这是将银行贷款视为一种有别于债券的金融工具的结果②，因此，这通常又被称做货币政策传导的银行贷款渠道，我们在后面还将对其作进一步的阐述。

三、广义信贷渠道（Broad Credit Channel）

紧缩货币政策除了提高企业从银行贷款的成本外，还会使得企业从其他方面取得的外部资金（External Finance）的成本的提升幅度高于无风险债券市场利率的提升幅度，这又被称做广义信贷渠道或者资产负债表渠道（Balance Sheet Channel），我们将在下一节中进行讨论。

第二节　资产负债表渠道

早在1933年，费雪就提出了资产负债表渠道，该渠道又被称做金融加速器效应（Financial Accelerator Effect）。一般来说，如果仅仅存在货币渠道，货币紧缩对经济的影响不可能太严重，并且不可能是持续的，因为货币变动往往只会影响短期实际利率水平，而对长期实际利率水平的影响有限，而一般的投资由于期限较长，不太容易受到短期实际利率水平的影响，因此，仅仅从货币渠道来考查货币政策的效果似乎不足以解释像大萧条这样的现象。基于此，费雪认为，除了传统的货币渠

① 政府监管以及评级机构的存在使得这个问题有所缓解，但是这些途径往往会招致较高的固定成本，对大多数中小企业来说，由于其规模较小，直接发行债券的成本仍然很高。

② 事实上，是否视做不同的金融工具，要看这种金融工具的供给和需求的某一方是否能够被完全替代，只要银行和企业有一方认为贷款和债券是一样的，那么这就是完全可以替代的。在上面的分析中，贷款和债券是两种不同的工具，其根源在于不管是对银行来说还是对企业来说，这两种工具都不是可以完全替代的。

道之外，还存在资产负债表效应，即持续的非预期的通货紧缩使得财富分配有利于债权人而不利于债务人，债务人的净资产减少使得其资信受到伤害，从而对投资造成额外的负面影响。

一、费雪的观点

费雪认为造成萧条的主要原因有两个：刚开始的过度负债（Over－Indebtedness）和随后而至的通货紧缩（Deflation），并认为通常提到的几个原因是：过度投资（Over－Investment）、过度投机（Over－Speculation）和过度自信（Over－Confidence），如果没有伴随着过度负债，即只要过度自信并没有使得人们加大借债杠杆去投资或者投机，通常并不会造成像1837年、1873年和1929—1933年那样严重的后果。

除了这两个根本因素之外，费雪还通过其他七个因素来阐述他的经济萧条机制，即流通货币、货币流通速度、资产净值、利润、贸易、商业信心、利率。

其主要的机制可以描述为：假设刚开始经济体处于一个过度负债的状态中，开始可能是某些债权人发现情况有些不妙，于是要求债务清偿，这导致借款企业被迫以较低价格出售资产（当然也有可能是债务人自己有所警觉从而主动减少杠杆），银行收回贷款之后自愿持有的准备金比例上升和私人债权人收回贷款后以现金持有资产的共同作用使得货币乘数下降。货币量的减少加上被迫出售共同导致价格水平的下降。如果没有对物价水平的干预措施，比如增发货币刺激通货膨胀，那么价格水平的突然下降又将导致企业净值的进一步减少，这加速了企业的破产，并极有可能使得企业利润下降，亏损使得生产、贸易和就业都减少，亏损、破产和失业导致了悲观和信心丧失，这进一步加剧了人们囤积现金的行为和货币流通速度的下降。在物价下降的过程中，名义利率下降，但是实际利率上升。当然这些机制的作用顺序和反馈过程可能会比较复杂，并不一定严格按照这种顺序进行。

费雪还提出了自己关于经济危机的哲学思考，这些观点即使在今天看来也仍然有意义。他认为，两种疾病通常会相互影响，病理学家目前发现有时候两种病共同作用会比其中任何一种或者两种病的简单相加要厉害，并且我们都知道小病可能会导致大病。如同重感冒会带来肺炎，过度负债会带来通货紧缩。当经济存在过度负债时，变现资产以清偿债务反而会不断加重债务负担，因为尽管所欠的美元数减少，但是由于价格水平的下降，即美元变得越来越值钱，实际债务负担反而会加重。他认为这个大悖论是大多数大萧条的主要秘密：债务人还得越多，就欠得越多。此时经济如同一条船，它越是倾斜，翻得就越快，而在正常情况下，如果船的倾斜程度没有超过一定限度，倾斜得越厉害，恢复平衡的力就越大。在正常情况下，企业破产是清理掉那些高杠杆企业从而使得经济健康运转的保证，但是如果太多企业如此，太过剧烈的调整使得经济之船失去了恢复平衡的能力，它反而会越来越快地滑向深渊。

费雪提出资产负债表效应时只是作为一种直观现象来考查的，20 世纪 70 年代以来，信息经济学的发展为这种资产负债表效应提供了理论基础。

二、道德风险与自有资本

为什么债务人的资产净值会影响投资需求呢？其根本原因在于信息不对称。在不存在信息不对称时，一个项目是否能够得到融资，要看其未来现金流的价值是否大于其投资成本，即采用通常的净现值法来决定投资是否可行。在需要融资的项目所有者和借款人都拥有对称信息的时候，一个项目是否能够得到融资确实只需要考查该项目本身的盈利前景，不需要考虑项目所有者是否有足够的资本，所谓英雄不问出身，不管你有钱没钱，只要你有一个好项目就可以得到融资。但是在现实生活中，由于借款人与项目融资人之间普遍存在信息不对称现象，借款人在项目所有者拿到钱之后是否尽心尽力去经营这一点上处于信息劣势，这样就会带来道德风险，因此，项目所有人在项目中是否投有足够的本钱对项目能否得到融资就至关重要了。

从理论上来说，对一个固定投资额的项目，项目所有人的本钱越大，其融资就越可能成功或者说其融资成本就越低，而本钱越小则越不可能成功，其原理如下。

在有限责任和债权人有优先索取权的情况下，如果企业经营不成功，企业的资本金将受到损失，与企业无资本金的情况相比，这会减少企业采取机会主义行为的收益，从而降低道德风险。假定企业家有一个项目，需要 100 万元的投资。这个项目有两种经营策略，一种策略是企业家一心为企业着想，克己奉献，另一种策略是采取一些机会主义行为，追求在职消费或者一些个人好处。在第一种情况下，项目成功，企业总收益为 140 万元，即可以赚 40 万元，企业家从项目中得到的好处为 0；在第二种情况下，企业成功的概率降低为 40%，成功时总收益仍为 140 万元，失败时总收益为 0，即连本金都赔光，但不管成败，企业家可以从中牟取私人好处 30 万元。

首先考虑两种极端情况下的比较：完全借钱和完全由自己投资。如果完全是自有资金，第一种经营策略下项目的预期收益大于 0，第二种策略下即使加上企业家从中得到的好处，预期收益也小于 0，因此，如果该项目全是靠企业家自己的投资，第一种好的经营策略将被选择，道德风险将被克服。如果企业家全部靠债券融资，此时要激励企业家不采取第二种坏的行为就必须降低借款合同的利率，以便使得他老老实实经营所得的剩余要比采取坏行为时要高，即利率必须满足条件：$40-r\times100>0.4\times(40-r\times100)+30$，$r<-10\%$。假设对于企业家和借款人来说，其资金的机会成本都为 3%①，这意味着借款人不会借钱给这个企业家，而此时社会财富在企业家手中还是在借款人手中对投资的影响就有较大的不同，在企业家手中时，我们看到这个项目被实施了，而在借款人手中时，项目将不被实施。

事实上，这个项目要被实施，企业家并不需要有完全的资本，因为假设企业家拥有一定的资本量 x 万元，而只需从市场上以 3% 的利率筹集 $(100-x)$ 万元 的资金即可。要激励企业家选择克己奉献的决策，必须使得他在克己奉献的选择下所得的剩余超过追求在职消费时的收益，即

$$40-0.03\times(100-x)>0.4\times[40-0.03\times(100-x)]-0.6x+30$$

左边为选择诚实经营时的预期收益，右边为采取机会主义行为时的预期收益。其中，$40-0.03\times(100-x)$ 为项目成功时的预期收益，x 为项目失败时给企业家带来的损失，30 为采取第二种策略时不管企业的成败都可以给企业家带来的好处。

解出 $x>12.6$。也就是说，企业家自己的投资必须大于 12.6 万元，

① 并假设都不厌恶风险，即只要预期收率为 3% 即可。

才有可能进行直接的债券融资。如果有的企业家没有资本，或者资本少于12.6万元，那么他将无法在市场上取得融资。因此，从这种意义上来说，当项目所有者的资本从12.6万元以上减少到这个水平以下时，一些本来可以得到融资的项目就得不到融资从而无法进行投资。在不存在信息不对称的MM定理成立的环境中，一个项目的融资结构与其能否成功是无关的，即不管一个项目的资本是全部利用股权还是全部靠借债，都不影响项目的可行性，因为此时借款人能够观察到项目中所有人的行动，只要他们在事前签订一个额外协定，一旦企业家渎职就可以给予严厉的惩罚，那么此时企业家就会老老实实经营，而这个严厉的惩罚也就不会实际发生。在上面的例子中，整个项目就是一个无风险的净收益为40%的无风险项目①，这样不管企业家是否有自有资金都没有关系。当企业家的行为不可观察的时候，这样的协定就无法执行，因而需要让他在企业中投入足够的本钱，以便让他有尽责工作的激励。

道德风险不仅仅影响债务融资，还影响股票融资。同样在上例中，假设该企业家试图寻找股权投资者，股权投资比债权投资面临更加严重的委托—代理问题。在极端情况下，该企业家没有资本，同样不会有外部股东愿意投资，因为企业家一点股份都没有，认真经营没有收益，因此，他一定会选择第二种经营策略，而外部出资人知道这一点之后，也就不愿进行融资，因为后者的收益为负。设企业家有 x 的自有资金时，外部股东愿意投资，那么此时要让企业家诚实经营就必须满足：$\frac{x}{100} \times 40 > 0.4 \times \frac{x}{100} \times 40 - 0.6x + 30$，$x > 36$ 万元，显然股权投资要求企业家拥有的自有资本更高，和前面一样，企业家自己资金的投入使得他与外部股东的利益一致，从而减少了道德风险发生的可能。当企业家的自有资本不足36万元时，尽管诚实经营时该项目是一个好项目，但是由

① 当企业家即使克己奉献项目仍然可能存在风险时，可能自有资本越少，债务违约的风险越大，此时融资合同利率可能就越高，但是债务融资的实际成本大小，即债务融资的必要的期望收益率，取决于投资者的风险厌恶状况，因为此时债务实际上有了股票的某些特征。但是在不存在信息不对称时，一个缺乏资本金的企业家仍然能够得到融资，不过是借款的合同利率高一点，但是项目总的加权资本成本不会随自有资金的多少而改变。

于他没有足够的资本投入以使得外部股东相信他会诚实经营，该项目将得不到融资。

三、广义信贷渠道

上面的例子，我们也可以从融资成本的角度来理解，当项目所有者净值为零时，将得不到融资，此时可以看成是融资成本非常高，当项目所有者净值超过一定金额时，融资成本下降使得项目变得可行，因此融资成本与净值大小有关。

奥力勒和鲁迪布什（Oliner and Rudebusch，1996）提供了一个局部均衡模型来说明这种自有资金对融资成本和总投资水平的影响，如图6－1所示。

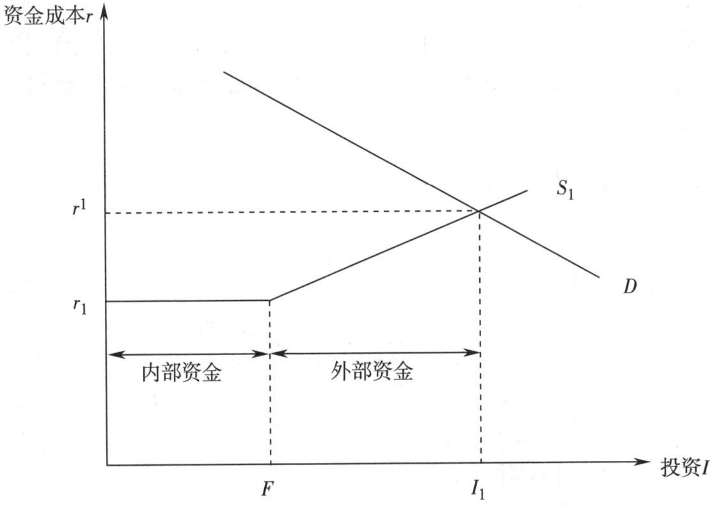

图6－1　自有资本与融资成本的关系

他们假设内部资金（在上面的例子中，即项目所有人自己的资金）的机会成本为 r_1，等于由货币政策当局控制的无风险利率 r_f 加上项目风险溢价 θ，即 $r_1 = r_f + \theta$。当自有资金量为 F，而投资规模为 I 时，需要的外部融资量就为 $I - F$，而外部融资的成本会随着融资量的增加而增加，表现为资金成本线过了 F 之后就开始上升，即上图中的折线 S_1。

投资项目所需要资金是可变的，并且投资数量越大，项目的边际报酬率越低，因此，资金需求曲线向下倾斜，如上图中斜向下的 D 所示。在均衡的时候，企业的外部融资成本为 r^1，投资量为 I_1，I_1-F 为外部融资资金，企业的全部内部资金 F（比如未分配利润和折旧）都用于投资。

图 6－1 是说明单个公司的融资成本的，实际上我们可以借用它来说明整个经济的资本净值与投资活动水平之间的关系。此时整个经济的净值水平的下降就会增加外部融资成本从而使得投资水平下降。如图 6－2所示，当内部资金或者净值减少时，即从 F 到 F' 时，如果我们假设单位外部融资成本与外部融资占总投资的比例正相关的话，单位外部融资成本就会增加，这表现为融资成本线的折线部分的斜率会增加，即资金供给曲线从 S_1 到 S_2。此时均衡的外部融资资金成本上升到 r^2，而投资水平也从 I_1 下降到 I_2 水平，因此，我们看到即使无风险利率 r_f 以及企业内部资金的机会成本 r_1 不变，单是企业净值的减少就可以带来投资的收缩。

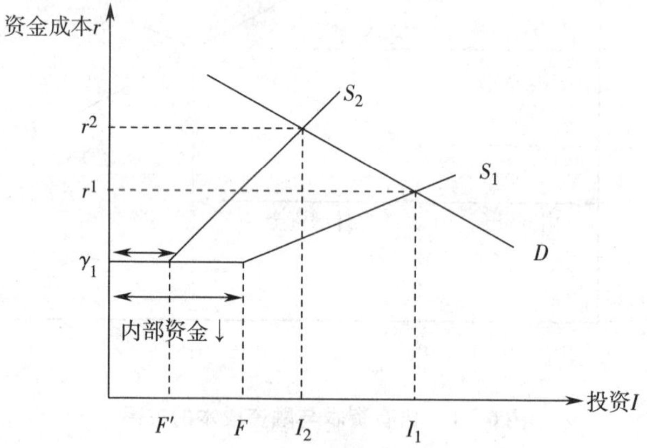

图 6－2　整个经济中投资者的净值与融资成本

紧缩的货币政策有两个作用，一个是提高了无风险利率 r_f，另一个是减少了借款人的资产净值或者内部资金。后者是因为利率的提高通常会直接增加利息支出，从而减少可支配的内部资金，而且利率上升会使得资产价格下降，这同样使得企业抵押品的价值下降或净值减少。另外，利率上升使得居民减少开支，对生产这些消费品的企业来说，销售收入会减少，已经安装的机器的价值会贬值。因此，紧缩性货币政策对资金成本曲线会产生三个影响，一是抬高企业内部资金的机会成本，使得资金成本线的水平部分上移，二是减少企业内部资金，使得资金成本更早开始上升，三是使得资金成本曲线斜向上部分更加倾斜，如图6－3所示。

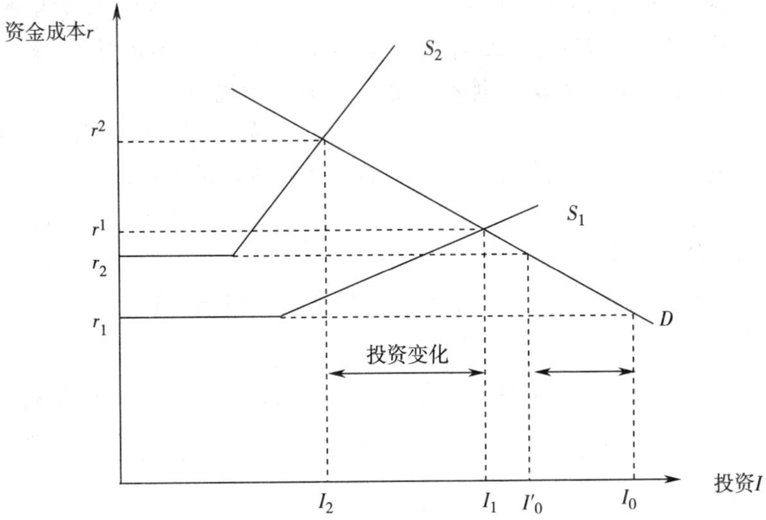

图6－3　紧缩货币对融资成本的影响

紧缩的货币政策使得企业内部资金的机会成本从 r_1 上升到 r_2，均衡的投资水平从 I_1 下降到 I_2，外部融资的成本从 r^1 上升到 r^2。对比在没有信贷渠道时，此时外部融资并不存在溢价，因此当利率水平为 r_1 时，外部融资的成本也处于相同水平。投资在 I_0 这个水平上，而紧缩性的货币政策使得利率上升到 r_2 时，投资为 I'_0，从上图中可以看出，信贷渠道的作用使得货币紧缩的作用被强化，投资受到的影响要大于不存在信贷渠道时的影响。

第三节 银行贷款渠道

在考查大萧条的时候，费雪提出了资产负债表效应，但费雪并没有特别强调银行破产给经济带来的破坏性，弗里德曼和舒瓦茨（Friedman and Schwartz，1973）的研究站在货币主义的立场上，认为在此过程中银行的倒闭使得货币数量大幅度减少，产出的减少可以用货币数量的减少来解释，因为1929—1933年的大萧条中，从1929年7月到1930年10月，银行还没有大规模倒闭，而经济刚开始也只是陷入衰退之中，从此时危机的规模来看，与1920年到1922年的不景气没有什么差别。正是1930年11月开始的银行危机，改变了经济收缩的性质，经济危机加深，1931年6月的第二次大面积的银行危机才使得整个经济像断线的风筝一样往下栽。到1932年初，银行危机才开始逐渐平静，而企业破产则达到了高峰，在1933年3月，整个经济触底反弹，一直持续到1937年。这个过程如表6-2所示。

表6-2 大萧条期间美国的一些宏观经济指标（1929年7月—1933年3月）

单位：10亿美元

月份	*IP*	*Banks*	*Fails*	*ΔL/IP*	*L/DEP*	*DIF*
1929年7月	114	60.8	32.4	0.163	0.851	2.31
1929年8月	114	6.7	33.7	0.007	0.855	2.33
1929年9月	112	9.7	34.1	0.079	0.860	2.33
1929年10月	110	12.5	31.3	0.177	0.865	2.50
1929年11月	105	22.3	52.0	0.121	0.854	2.68
1929年12月	100	15.5	62.5	-0.214	0.851	2.59
1930年1月	100	26.5	61.2	-0.228	0.837	2.49
1930年2月	100	32.4	51.3	-0.102	0.834	2.48
1930年3月	98	23.2	56.8	0.076	0.835	2.44
1930年4月	98	31.9	49.1	0.058	0.826	2.33
1930年5月	96	19.4	55.5	-0.028	0.820	2.41
1930年6月	93	57.9	63.1	0.085	0.818	2.53

续表

月份	*IP*	*Banks*	*Fails*	Δ*L*/*IP*	*L*/*DEP*	*DIF*
1930 年 7 月	89	29. 8	29. 8	-0. 055	0. 802	2. 52
1930 年 8 月	86	22. 8	49. 2	-0. 027	0. 800	2. 47
1930 年 9 月	85	21. 6	46. 7	0. 008	0. 799	2. 41
1930 年 10 月	83	19. 7	56. 3	-0. 010	0. 791	2. 73
1930 年 11 月	81	179. 9	55. 3	-0. 067	0. 777	3. 06
1930 年 12 月	79	372. 1	83. 7	-0. 144	0. 775	3. 79
1931 年 1 月	78	75. 7	94. 6	-0. 187	0. 763	3. 21
1931 年 2 月	79	34. 2	59. 6	-0. 144	0. 747	3. 08
1931 年 3 月	80	34. 3	60. 4	-0. 043	0. 738	3. 17
1931 年 4 月	80	41. 7	50. 9	-0. 104	0. 722	3. 45
1931 年 5 月	80	43. 2	53. 4	-0. 133	0. 706	3. 99
1931 年 6 月	77	190. 5	51. 7	-0. 120	0. 707	4. 23
1931 年 7 月	76	40. 7	61. 0	-0. 013	0. 704	3. 93
1931 年 8 月	73	180. 0	53. 0	-0. 103	0. 706	4. 29
1931 年 9 月	70	233. 5	47. 3	-0. 050	0. 713	4. 82
1931 年 10 月	68	471. 4	70. 7	-0. 310	0. 716	5. 41
1931 年 11 月	67	67. 9	60. 7	-0. 101	0. 726	5. 30
1931 年 12 月	66	277. 1	73. 2	-0. 120	0. 732	6. 49
1932 年 1 月	64	218. 9	96. 9	-0. 117	0. 745	4. 87
1932 年 2 月	63	51. 7	84. 9	-0. 138	0. 757	4. 76
1932 年 3 月	62	10. 9	93. 8	-0. 183	0. 744	4. 91
1932 年 4 月	58	31. 6	101. 1	-0. 225	0. 718	6. 78
1932 年 5 月	56	34. 4	83. 8	-0. 154	0. 696	7. 87
1932 年 6 月	54	132. 7	76. 9	-0. 170	0. 689	7. 93
1932 年 7 月	53	48. 7	87. 2	-0. 219	0. 677	7. 21
1932 年 8 月	54	29. 2	77. 0	-0. 130	0. 662	4. 77
1932 年 9 月	58	13. 5	56. 1	-0. 091	0. 641	4. 19
1932 年 10 月	60	20. 1	52. 9	-0. 095	0. 623	4. 44

续表

月份	*IP*	*Banks*	*Fails*	Δ*L*/*IP*	*L*/*DEP*	*DIF*
1932 年 11 月	59	43. 3	53. 6	－0. 133	0. 602	4. 79
1932 年 12 月	58	70. 9	64. 2	－0. 039	0. 596	5. 07
1933 年 1 月	58	133. 1	79. 1	－0. 139	0. 576	4. 79
1932 年 2 月	57	62. 2	65. 6	－0. 059	0. 583	4. 09
1932 年 3 月	54	3 276. 3[a]	48. 5	－0. 767[a]	0. 607[a]	4. 03

注：*IP* 为经季节调整之后的工业产出；*Banks* 为倒闭银行的总存款金额，用来衡量银行倒闭的严重程度；*Fails* 为倒闭工商企业的负债规模，用于衡量企业倒闭的严重程度；Δ*L*/*IP* 为商业贷款余额与个人收入的的比例；*L*/*DEP* 为银行贷款与活期存款和定期存款的比例；*DIF* 为 Baa 级公司债券与政府债券的利差，用于衡量企业获得融资的难易程度。a 表示在 1933 年 3 月，美国的银行普遍放假，故该行数据较大。

资料来源：伯南克（Bernanke，1983）。

一、伯南克信贷渠道的提出

伯南克认为仅仅采用货币渠道解释货币政策传导是不够的，因为首先他发现在银行大面积破产的过程中，不仅仅是货币数量有大幅下降，信贷数量（用 Δ*L*/*IP* 表示，信贷数量的变化除以工业产出加以标准化）也有大幅下降，但是这种下降与其说是产出减少、贷款需求减少导致的，不如说是银行破产和主动收缩信贷导致的，因为 Δ*L*/*IP* 与 *Banks* 这一栏的关联度比与产出 *IP* 的关联度更高，这一点可以直观地看到，在 1930 年 10 月之前，信贷数量没有太大变化，但是产出却下降了近 25%，在 1930 年 10 月的银行危机到来时，一个持续较长时间的信贷收缩就开始了，银行贷款与银行危机之间的同步性可以从 1931 年 10 月的银行破产和贷款收缩中得到印证，这个月是银行破产最严重的月份，同时信贷数量下降幅度也是最大的。贷款的下降也并不都是因为银行倒闭带来的存款减少导致的，从 *L*/*DEP* 这一栏可以看出，1930 年 10 月之后，银行贷款占存款的比例在银行危机中大幅下降，这是银行为了增持流动性较强的资产不愿发放贷款所致的。同时，他采用 Baa 级公司债券与政府债券的利差（*DIF*）显示出，在这个过程中，企业获得融资的成本确实大幅上升，这种成本上升正是企业在得不到贷款之后不得已转而寻求其他融资渠道的结果。

在文章中，他从信息经济学的角度强调了银行贷款与证券资产的不同。他认为由于在金融市场普遍存在的信息不对称中，银行作为一种融资中介在连接某些贷款人（比如中小企业）和借款人之间发挥着重要的作用，包括信息收集、区分好的借款人和坏的借款人、贷后监督以防范道德风险等功能，因此，正是银行贷款所起的特殊作用使得银行倒闭和信贷收缩加剧了经济的收缩。有鉴于此，伯南克在1988年将这种分析融入到了IS—LM框架之中。

二、伯南克对IS—LM模型的改进

首先，他假设存在三种资产：货币、债券和银行贷款，与传统的IS—LM模型相比，他不再认为银行贷款和债券是完全可替代的资产。这种不完全替代既反映在贷款的提供者银行这方面，又反映在贷款的需求者贷款企业这方面。贷款需求者会在是向银行贷款还是向证券市场发行债券来融资这两个方面进行权衡，其贷款需求为 $L^d = L(\underset{-}{\rho}, \underset{+}{i}, \underset{+}{y})$ ，其中，ρ、i、y 分别表示贷款利率、债券利率和产出，其影响的方向如下标所示，即贷款需求随着贷款利率的上升而下降，随着债券利率的上升而上升，因为发行债券利率的上升使得银行贷款更划算，同样贷款需求会随着产出的增加而增加，这主要是出于为生产而进行的流动性贷款需求。

对银行贷款的供给方银行来说，其可以运用的资产为 $D(1 - \tau)$,D, τ 分别为存款总额和法定准备金，而这些可运用的资产主要用于三个部分：超额准备金 E、债券 B^b（上标表示银行：*Banks*）和贷款 L^s，有 $B^b + L^s + E = D(1 - \tau)$ 。其愿意持有的贷款资产，即贷款供给 L^s 是其负债即总存款的一定比例

$$L^s = \lambda(\underset{-}{\rho}, \underset{+}{i},)D(1 - \tau)$$

基础货币与可以派生出的总存款货币之间存在乘数关系，假设超额准备金为可运用资产的一定比例，等于 $\varepsilon(i)D(1 - \tau)$ ，表明超额准备金比例仅仅与债券市场利率有关，因此，此时货币乘数 $m(i) = [\varepsilon(i)D(1 - \tau) + \tau]^{-1}$ 。总货币供给由基础货币 R 和货币乘数决定，即货币供给等于 $m(\underset{+}{i})R$ ，与通常的货币供给乘数一样，利率越高，乘

数越大。货币需求与利率和产出的关系与通常的 *LM* 曲线中规定的一样，即为 $D(\underset{-}{i},\underset{+}{y})$ ，货币市场均衡要求 $D(\underset{-}{i},\underset{+}{y}) = m(\underset{+}{i})R$ 。

商品市场的均衡即 *IS* 曲线同样表明产出 y 与利率 i 的一个负向关系，只不过这里影响投资需求的除了债券市场利率之外还有一个贷款利率 ρ，因此，这种负向关系是对这两个利率水平的负向关系：$y = Y(\underset{-}{i},\underset{-}{\rho})$ 。

贷款市场均衡意味着 $L^d = L^s$ ，即 $L(\rho,i,y) = \lambda(\rho,i)D(1-\tau)$ ，此式规定了在存款外生给定时，为了满足贷款市场均衡，债券市场利率、贷款利率和产出之间的一个必要的关系。考虑到存款由基础货币决定，因此 $L(\rho,i,y) = \lambda(\rho,i)m(i)R(1-\tau)$ ，这就规定了为了满足贷款市场均衡，ρ、i、y、R 这四个变量必须满足的关系，记为 $\rho = \phi(\underset{+}{i},\underset{+}{y},\underset{-}{R})$ ，其含义很好理解，当基础货币增加时，如果产出和债券市场利率都不变，并且如果贷款利率也暂时不变，那么对商业银行来说可运用资金会增加。在贷款利率和债券市场利率不变时，贷款供给意愿会增加，而对企业来说，其贷款需求没有变化，那么此时贷款供给会大于需求，因此会带来贷款利率的下降，这就是 R 下面为负号的含义。同理，如果债券市场利率上升，而其他都暂时不变，那么银行贷款供给会减少，而企业贷款需求会增加，供小于求的结果必然使得贷款利率上升，因此 i 下为负号。产出的增加会增加对贷款的需求，从而在其他保持不变时，提高贷款利率。

这样，将贷款市场均衡条件代入到 *IS* 曲线之中，就可以得到商品市场和贷款市场同时均衡的条件，这被称做 *CC* 曲线，即 $y = Y[\underset{-}{i},\underset{-}{\phi}(\underset{+}{i},\underset{+}{y},\underset{-}{R})]$ ，与通常的 *IS* 曲线一样，当 i 上升时，产出 y 会减少，因为如果不是这样，即 y 增加，那么上式的左边会减少，而右边会增加，这显然不可能平衡。我们可以看到债券利率下降有两种效应，一种是直接的影响（与一般的 *IS* 曲线一样），这种影响是负的，另外一种是间接影响，即通过信贷市场利率来影响总需求和产出。但是这种间接影响是不确定的，因为债券市场利率的上升和产出的下降使得贷款利率变化的方向出现了不确定性，前者会使得贷款利率上升，而后者会使贷款需求减少从而贷款利率下降，如果产出对贷款需求的影响较弱，那么贷款利率将会上升，从而通过贷款市场对产出的间接影响也是负的，反之如果贷款利率出现下降，那么间接影响将是正的，即减弱债券市场利率上升对产出造成的冲击。

一方面，可以将 *CC* 曲线和 LM 曲线像 IS—LM 曲线那样表示在图上，如图 6－4 所示，与传统的 *IS* 曲线一个最大的不同就是，此时基础货币 *R* 会使 *CC* 曲线发生移动。另一方面，除了传统的商品市场的扰动（这种扰动使得 $Y(\underset{-}{i},\underset{-}{\rho})$ 的函数形式发生变化）会使得 *CC* 曲线移动外，影响信贷市场的扰动，即使得 $\phi(\underset{+}{i},\underset{+}{y},\underset{-}{R})$ 这个函数发生变化的因素也会使得 *CC* 曲线移动。$\phi(\underset{+}{i},\underset{+}{y},\underset{-}{R})$ 这个函数是由信贷市场的供需均衡 $L(\rho,i,y) = \lambda(\rho,i)m(i)R(1-\tau)$ 推导出来的，也就是说，信贷需求的扰动（$L(\rho,i,y)$ 函数形式的变化），或者信贷供给的扰动（$\lambda(\rho,i)$ 函数形式的变化）都会使得 *CC* 曲线移动。

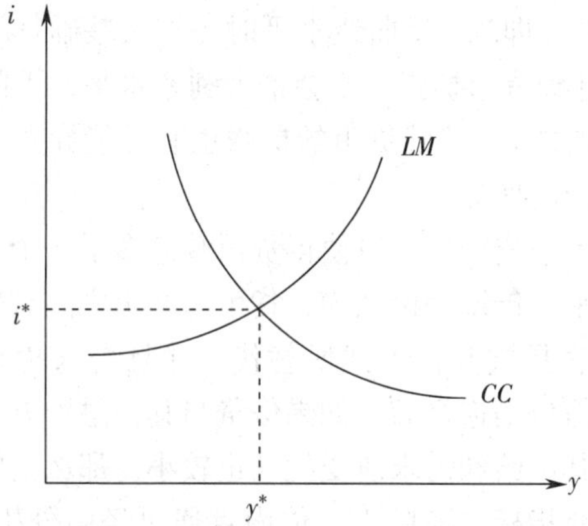

图 6－4 信贷市场和产品市场均衡（*CC* 曲线）以及货币市场均衡（*LM*）

货币扩张不仅仅使得 *LM* 曲线像原来那样向右移动，而且还会使得 *CC* 曲线向右移动，如图 6－5 所示。同样，基础货币扩张使得产出增加，但是对债券利率的作用方向却是不明确的，加入信贷渠道之后，基础货币的扩张可能使得 *CC* 曲线向右移动的幅度很大，这使得最终均衡的利率水平可能在原来的利率水平之上，基础货币供给的增加反而有可能提升利率水平，这是考虑信贷渠道之后一个不同于 IS—LM 分析的结果，此时产出增加使得贷款需求大幅上升，从而提高了贷款利率，因此导致债券市场利率也随之上升。

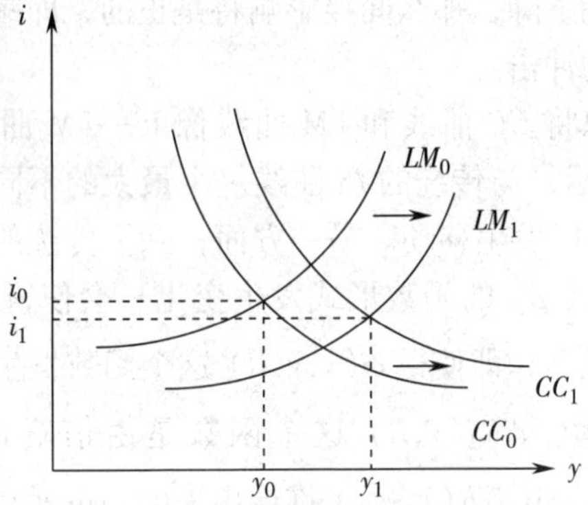

图 6-5　CC—LM 框架下的货币扩张

由于基础货币扩张会使得 *CC* 曲线右移，因此，即使在凯恩斯的"流动性陷阱"中（即当 *LM* 曲线水平时，扩大基础货币供应也不会移动 *LM* 曲线，即基础货币扩张并不会带来利率水平的下降以及刺激商品市场的投资需求增加)，基础货币的扩张也有可能导致贷款利率水平的下降，从而使得产出增加。

事实上，引入信贷渠道可以使得货币政策多了一个可以观察的中介目标，即信贷水平。传统理论认为，货币与产出之间有较强的关系，原因是货币需求不容易被其他方式所替代，并且需求扰动较小，比较平稳；而在考虑了信贷渠道之后，如果信贷与其他融资方式的可替代程度也比较小，并且其供给和需求所受扰动也较小，那么信贷量也有可能成为一个较好的中介指标。实际上，伯南克通过经验分析认为在 1979 年之后，信贷与产出的关系反而比与货币的关系要强，如表 6-3 所示。

表 6-3　美国 GNP 增长率和金融指标增长率的简单相关性（1953—1985 年）

时期	与货币的相关性	与贷款的相关性
1953 年 1 月—1973 年 4 月	0.51，0.37	0.17，0.11
1974 年 1 月—1979 年 3 月	0.51，0.54	0.50，0.51
1979 年 4 月—1985 年 4 月	0.11，0.34	0.38，0.47

注：前一个数值表示和名义 GNP 增长率的相关系数，后一个数值表示和实际 GNP 增长率的相关系数。

资料来源：伯南克和布林德（Bernanke and Blinder，1988）。

第四节　一般均衡中的信贷渠道

在第二节中，我们讨论了净值如何影响融资成本和投资需求，那是一个局部均衡模型。在第三节中，CC—LM 模型表面上来看也是一个一般均衡模型，但是这个模型总体上来看是基于 IS—LM 这种短期分析框架的，并没有考虑到投资如何影响到资本存量从而对下期产出产生的长期影响。事实上，只有在一个动态一般均衡框架中去分析这种金融中介和融资者资产净值对产出和积累带来的影响，才能使我们对这个问题有一致性的理解。

伯南克和盖特纳（Bernanke and Gertler，1989）在代际更迭模型的基础之上考查了代理成本和净值的影响。在该模型中，他们引入了在投融资过程中，如果拥有投资项目的投资者净值不足，那么将存在委托—代理问题，在项目结果实现之后，融资者必须通过检查才能保证投资者诚实地报告项目的收益，但是如果融资者对每个项目都进行检查，那么投资者就总是会老老实实报告结果，此时融资者的最优选择是不检查，但是给定融资者不检查，投资者的最优选择总是低报结果，因此，这种博弈存在混合策略纳什均衡，融资者选择以一定的概率对那些低报结果的投资者进行检查。由于检查是有成本的，因此对净值不够的投资者来说，投资者和融资者之间的金融活动就会存在额外的成本，这种成本随着投资者净值的减少而增加，因此，当遇到负面的生产率冲击的时候，投资者净值减少，投资活动因为成本较高而受到抑制，于是下期产出和投资者净值也会受到负面影响，依此类推，正面和负面的生产率冲击会带来持续性的影响，从而使得产出表现出自相关特征。

卡尔斯托和弗斯特（Carlstrom and Fuerst，1997）在真实经济周期（RBC）模型的基础之上考查了投融资过程中存在委托—代理成本时对经济活动的影响，该模型假设投资者是长期存在的，而不像在代际更迭模型中那样只存在两期（这意味着他们的投资决策只有一次，到了第二期他们消费完自己的所有投资成果，不再涉及任何权衡），长期存在的投资者使得他们会在代理成本高的时候将项目推迟到代理成本低的时候投资，这种权衡在某种程度上会加大净值对产出的影响，并增加经济的波动性。由于该模型建立在RBC模型的基础之上，因此能够很好地与这个基准模型进行数量上的比较。

下面，我们来考虑另一个模型：清泷和摩尔（Kiyotaki and Moore，1997）的农夫—采集者模型，该模型同样能够得出正的生产率冲击可以带来持续的产出效应的结论，并且和RBC模型不同，不需要采用技术性较强的动态规划方法，这使得我们能够较好地理解这个模型。

一、模型设定

这个简单模型是这样设定的，经济中有两类人①，一类是农场主，另一类是采集者，都利用唯一的资本品土地来生产一种不能储藏的产品，比如粮食。可以将这种情形设想为北美洲刚开发的时候的状态，但是与现实有所不同的是假设此时产权是清晰的，并且存在借贷和商品市场，大部分土地都归当地土著即采集者所有，农场主比采集者拥有更高效率的利用土地的方式，从土地最优配置的角度来看，采集者似乎应该将土地借给农场主来使用，并且每年获得一定的粮食作为回报，这样可以实现双赢。但是由于农场主缺乏资本，自身拥有的土地很少，因此，如果信贷市场不完善，即能否取得借贷不仅要看其耕作收益，还要看其是否有足够的净值作为抵押，那么以他们有限的净资产作抵押将不能够借入太多的土地来耕种，于是整个经济就由于这种信贷市场的不完善，或者说融资者净值不够而处于一种低效运行的状态。农场主会不断积累来增加自己的净值，因此，整个经济的演变会使得农场主拥有越来越多的土地，并且对土地的利用也越来越有效率，但是最终经济不会实现最优配置，而农场主净值的暂时变化也会对经济的产出产生持久的影响。我们下面来详细考查这一简单模型。

假设经济中总的土地数量为$\bar{k}$，农场主们的生产技术为$(a+c)k_t$，假设k_t为农场主们在t期耕作的总土地数量，它包括两个部分，一个部分为自己已有的，另一部分是利用已有土地抵押融资借入资金所买来

① 这种异质性是引入借贷所必需的，如果个人之间的禀赋、偏好和生产技术都没有差异，那么将不会有借贷的必要。在代际更迭模型中，这种异质性是通过将人分成年老的和年轻的两代人来设定的，年轻人需要储蓄或者购买资产，而老年人则需要负储蓄或卖出资产。

的，这种技术意味着农场主的生产技术是规模报酬不变的，每单位土地的产出为 $a+c$ 单位，为了后面分析的简单，这里 a 表示产出中能够用于市场交换的部分，而 c 则表示产出中不能用于交换的部分，比如说这种产品在收集的时候弄坏了，自己可以吃，但是在市场上卖不出去。采集者的产出等于 $G(\bar{k}-k_t)$，这里 $G'>0, G''<0$，表明采集者的土地越多，边际产出越小，但是边际产出总是正的。我们可以设想如果这个经济中刚开始农场主只有很少的土地，而采集者有很多的土地，如果这个经济不存在借贷的话，那么显然就会存在极大的浪费，因为此时在采集者那里，他们单位土地的作用很小，即边际产出小，但是在农场主那里，边际产出却恒定地等于 $a+c$，在这种土地分配方式下，前者可能远远小于后者。

土地的最优利用要求为 $G'(\bar{k}-k^*)=a+c$，我们可以设想这样一种均衡，在刚开始的时候，农场主拥有的土地远远低于 k^* 这个水平，比如为 k_0，而此时借贷市场是完善的，那么考虑一种静态均衡时，他们就可以借入 k^*-k_0 这个水平的土地①，而他们每期必须还多少呢？显然，由于土地在这个使用边际上，采集者单位土地的收益也等于 $a+c$，因此，他们借出土地时每单位土地必须每期支付 $a+c$ 单位的粮食他们才愿意借出，这样农场主在这个借贷过程中就没有剩余出现，他们每借入一单位土地就得每年将全部产出都用于支付给出借土地的人，其原因是很简单的，因为农场主使用的是规模报酬不变的技术，一亩土地只能产 $a+c$ ②单位的粮食，如果借入一单位土地每年支付低于此数，那么农场主就会争着来借入土地，正是这种竞争的力量使得农场主的剩余为零。在静态均衡时，农场主的消费为 $(a+c)k_0$，即和不参与借贷时基本上没有区别，而采集者取得了全部剩余，他们的消费为借出土地部分的收入 $(a+c)(k^*-k_0)$ 加上自己用于采集的土地上的产出，后者会涉及一个 $G'(\cdot)$ 的积分，因为用于采集的土地是边际生产力递减的，因此，均衡时这部分土地上的单位平均产出会高于农场的平均产出。由于

① 这里我们考虑成实物借入，资金借贷的表象下是实物借贷的本质。

② 一亩地只有 a 单位可以用于偿还债务，因为另外的 c 单位只能自己吃，这意味着在进行偿还时，农场主必须用自己所有的土地中的 a 单位来补充到这种利息的支付中。

将自己的土地借出去，每单位土地得到的收益高于自己用于采集时的收益，因此采集者得到了全部好处。

一方面，如果这个经济每期都这样运行，意味着农场主和采集者每期的消费都不变化，那么这样的状态要能够维持，在两者都是线性效用函数的条件下，他们的时间偏好率就必须一样才行。即假设每期消费为 c_t，那么二者的效用函数就为 $c_1+\beta c_2+\beta^2 c_3+\cdots$，这里 β 为消费的时间偏好率，通常假设 $\beta<1$，这意味着未来一单位消费不如当前一单位消费所能带来的效用高，这就是人性不具有耐性的假设。显然，如果两类人的时间偏好率都为 β，那么在静态均衡时，利率水平 R（这里利率水平是本利放在一起的，即比如利率水平为 10%，R 就等于 1.1）就会等于 $1/\beta$①，单位土地的价值就是 $\frac{1}{R-1}(a+c)$，即等于每年利息收入的贴现值。

另一方面，如果我们假设农场主更具有耐心，即 $\beta_f>\beta_g$（f 下标表示农场主（Farmer），g 下标表示采集者（Gather），那么信贷市场完善时，静态均衡就不会存在，因为不会存在一个利率水平能够让这两类人都能够对静态均衡感到满意。

如果存在信贷市场不完善，比如此时农场主所能借到的款项受到其净值的约束，那么农场主就无力借入这么多土地，因此，这个经济就不可能一下子达到这种静态均衡，如果农场主比较有耐心，愿意积累财富，而采集者又缺乏耐心愿意不断卖出土地来换取当前高消费，那么这个经济体中的土地就会逐渐向农场主手中转移，而其财富净值也会增加，财富的增加又会导致农场主能够借入的土地增加，从而整个经济体的土地配置效率提高，产出更高。

① 道理很简单，如果利率比这个水平高，那么人们就应该减少当前消费，而将钱存起来，用于下期消费，比如减少当前1单位消费，连本带利在下期可以得到 R 单位，而此时再消费可以得到 βR 单位的当前效用，而减少当前效用1单位，因此，在均衡时这两个值的大小应该相等，即 $\beta R=1$，或者 $R=1/\beta$，要不然就会有调整的压力，就不是均衡。另外，利率水平通常由生产的跨期替代和消费的跨期替代共同决定，在这个经济中，生产的都是不可储藏的产品，而资本品的数量也都是固定的，因此生产上的跨期替代不存在，利率水平完全由消费的跨期替代决定，在线性效用的假设下，就完全由时间偏好率所决定。

因此，该模型的一个重要假设是$\beta_f > \beta_g$。在这里经济每期都会处于一个暂时性均衡之中，此时由于采集者不受融资约束，他们会卖出土地买入粮食用于当前消费，因此市场利率必须等于$1/\beta_g$，即$R = 1/\beta_g$，利率偏离这个水平采集者就会有调整的动力。对农场主来说，此时$R = 1/\beta_g > 1/\beta_f$，如果农场主没有受到借贷约束，这意味着农场主有减少消费增加积累的动力，在线性效用的假设下，他们甚至愿意在当前一点都不消费，这样的话农场主就会一直积累，到最后他自己拥有的土地就会足够多，以至于使得信贷市场的不完善在均衡时没有影响了。比如，如果农场主拥有的土地等于k^*，那么这个经济中两种类型的人都不会存在信贷约束，并且土地的最优配置不再要求有借贷的需要，个人在自己的土地上耕种就可以了，但是从消费方面来看，两类人的跨期替代率并不相同，因此，此时不存在均衡，如果市场利率介于$1/\beta_g$与$1/\beta_f$之间（因为除此之外不可能均衡），那么农场主就想将产出的粮食借给采集者，而采集者也想从农场主那里借来粮食用于当前消费，这样这个过程会一直持续下去，而采集者欠债越积越多，农场主也一直不消费，这种均衡应该被排除。这也是这个模型通过假设农场主的产出中有一部分c是不能够卖给采集者消费的原因，做了这个假设之后，上面的这种结果就不会出现了。在经济达到最终均衡的时候，农场主和采集者的每期消费都不变，此时$R = 1/\beta_g$，尽管对农场主来说减少消费增加积累是能够改善其福利的，但是此时的消费已经达到最低限度，即等于ck_t了，因此无法进一步增加积累。

二、模型的稳态均衡

在这个经济中，由于采集者并不存在信贷约束，因此各期利率总是一样的，即$R = 1/\beta_g$。在稳态实现时，我们看到此时农场主的消费总是等于ck^{ss}，k^{ss}表示稳态时农场主耕作的土地，而ak^{ss}则是农场主支付的总利息，由于采集者不存在信贷约束，稳态时对他们来说，单位土地的价值等于$\dfrac{G'(\bar{k} - k^{ss})}{R - 1}$，而借入单位土地必须支付的利息就为$G'(\bar{k} - k^{ss})$。这意味着稳态时农场主借入的土地数量为$\dfrac{ak^{ss}}{G'(\bar{k} - k^{ss})}$。

在这里由于存在信贷约束，一个重要的假设是农场主所借入的钱不能超过其土地的期末价值，比如一个农场主自己有些土地，而又借钱买了一些土地，那么所借款项的总额在期末的本利和不得超过期末的土地价值，因为尽管农场主在还款时除了土地价值可以被拍卖外，还有一些当期收获，即 ak^{ss} 也可用于还债，但是这里假设农场主可以将这部分藏起来，即期末的时候农场主总是可以要赖说我没有钱，这些土地你可以拿去，于是采集者事前预见到这种情况就只愿意使借给农场主的总金额的本利和不超过他所有买进[①]土地的期末价值。由于在下期末借入的土地加上自己的土地的价值为 $\frac{G'(\bar{k}-k^{ss})}{R-1}\times k^{ss}$，而此时采集者最多愿意借出的金额就为 $\frac{1}{R}\left[\frac{G'(\bar{k}-k^{ss})}{R-1}\times k^{ss}\right]$，在此基础上将利息也提前考虑进来，因此这相当于借入的土地数量为 $\frac{k^{ss}}{R}$，即借款金额除以单位土地价值。在稳态时，这个数量应该与前面的 $\frac{ak^{ss}}{G'(\bar{k}-k^{ss})}$ 相等，因此稳态时 $\frac{ak^{ss}}{G'(\bar{k}-k^{ss})}=\frac{k^{ss}}{R}$，即$\frac{G'(\bar{k}-k^{ss})}{R}=a$。

由于此时农场主受到信贷约束，这意味着尽管市场利率为 $R-1$，但是他们不能借到足够多的土地，因此其单位土地的边际收益率为

$(a+c)\Big/\frac{G'(\bar{k}-k^{ss})}{R-1}$大于利率 $R-1$，即 $G'(\bar{k}-k^{ss})<a+c$。

利用 $\frac{G'(\bar{k}-k^{ss})}{R}=a$ 有 $R<\frac{a+c}{a}$。与土地的最优配置相比，这意味着稳态时农场主耕作的土地更少，因为土地的最优配置要求 $G'(\bar{k}-k^{*})=a+c$，换句话说，即使农场主一直积累，在最终稳态时农场主耕作的土地数量也会少于最优的数量，信贷受到净值约束时整个经济的长期效率要低于最优效率水平，资本配置效率有所降低。

---

① 这里假设借钱买入土地来耕种，而不是租土地，事实上，不管是买还是租都不影响结果。

三、模型的动态

在考虑了经济收敛到的稳态水平之后，我们来看这个经济达到稳态的过程。

在经济收敛到稳态水平的过程中，利率水平一直不变等于 $R-1$ 或者 $1/\beta_g-1$，这是由采集者的时间偏好所决定的，但是随着农场主耕作的土地越来越多，采集者耕作的土地越来越少，单位土地的边际利用效率越来越高，因此，在这个过程中土地的价值会逐渐上升直至达到其稳态时的价值，这个过程其实很简单，因为设想刚开始时农场主由于资本有限不能够购买大量的土地用于耕作，因此，大量的土地实际上是用在边际产出很小的采集上的，可以近似地看成有大片土地其实是荒芜的，即此时边际土地的效率为 $G'(\bar{k}-k_t)$，土地不值钱，但是随着农场主积累的资本（净值）越来越多，有越来越多的土地用于耕作，用于采集的荒芜土地越来越少，土地就越来越值钱。设 t 时的土地价格为 q_t，那么刚开始土地买卖定价时会考虑到这种土地利用效率越来越高的趋势，于是 $q_t=\frac{1}{R}[G'(\bar{k}-k_t)+q_{t+1}]$，这与任何资产定价都一样，当前的价格取决于下期的卖出价格和本期收益的一个贴现值。为了下面论述的方便，定义 $\frac{1}{R}G'(\bar{k}-k_t)=q_t-\frac{q_{t+1}}{R}=u_t$，这个 u_t 可以看成是使用单位土地必须交付的定金，或者单位土地的使用者成本（User Cost），如果土地价值不变，那么使用者成本就为 $\frac{R-1}{R}q$，即你使用一单位土地的使用者成本就是其利息，将其看成定金的含义是你只要缴纳了 $\frac{R-1}{R}q$ 这么多定金，就可以用这种资本，因为到下期即使除了定金之外只能收回资本品的价值为 q，也能保本。对于出借一个贬值幅度较大的资本品来说，定金就要高一些，因为到时候如果借用者赖账，收回的资本品的价值会大大减少。

同理农场主的借款受到其净资产的约束，这里假设借款都是持续一期的，那么借款约束——借款的数量不能超过当前资本品到下期时的价

值的贴现，这就意味着

$b_t \leqslant \frac{q_{t+1}k_t}{R}$，或者 $Rb_t \leqslant q_{t+1}k_t$，这里 b_t 表示 t 期的借款数量，

而农场主的跨期预算约束意味着

$$q_t(k_t - k_{t-1}) = ak_{t-1} + \frac{q_{t+1}k_t}{R} - Rb_{t-1}$$

即所有销售收入 ak_{t-1} 加上全部借款数量 $\frac{q_{t+1}k_t}{R}$ 减去需要偿还的债务的本利和 Rb_{t-1} 就可以用来购买新土地 $k_t - k_{t-1}$。整理可得

$$k_t = \frac{(a + q_t)k_{t-1} - Rb_{t-1}}{u_t}$$

分子表示农场主在 t 时拥有的净财富，而分母则是我们前面提到的单位土地的定金 u_t，这实际上意味着农场主可以用较少的净资产为杠杆借入几倍的土地来使用，$\frac{1}{u_t}$ 也可以看成是一种杠杆率大小的衡量指标。

由于在整个路径上，借贷约束总是存在的，因此 $q_t k_{t-1} = Rb_{t-1}$，代入 u_t 的表达式，上式就可以写成差分方程

$$\frac{1}{R}G'(\bar{k} - k_t)k_t = ak_{t-1}$$

这样，农场主耕作的数量的路径就被唯一确定了，显然从这里也可以看出稳态时 $\frac{1}{R}G'(\bar{k} - k^{ss}) = a$。并且，稳态时的定金等于 $u^{ss} = a$，而在这个路径中，定金也是不断变化的。

该模型一个重要的含义就是一次性的生产率冲击会带来很长时间后才会衰减的产出增长。比如刚开始经济处于稳态之中，某个时期农场主收成有一个突然增加，那么这种增加会使得农场主净财富增加，他以此为抵押借钱能够买到的土地数量也增加，由于在稳态附近，杠杆率基本上等于利率的倒数，因为

$$\frac{1}{u_t} = 1\bigg/\left(\frac{R-1}{R}q\right) = \frac{R}{(R-1)q}$$

换句话说，假设此时土地价值为1 000元一亩，今年增加收入1 000元，这1 000元本来只能买得起一亩地，但是以此为抵押在利率为10%的时候借款，就可以获得 $1\,000 \times \frac{1}{u_t} = 1\,000 \Big/ \left(\frac{R-1}{R}q\right) = 1\,000 \times \left(\frac{1+10\%}{10\%}\right) \Big/ 1\,000 = 11$ 亩的土地，显然和直接的生产率增加带来的1 000元相比，这种由于净值增加带来的好处使得农场主能够耕作更多的土地，从而使整个经济体的土地更有效率，配置带来的效果更为显著。当然从长期来看，如果稳态是唯一的，那么这种产出增加的效果会逐渐减弱，最后又回到稳态均衡。因此，农场主的某个单期的生产效率的提升可以使得整个经济的产出在一个较长时间之内都高于稳态时的水平，即生产率冲击具有持久（Persistent）影响，这是将信贷渠道引入到动态一般均衡模型中得到的一个重要观点。

第五节　对信贷渠道的实证检验以及研究展望

除了上面伯南克提到的银行贷款渠道的证据之外，卡西亚普和斯特恩（Kashyap and Stein，1995）也检验了银行贷款渠道的存在性，他们认为，银行信贷渠道更有可能体现在小银行上面，因为当面临货币紧缩和存款负债减少的时候，它们往往不能够通过发行大额存单、中期商业银行票据或者其他证券的方式来获得资金，因此，只有调整资产组合，减少银行贷款的供给，而这对大银行来说可能并不成立，因为它们往往能够较容易地在市场上通过这些手段进行融资，从而更容易使其信贷供给不受影响。通过对大小银行的不同资产负债组合的调整行为进行比较，他们认为这种区别确实显著地存在，这在某种程度上支持了银行贷款渠道观点。

奥力勒和鲁迪布什（Oliner and Rudebusch，1996）试图验证广义信贷渠道的存在性。根据前面的模型，大企业往往不受融资约束，这表现为其资金供给曲线是水平的，因此在遇到货币紧缩的时候，其成本曲线向上平移；而小企业的资金供给曲线是弯折的，当货币紧缩时，根据前面的分析，不仅仅其成本曲线会向上移动，而且弯折部分会弯折得更厉害，因此，从这个角度来看，小企业投资受到货币紧缩的影响更大，即在货币紧缩时，小企业的投资萎缩得更厉害，并且内部现金流对投资的影响更强，这一点得到了实证的支持。

目前已有许多研究中国信贷渠道的实证文献，但值得引用的并不多。通过上面的分析，我们看到信贷渠道在中国必然存在，并且影响较大。首先，从银行贷款渠道来看，商业银行在银行贷款和证券资产之间并不是可完全替代的，当基础货币收缩时，由于对非商业银行持有债券资产的限制，因此，整个商业银行体系通过向非商业银行部门卖出债券资产，而同时非商业银行体系买入这部分债券资产以减少存款货币使这个渠道受到很大的限制。其次，商业银行不能发行商业银行票据等直接证券的制度限制使得当基础货币收缩时，商业银行也不能通过发行证券融资来抵消其对资金来源的冲击。对非商业银行部门来说，由于体制上的原因，直接融资以及私人部门之间的相互借贷都不可能对银行贷款形成有力的替代。不管对银行部门来说还是对非银行部门来说，银行贷款渠道存在的基础是：银行贷款与其他资产之间的非替代性都是明显存在的，因此，银行贷款渠道在我国的货币政策传导机制中必然存在。在我国的货币政策传导机制中，同时存在的还有广义信贷渠道，由于企业的融资严重依赖于银行，而银行部门又比较看重抵押率和企业部门的资产负债比例等指标，因此，企业净值对投资成本的影响也一定存在。

一方面，目前关于信贷渠道的理论已经比较成熟，由于是否存在信贷渠道或者信贷渠道是否显著与一个国家的金融体制和金融市场完善程度有很大的关系，因此，针对信贷渠道有很多国别性的研究，这些研究主要考察在某个国家或者某几个国家之间是否存在信贷渠道。另一方面，随着经济环境不断变化，各个国家金融市场的完善程度都在逐步提高，像美国这样的国家还出现了大量的非银行的借款人，这些借款人的存在是否会削弱银行信贷渠道的影响，抑或是仍然会受到融资约束和广义信贷渠道的限制，都是值得关注的问题。总之随着金融市场的变化，信贷渠道理论需要不断被重新审视。

参考文献

[1] Baumol, W. J., 1952, "The Transactions Demand for Cash: An Inventory The-

oretic Approach", *Quarterly Journal of Economics*, 66, 545 – 556.

[2] Bernanke, Ben S., 1983, "Nonmonetary Effects of the Financial Crisis in the Propagation of the Great Depression", *American Economic Review*, 73 (3), 257 – 276.

[3] Bernanke, Ben S., and Alan S. Blinder, 1988, "Credit, Money and Aggregate Demand", *American Economic Review*, 78 (2), 435 – 439.

[4] Bernanke, B., and M. Gertler, 1989, "Agency Costs, Net Worth, and Business Fluctuations", *American Economic Review*, 79 (1), 14 – 31.

[5] Brunner, K. and A. H. Meltzer, 1963, "The Place of Financial Intermediaries in the Transmission of Monetary Policy", *American Economic Review*, 53 (2), 372 – 382.

[6] Carlstrom, C. T. and T. S. Fuerst, 1997, "Agency Costs, Net Worth, and Business Cycle Fluctuations: A Computable General Equilibrium Analysis", *American Economic Review*, 87 (5), 893 – 910.

[7] Fisher, Irving, 1933, "The Debt – deflation Theory of Great Depression", *Econometrica*, 1 (3), 337 – 357.

[8] Friedman, Milton and Anna J. Schwartz, 1973, "A Monetary History of the United States, 1867 – 1969", Princeton: University Press.

[9] Kashyap, A. K. and J. C. Stein, 1995, "The Impact of Monetary Policy on Bank Balance Sheets", *Carnegie Rochester Series on Public Policy*, 42, 151 – 195.

[10] Kiyotaki, Nobuhiro and John H. Moore, 1997, "Credit Cycles", *Journal of Political Economy*, 105 (2), 211 – 248.

[11] Oliner, Stephen D. and Glenn D. Rudebusch, 1996, "Is There a Broad Credit Channel for Monetary Policy?", *Economic Review, Federal Reserve Bank of San Francisco*, 1996 (1), 3 – 13.

[12] Tobin, James and William Brainard, 1963, "Financial Intermediaries and the Effectiveness of Monetary Control", *American Economic Review*, 53 (2), 383 – 400.

第七章 银行业的结构与竞争

银行业作为一个国家的重要产业之一，其市场份额结构、产权结构及与其他产业之间的关系对整个银行业及各家银行的竞争力都会产生重大而深远的影响。理论上讲，合理有效的银行业市场结构应当是既适度集中，又具有一定的多样化和补充性。实践表明，完全由小银行或独立银行组成的银行体系是缺乏竞争力的，因为小银行在市场竞争中抵御风险的能力十分有限，资源配置效率较低，垄断竞争才是银行业的合理结构。

第一节 银行业市场结构的衡量

一、什么是市场结构

市场结构，是指在某一个市场中各种要素之间的内在联系及其特征，包括市场供给者之间、需求者之间、供给者和需求者之间以及市场上现有的供给者、需求者与正在进入该市场的供给者、需求者之间的关系。在产业组织理论中，划分市场结构的依据主要有以下三条：

（1）行业内现有企业的数目：一般用市场集中度，即大企业对市场的控制程度来衡量。企业对市场控制程度的大小主要取决于一个市场上企业的数量和规模。如果市场上企业数量少，每个企业规模都巨大，企业就可以通过自己的产量和价格来控制市场；如果市场上企业数量多而且每个企业规模又小，少数企业就难以控制一个市场。

（2）产品的差别程度：产品差别指同一种产品在质量、外形、包装、品牌、服务等方面的细微差别。张伯伦在1933年出版的《垄断竞争理论》一书中提出，产品差别越大，垄断程度就越高。银行业的产品与其他产业的产品相比较有两个特点：一是商业银行的产品是商业银行办理的各种金融业务，主要包括各类存款、贷款及其他各类中间业务，由于这些产品的实质是银行的服务，所以商业银行业的产品差异主要表现在服务的便捷程度以及能否针对不同客户量身定做其需要的金融产品方面；二是衡量产品差异程度的指标——产品需求交叉弹性在银行业是非常难计算的。

（3）进入障碍的大小：指企业能否自由进入或退出一个市场。一般来说，一个市场的进入限制越低，越容易进入，竞争程度就越高；反之，如果进入限制越高，越难进入，垄断程度就越高。一个市场进入限制的高低取决于自然条件与政府的立法。从自然条件来看，主要取决于资源的可获得性和规模经济。如果一个行业所需要的资源越容易获得，其进入限制就越低；如果一个行业所需要的资源越难获得，其进入限制就越高。从政府立法看，主要取决于特许经营、许可证制度和专利法。在实行这些立法限制的行业，进入限制就高，没有这些立法限制的行业进入当然容易。

上述三种因素相结合就产生了不同的市场结构，但在实证经济学的研究中，人们更多地是从集中度的角度来考察市场结构，认为集中度是市场表现的一个决定性因素。

二、银行业市场集中度的衡量

市场集中度（Market Concentration Rate）是决定市场结构的最基本、最重要的因素，由于买方的人数过多且分散，不易被衡量，所以特别重视卖方的集中度，它可用来衡量某一特定行业中，企业的数目和相对规模的差异，是衡量市场力量的重要量化指标。集中程度越高，越趋近于完全垄断市场；反之，则为完全竞争市场，介于二者之间的则为寡头垄断市场、垄断竞争市场。在经济研究中，经常使用的集中度计量指标有：绝对集中度（CR_n）、赫芬达尔指数（HHI）、洛伦兹曲线、基尼系数等。

（一）绝对集中度

绝对集中度是以某行业中最大的 N 个企业所占市场份额的累计数（产值、产量、销售额、销售量、职工人数、资产总额等）占整个行业市场的比例来表示的行业集中程度。设某行业的销售总额为 X，第 i 个

企业的销售额为 x_i，则该企业的市场份额为 $S_i(S_i = \frac{x_i}{X})$。我们令 CR_n 代表行业中销售额最大的 n 个企业的市场份额的总和，则 $CR_n = \sum_{i=1}^{n} \frac{x_i}{X} = \sum_{i=1}^{n} S_i$ 就可以用来衡量该行业中大企业的控制力。例如，CR_3 是指三个最大的企业占有该相关市场的份额。

根据美国经济学家贝恩的划分标准，产业市场结构分为 6 个等级，在不同的等级下，行业的市场集中度不同，所包含的企业数量也不相同。就银行业来说，这一指标可以采用银行的存款、贷款或资产的市场份额。当市场中所有银行的规模都相等时，m 个银行的集中度为 m/n；当相同规模银行的数量趋向于无穷时，集中度趋向于 0；如果只有少数大银行控制了整个市场，则集中度趋向于 1。

表 7－1　　贝恩关于市场结构的分类

市场结构	CR_4 值（%）	CR_8 值（%）	该产业的企业总数
寡占Ⅰ型	$75 \leqslant CR_4$	—	1～40 家
寡占Ⅱ型	$65 \leqslant CR_4 < 75$	$85 \leqslant CR_8$	20～100 家
寡占Ⅲ型	$50 \leqslant CR_4 < 65$	$75 \leqslant CR_8 < 85$	企业数较多
寡占Ⅳ型	$35 \leqslant CR_4 < 50$	$45 \leqslant CR_8 < 75$	企业数很多
寡占Ⅴ型	$30 \leqslant CR_4 < 35$	$40 \leqslant CR_8 < 45$	企业数很多
竞争型	$CR_4 < 30$	$CR_8 < 40$	企业数极多

资料来源：杨公仆、夏大慰：《现代产业经济学》，上海，上海财经大学出版社，2005。

CR_3 指标计算简便，容易获得相关资料，在国内外实证研究中经常被使用。但是，集中度指标不能指出这个行业中正在运营和竞争的企业的总数。例如，同样高达 75% 的 CR_4，在两个行业中的份额却可能是不相同的，因为一个行业可能仅有几家企业，而另一个行业则可能有许多企业。此外，n 的取值对于行业集中度的影响也很大。当我们比较几个行业的集中度时，n 取不同的值可能会得到不同的结论。比如说，在图 7－1 中，刚开始 A 行业的市场集中度小于 B 行业，但随着行业中的企业数量的增加，当行业中的企业数量超过了 5 家后，A 行业的市场集中

度高于 B 行业的市场集中度。

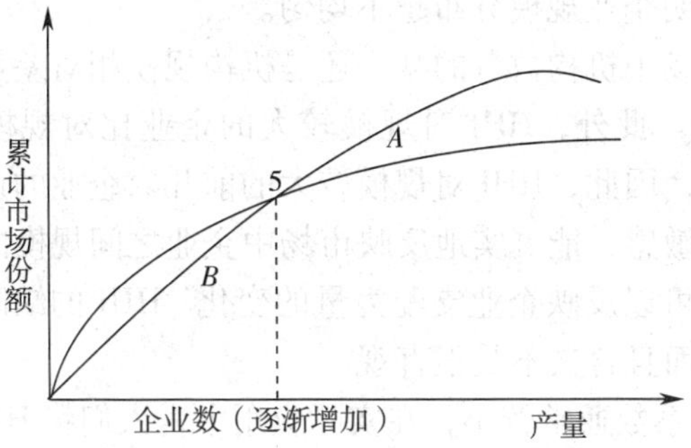

图 7－1　绝对集中度和企业数量

（二）赫芬达尔指数

虽然运用 CR_n 测定市场集中度计算简便，数据比较容易获得，但这个指标不能说明几家大银行所占市场份额是如何在内部进行分布的，也不能说明其余的份额分布在多少家银行中及中小银行各自的市场份额有多大。为此，许多学者将赫芬达尔指数引入银行业，来反映银行业的市场集中度。

赫芬达尔指数（HHI），是指一个行业中各市场竞争主体占行业总收入或总资产百分比的平方和，用来计量市场份额的变化，即市场中厂商规模的离散度，是产业市场集中度测量指标中较好的一个，也是经济学界和政府管制部门使用较多的指标，是最早由赫芬达尔于 1950 年在哥伦比亚大学的一篇博士论文中提出来的，论文的题目是《钢铁业中的集中》。在文章中，赫芬达尔指数被定义为一个行业中各厂商所占行业总资产百分比的平方和，即 $HHI = \sum_{i=1}^{N}\left(\frac{X_i}{T}\right)^2 = \sum_{i=1}^{N}(S_i)^2$。其中，$N$ 是厂商数目，X_i 是第 i 家厂商的绝对规模，T 是市场的总规模，$S_i = X_i/T$ 是第 i 家厂商占整个行业资产、销售或其他变量的百分比。

HHI 考虑了市场中机构的相对规模和分布，当所有的厂商都有相同的规模时，该指数就变为 $1/N$；当市场由大量规模基本相同的公司组成时，HHI 趋向于 0，每家银行的市场力量近乎为 0，市场处于完全竞争状态；当市场中只有一家银行时，HHI 为 1，这家银行拥有 100% 的市场力量，市场处于完全垄断状态。故这一指标在 1/N～1 之间变动，数值越大，表明企业规模分布越不均匀。

无论是市场中机构数量的减少还是机构规模相对差异的增大，都将导致 HHI 上升。此外，HHI 对规模较大的企业比对规模较小的企业给予更大的权重，因此，HHI 对规模较大的前几家企业的市场份额比重的变化反应特别敏感，能真实地反映市场中企业之间规模的差距大小，并在一定程度上可以反映企业支配力量的变化。HHI 的缺陷在于其对数据的要求较高，而且含义不是很直观。

由于 HHI 系数通常较小，在实际应用中，人们将 HHI 乘以 10 000，用来判断行业的集中程度。美国司法部认为，当 HHI 小于 1 000 时，市场处于充分竞争状态；当 HHI 介于 1 000 和 1 800 之间时，市场处于适度集中状态；当 HHI 大于 1 800 时，市场处于高度集中状态。

我们还可以计算 HHI 的方差，从而得到 HHI 的另一个表达式：$HHI=\frac{1}{n}+n\sigma^2$。这就是说，随着市场份额方差的增大，HHI 指数提高；随着企业个数的增加，HHI 指数也在提高。从而进一步证明了 HHI 的信息既包含了银行的数目，又包含了银行的规模分布。

（三）相对集中度①

除了上述常用的两种指标，衡量市场集中度还可以用相对指标——洛伦兹曲线和基尼系数。但是在对银行业市场结构进行的研究中，这两种指标很少采用，所以这里我们只是简单介绍一下。

1. 洛伦兹曲线

在产业经济学中，洛伦兹曲线（Lorenz Curve）是市场总发货值的百分比与市场中由小到大厂商的累积百分比之间的关系。现在我们假想把一个市场中厂商的市场份额和厂商的数量分别画在一个图形中，纵轴是自最小厂商开始的厂商累积市场份额百分比，横轴是自最小厂商开始的厂商累计数量百分比。对角线下方的曲线是市场中企业规模相对分布曲线，叫做洛伦兹曲线。如果一个市场中，厂商规模分布均匀，洛伦兹

① 这一部分主要参考：肯尼思·W. 克拉克森、罗杰·勒鲁瓦·米勒：《产业组织：理论、证据和公共政策》，上海，上海三联书店，1989。

曲线就和图中的对角线重合；随着市场中厂商数量的增加，厂商的规模也同比例增加。当曲线凸向右下角时，就表示市场中厂商规模分布不均匀，曲线弯曲程度越大，厂商规模分布越不均匀，即大企业的相对集中度越高；特别是，如果所有市场份额都集中在某一个厂商手中时，洛伦兹曲线就成为折线。

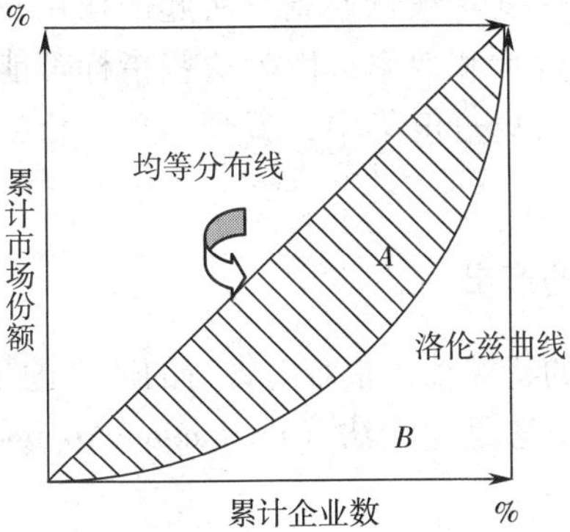

图 7－2　洛伦兹曲线

2. 基尼系数

基尼系数（Gini Coefficient）是建立在洛伦兹曲线基础上的一个统计量。我们可以用表示洛伦兹曲线的图来说明基尼系数的概念。基尼系数是对角线与洛伦兹曲线之间的阴影面积 A 与等边三角形面积（$A+B$）的比率，即基尼系数 $=A/(A+B)$。

这个比值意味着基尼系数可以从 0 变到 1。如果厂商规模的分布完全均等，则基尼系数等于 0，因为对角线和洛伦兹曲线重合，A 等于 0；然而 A 越大，基尼系数值也就越大；当行业中只有一家企业时，基尼系数为 1，所以基尼系数就计量了分布不均等的程度。如果一个行业中，势均力敌的厂商数目较少，则基尼系数就能较好地衡量行业集中度。

在上述三个测定市场集中度的指标中，绝对集中度主要反映行业中若干最大企业的集中程度，但不能反映行业中企业数量和企业规模的不平衡程度；相对集中度主要反映整个行业中所有企业规模间的差异，但不能较好地反映领先企业的集中程度；赫芬达尔指数相比较具有一定的优势，也是进行行业研究常采用的指标。

第二节 银行业竞争程度的衡量

银行业市场结构的变化会深刻影响到银行业竞争的激烈程度，为了分析银行业的集中度对银行业竞争所起的作用我们需要了解如何测算银行业的产出、业绩和效率，因为这些指标都能反映银行业的竞争程度，如果银行业市场过度集中，就会出现高价格、低产出和高利润的特征。

一、测量银行的产出

由于银行产品的特殊性，很难对银行的产出进行准确的定义。测量银行产出最常用的方法是生产法（Production Approach）和中介法（Intermediation Approach）。

生产法也被称为服务供给法或价值增值法，银行被看做通过处理金融交易、吸收存款、发放贷款、兑现支票等方式向消费者提供服务。生产法中存款账户、未收回贷款及外汇交易等被视为产出变量，劳动力和资本为投入变量。也就是说，银行通过使用资本和劳动力向社会提供各种不同的存、贷款产品和服务。

中介法也被称为资产法（Asset Approach），银行作为金融中介，为使投资活动更加平稳而在经济体系中高效地动员和分配资源。在这种方法中，银行的投入主要有劳动力、资本和存款，产出包括贷款、投资及其他可为银行带来收入的活动。在一些研究中，存贷款金额取代存款账户数和贷款笔数作为产出，运营成本和利息支出则作为生产过程中的投入项。

中介法又可细分为两种：利润法和风险管理法。在利润法中，银行管理者的目标是通过对资源的使用而使银行利润最大化，管理者因此需关注银行所有类型的成本，而产出则是花费这些成本后所得到的净收入。在风险管理法中，银行被视为风险的管理者，在对每种资产的风险状况进行评估的基础上进行资产形式的转移。在风险管理过程中，银行承受某些风险以获取可接受的回报。

上述几种对投入产出的定义方法各有利弊，即使采用同一种方法，因关注重点及数据来源不同，投入产出项目的选择也未必完全一样。下面的这张表对两种方法进行了总结。

表 7－2 银行的产出和投入

产出（Output）	生产法	中介法
贷款	Y	Y
存款	Y	N
支票	Y	N
股票和债券	Y	Y
投资收入	Y	Y
分支机构	Maybe	N
贷款利息收入和相关费用	Y	Y
存款利息支出和相关费用	Y	Y
保证	Y	Y
投入（Input）	生产法	中介法
劳动	Y	Y
资本	Y	Y
存款	N	Y
存款利息支出和相关费用	N	N
机器设备	Y	Y

注：Y 表示是，N 表示不是，Maybe 表示视情况而定。

二、测算银行的业绩

由于市场中企业竞争程度的高低受少数较大企业产量集中的影响，在一个高度集中的市场中，企业更加容易相互勾结，制定较高的产品价格，从而能够获得垄断利润。因此，我们可以用银行的业绩和银行业市场集中度之间的关系来检验银行业的竞争程度。常用的指标包括利润率、净利差、银行的存贷款利率等。

（一）资产收益率

资产收益率（ROA）=税前利润/平均总资产，反映了每一元资产的获益能力，即银行运用资产创造盈利的能力，是银行经营管理能力的一种体现。ROA反映了银行对来自社会的金融资源的管理状况，可用来衡量对资产整合运用的结果，其比率越大，代表银行经营绩效越好，盈利能力越高。对于任何一家银行而言，ROA都与该银行的经营管理策略及宏观经济和政府政策等不可控因素相关。这里使用平均资产是因为要把银行资产在一年内发生的变化考虑进来。此外，因为利润是银行损益表的数据，是银行在一个会计周期内的经营成果，是一个流量指标；而总资产是银行的资金运用情况，是银行在某一时点的存量指标，如果要把这两个指标结合起来分析银行的盈利性，就必须使用平均资产来反映银行资产在一个会计年度内的变化。

作为一个总量指标，资产利润率越高，表明商业银行在会计期间的资产利用效率越高，盈利能力也越强，但由于该指标包含了不稳定的营业外收支以及非业务损益等因素，在一些研究中也使用经调整后的资产收益率（Risk - Adjusted Return On Assets，RAROA）来衡量银行的盈利性。在这一比率中，银行采用净核销额而非新增贷款准备金去计算盈利。通过这种调整，避免了银行管理层对贷款损失准备金（存量）进行主观上的调整，从而导致净核销额与新增贷款准备金（增量）不相符。举例而言，如果一家银行的新增贷款准备金仅为净核销额的50%，则该银行的营业净收入与那些新增贷款准备金等于净核销额的银行相比存在高估的现象。相反，如果一家银行的新增贷款准备金是其净核销额的200%，该行的盈利能力就会被低估。

（二）资本收益率

资本收益率（ROE）=税前利润/平均总资本，反映了银行对股东投资的回报率，也是常用的反映银行盈利性的指标，其比率越大，股东投入资本的回报率也就越高。银行的ROE会受其ROA和财务杠杆率（资本资产比）的影响。由于金融机构的ROA通常较低，许多银行通过使用财务杠杆来提高自己的ROE。

经风险调整的资本收益率法（Risk - Adjusted Return On Capital，RAROC）是目前西方大商业银行较多采用的评价资本收益率的方法。

衡量资产业绩和部门业绩时，银行既不能只顾提高收益，也不能单纯降低风险，RAROC 是一种把这两者综合起来考虑的均衡指标。RAROC 方法是对传统的 ROA 和 ROE 等指标的改进。它提供了一种比较不同类别业务的风险调整回报率以及不同类别业务部门的风险调整业绩的工具，结合与银行资本的“要求最低收益率”的比较，银行管理者可以基于 RAROC 原则进行业务架构设置的重整和交易合约价格的制定。从更长远来看，对于那些具有良好业务前景和投资机会的金融机构而言还可以基于 RAROC 筹集新的股权资本，以投入有价值（在 RAROC 意义上）的项目，因而发生所谓的第二轮的经济资本配置。RAROC 主要应用在两个方面：一是对资本在包括贷款在内的各种银行产品之间进行配置；二是利用 RAROC 指标对银行各业务部门进行业绩考核。也就是说，RAROC 多用于银行内部各部门的盈利性考核，不适用于外界对银行盈利性的评价。

（三）净利息边界

银行的净利息边界 NIM（Net Interest Margin，或称净利差）＝净利息收入/盈利资产均值，反映了银行体系在提供产品和服务时是否有效率。因为利差是借款人向银行支付的贷款利息与存款人从银行得到的存款利息收入之间的差额，因此，该指标会影响银行对企业的融资成本、银行对投资项目的可行性评价，进而影响整体经济增长。

利差有两种形式，一是事前利差（Ex Ante Spread），指存、贷款合同利率的差额，这两种利率是公开的，便于银行间比较，二是事后利差（Ex Post Spread），即净利差，是从银行的财务报表中测算出来的。两种利差的区别在于，事前利差中会包括违约风险溢价，但事后利差中已经涵盖了违约事件。由于存在贷款违约风险，净利差是事后净利差（利息收入－利息支出），而非事前净利差（贷款利率与存款利率的差额）。收取较高利率的银行可能会从事较多风险较大的信贷活动，也可能会面临较大的贷款损失风险。发达国家的净利差较低，除了因为这些国家的违约风险较小外，还因为这些国家银行的经营成本低。选择净利差的好处主要在于，净利差涵盖了银行的主要经营活动，包括了银行的预期违约风险（因为净利差中包括了正常贷款和不良贷款的实际应收利息）。但是，如果银行承担了较大的风险，银行就会希望通过高息差为其承担的风险进行补偿。通常银行的净利差应该有一个合理的范围，如果银行的净利差太大了，有可能是因为银行承担了过度的信贷风险，而且较高的净利差也是一国银行体系缺乏竞争的一种表现。此外，净利差作为盈利性指标只反映了银行所从事的信贷业务及相应的信用风险，在银行业经营越来越复杂、银行收入和风险来源多样化的今天，不能对银行的整体经营状况进行全面概括。

此外，很多研究也通过银行制定的存、贷款利率和其他服务的收费来衡量银行对市场的控制能力，并且认为具有垄断力的银行可以通过压低存款利率、抬高贷款利率和其他收费来获得垄断利润。

三、测算银行的效率

银行业的竞争程度还可以用效率进行研究。20 世纪 80 年代，美国开始逐步放松对银行业的管制，允许银行扩大业务范围并可以跨州设立更多的分支机构，美国一些银行开始进行大规模的并购并设立银行控股公司，银行数量下降、资产出现了集中化的倾向。进行效率研究就是要弄清这些行为是否损害了银行业的竞争。银行业效率可以分为规模效率（Scale Efficiency）、范围效率（Scope Efficiency）、技术效率（Technical Efficiency）、配置效率（Allocative Efficiency）等。

规模效率所研究的就是随着银行规模的扩大（如存款规模、贷款规模、证券市场融资规模等），银行的单位成本会发生何种变化，即银行业是否存在规模经济的现象。多数早期文献认为，银行业的平均成本曲线呈平坦的 U 形，也就是说，中等规模的银行比特大型银行或小型银行的规模效率略高。但平均成本曲线的最低点即 U 形曲线的底部位置在哪里是学者们争论的一个焦点，而且许多研究发现对规模采用不同的标准分组，得出的最优规模也不尽相同①。但最小的银行是存在规模经济现象的，即随着银行规模的增长，平均成本下降。进入 90 年代，一

① 利用许多资产规模小于 10 亿美元的银行数据及一项资产规模大于 1 亿美元的银行数据进行的研究显示，当银行的资产规模介于 7 500 万美元与 3 亿美元之间时，平均成本最低。如果只用大于 10 亿美元的银行数据，则发现最低平均成本点介于 20 亿美元和 100 亿美元之间。

些研究发现，银行的平均成本曲线不再呈 U 形，而是出现了 L 形的特征，即随着银行资产规模的扩大，平均成本呈逐渐下降趋势，美国银行业在 90 年代出现了一定程度的规模经济现象。

银行业的范围效率主要指银行通过增加金融产品种类或拓宽经营范围会不会降低单位成本，即银行产品多元化会不会提高银行的效率。令 $TC(Q_x,Q_y)$ 表示一家银行经营 Q_x 单位的金融产品 X 和 Q_y 单位的金融产品 Y 的总成本，那么如果范围效率存在，则 $TC(Q_x,Q_y) \leqslant TC(Q_x) + TC(Q_y)$，即一家银行同时经营产品 X 和 Y 的成本应该比 X、Y 被两家单独的银行分别经营的成本总和要小。银行业范围效率究竟有多高，目前的研究尚无定论。

技术效率（Technical Efficiency）所要决定的是产出水平（使得产出最大化），即任何一种投入的减少需要增加其他至少一种投入的数量或是减少至少一种产出的数量；任何一种产出的增加需要减少其他至少一种产出的数量或是增加至少一种投入的数量。

配置效率（Allocative Efficiency）所要决定的是成本，在给定产出水平和投入价格的情况下，被考察机构已经处于技术有效状态时，选取适当的投入比例使得成本最小化。配置效率为 100%，意味着企业正以成本最小化的各项投入比例进行生产，这就能使得整体经济效率实现成本最小化、产出最大化的目标。

除了上述集中效率概念外，在实证研究中使用较多的是成本效率和利润效率，前者反映银行节约成本的潜力，后者反映银行进一步扩大盈利的能力。其中比较有代表性的是 Berger 和 Mester（1997a），将银行效率分为成本效率、标准利润效率和替代利润效率。

成本效率测度在相同条件下生产相同的产出时，一家银行的成本与经营最好的银行的成本的接近程度。它是通过一个成本函数得到的，这个函数中变动成本依赖变动投入的价格、变动产出的数量和任何固定的投入或者产出、环境因素、随机误差以及效率。成本效率比率可被看做是有效使用的成本或资源的比例。例如，一家银行的成本效率为 0.7 就表示与同等条件下的最佳经营银行相比，它的成本有 70% 是有效的或等于说 30% 的成本是浪费的。

标准利润效率测度一家银行在给定的投入价格和产出价格的条件下

(及其他变量)产生最大可能利润的程度。换句话说，标准利润效率是最大利润被赚得的比例。如果标准利润效率为0.7，表示由于过高的成本、较低的收入或二者兼有，使该企业丧失了本可赚得的利润的30%。与成本效率比率相似，在观测数据范围内，最佳经营的银行在给定条件下最大化自身利润，其利润效率比率等于1。与成本效率不同的是，利润效率比率可以是负数，因为企业可以丧失其潜在利润的100%还多。

替代利润效率是在成本效率和标准利润效率所依赖的某些假设没能建立的时候用于测算银行效率的指标，其经济含义为在给定产出水平而非产出价格的情况下，银行在多大程度上能赚得其最大利润。

第三节 银行业市场结构和竞争的关系

实际上，研究银行业市场结构和竞争的关系，主要是用来分析银行业市场集中是否会使银行获得垄断利润，贷款利率是不是能定得更高，NIM是不是更高。银行业市场结构对竞争的影响是产业组织理论在银行业实证研究中的应用。根据该理论，银行业市场结构和银行盈利性之间存在相关关系，但如何解释这种现象，理论界有两种相互竞争的假设：传统的“结构—行为—绩效”假设（简称SCP假设）和“效率结构假设”(简称ES假设)。

一、SCP模型

SCP（Structure - Conduct - Performance，结构—行为—绩效）模型是由美国哈佛大学产业经济学权威乔·贝恩（Joe S. Bain)、谢勒(Scherer）等人于20世纪50年代起逐渐建立的。威乔·贝恩提出了著名的“结构—绩效”范式，以后由谢勒（Scherer）发展成“结构—行为—绩效”三段范式，它至今仍是主流产业组织理论的基本框架。贝恩在1959年出版的《产业组织》一书中说：“如果存在着集中的市场结构，厂商就能成功地限制产出、把价格提高到正常收益以上的水平。”谢勒深受这一传统的影响，他于1970年出版的《产业市场结构和经济绩效》一书折中了来自各方面的批评，提出“市场结构—市场行为—市场绩效”范式，将贝恩范式又向前推进了一步。他认为，市场结构首先决定了市场行为，继而决定了市场绩效。与贝恩不同，他更重视市场行为理论。

根据该假设，市场中企业的竞争程度受市场中少数相对较大企业产量集中度的影响，因为在一个更加集中的市场中，大企业更容易有效地进行勾结。该模型提供了一个既能深入具体环节，又有系统逻辑体系的“市场结构—市场行为—市场绩效”的产业分析框架。SCP 框架的基本含义是，市场结构决定企业在市场中的行为，而企业行为又决定市场运行在各个方面的经济绩效。SCP 模型从特定行业结构、企业行为和经营绩效三个角度来分析外部冲击的影响。

市场集中度高，大企业的勾结成本就会较低，这些企业就会或明或暗地相互勾结，其结果就是市场中的所有企业都会获得垄断租金。在对制造业的研究中，几乎所有的研究都发现集中度和盈利性之间正相关。SCP 假设有很强的理论基础，在各种条件不变的情况下，市场集中度增加，市场中企业取得并维持这种垄断利润最大化价格的能力就越强。因此，当市场趋于垄断时，企业行为就偏离了完全竞争时的模式，价格和利润水平就会增加，企业对于市场的外力作用就不那么敏感了。

在对银行业市场结构和竞争的研究中，很多学者都采用了 SCP 假设，试图发现集中度高的市场环境是否会具有高价格、低产出和高利润的特征。根据 SCP 假设，集中度和利润率正相关，分析通常遵循如下思路：高市场集中度→低的勾结成本→大厂商勾结→垄断价格→垄断租金[①]→垄断利润。按照该假设，决定银行盈利能力的主要因素来自于市场支配力（Market Power），即较高的银行产业集中度及市场份额使部分银行更具有盈利能力。该理论描述了银行业市场是不完全竞争市场时的情景：市场的集中程度较高，进入退出的管制严格，尤其大银行之间比较容易共谋达成勾结协议，针对不同的客户采取不同的价格策略。大银行可以通过压低存款利率和抬高贷款利率来获得超额垄断利润，从而使得市场竞争偏离了完全竞争状态。银行产业集中度或各银行的市场份额与银行绩效之间应该存在显著的正相关关系（Berger，1995），市场力量会给企业带来垄断利润，具有较大规模、较高市场份额的银行可以凭

① 按照传统的 SCP 假设，市场中的所有企业都会获得这种垄断租金。

借其规模优势降低成本以提高利润。Short（1979）根据SCP假设证明了在高度集中的市场中，企业倾向于彼此勾结，进而获得垄断利润。Goddard（2004）指出，勾结会使得贷款利率较高，存款利率较低。

根据SCP假设，集中度与市场中领先企业的效率优势之间不存在联系，企业勾结的利益可以平等地被行业中所有企业享有。由于集中的市场中，领先企业的规模通常比最低有效规模要大，这种解释就倾向于提出这样的政策建议：政府应该执行降低集中度的反托拉斯法，该法律能起到既压低价格又不会牺牲效率的效果。

虽然SCP假设在银行业得到了许多证明，但并不是所有的研究都能得出银行业的盈利性和市场集中度显著正相关的结论。例如：Rhoades（1977）在总结了1961—1977年的39项实证研究后发现，只有30项研究支持SCP假设；Gilbert（1984）发现在56项相关研究中，只有27项研究支持SCP假设，而且在这些满足SCP假设的研究中，市场集中度的变化对银行盈利性的影响都不大，即系数值很小。

二、ES模型

由于用SCP假设进行的实证检验并不都能证明市场结构和垄断利润之间存在必然的因果关系，自20世纪60年代后期起，随着芝加哥学派的崛起，这种理论受到了斯蒂格勒（J. Stigler）、戴姆塞茨（H. Demsetz）、波斯纳（R. Posner）、麦吉（Y. McGee）、布罗曾等的挑战。1968年在斯蒂格勒的《产业组织》一书中，斯蒂格勒特别提出判断集中及定价的结果是否提高了效率，而不是像哈佛学派那样只看是否损害了竞争。布罗曾也指出，兼并未必反竞争；高利润率并不一定是反竞争定价的结果，而完全可能是高效率的结果。他们进而提出，绩效或行为决定了结构，而不是相反。

他们认为，某行业市场的集中并非偶然事件，它是由于某些企业具有较高的效率从而拥有较大的市场份额形成的，市场变得更加集中也源于此，这些企业因此会获得李嘉图租金（Ricardian Rents）。因此，市场份额和盈利性之间具有相关性，但市场集中度和盈利之间的关系却不那么显著。这种假设表明，市场份额代表了企业的相对效率，和企业的盈利正相关（这些成本上的差异可能源于企业管理能力上的差异、声誉上的差异、雇员素质上的差异。因此，两家相同规模的企业可能会有不同的成本结构）。企业彼此勾结不是集中度造成的，而是在企业相互竞争过程中形成的。戴姆塞茨指出，研究发现盈利性和集中度之间的关系只是高效率和盈利性之间的关系。

效率结构假设解释了为什么在对银行业的研究中未能发现盈利性和集中度之间的正相关关系。按照 ES 假设，银行的效率水平决定了银行的绩效和市场结构，分析常常遵循下面的思路：高效率→高市场份额→高市场集中度→高盈利性。高效率的银行往往具有较高的管理水平、生产技术或良好的声誉等，能通过降低成本获得较高的利润，同时也相应地占有了较大的市场份额，结果导致较高的市场集中度。高效率可以用高市场份额表示，所以在对银行市场集中度和盈利性的关系进行研究时，应该适当考虑市场份额的作用，这样得到的结论才能令人信服。

Smirlock（1985）研究了银行的盈利性和市场结构之间的关系，对上述两种假设进行了检验并证实了 ES 假设是存在的。根据 Berger（1995）的研究，银行的管理效率提高不仅会使银行盈利性增强，还有可能使银行市场份额扩大从而使得市场更为集中，但由于变量之间的相互作用使得结果并不明确。实证检验结果证实了效率结构假说，但又指出效率和市场结构只能解释银行利润变化的一部分，只有当企业的效率和市场份额大幅度增长时，银行的利润才有可能大幅度增长。这种情况只有在发生并购时才会发生。在最好的情况下，收购方的效率高于被收购方，从而使得合并后，企业效率达到了一个较高的水平。

芝加哥学派的思想对美国反托拉斯活动及政府管制政策产生了深远的影响。在里根政府时期，有许多芝加哥学派的经济学家或其支持者成为司法部的顾问，有的还担任了联邦贸易委员会主席、司法部反托拉斯局局长或最高上诉法院法官等要职。在他们的影响下，美国司法部于 1982 年颁布了新的《兼并准则》。该准则偏重于用效率原则来指导反托拉斯诉讼，放宽了判定商业活动反竞争的标准。美国的立法、司法和执法机构对兼并活动采取了自 20 世纪以来最为放任的立场。例如，1982—1986 年，联邦贸易委员会和最高法院只对上报的 7 700 多个兼并中的 56 个采取了强制行动。

所以根据 ES 假设，银行的超额利润和高度集中的市场结构源于某些银行的高效率，由高效率的银行提供金融服务会提高市场效率，增进社会福利。因此，政府不应反对银行间的兼并收购活动，而应鼓励高效率的银行增加市场份额。

三、其他解释

除了这两种非常流行的理论外，针对银行盈利性和市场结构之间关系的解释还有成本偏好说（Expense Preference）和风险规避说（Risk Reduction），这两种理论所涉及的银行行为都会使得银行利润和集中度之间的关系被削弱。这里只是对这几种理论简单介绍一下，以开阔读者的思路。

成本偏好说是指在高集中度市场中的银行会比在较低集中度市场中的同等银行有更高的费用支出，减少了银行的盈利，进而削弱了盈利和集中度之间的正相关关系。这主要是银行管理层的额外在职消费行为等不以银行利润最大化为目标所造成的（Edwards，1977；Hannan and Mavinga，1980）。

风险规避说是指高集中度市场中具有市场力量的银行会比低集中度市场中的银行持有相对较少的高风险资产组合，从而放弃了许多高收益机会，削弱了盈利和集中度之间的正相关关系（Heggestad，1977；Rhoades and Rutz，1982）。

四、SCP 和 ES 假设在银行业的实证检验

许多学者针对 SCP 假设和 ES 假设在银行业的应用做了实证检验。这里把部分研究成果作一总结。

（一）基本模型

Berger 和 Hannan1989 年在《银行业价格和集中度关系》一文中运用价格和集中度分析了市场结构和银行业绩之间的关系，最终支持 SCP 假设。文章建立了如下模型

$$r_{ijt} = \alpha + \beta CONC_{jt} + \gamma' x_{ijt} + \varepsilon_{ijt} \tag{7-1}$$

其中，r_{ijt}表示在市场j中，i银行在t时刻提供的某类存款的利率。

$CONC_{jt}$表示在t时刻，对市场j集中度的一种度量（文章使用 CR_3 和 HHI 分别进行检验）。如果 SCP 假设成立，β 小于零，也就是说，集

中度和存款利率之间是负相关的关系。如果 ES 假设成立，$\beta \geqslant 0$。由于高效率的企业在给定质量的情况下能以更低的边际成本进行生产，在集中的市场中，企业发现向客户提供更高质量或更优惠价格的产品是符合银行利益的。在本文中，如果在集中的市场中，银行吸收存款并将存款转化为可获利的投资机会有更高的效率，边际存款额对这些银行就更加有意义，它们就会争夺存款。

x_{ijt} 为其他变量，主要包括：银行业市场的存款增长率，该指标反映了当地的资金供求状况（该指标可正可负）；当地的人均收入，反映了银行的资金供给状况（在非竞争性环境中，该指标可正可负，反映了存款供给弹性的大小）；当地银行的工资率，这是一个成本因素，由于它还反映了不同市场的收入差异，所以参数正负不定；反映美国主要城市和乡村差异的指标；反映美国各州是否允许/限制设立分支机构的指标（该指标反映了银行业市场准入的情况，所以参数应该为负）。

文章用美国 195 个地方市场中的 470 家银行，两年半的时间（季度数据），共计 3 500 ~4 000 个观测点的数据进行实证检验，证明了在更为集中的市场中，银行会支付较低的存款利率，也就是说，文章的结论和 SCP 假设相符。因此，虽然效率和市场结构都会影响银行利润，本文的结论认为在决定存款利率时，SCP 假设比 ES 假设更有说服力，即市场结构的集中会使得大银行倾向于进行垄断。

当然在许多研究中，反映银行的竞争是否会产生垄断利润的指标还有效率指标、银行的利润率指标等。但模型基本上都是用银行的集中度指标和相关的利润等指标进行回归，检验银行的集中和垄断力量之间是否存在着显著的相关性，以及相关程度如何。Alton 在对多项研究进行总结后，发现只有一半研究发现市场集中度和银行盈利性之间的回归系数在统计上是显著的，且符合 SCP 假设；但在这些满足 SCP 假设的研究中，市场集中度的变化对银行盈利性的影响都不大。文章认为，存、贷款利率不是反映银行盈利性的很好指标，因为市场集中度较高地区的银行能够对贷款收取较高的利率、压低存款利率或提高存款服务的费用，这些影响都能在银行的利润指标中反映出来，还有很多研究最终证明了 ES 假设更具有说服力。

（二）模型的改进——同时检验两种假设

由于SCP假设和ES假设对于盈利性和市场结构之间的关系都有一定的说服力，Weiss（1974）认为，检验两种假设的正确方法是同时考虑市场份额和集中度的影响，最直接的方法就是在模型中选用适当的被解释变量来代表企业租金，同时将市场份额和集中度指标作为解释变量。

Smirlock Michael（1985）在研究中选用了Weiss（1974）的方法：对竞争理论假设的正确检验方法就是“同时考虑到市场份额和集中度”，即在目标函数中同时包括市场份额和集中度指标，检验这两个指标和盈利性的相关程度与显著性水平①，具体模型设立如下

$$\pi = \alpha_0 + \alpha_1 MS + \alpha_2 CON + \alpha_3 MS \times CON + \sum_{i=4}^{n} \alpha_i Xi + \varepsilon \quad (7-2)$$

对该模型的各项指标说明如下：

π 为盈利性指标，在对制造业的研究中常常选用ROE（资本利润率），但在对银行业的研究中，还可选择ROA（资产利润率）。

MS 为银行市场份额，是指某银行的某一指标值在同类银行市场中该指标总值中所占的比重。单个银行的指标值越大，获得的市场份额越大，垄断程度也就越高。银行业中银行数目越多，平均单个银行所占比重越小，银行业的竞争程度越高；反之，银行数目越少，单个银行所占比重越大，银行业的垄断程度越高。此外，市场份额还可以决定银行自身的需求曲线特征；当市场份额趋向于零时，银行的需求曲线的弹性趋于无穷。所以，市场份额越高，对银行产品的需求弹性越小，银行的价格水平越高。

CON 为市场集中度，是描述市场内买方数目或卖方数目与规模分布的指标，由于买方的人数过多且分散，不易被衡量，所以特别重视卖方的集中度。集中程度越高，越趋近于完全垄断市场；反之，则为完全竞争市场，介于二者之中则为寡头垄断市场、垄断竞争市场。

① 一些学者在对制造业的研究中使用过这种方法，他们的研究发现，一旦在模型中引入市场份额，集中度的参数就得不显著了。

X 是影响银行利润的其他变量，主要包括：（1）总资产，反映了银行资产规模不同所造成的成本和资本差异，大银行的产品可以更加多元化，降低相应的风险，要求的回报率也就相对较低。（2）净利差，该指标等于银行的存贷利差收入占生息资产的比重，反映了银行从存、贷款业务中获利的能力。（3）资本资产比，该指标等于银行的资本总额与资产总额的比重，反映了银行的资本实力，资本充足的银行抵抗风险的能力较强、较易获得低成本的资金。（4）成本控制能力，文章选用成本收入比①来研究银行对费用的管理能力，反映了银行费用管理的效率对银行业绩的影响。如果银行能够改善对费用的管理能力，就能够提高效率，增强自己的盈利能力。（5）银行业市场存款总额，反映了整个市场的规模，市场容量越大，进入越容易，对市场中现存企业的威胁也越大；大市场中的银行客户比小市场中的客户复杂，从而使得银行资产组合的风险较高，收益有可能也较高。所以，该指标系数可能为正也可能为负。（6）居民人均可支配收入，反映了银行的资金供给状况（在非竞争性环境中，该指标反映了存款供给弹性的大小，系数可正可负）；人均收入越高、市场增长越快，对银行服务的需求水平也越高、需求弹性也就越小，市场价格较高，银行收益也有可能较高。

Smirlock（1985）指出：在不考虑交叉项（MS × CON）的情况下，如果 $\alpha_1 > 0$、$\alpha_2 = 0$，就表示具有较高市场份额的企业比竞争者更有效率，并且能从这种高效率中获得租金收入，同时市场集中度的提高不会给银行带来垄断租金，即效率结构假设成立。如果 $\alpha_1 = 0$、$\alpha_2 > 0$，就表示市场份额不会影响企业的租金收入，企业较高的利润是来自于市场集中造成的垄断租金，即传统的 SCP 理论成立。

但是，若上述两种情况都不满足（比如：$\alpha_1 > 0, \alpha_2 > 0$），两种理论似乎都能从某一角度对此进行解释，支持 SCP 理论的人认为，这种结果证明了在集中的市场中所有的企业都能从彼此勾结中获得垄断租金，而且根据寡头垄断理论，这些租金在厂商间的分配是不均衡的，大厂商能分到最大的一份。但是 ES 假设的支持者认为，这种结果表明

① 成本收入比 = 营业费用/营业收入。

领先企业比其竞争者有更高的效率，正是这种高效率使得领先企业能够获得较大的市场份额，进而获得垄断租金。如何正确解释这种结果，就要求判断市场份额对银行盈利性的影响是主要来自于效率的提高还是来自于厂商共谋。为此，我们可以在模型中引入市场份额和集中度的乘积进行回归。如果高的集中度主要是由于大企业之间的勾结，则 $\alpha_3 > 0$，即SCP假设成立；如果不存在这种勾结，则 $\alpha_3 < 0$，那么效率结构假设成立。

（三）模型的改进——将风险因素引入模型

按照一般观点，只要企业以利润最大化为目标，市场结构就会影响市场中运行的企业的价格和利润。市场中企业数量越少、市场越集中，市场中企业的价格和产出之间就越容易达到垄断结果。因此，一般而言，价格和利润会随着市场集中度的增长而上升。一些学者发现，上面的这些模型是建立在银行业市场结构的集中程度和盈利性正相关的前提下的，但实证研究却经常发现市场结构不会显著影响银行利润，原因可能在于拥有垄断力量的企业倾向于规避不确定性的影响。还有一种可能，就是垄断企业具有扩大经营成本的偏好。具有垄断力量的银行可能会通过放弃一些风险较高的业务而选择较为安全的资产组合，从而牺牲了一些潜在利润。因此，银行的垄断利润率可能不会高于竞争条件下的利润率，但它们的利润更为保险。

Vernon（1970）证明了银行经常是由管理者而非所有者控制的。这些管理者对银行资产组合的风险暴露有很大的控制权。管理者控制的一个影响就是银行比在所有者控制下更具有风险规避的倾向。管理者的奖励和银行利润留成之间的不对称使得管理者在面对风险时非常谨慎，他们一旦失败，将面临被解雇的风险；但如果成功，他们报酬的增长与他们所承担的风险是不相匹配的。Edwards 和 Heggestad（1973）发现，企业经营的不确定程度（可用银行利润波动的系数表示）随着银行业市场集中度的提高而降低，即具有垄断力量的银行能够在风险相对较低的环境中经营。这些发现说明，垄断力量的潜在收益之一可能就是风险的降低，这样如果只用会计利润来衡量具有相同风险偏好的垄断市场和竞争市场利润的潜在差异，就会低估这种差异。为了完整地检验市场结构对盈利性的影响，银行所承担的风险就应该被包含在利润函数中。可采取的方法之一就是直接把风险指标引入利润模型，为此有必要在式（7－2）中引入风险指标进行重新检验。

Heggestad（1977）选用了样本银行在样本期内 ROA 的标准差作为风险指标，该指标反映了银行盈利的波动性。风险调整的利润可以被定义为预期利润与利润标准差的线性函数，即 $P^* = P - b^* V$，参数 b^* 代表均衡时风险和收益的补偿。b^* 高的企业期望利润也必须相应增长，从而促使它们承担更多的风险；如果 b^* 为零，企业为风险中性，风险调整的利润就等于平均利润。通常并不使用上式来估计 b^*，因为这样会忽略了风险和收益之间的互相补偿即其他相关解释变量，所以常常是在整个模型中来估计 b^*。

$$P = \beta_1 + \beta_2 S + \beta_3 T + \beta_4 G + \beta_5 I + \beta_6 C + \beta_7 V + \varepsilon$$

$$P = \beta_1 + \beta_2 S + \beta_3 T + \beta_4 G + \beta_5 I + \beta_6 C + \beta_7 V + \beta_8 C \times V + \varepsilon \tag{7-3}$$

其中，$P = ROA$。S 表示 1960—1970 年银行的平均存款总额，存款规模可以反映规模经济或不同规模银行产品组合差异所造成的利润差异。T 表示 1960—1970 年银行的定期存款和储蓄存款占存款总额的比重，因为这两种存款是相对较为昂贵的资金来源。G 表示（1970 年银行的零售贷款）/（1960 年的零售贷款），反映了市场的需求水平；市场增长的快，需求曲线会外移，银行产品的价格也会上涨。增长率也同时会影响银行的成本。在快速增长的市场中，银行由于预期未来市场规模会很大，就会扩张得比市场需求快，从而使得它们当前平均的成本较高，这种较高的平均成本反映了目前多余的生产能力。因此，增长对盈利的影响可正可负，依赖于两种效应的相互对比。I 表示银行所在市场的人均收入（1969 年数据），反映了市场对银行产品的需求状况。一个地区越富裕，对银行产品的需求价格弹性越小。C 为 CR_3。V 表示 1960—1971 年银行 ROA 的标准差。集中度外的其他指标都会从供给方或需求方影响银行的产品收入或成本。

Heggestad（1977）实证检验证明：风险是决定银行利润的重要因素。当风险指标被引入模型后，集中度的参数和显著性水平都有了很大提高，证明了具有垄断力量的银行确实会用较低的风险来替换部分潜在的利润。文章指出，即使在不对利润进行风险调整时，银行业的市场结构也会影响银行利润。由于利润是银行一系列行为的结果，政策制定者就可以通过改变市场结构来影响银行的行为，具有垄断力量的银行会牺牲较大的利润来降低风险。如果社会福利并未将银行体系的稳定看得极为重要，这种行为就是与公众利益相违背的。更看重风险规避的经理会用更安全的资产来替代其资产组合中的高风险资产。更多的高风险的消费信贷和抵押贷款会被砍掉；随着市场力量的增长，商业贷款组合也会发生变化。保守的、垄断的银行会只向安全的企业贷款，即大企业和垄断性企业。由于银行信贷是几乎所有企业的重要资金来源，这种行为最终会影响其他行业的市场结构，其结果就是使其他行业的进入和小企业的扩张变得更难。

第四节　对中国银行业市场结构的实证检验及相关结论

一、中国银行业市场结构的变化

国外学者对银行业市场结构的研究多见于美国和欧盟各国。由于美国银行业在历史上是采取单一银行制，银行无法跨州或跨地区设立分行，这样就给市场结构研究提供了很好的样本，便于比较各州银行业市场结构之间的差异及其对盈利性的影响。对欧盟银行业的研究则受益于欧盟各国的市场并未完全融合，除了个别国际化大银行外，多数银行依然以本国市场为主要竞争领域，各国银行业市场结构并不完全一致。中国整体经济发展不平衡，各地区的资金供求也存在着显著差异，如果能以地区（或者是省、主要城市）为单位，以地区内所有银行（包括全国性大银行的地区分行和城市商业银行）构成的市场为研究对象，对中国银行业市场结构展开研究将是一件很有意思的事情。但实践中，这种研究难以实现，一方面，很难获得全国性大银行各地分行的数据，虽然一些大银行在年报中报告了地区业务数据，但这些银行对地区的划分并不一致；另一方面，中国地区的金融统计数据也不健全。有鉴于此，我们只能从全国范围内考察银行业市场结构及竞争状况。数据分析显示，近 13 年来，我国银行业的市场结构有了很大的变化。

由于只有大银行可以在全国范围内营业，如果以整个国内市场作为考察对象，在整个国内市场中展开竞争的只有 14 家大银行①，以这些银行为样本，我们计算了 1994—2006 年相关的赫芬达尔指数（HHI），见表 7 - 3。

表 7 - 3　我国商业银行赫芬达尔指数（HHI）的变化表

年份	1994	1995	1996	1997	1998	1999	2000	2001	2002	2003	2004	2005	2006
贷款 HHI 指数	2 450	2 356	2 301	2 276	2 242	2 210	2 074	1 985	1 874	1 752	1 710	1 603	1 551
存款 HHI 指数	2 665	2 560	2 485	2 198	2 186	2 126	2 035	1 939	1 862	1 780	1 778	1 718	1 685
总资产 HHI 指数	2 479	2 476	2 402	2 158	2 123	2 054	2 007	1 903	1 810	1 713	1 671	1 678	1 648

由表 7 - 3 可以看出，近年来我国银行业竞争不断加剧，特别是在 2003 年，存、贷款及总资产的 HHI 指数已低于 1 800，而且这种下降趋势仍在持续，市场已由原来的高度垄断变成适度集中。尽管四大国有商业银行占据支配地位的现实尚未发生根本性变化，但市场结构的明显改变无疑会对银行（特别是国有商业银行）的经营观念、经营手段和经营作风产生较大影响，从而在一定程度上影响银行业的盈利性。

① 包括中国银行、农业银行、建设银行、工商银行、交通银行、招商银行、中国民生银行、华夏银行、上海浦东发展银行、深圳发展银行、广东发展银行、兴业银行、中国光大银行和中信银行。虽然浙商银行和恒丰银行也具有全国牌照，但实际上这两家银行多在总行所在地开展业务，不具有比较意义。

表 7－4 全国性商业银行市场份额变化表

年份		1994	1995	1996	1997	1998	1999	2000	2001	2002	2003	2004	2005	2006
四大国有商业银行	贷款市场份额	82.65%	77.71%	80.54%	73.01%	73.81%	71.10%	67.54%	65.17%	63.45%	59.59%	55.56%	54.22%	52.28%
	存款市场份额	81.52%	77.46%	80.52%	77.02%	77.46%	76.52%	76.40%	72.52%	69.80%	65.59%	63.02%	60.90%	59.34%
全国性股份制商业银行	贷款市场份额	6.18%	6.39%	7.68%	7.33%	7.38%	8.21%	10.19%	11.92%	13.72%	15.67%	14.73%	17.68%	20.39%
	存款市场份额	9.51%	8.89%	10.07%	10.27%	10.08%	10.68%	11.96%	13.17%	14.25%	15.28%	15.08%	15.90%	18.00%

资料来源：根据《中国金融年鉴》各期及各银行历年年报计算得到。

表7－4描述了1994—2006年全国性商业银行市场份额的变化。从各家银行存、贷款市场份额的变化我们可以发现与赫芬达尔集中度指标相似的结果。四大国有商业银行的存、贷款市场份额从1994年商业化改革之初的82%左右分别下降到2006年的59%和52%，其中贷款市场份额下降幅度最大，超过了30%。与此同时，全国性股份制商业银行的存、贷款市场份额逐年攀升，从1994年的不足10%增长到2006年接近20%的比重。大银行垄断地位的削弱、银行业市场主体的多元化都使得我国银行业市场集中度在不断下降，市场竞争逐渐加强。

二、对中国银行业市场结构的实证检验

本文遵循Weiss（1974）的方法，设立如下具体模型

$$\pi = \alpha_0 + \alpha_1 MS + \alpha_2 CON + \alpha_3 MS \times CON + \sum_{i=4}^{n} \alpha_i Xi + \varepsilon \quad (7-4)$$

对该模型的各项指标说明如下：

π为盈利性指标，这里选用ROA，因为历史上中国商业银行普遍资本金不足，使用ROE指标会高估中国商业银行的盈利能力。虽然近几年的改革使得许多银行资本金大增，但也使得ROE指标出现了较大的波动。

*MS*为银行市场份额，*CON*为赫芬达尔指数（HHI）。

*X*是影响银行利润的其他变量，主要包括总资产、净利差、资本资产比、成本控制能力（成本收入比）、银行业市场存款总额、居民人均可支配收入。

此外，我们还选用了样本银行样本期内ROA的标准差来衡量风险，建立如下风险调整模型

$$\pi = \alpha_0 + \alpha_1 MS + \alpha_2 CON + \alpha_3 MS \times CON + \alpha_4 V + \sum_{i=5}^{n} \alpha_i Xi + \varepsilon \quad (7-5)$$

我们对式（7－2）和式（7－4）分别按照混合面板数据（Pooled Data）、固定影响模型（Fixed Effect Model）和随机影响模型（Random Effect Model）进行如下检验。

1. 对式（7－2），当我们只考查市场结构指标和盈利性之间的关系

时，即令 $\alpha_i(i=4,\cdots,n)=0$ 时，得到如下模型

$$ROA = -0.02432 + 0.1724hhid + 0.164MSD - 0.9556hhidMSD$$
$$(-6.6) \quad (9.91^{***}) \quad (4.49^{***}) \quad (-5.71^{***})$$
$$(7-6)$$

按照 Smirlock（1985）的方法，市场集中度和市场份额两个指标的回归系数都为正，且在统计上显著，但两者的乘积的系数为负，说明我国大银行从寡头垄断的市场结构中获得的垄断收益主要是源于较好的管理水平、成产技术、较低的成本等因素。虽然我国的大银行，特别是四大国有商业银行长期以来受到政府的保护，存在着效率低下、内控机制不健全等问题，但和 20 世纪 90 年代末脱胎于城市信用社的城市商业银行相比，长期的经营累积了较多的经验，并且具有比城市商业银行完善的内部治理机制，随着国家主导的改革的深入，这些银行的相对效率在逐渐提高。

2. 对式（7－2）的所有参数进行检验的结果表明，α_1、α_2 均大于 0，且都通过了检验，但市场份额的显著性水平超过了市场集中度的显著性水平；α_3 小于 0，也通过了检验。该结果和我们最初只考查银行盈利性和市场结构之间的关系时得到的结果相似，再一次证明了在我国目前的银行业市场结构下，大银行能够获得垄断收益的主要原因在于大银行相对较好的管理水平、较完善的内控机制以及长期经营积累的经验和客户资源。虽然大银行存在着冗员、资产质量低、官僚体制等历史问题，但随着改革力度的加大，特别是大银行在长期经营中积累的经验，使得它们和中小银行相比相对效率较高。随着银行业市场竞争的加剧（这一点可以从大银行下降的市场份额中看出），大银行的市场力量将会逐渐减弱，但相对效率优势将会是它们盈利的一个主要来源。

3. 我们考查在式（7－4）情况下，大银行盈利性和市场结构之间的关系会发生怎样的变化。检验结果证明，风险对银行盈利性会产生重要的影响。当风险指标被引入模型后，市场结构指标的参数值和显著性水平都有很大提高，证明了具有垄断力量的银行确实会用较低的风险来替换部分潜在的利润。此外，我们还发现引入风险因素后，模型的整体说服力虽然有所增强，但增强得并不多。这说明，即使未引入风险因素，其他解释变量也已经能够解释银行盈利性的大部分原因，市场结构

对银行长期盈利性会产生重要的影响。

三、相关结论

通过计算中国银行业的市场集中度指标（赫芬达尔指数），发现中国银行业市场结构近十几年来已经发生了很大变化，市场已由原来的高度垄断变成适度集中。

本文检验了 SCP 假设和 ES 假设在中国银行业的适用情况。我们发现，当在分析中同时引入集中度指标和市场份额变量时，集中度对盈利性影响的解释力就变弱了，市场份额和银行盈利性显著正相关。当然本文并未否定 SCP 假设所说的市场力量的作用，但更加支持 ES 假设（效率结构假设），即大银行较高的相对效率是它们巩固市场地位并获得垄断利润的主要原因。从这个意义出发，监管者不应该惩罚这种行为，否则就会影响这些银行的高效率，进而使经济福利受损。

此外，考虑到风险因素对大银行行为的影响，我们在检验中又引入了风险调整因素。实证检验证明，在对利润进行风险调整后，银行业市场结构对银行利润的影响增大。但即便是未将风险因素引入模型中，我们依然发现市场结构对银行长期盈利性会产生重要的影响。

风险因素对模型的影响证明了具有垄断地位的银行有可能会牺牲利润来降低风险。一方面，虽然大银行的这种行为会对银行体系的稳定起到积极作用。但另一方面，如果银行偏好于用更安全的资产来替代其资产组合中的高风险资产，就会使得风险相对较高的信贷业务减少。保守的、垄断的银行会只向安全的企业（大企业和垄断性企业）贷款。由于银行信贷是我国企业（特别是中小企业）的重要资金来源，这种行为最终会影响银行业之外的其他行业的市场结构，有可能使得其他行业的市场进入和小企业扩张变得更难。

对于市场结构和银行盈利性假设的证明除了本文的方法外，还可选用价格和集中度指标进行回归分析，这里的价格用银行提供的某一类存款（或贷款）的利率或提供服务的收费表示。Berger（1989）认为，在 SCP 假设下，价格和集中度的系数小于零；在 ES 假设下，系数大于等于零。这是因为，如果 ES 假设成立，高效率的企业在给定质量的情况下就能以更低的边际成本进行生产，这些银行吸收存款并将存款转化为获利的投资机会的效率很高，边际存款额对它们非常重要，为此它们会争夺存款。但由于中国实行利率管制，银行没有定价权，使得银行无法开展利率竞争，价格（利率）不适用于对中国商业银行的研究。虽然垄断力可以通过服务质量和数量来反映（非价格竞争），但这些指标缺乏数据度量，而且中国对金融创新的管制也较严格，故我们选用了利润率和市场结构进行分析。

参考文献

[1] 崔晓峰：《银行产业组织理论与政策研究》，第1版，北京，机械工业出版社，2005。

[2] 戴尔·K. 奥斯本：《银行业的竞争与结构》，见《新帕尔格雷夫货币金融大辞典》，麦克米伦公司，1992。

[3] 肯尼思·W. 克拉克森、罗杰·勒鲁瓦·米勒：《产业组织：理论、证据和公共政策》，上海，上海三联书店，1989。

[4] 杰克·E. 特里普利特：《银行产出》，见《新帕尔格雷夫货币金融大辞典》，麦克米伦公司，1992。

[5] 唐纳德·T. 萨维奇：《银行及其他金融服务业的集中》，见《新帕尔格雷夫货币金融大辞典》，麦克米伦公司，1992。

[6] 杨公仆、夏大慰：《现代产业经济学》，上海，上海财经大学出版社，2005。

[7] Berger, A. N., Mester, L. J., 1997, "Inside the Black Box: What Explains Differences in the Efficiencies of Financial Institutions", *Bank. Finance* 21, 895 - 947.

[8] Berger, A. N., 1995, "The Profit - Structure Relationship in Banking: Tests of Market - Power and Efficient - Structure Hypotheses", *Journal of Money, Credit, and Banking* 27, 404 - 431.

[9] Berger Allen N., Timothy H. Hannan, 1989, "The Price - Concentration Relationship in Banking", *The Review of Economics and Statistics*, Vol. 71, No. 2, 291 - 299.

[10] Edwards, Franklin, 1977, "Managerial Objectives in Regulated Industries: Expense - Preference Behavior in Banking", *Journal of Political Economy* 85, 147 - 162.

[11] Edwards Franklin R. and Arnold A. Heggestad, 1973, "Uncertainty, Market Structure and Performance: The Galbraith - Caves Hypothesis and Managerial Motives in Banking", *Quarterly Journal of Economics*, LXXXVII, 455 - 473.

[12] Gilbert, R. Alton, 1984, "Bank Market Structure and Competition: A Survey", *Journal of Money, Credit, and Banking* 4, 617 - 645.

[13] Goddard et al. , 2004, "The Profitability of European Banks: A Cross - Sectional and Dynamic Panel Analysis", *Manchester School* 72, 363 - 381.

[14] Hannan, Timothy H. , and Ferdinand Mavinga, 1980, "Expense Preference and Managerial Control: The Case of the Banking Firm" , *Bell Journal of Economics* 11, 671 - 82.

[15] Heffernan Shelagh, 1996, "Mondern Banking in Theory and Pratice", *John Wiley and Sons.*

[16] Heggestad, Arnold A. , 1979, "Market Structure, Competition, and Performance in Financial Industries: A Survey of Banking Studies", In Issues in Financial Regulation, edited by Franklin R. Edwards, 449 - 490. New York: McGraw - Hill.

[17] Heggestad, Arnold A. , 1977, "Market Structure, Risk, and Profitability in Commercial Banking", *Journal of Finance* 32, 1207 - 1216.

[18] Heggestad Arnold A. , John J. Mingo, 1977, "The Competitive Condition of U. S. Banking Markets and the Impact of Structural Reform", *The Journal of Finance*, Vol. 32, No. 3, 649 - 661.

[19] Rhoades, Stephen A. , and Roger D. Rutz, 1982, "Market Power and Firm Risk: A Test of the 'Quiet Life' Hypothesis", *Journal of Monetary Economics* 9, 73 - 85.

[20] Rhoades, Stephen A. , 1977, "Structure - Performance Studies in Banking: A Summary and Evaluation", *Staff Economic Studies No.* 92, Federal Reserve Board.

[21] Short, B. K. , 1979, "The Relation Between Commercial Bank Profit Rates and Banking Concentration in Canada Western Europe and Japan", *Journal of Banking and Finance* 3, 209 - 219.

[22] Smirlock Michael, 1985, "Evidence on the (Non) Relationship between Concentration and Profitability in Banking", *Journal of Money, Credit and Banking*, Vol. 17, No. 1, 69 - 83.

[23] Vernon, 1970, "Ownership and Control among Large Member Banks", *Journal of Finance*, XXV, 65 ~ 1457.

[24] Weiss, Leonard W. , 1974, "The Concentration - Profits Relationship and Antitrust", In Industrial Concentration: The New Learning, edited by H. Goldschmid, H. M. Mann, and J. F. Weston, 184 - 233. Boston: Little, Brown, and Company.

第八章　银行绩效外部评价体系比较分析

银行经营绩效的评价可以从总体上分为两大类：一类是内部评价体系，其目的主要是建立有效的内部绩效考核体系，以形成对内部各个部门、各个业务条线直至每一个人的良好激励；另一类是外部评价体系，它是银行外部相关者出于各自独特的目的而进行的评价。本章主要介绍、比较4种银行绩效外部评价体系。第一节在介绍财政部银行绩效评价体系的基础上，运用2007年和2008年的实际数据，按财政部绩效评价体系测算了我国14家上市银行的绩效评价结果；第二节以中国银监会使用的CAMLES+体系为基础，介绍了监管当局的银行绩效评价体系；第三节以穆迪公司的银行财务实力评级和外部支持评级为基础，介绍了信用评级机构的银行绩效评价体系；第四节以高盛公司的CAMELOT体系为基础，介绍了银行股东的银行绩效评价体系；第五节对前述四类评价体系从评价导向性、评价维度和评价方法三个方面进行了比较分析。

第一节　财政部银行绩效评价体系

一、财政部银行绩效评价体系的主要内容

2009年1月13日，财政部发布了《金融类国有及国有控股企业绩效评价暂行办法》，建立了一套包括银行在内的金融企业绩效评价体系。本章主要介绍其中的银行绩效评价体系。

财政部银行绩效评价指标，主要包括四大类共10个财务指标（见表8－1）。第一类指标是盈利能力指标，设计的目的是反映银行“一定经营期间的投入产出水平和盈利质量”，包括资本利润率、资产利润率

和成本收入比 3 个指标；第二类指标是经营增长指标，设计的目的是反映银行的“资本增值状况和经营增长水平”，包括国有资本保值增值率、利润增长率和经济利润率 3 个指标；第三类指标是资产质量指标，设计的目的是反映银行“所占用经济资源的利用效率、资产管理水平与资产的安全性”，包括不良贷款率和拨备覆盖率 2 个指标；第四类指标是偿付能力指标，设计的目的是反映银行的“债务负担水平、偿债能力及其面临的债务风险”，包括资本充足率和核心资本充足率 2 个指标。

表 8－1　　财政部银行绩效评价指标体系

指　标	权重(%)	指　标	权　数
盈利能力状况	30	资本利润率	15
		资产利润率	10
		成本收入比	5
经营增长状况	25	国有资本保值增值率	10
		利润增长率	10
		经济利润率	5
资产质量状况	15	不良贷款率	10
		拨备覆盖率	5
偿付能力状况	30	资本充足率	15
		核心资本充足率	15

资料来源：根据财政部 2009 年 1 月 13 日发布的《金融类国有及国有控股企业绩效评价暂行办法》整理。

财政部银行绩效评价的基础数据资料主要是银行提供的年度财务会计报告及审计报告、关于经营管理情况的说明等，同时，为确保评价基础数据的真实、完整、合理，财政部还要求银行“按照重要性和可比性原则对评价期间的基础数据进行适当调整”，对于这些调整，“组织实施单位根据被评价金融企业提供的调整说明和有关证明材料对调整事项进行确认”。

在具体实施过程中，财政部将根据省级财政部门和中央管理银行报送的资料，考虑无风险投资报酬率等因素，分行业统一测算并发布全国银行业各项评价指标的标准值，并按不同指标类别划分为优秀、良好、中等、较低、较差5个档次，对应5档评价标准的标准系数分别为1.0、0.8、0.6、0.4、0.2。在此基础上，通过将银行调整后的评价指标的实际值对照银行所处行业的标准值，按照以下计算公式计算各项基本指标的得分：

$$绩效评价指标总得分 = \sum 单项指标得分$$

$$单项指标得分 = 本档基础分 + 调整分$$

$$本档基础分 = 指标权数 \times 本档标准系数$$

$$调整分 = 功效系数 \times (上档基础分 - 本档基础分)$$

$$上档基础分 = 指标权数 \times 上档标准系数$$

$$功效系数 = (实际值 - 本档标准值)/(上档标准值 - 本档标准值)$$

其中，本档标准值是指上下两档标准值中居于较低的一档的标准值。

同时，为了充分反映不同银行在“努力程度和管理难度”上的差异，财政部的银行绩效评价体系还设计了效益提升加分、管理难度加分以及财政部门认定的其他事项加分。在效益提升方面，如果银行资本利润率的增长率超过银行业平均增长水平10%加1分，超过20%加2分，超过30%加3分，超过40%加4分，超过50%及以上加5分；在管理难度方面，如果银行人均资产总额超过银行业年度人均资产总额每10%加0.5分，最多加5分。同时，规定加分因素合计不超过10分，超过10分按10分计算。

为了体现有奖有罚的原则，财政部评价体系还规定了扣分事项，比如，对于发生属于当期责任的重大资产损失事项、损失金额超过平均资产总额1‰的，或者资产损失金额未超过平均资产总额1‰但性质严重并造成重大社会影响的，扣3分（正常的资产减值准备计提不在此列）；在信息质量方面，如果不按照规定提供财务会计信息，或因所提供的财务会计信息不真实而受到处理、处罚的，扣2分。

财政部银行绩效评价结果用评价得分、评价类型和评价级别表示。评价得分用百分制表示。评价类型是根据评价分数对企业综合绩效所划分的水平档次，用文字和字母表示，分为优（A）、良（B）、中（C）、低（D）、差（E）五种类型。评价级别是对每种类型再划分级次，以体现同一评价类型的不同差异，并且采用在字母后重复标注该字母的方式表示。评价类型、评价级别与评价得分的对应关系如表 8－2 所示。

表 8－2　评价类型、评价级别与评价得分的对应关系

评价类型	评价级别	评价得分
优（A）	AAA	AAA≥95 分
	AA	95 分＞AA≥90 分
	A	90 分＞A≥85 分
良（B）	BBB	85 分＞BBB≥80 分
	BB	80 分＞BB≥75 分
	B	75 分＞B≥70 分
中（C）	CC	70 分＞CC≥60 分
	C	60 分＞C≥50 分
低（D）	D	50 分＞D≥40 分
差（E）	E	E＜40 分

资料来源：根据财政部 2009 年 1 月 13 日发布的《金融类国有及国有控股企业绩效评价暂行办法》整理。

财政部规定了对几个资料报送和评价的时间界限：中央管理银行要在每年 5 月 15 日前，向财政部报送绩效评价的基础数据资料以及对基础数据进行调整的说明材料（地方银行的报送时间由省级财政部门规定）；省级财政部门要在每年 5 月 15 日前，分户将上一年度本地区金融企业调整后的绩效评价基础数据资料和情况说明报送财政部；财政部在每年 6 月 30 日前发布绩效评价各项指标的标准值；省级财政部门应当于每年 8 月 30 日前，将本地区的金融企业绩效评价结果及汇总分析报送财政部。

在财政部评价体系中，绩效评价的结果是“评价金融企业绩效、确定金融企业负责人薪酬、加强金融企业经营管理的重要依据”，并会“以绩效评价报告形式反馈给金融企业及有关部门，并以适当形式予以公开”。

二、14家上市银行2007年和2008年经营绩效测算

按照财政部绩效评价体系，我们对我国14家上市银行的经营绩效进行了测算，结果如表8－3、表8－4和表8－5所示。在这个绩效评价体系中，一个关键参数是财政部每年6月30日前统一测算并发布的各项指标的标准值，但在本章内容定稿时，财政部仍未发布，因此，为了测算，我们采取了一个变通的方法，即在10个指标中，对于银监会有强制性标准的7项指标，根据银监会的强制性标准值来作为本次测算的标准值（见表8－6）；[①] 对于银监会没有强制性标准的3项指标，采取14家银行的均值和分布近似地确定其标准值（见表8－7）。

需要说明的是，除了前述标准值以外，还由于数据方面的原因，我们这里的测算方法与财政部绩效评价体系仍然存在一定差异。首先，财政部绩效评价体系的评价对象只包括“金融类国有及国有控股企业”，而本章所测算的对象是我国14家上市银行，其中包括没有国有股份的银行（如中国民生银行），因此，我们在测算国有资本保值增值率时使用的是全部资本；其次，在计算资本（净资产）相关指标时，财政部要求扣除净资产中的公允价值变动，但本章为保持与银监会指标的一致，未做扣除；最后，在财政部绩效评价体系中规定有加分事项和扣分事项，本章均未考虑。虽然存在上述差异，但对于本章比较银行绩效的不同外部评价体系这一目的而言，并没有实质性影响，同时，有些处理（比如标准值的选择、公允价值变动是否扣除）还是十分必要的。

① 在财政部制定这个绩效评价体系时，已经充分考虑到了与金融监管部门的一致性，10项指标中不良贷款率、拨备覆盖率、资本充足率、核心资本充足率、成本收入比和资产利润率等6项指标与银监会的银行监管评级要求（参见本章第二节）完全一致；资本利润率也是财政部和银监会都考核的重要指标，虽然存在一定差别，即财政部要求，为了真实反映企业的经营业绩，在计算这一指标时要从资本中扣除包含在资本公积中的可供出售金融资产的公允价值变动，而银监会并无此要求，一方面公允价值变动所占比例一般比较小，另一方面为了尽可能保持与银监会的强制性要求标准（及前述6项标准）一致，我们也采用银监会的相关要求。

表 8－3 2007 年和 2008 年我国 14 家上市银行经营绩效评价结果汇总：按财政部绩效考核指标体系测算

银行名称	评价类型		评价级别		评价得分	
	2008 年	2007 年	2008 年	2007 年	2008 年	2007 年
兴业银行	优（A）	优（A）	AAA	AAA	98.94	100.00
招商银行	优（A）	优（A）	AAA	AAA	96.90	97.64
北京银行	优（A）	优（A）	AAA	A	95.21	89.56
上海浦东发展银行	优（A）	优（A）	AA	A	94.32	85.05
工商银行	优（A）	优（A）	AA	A	94.30	86.73
建设银行	优（A）	优（A）	AA	AA	93.42	90.17
交通银行	优（A）	优（A）	AA	AAA	93.17	95.28
中信银行	优（A）	优（A）	AA	AA	90.56	90.35
宁波银行	优（A）	优（A）	AA	A	90.09	87.05
南京银行	优（A）	优（A）	AA	A	90.03	85.80
华夏银行	优（A）	良（B）	A	B	85.38	71.95
中国民生银行	良（B）	优（A）	BBB	AA	84.57	93.22
中国银行	良（B）	良（B）	BB	BBB	78.65	81.52
深圳发展银行	中（C）	良（B）	C	BBB	51.44	82.15

资料来源：根据表 8－4、表 8－5 结果整理。

表 8－4　　2008 年我国 14 家商业银行的经营绩效：按财政部绩效考核指标体系测算

银行名称			工商银行		中国银行		建设银行		交通银行		招商银行		中信银行		上海浦东发展银行	
评价结果	评价类型		优（A）		良（B）		优（A）		优（A）		优（A）		优（A）		优（A）	
	评价级别		AA		BB		AA		AA		AAA		AA		AA	
	评价总分		94.30		78.65		93.42		93.17		96.90		90.56		94.32	
指标	指标	权数	实际值（%）	得分	实际值（%）	得分	实际值（%）	得分	实际值（%）	得分	实际值（%）	得分	实际值（%）	得分	实际值（%）	得分
盈利能力状况	资本利润率	15	19.31	14.73	13.72	12.54	20.82	15.00	20.71	15.00	28.35	15.00	14.84	12.98	35.76	15.00
	资产利润率	10	1.21	10.00	1.00	8.00	1.31	10.00	1.19	10.00	1.45	10.00	1.21	8.00	1.13	10.00
	成本收入比	5	29.54	5.00	31.52	5.00	30.71	5.00	31.34	5.00	36.78	5.00	32.98	5.00	36.69	5.00
经营增长状况	国有资本保值增值率	10	111.55	6.31	108.55	5.42	110.72	6.14	113.08	6.62	117.35	7.47	113.32	6.66	147.37	10.00
	利润增长率	10	26.22	9.24	-4.12	0.00	18.77	7.75	15.40	7.08	27.16	9.43	35.05	10.00	42.25	10.00
	经济利润率	5	12.05	4.02	6.46	2.69	13.56	4.53	13.96	4.65	21.09	5.00	7.58	2.92	28.50	5.00
资产质量状况	不良贷款率	10	2.29	10.00	2.65	10.00	2.21	10.00	1.92	10.00	1.11	10.00	1.36	10.00	1.21	10.00
	拨备覆盖率	5	130.15	5.00	121.72	5.00	131.58	5.00	117.10	4.82	223.29	5.00	150.03	5.00	192.49	5.00
偿付能力状况	资本充足率	15	13.06	15.00	13.43	15.00	12.16	15.00	13.47	15.00	11.34	15.00	14.32	15.00	9.07	12.22
	核心资本充足率	15	10.75	15.00	10.81	15.00	10.17	15.00	9.60	15.00	6.56	15.00	12.32	15.00	5.03	12.10

续表

银行名称			中国民生银行		兴业银行		华夏银行		北京银行		深圳发展银行		宁波银行		南京银行	
评价结果	评价类型		良（B）		优（A）		优（A）		优（A）		中（C）		优（A）		优（A）	
	评价级别		BBB		AAA		A		AAA		C		AA		AA	
	评价总分		84.57		98.94		85.38		95.21		51.44		90.09		90.03	
指标	指标	权数	实际值（%）	得分	实际值（%）	得分	实际值（%）	得分	实际值（%）	得分	实际值（%）	得分	实际值（%）	得分	实际值（%）	得分
盈利能力状况	资本利润率	15	15.05	13.07	25.90	15.00	15.02	13.05	17.91	14.18	4.18	6.16	15.83	13.37	13.68	12.53
	资产利润率	10	0.80	8.86	1.22	10.00	0.46	6.57	1.40	8.00	0.15	2.04	1.49	8.00	1.72	8.00
	成本收入比	5	42.55	4.69	34.83	5.00	41.41	4.84	23.40	5.00	35.99	5.00	40.23	4.97	25.36	5.00
经营增长状况	国有资本保值增值率	10	108.94	5.57	126.03	9.21	207.92	10.00	126.80	9.36	126.10	9.22	109.76	5.90	114.11	6.82
	利润增长率	10	13.85	6.77	28.66	9.73	4.86	2.97	50.03	10.00	-78.99	0.00	28.53	9.71	63.70	10.00
	经济利润率	5	7.79	2.96	18.64	5.00	7.76	2.95	10.65	3.67	-3.08	0.00	8.57	3.14	6.42	2.68
资产质量状况	不良贷款率	10	1.20	10.00	0.83	10.00	1.82	10.00	1.55	10.00	0.68	10.00	0.92	10.00	1.64	10.00
	拨备覆盖率	5	150.04	5.00	226.58	5.00	151.22	5.00	180.23	5.00	105.14	4.07	152.50	5.00	170.05	5.00
偿付能力状况	资本充足率	15	9.22	12.65	11.24	15.00	11.40	15.00	19.66	15.00	8.58	10.75	16.15	15.00	24.12	15.00
	核心资本充足率	15	6.60	15.00	8.94	15.00	7.46	15.00	16.42	15.00	5.27	4.20	14.60	15.00	20.68	15.00

注：计算国有资本保值增值率时，一是使用全部资本代替国有资本，二是剔除了各银行 2008 年上市融资的影响。计算经济利润率时，按照财政部的要求，资金成本要采用“中国人民银行公布的 1 年期流动资金贷款利率”。中国人民银行的 6 次利率调整将其从年初的 7.56% 下调至年末的 5.4%，实际使用的利率为运用积数法所计算的加权平均利率 7.26%。

资料来源：根据各银行 2008 年年报数据测算。

表 8－5　**2007 年我国 14 家商业银行的经营绩效：按财政部绩效考核指标体系测算**

银行名称			工商银行		中国银行		建设银行		交通银行		招商银行		中信银行		上海浦东发展银行	
评价结果	评价类型		优（A）		良（B）		优（A）		优（A）		优（A）		优（A）		优（A）	
	评价级别		A		BBB		AA		AAA		AAA		AA		A	
	评价总分		87.73		81.52		90.17		95.28		97.64		90.35		85.05	
指标	指标	权数	实际值（%）	得分	实际值（%）	得分	实际值（%）	得分	实际值（%）	得分	实际值（%）	得分	实际值（%）	得分	实际值（%）	得分
盈利能力状况	资本利润率	15	16.14	13.49	14.22	12.74	18.38	14.36	19.09	14.64	24.76	15.00	14.30	12.77	20.74	15.00
	资产利润率	10	1.01	10.00	1.09	10.00	1.15	10.00	1.08	10.00	1.36	10.00	0.97	9.80	0.69	8.20
	成本收入比	5	34.84	5.00	33.70	5.00	35.92	5.00	32.43	5.00	35.05	5.00	34.89	5.00	36.86	5.00
经营增长状况	国有资本保值增值率	10	115.36	5.07	109.03	3.81	127.88	7.58	147.30	10.00	123.25	6.65	123.48	6.70	114.47	4.89
	利润增长率	10	60.73	6.07	33.01	3.30	53.41	5.34	76.77	7.68	108.68	10.00	92.13	9.20	78.21	7.83
	经济利润率	5	9.34	3.11	7.42	2.47	11.58	3.86	12.63	4.21	17.96	5.99	7.50	2.50	13.94	4.65
资产质量状况	不良贷款率	10	2.74	10.00	3.12	9.94	2.60	10.00	2.06	10.00	1.54	10.00	1.48	10.00	1.46	10.00
	拨备覆盖率	5	103.50	3.99	108.18	4.26	104.41	4.03	95.46	3.75	180.39	5.00	110.01	4.38	191.08	5.00
偿付能力状况	资本充足率	15	13.09	15.00	13.34	15.00	12.58	15.00	14.44	15.00	10.40	15.00	15.27	15.00	9.15	12.44
	核心资本充足率	15	10.99	15.00	10.67	15.00	10.37	15.00	10.34	15.00	8.75	15.00	13.14	15.00	5.01	12.04

续表

银行名称			中国民生银行		兴业银行		华夏银行		北京银行		深圳发展银行		宁波银行		南京银行	
评价结果	评价类型		优（A）		优（A）		良（B）		优（A）		良（B）		优（A）		优（A）	
	评价级别		AA		AAA		B		A		BBB		A		A	
	评价总分		93.22		100.00		71.95		89.56		82.15		87.05		85.80	
指标	指标	权数	实际值（%）	得分	实际值（%）	得分	实际值（%）	得分	实际值（%）	得分	实际值（%）	得分	实际值（%）	得分	实际值（%）	得分
盈利能力状况	资本利润率	15	18.23	14.31	31.17	15.00	16.86	13.77	18.34	14.35	27.04	15.00	16.96	13.81	14.47	12.84
	资产利润率	10	0.77	8.69	1.17	10.00	0.41	6.12	1.07	10.00	0.86	9.22	1.44	10.00	1.36	10.00
	成本收入比	5	46.26	4.25	36.29	5.00	40.39	4.00	25.03	5.00	38.93	5.00	36.48	5.00	30.24	5.00
经营增长状况	国有资本保值增值率	10	259.90	10.00	144.97	10.00	114.04	4.81	121.77	6.35	137.95	9.59	125.00	7.00	123.04	6.61
	利润增长率	10	75.90	7.59	116.21	10.00	58.46	5.85	50.17	5.02	77.76	7.78	28.53	2.85	37.94	3.79
	经济利润率	5	11.43	3.81	24.37	5.00	10.06	3.35	11.54	3.85	20.24	5.00	10.16	3.39	7.67	2.56
资产质量状况	不良贷款率	10	1.22	10.00	1.15	10.00	2.25	10.00	2.06	10.00	5.64	8.68	0.36	10.00	1.79	10.00
	拨备覆盖率	5	113.14	4.57	155.21	5.00	109.27	4.33	119.88	4.99	48.29	1.37	359.94	5.00	146.88	5.00
偿付能力状况	资本充足率	15	10.73	15.00	11.73	15.00	8.27	9.81	20.11	15.00	5.77	6.21	21.00	15.00	30.14	15.00
	核心资本充足率	15	7.40	15.00	8.83	15.00	4.30	9.91	17.47	15.00	5.77	14.30	18.99	15.00	26.85	15.00

注：计算国有资本保值增值率时，一是使用全部资本代替国有资本，二是剔除了各银行2007年上市融资的影响。计算经济利润率时，按照财政部的要求，资金成本要采用“中国人民银行公布的1年期流动资金贷款利率”。中国人民银行的6次利率调整将其从年初的5.30%上调至年末的7.56%，实际使用的利率为运用积数法所计算的加权平均利率6.80%。

资料来源：根据各银行2007年年报数据测算。

表 8－6　　本章测算所使用的标准值（上）：根据银监会标准确定的 7 个指标

银监会的标准：

资本利润率		资产利润率		成本收入比		不良贷款率		拨备覆盖率		资本充足率		核心资本充足率	
范围	分数	范围	分数	范围	分数	范围	分数	范围	分数	范围	分数	范围	分数
20%以上	100	1%以上	100	40%以下	100	3%以下	100	120%以上	100	10%以上	100	6%以上	100
15%～20%	90～100	0.75%～1%	90～100	40%～45%	90～100	3%～5%	90～100	100%～120%	75～100	8%～10%	60～100	4%～6%	60～100
11%～15%	75～90	0.60%～0.75%	75～90	45%～50%	75～90	5%～8%	75～90	70%～100%	60～75	6%～8%	50～60	2%～4%	50～60
5%～11%	50～75	0.25%～0.60%	50～75	50%～60%	50～75	8%～10%	50～75	30%～70%	0～60	4%～6%	0～50	1%～2%	0～50
0～5%	0～50	0～0.25%	0～50	60%～80%	0～50	10%～20%	0～50	30%以上	0	4%以下	0	1%以下	0
0以下	0	0以下	0	80%以上	0	20%以上	0						

本章测算时所使用的标准值：

等级	标准系数	资本利润率	资产利润率	成本收入比	不良贷款率	拨备覆盖率	资本充足率	核心资本充足率
优	1.0	20%以上	1%以上	40%以下	3%以下	120%以上	10%以上	6%以上
良	0.8	15%～20%	0.75%～1%	40%～45%	3%～7%	100%～120%	8%～10%	4%～6%
中	0.6	11%～15%	0.60%～0.75%	45%～50%	7%～10%	70%～100%	6%～8%	2%～4%
较低	0.4	5%～11%	0.25%～0.60%	50%～60%	10%～20%	30%～70%	4%～6%	1%～2%
较差	0.2	0～5%	0～0.25%	60%～80%	20%～30%	0～30%	0～4%	0～1%
	0	0以下	0以下	80%以上	30%以上	0以下	n. a.	n. a.

资料来源：根据中国银监会发布、自 2006 年 1 月 1 日起试行的《商业银行监管评级内部指引（试行）》整理、推算。n. a. 表示不适用。

表 8－7 本章测算所使用的标准值（下）：根据 14 家银行实际平均值和分布情况确定

		2008 年			2007 年		
		国有资本保值增值率	利润增长率	经济利润率	国有资本保值增值率	利润增长率	经济利润率
14 家上市银行实际平均值		124. 4%	19. 38%	11. 43%	134. 82%	67. 71%	12. 57%
等级	标准系数						
优	1. 0	130% 以上	30% 以上	15% 以上	140% 以上	100% 以上	15% 以上
良	0. 8	120% ~130%	20% ~30%	12% ~15%	130% ~140%	80% ~100%	12% ~15%
中	0. 6	110% ~120%	10% ~20%	8% ~12%	120% ~130%	60% ~80%	9% ~12%
较低	0. 4	105% ~110%	5% ~10%	3% ~8%	110% ~120%	40% ~60%	6% ~9%
较差	0. 2	100% ~105%	0 ~5%	0 ~3%	100% ~110%	20% ~40%	0 ~6%
	0	100% 以下	0 以下	0 以下	100% 以下	20% 以下	0 以下

资料来源：根据各银行 2007 年、2008 年年报数据计算、推算。

三、测算结果初步分析

我们将在本章第五节中通过与另外三类外部评价体系相比较，对财政部银行绩效评价体系作进一步的分析和评价，在这里，我们仅就上述测算结果进行初步分析。

首先，这一测算结果具有一定的误导性。测算结果显示，兴业银行、招商银行连续两年都获得了 AAA 级的最高评级，而中国银行在 2008 年获得了 BB 级的评级，2007 年的评级也仅为 BBB 级。这一结果容易使人误以为兴业银行和招商银行的信用评级远高于中国银行，因为在金融业、银行业，字母组合通常被认为是用来表示信用级别的，AAA 级通常是最高信用级别的代名词（见表 8 –9），而正如我们在第三节中将要介绍的，信用评级所包含的内容要宽得多，代表的是评级对象的整体财务实力，而不只是其在一年内的经营成果。

其次，利润指标对结果有着决定性的影响。如表 8 –8 所示，从中国银行与兴业银行评价结果比较来看，两者 2008 年绩效评价总分相差 20.29 分，全部来源于 5 个利润指标（即资本利润率、资产利润率、成本收入比、国有资本保值增值率①、利润增长率、经济利润率），而且利润增长率这一项所对应的分差就占到了总分差的 48%。分析其他银行之间的分差情况，也能得到类似的结论。实际上，2008 年的评价结果显示，在不良贷款率方面，所有银行均得到满分 10 分，在成本收入比、拨备覆盖率、核心资本充足率三个方面都是仅有两家未获得满分，而在资本充足率方面也只有 3 家银行未获得满分。在一个绩效评价体系中，设计多重评价要素的目的就是通过不同评价对象在不同要素上有着不同的评分，将其绩效区分开来，但仅 5 个利润指标对评价结果有影响，那么说明可以删除其他指标且不会对评价结果有显著影响，这也从一定程度上说明了评价体系的科学性是值得进一步讨论的。

---

① 在银行没有增资扩股的情况下，资本的保值增值完全来源于利润，因此，这里的“国有资本保值增值率”也反映的是利润情况。

表 8 - 8　　中国银行与兴业银行 2008 年绩效评价结果比较

银行名称			中国银行		兴业银行		得分差	得分差所占比重(%)
评价结果	评价类型		良（B）		优（A）			
	评价级别		BB		AAA			
	评价总分		78.65		98.94		20.29	100
指标	指标	权数	实际值(%)	得分	实际值(%)	得分		
盈利能力状况	资本利润率	15	13.72	12.54	25.90	15.00	2.46	12.1
	资产利润率	10	1.00	8.00	1.22	10.00	2	9.9
	成本收入比	5	31.52	5.00	34.83	5.00	0	0.0
经营增长状况	国有资本保值增值率	10	108.55	5.42	126.03	9.21	3.79	18.7
	利润增长率	10	-4.12	0.00	28.66	9.73	9.73	48.0
	经济利润率	5	6.46	2.69	18.64	5.00	2.31	11.4
资产质量状况	不良贷款率	10	2.65	10.00	0.83	10.00	0	0.0
	拨备覆盖率	5	121.72	5.00	226.58	5.00	0	0.0
偿付能力状况	资本充足率	15	13.43	15.00	11.24	15.00	0	0.0
	核心资本充足率	15	10.81	15.00	8.94	15.00	0	0.0

资料来源：根据表 8 -3、表 8 -4 计算、整理。

再次，评价结果对标准值很敏感。在财政部的评价体系中，评价结果对标准值非常敏感，因此，标准值的有效性在很大程度上会决定评价结果的有效性。前面提到，2008 年的评价结果显示，在不良贷款率方面所有银行均得到满分 10 分。出现这种结果的原因在于我们在确定标准值时，是根据银监会的相关要求，将不良贷款率低于 3% 均视为优秀（获得 1.0 的标准系数），而所有 14 家银行 2008 年的实际值均低于 3%。那么，能不能与确定利润增长率等指标的标准值一样，也以 14 家银行实际不良贷款率的分布为依据来确定标准值呢？比如，以 14 家银行不良贷款率的平均值 1.53% 作为中等（标准系数为 0.6）的基准，然后确定其他等级的标准值。这种处理似乎更合理，但问题是，有关银行经营管理的基本理论告诉我们，对于一家商业银行来说，不良贷款率并不是越低越好，因为如果不良贷款率太低（如低于 1%），那么表示这家银行在贷款业务中可能过于谨慎，从而会损害其长期盈利能力，也会影响其对经济发展的贡献（比如，这家银行可能根本就不去发放风险高一些的小企业贷款）。

最后，评价及反馈时间滞后。如前所述，财政部每年6月30日前发布各评价指标的标准值，省级财政部门在每年8月30日前，将本地区金融企业绩效评价结果及汇总分析报送财政部，也就是说，财政部在第二年的9月（甚至更迟）才能公布对上一年度经营绩效的评价结果。绩效评价体系的根本目的是促进评价对象改进绩效。但是这种评价及反馈时间的严重滞后，不可能使被评价对象根据评价结果及时调整经营管理策略从而改进下一年度的经营绩效；而且由于对绩效评价结果具有决定性影响的标准值，不仅是事后测算、公布，而且滞后时间长达半年之久，更是无法对评价对象的实际经营起到指导作用。

第二节 银行监管评级体系

评级是运用简洁的数字或字母数字组合符号来表示绩效评价结果的方法。银行的评级主要包括两类，一类是监管评级，即政府监管当局对银行的评级，另一类是信用评级，即外部信用评级机构对银行的评级。本节介绍银行监管评级，第三节介绍银行信用评级。

由于监管当局监管的最重要的目标是保证银行体系的稳定，因此，监管当局在评估商业银行时，关注的重心是其风险状况。同时，由于监管当局通常会依据评级结果，对被评估商业银行采取相应的强制性措施，从而使得监管当局的评级标准在一定程度上就成了评价商业银行的强制性标准，对商业银行有着非常巨大的影响。

虽然在全世界范围内有很多种监管评级体系（比如英国金融监管局所使用的CAMELB & COM体系①），但运用最为广泛的银行评价体系，

---

① 英国金融监管局在1997年成立以后，即着手于监管体系的重构。1998年推出了一个“以风险为本的银行监管框架”（Risk Based Approach to Supervision of Banks），并将其称为RATE体系（即评级体系，是如下三个词组英文首字母的缩写：Risk Assessment，Tools of Supervision，Evaluation）。RATE体系中的E代表对银行状况的评估（Evaluation），评估要素包括如下九个方面：资本（Capital）、资产质量（Asset Quality）、市场风险（Market Risk）、盈利（Earnings）、负债（Liabilities）、业务（Business）、内部控制（Internal Controls）、组织（Organization）、管理（Management）。前六个要素评估的是银行的业务风险（Business Risks），后三个要素评估的是银行的控制风险（Control Risks）。九个要素英文首字母联合起来缩写为CAMELB & COM。可参见Financial Services Authority, *Risk Based Approach to Supervision of Banks*, http: // www. fsa. gov. uk。

是源自美国的骆驼评级体系（CAMELS）。

一、骆驼评级体系

骆驼评级体系是通过考查商业银行的资本充足状况（Capital Adequacy）、资产质量（Asset Quality）、管理（Management）、盈利性（Earnings）、流动性（Liquidity）和市场风险敏感度（Sensitivity to Market Risk）六大要素，系统地评价银行机构的整体财务实力、风险状况和经营管理状况。这六大要素的英文字头组成一个英文单词 CAMELS，其含义是骆驼，因此，该体系被称为骆驼评级体系。在这一体系下，最好的银行被戏称为“得分最高的骆驼”。

在应用中，监管当局会对每个要素进行评级，在综合各个要素评级的基础上，对银行的整体状况进行综合评级。要素评级和综合评级均规定了明确的要点和评级标准，对于评级结果，国际上一般以 1 级至 5 级表示，数字越大表示级别越低。

CAMEL 评级体系的推出，为全面深入地评价一家银行的经营管理状况提供了规范统一的方法和标准，为同一机构在不同时期经营表现的纵向比较和同类机构间的横向比较提供了直观的语言和工具，从而逐渐成为各国银行业的一种共同语言。

二、骆驼体系在我国的发展

从 1994 年开始，在世界银行的援助下，中国人民银行着手探索审慎性监管的新方法。此后几年在对外资银行的监管中，我国小范围地逐步推广使用了以 CAMEL 评级体系为基础的非现场评级和现场检查方法；1997 年出台了《商业银行资产负债比例管理办法》，隐约能看到 CAMEL 评级的影子；2000 年，我国参照 CAMEL 评级制定了只针对 4 家国有商业银行的《商业银行考核评价办法》，采用定量模式，按照资产质量、盈利能力、流动性及发展能力 4 个方面 12 项定量指标进行考核。但总体上说，这一阶段推出的 CAMEL 评级还处在摸索阶段，而且侧重于定量考核。

2003 年中国银监会成立以后，积极探索并不断改进和完善评级办法。在 2004 年先后出台了《股份制商业银行风险评价体系（暂行）》、

《外资银行风险评价手册》和《农村合作金融机构风险评价和预警指标体系（试行）》等若干个风险评价体系，对于促进各类银行业金融机构加强风险管理发挥了重要作用。

随着我国银行业改革的不断深化，商业银行同质化的特点和风险的共性因素不断增多，整合和统一监管评级体系的外部条件逐渐成熟。同时，银行业监管信息系统及非现场监管报表指标体系即将投入使用，银行业监管方式和技术将发生新的变革，迫切要求建立并推行统一的监管评级方法。因此，2005 年末，中国银监会在整合、修订、完善上述监管评级办法的基础上，充分借鉴国际通行的骆驼评级法，并结合我国商业银行和银行监管队伍的实际情况，出台了《商业银行监管评级内部指引（试行）》，并于 2006 年 1 月 1 日起开始试行。

《商业银行监管评级内部指引（试行）》确定了具有中国特色的“CAMELS +”监管评级体系，即对商业银行的资本充足、资产质量、管理、盈利、流动性和市场风险状况六个单项要素进行评级，加权汇总得出综合评级，而后再依据其他要素的性质和对银行风险的影响程度，对综合评级结果作出更加细微的正向或负向调整。

与国际上一般将评级结果用 1 级至 5 级表示略有不同，我国要素评级和综合评级均分为 6 级，用 1 级至 6 级表示，但级别高低的表示方法与国际一般惯例一致，也是数字越大表示级别越低。

《商业银行监管评级内部指引（试行）》中评级六大要素的定量指标，与自 2006 年 1 月 1 日起试行的《商业银行风险监管核心指标（试行）》中所规定的监管核心指标完全一致。我们下面根据这两个文件中的主要内容对我国骆驼体系中的要素评级及综合评级进行逐项简要介绍。

三、要素评级

在 CAMELS + 体系的 6 个单项要素中，除了管理状况的评级结果完全取决于定性因素以外，其他 5 个要素的评级结果均是定量指标和定性因素的算术加权结果，定量指标和定性因素的权重分别为 60% 和 40%。最后得分为 90 分（含）至 100 分的评为 1 级，得分 75 分（含）至 90 分的评为 2 级，得分 60 分（含）至 75 分的评为 3 级，得分 45 分（含）

至60分的评为4级，得分30分（含）至45分的评为5级，得分30分以下的评为6级。

（一）资本充足状况（Capital Adequacy）

评价银行资本充足状况的定量指标有资本充足率（即银行资本净额与风险加权总资产之比）和核心资本充足率（银行核心资本净额与风险加权总资产之比）两个。定性因素包括：银行资本的构成和质量；银行整体财务状况及其对资本的影响；银行资产质量及其对资本的影响；银行进入资本市场或通过其他渠道增加资本的能力，包括控股股东提供支持的意愿和实际注入资本的情况；银行对资本和资本充足率的管理情况。

（二）资产质量状况（Asset Quality）

评价银行资产质量状况的定量指标有5类：

1. 资产不良率指标。此类指标包括两个：一是不良贷款率，即不良贷款（包括次级类贷款、可疑类贷款和损失类贷款）与贷款余额之比；二是不良资产率，即不良信用风险资产与信用风险资产之比，其中，信用风险资产是指银行资产负债表表内及表外承担信用风险的资产，主要包括各项贷款、存放同业、拆放同业及买入返售资产、银行账户的债券投资、应收利息、其他应收款、承诺及或有负债等。

2. 贷款质量迁徙类指标。此类指标衡量的是商业银行资产质量变化的程度，表示为资产质量从前期到本期变化的比率，属于动态指标。具体包括如下三个指标：

正常贷款迁徙率＝（期初正常类贷款中转为不良贷款的金额＋期初关注类贷款中转为不良贷款的金额）/（期初正常类贷款余额－期初正常类贷款期间减少金额＋期初关注类贷款余额－期初关注类贷款期间减少金额）×100%。

次级类贷款迁徙率＝期初次级类贷款向下迁徙金额/（期初次级类贷款余额－期初次级类贷款期间减少金额）×100%。其中，期初次级类贷款向下迁徙金额，是指期初次级类贷款中，在报告期末被分类为可疑类和损失类的贷款余额之和。

可疑类贷款迁徙率＝期初可疑类贷款向下迁徙金额/（期初可疑类贷款余额－期初可疑类贷款期间减少金额）×100%。其中，期初可疑类贷款向下迁徙金额，是指期初可疑类贷款中，在报告期末被分类为损失类的贷款余额。

3. 资产集中度指标。此类指标包括两个，一是单一集团客户授信集中度，即最大一家集团客户的授信总额与银行资本净额之比；二授信集中度，即对单一地区、单一行业、单一客户等的授信总额与银行资本净额之比。

4. 全部关联度，即全部关联方授信总额与银行资本净额之比。全部关联方授信总额是指商业银行全部关联方①的授信余额，扣除授信时关联方提供的保证金存款以及质押的银行存单和国债金额。

5. 损失准备充足状况指标。此类指标包括两个，一是贷款损失准备充足率，即实际计提的贷款损失准备金与按规定应计提的损失准备金之比；二是资产损失准备充足率，即各类信用风险资产实际计提的损失准备金之和与按规定应计提的全部损失准备金之比。

评价银行的资产质量状况时，需要考查的定性因素有：不良贷款和其他不良资产的变动趋势及其对银行整体资产质量状况的影响，贷款行业集中度以及对银行资产质量状况的影响，信用风险管理的政策、程序及其有效性，贷款风险分类制度的健全性和有效性，保证贷款和抵（质）押贷款及其管理状况，贷款以外其他资产的风险管理状况等。

（三）管理状况（Management）

在所有六个要素中，只有这个要素没有定量指标。在定性分析中，主要分析银行的公司治理状况和内部控制状况。在银行公司治理状况方面，主要考查银行公司治理的基本结构、决策机制、执行机制、监督机制和激励约束机制。在银行内部控制状况方面，主要考查银行的内部控制环境、风险识别与评估、内部控制措施、信息交流与反馈、监督评价与纠正。

---

① 《商业银行与内部人和股东关联交易管理办法》（中国银行业监督管理委员会2004年第3号令）对商业银行的关联方进行了详细界定。

（四）盈利状况（Earnings）

评价银行盈利状况的定量指标有四个，一是资产利润率，即银行净利润与总资产之比；二是资本利润率，即银行净利润与总资本之比；三是成本收入比，是营业费用与扣除利息支出之后的营业收入之比；四是风险资产利润率，即银行净利润与风险资产之比。

在评价银行盈利状况时，需要考查的定性因素包括：银行的成本费用和收入状况以及盈利水平和趋势；银行盈利的质量，以及银行盈利对业务发展与资产损失准备提取的影响；银行财务预、决算体系，财务管理的健全性和有效性。

（五）流动性状况（Liquidity）

评价银行流动性状况的定量指标有五个：一是流动性比例，即流动资产与流动负债之比；二是核心负债依存度，即核心负债（核心负债包括距到期日三个月及以上的定期存款和发行债券以及活期存款的50%）与银行总负债之比；三是流动性缺口率，即90天内表内外流动性缺口（是90天内到期的表内外资产与90天内到期的表内外负债的差额）与90天内到期的表内外流动性资产之比；四是人民币超额备付金率，即商业银行存在中央银行的超额备付金与商业银行的存款余额之比；五是本外币合并存贷款比例，即本外币贷款余额与本外币存款余额之比。

在评价银行的流动性状况时，还需要考查如下定性因素：资金来源的构成、变化趋势和稳定性，资产负债管理政策和资金头寸的调配情况，流动性的管理情况，银行以主动负债的形式满足流动性需求的能力，管理层有效识别、监测和调控银行头寸的能力。

（六）市场风险状况（Sensitivity to Market Risk）

评价银行市场风险状况的定量指标有两个：一是利率风险敏感度，即利率上升200个基点（每个基点为万分之一）对银行净值的影响与银行资本净额之比；二是累计外汇敞口头寸比例，即银行汇率敏感性外汇资产与汇率敏感性外汇负债的差额与银行资本净额之比。

在评价银行市场的风险状况时，需要考查的定性因素有：董事会和高级管理层的监控，市场风险管理政策和程序，市场风险的识别、计量、监测和控制程序，内部控制和外部审计。

四、综合评级

综合评级结果是前述6个单项要素评级结果的加权汇总，即各单项要素的评价分值分别乘以对应的权重系数后进行加总，得出综合评分。这个要素的权重分别为：资本充足状况占20%，资产质量状况占20%，管理状况占25%，盈利状况占10%，流动性状况占15%，市场风险状况占10%。加权汇总后的综合评分与综合评级结果之间的对应关系，与要素评分与要素评级结果之间的对应关系完全相同。

在获得综合评级结果以后，监管当局还会考查对于银行风险可能产生重大影响的其他因素，主要包括：银行经营的外部环境，银行的控股股东，银行的客户群体和市场份额情况，银行及其关联方涉及的国家机关行政调查、法律诉讼、法律制裁等情况，国际、国内评级机构对银行的评级情况，新闻媒体对商业银行的报道等。

监管当局会根据上述因素的性质和对银行风险的影响程度，对综合评级结果作出更加细微的正向或负向调整，以增强评级结果的准确性。这些因素一般不足以改变综合评级的结果，但可以通过“+”、“-”符号标识出评级结果正向或负向的趋势。

五、评级结果及其运用

对商业银行的监管评级工作结束后，监管当局会将综合评级结果以及各单项要素存在的主要风险和问题，通过会谈、审慎监管会议等途径通报给商业银行的董事会，必要时一并通报要求商业银行进行整改的建议。同时，监管当局还会要求商业银行在一定时限内对监管评级结果提出反馈意见。

为了防止对监管评级结果的误用和滥用，监管当局会对监管评级结果进行严格保密，并规定各级监管当局及参与评级工作的监管人员严禁向第三方披露监管评级的情况，而且在向银行董事会通报评级结果时，只能通报被评级银行的综合评级结果以及各单项要素存在的主要风险和问题，而不能向商业银行披露各单项要素的评级结果和具体评分情况。同时，监管当局也不会把监管评级结果向公众披露，以防止评级结果可能被外界曲解而引发对市场的负面评价，对商业银行造成不利影响。商业银行董事会也需要对监管评级结果严格保密，不能向董事会以外的任何人员披露，更不能出于商业目的或其他考虑向新闻媒体或社会公众披露。

因此，监管评级结果主要是在监管当局内部使用的，主要是用于衡量商业银行的风险程度，并据以采取相应的监管措施和行动。

对于评级结果为 3 级以下的单项要素，监管当局会加强对被评级银行该要素的监管，并视情况对该要素进行专项现场检查；对任何单项要素评级结果为 4 级以下的银行，监管当局会及时与银行董事会和高级管理层成员举行会谈，要求其采取措施降低风险水平；对任何单项要素评级结果为 5 级和 6 级的银行，监管当局会督促其制订改善风险状况的计划，并在监管当局的监督下予以实施。

综合评级为 1 级和 2 级的银行一般是健全的机构，具有令人满意的业绩表现，对于这些银行，监管当局一般不需要采取特殊的监管行动。综合评级为 3 级的银行通常被认为低于满意程度，监管当局会适当提高对这类银行的非现场监管分析与现场检查的频率和深度，督促其加强风险管理与内部控制，改善财务状况。综合评级为 4 级和 5 级的银行，则被认为是有问题的机构，监管当局须采取必要的监管行动以改善这类银行的生存能力和保障存款人利益。对综合评级为 4 级的银行，会提高现场检查频率，加大现场检查力度，密切关注其经营态势，督促其加大经营调整力度，积极降低风险，同时对其产品和业务活动进行一定的限制，必要时会约见其董事会和高级管理层成员，责令其整改；对综合评级为 5 级的银行，会给予持续的监管关注，限制其高风险的经营行为，要求其改善经营状况，必要时采取更换高级管理人员、安排重组或实施接管等措施。对综合评级为 6 级的银行，监管当局一般会尽快启动市场退出机制，予以关闭。

第三节　银行信用评级体系

信用评级机构关注的是银行在短期内和长期内的偿债能力，是从债务人的视角来衡量银行偿还到期债务的风险程度。由于银行的特殊性，银行偿还债务（尤其是存款）的能力，除了受自身的财务实力影响以外，还受可能获得的外部支持的直接影响，而银行的财务实力既取决于银行本身的经营管理决策和经营绩效，也在很大程度上取决于外在的监管环境、社会环境和经济环境。正因为如此，银行的信用评级体系除了包括银行的内部因素以外，还包括外部因素。

一、信用评级符号

信用评级是用简单的符号来表示受评对象的信用质量，揭示其信用风险的。不同的评级机构有着不同的信用等级符号，其中具有代表性的是世界三大信用评级机构穆迪（Moody's Investors Service）、标准普尔（Standard & Poor's）和惠誉（Fitch）所使用的符号。各家评级机构所使用的信用等级符号虽然不同，但经过长期的发展，已经具有大致的相互对应性（见表8－9）。

表8－9　三大信用评级机构的信用等级符号

长期信用等级符号			短期信用等级符号		
穆迪	标准普尔	惠誉	穆迪	标准普尔	惠誉
Aaa	AAA	AAA	Prime－1	A－1	F
Aa	AA	AA	Prime－2	A－2	F2
A	A	A	Prime－3	A－3	F3
Baa	BBB	BBB	Not Prime	B	B
Ba	BB	BB	—	C	C
B	B	B	—	D	D
Caa	CCC	CCC	—	—	—
Ca	CC	CC	—	—	—
C	C	C	—	—	—
—	D	DDD	—	—	—
—	—	DD	—	—	—
—	—	D	—	—	—

资料来源：中诚信国际信用评级有限公司，《信用评级的国际实践及其对中国的借鉴》，http：//www. ccxi. com. cn。

评级公司在对外发表其评级结果时，一般会明确地对每一级别进行定义。比如在穆迪对商业银行的评级中，AAA 表示“受评银行偿还债务的财务实力极强，基本不受不利经济环境的影响，违约风险极低”，A 表示“受评银行偿还债务的财务实力较强，较易受不利经济环境的影响，违约风险较低”，B 表示“受评银行偿还债务的财务实力对良好经济环境的依赖程度较高，违约风险较大”，C 表示“受评银行偿还债务的财务实力对良好经济环境的依赖程度极高，违约风险非常大”，D 表示“受评银行已无法支付到期债务或已破产”。①

为了揭示未来一定时间内（一般为 3 至 5 年）受评对象信用质量变化的趋势，评级机构还设置了评级展望，穆迪的评级展望分为正面（Positive）、稳定（Stable）、负面（Negative）和发展中（Developing）四种情况。

信用评级的这种运用简洁的字母数字组合符号揭示受评对象信用状况的做法，大大提高了信用评级结果的可接受程度。同时，同一信用评级机构在评级各个不同对象时所保持的标准和符号的一致性，以及各信用评级机构符号体系的趋同，也极大地方便了评级结果使用者的比较和判断。

二、AAA 级银行的标准

2003 年 9 月 25 日，美国权威评级公司穆迪投资者服务公司（简称穆迪）将富国银行（Wells Fargo Bank NA）的长期信用级别调升至 Aaa.，成为美国 1995 年至 2008 年末唯一获此最高可能评级的银行。2008 年末，由于担心收购美联银行（Wachovia Corp.）影响其资产质量，穆迪将富国银行的信用级别下调至 Aa3 级，但仍然是所有银行所获得的信用评级中最高的。实际上，标准普尔 2008 年 12 月 20 日同时下调了全球 11 家大型银行的信用评级，在调整前富国银行是唯一获得 AAA 级评级的银行，而在下调后，富国银行仍然获得了 AA + 级的信用评级，而

① 对于债券评级来说，一般以 BBB 级为界限，BBB 级及以上的为投资级债券，BBB 级以下的为投机级债券。更为细致的划分是将 AA 级及以上的债券称为高品质债券，BBB 级至 A 级之间的债券称为投资级债券，B 级至 BB 级之间的债券称为次标准级债券，B 级以下的则称为投机级债券。

且在所有银行获得的信用评级中，仍然是最高的（见表8－10）。

表8－10 标准普尔2008年12月20日下调世界主要银行信用评级情况

序号	银行名称	银行中文名称	下调后	下调前
1	Bank of America NA	美国银行	AA⁻	AA
2	JPMorgan Chase Bank NA	摩根大通银行	AA⁻	AA
3	Barclays Bank	巴克莱银行	AA⁻	AA
4	Citibank NA	花旗银行	AA⁻	AA
5	Credit Suisse	瑞士信贷银行	A⁺	AA⁻
6	Deutsche Bank AG	德意志银行	A⁺	AA⁻
7	Goldman Sachs Group Inc.	高盛	A	AA⁻
8	Morgan Stanley	摩根斯坦利	A	A⁺
9	Royal Bank of Scotland Plc.	英格兰皇家银行	A⁺	AA⁻
10	UBS AG	瑞士联合银行	A⁺	AA⁻
11	Wells Fargo Bank NA	富国银行	AA⁺	AAA

资料来源：Herman，2008，“Jack，Standard & Poor's Downgrades 11 Top Financial Institutions”，*Bond Buyer*，Dec 22。

穆迪公司在1995年将富国银行的信用评级调升至AAA级时所发布的公告中，将其原因概括为：零售市场和中型企业市场的银行品牌价值（Strong Retail and Middle－Market Banking Franchise），收益在产品上和地域上的良好分散（Good Earnings Diversification by Product and Geography），核心收益的持续强劲增长（Consistently Robust Core Earnings），稳健的风险管理（Solid Risk Management），高度聚焦的销售文化（Highly Focused Sales Culture），财务管理与控制的加强（Strengthened Financial Management and Controls），母公司流动性的加强（Bolstered Parent Company Liquidity），双重杠杆的下降（Reduced Double Leverage）①，良好的公司治理（Good Corporate Governance）。

中诚信国际信用评级有限责任公司（简称中诚信国际）是我国最

① 母公司以长期债务的形式筹集资金，然后以股本形式注入金融子公司，此时所形成的财务杠杆称为双重财务杠杆。

早的信用评级公司之一。2006 年 10 月，穆迪收购中诚信国际 49% 的股权。与穆迪合资后，中诚信国际全面引入了穆迪的银行信用评级方法。2008 年 9 月，中诚信国际发布了运用新方法对我国 16 家银行进行的主动信用评级（见表 8 - 11）。中诚信国际的银行评级体系包括个体财务实力评级和综合财务实力评级两项内容。个体财务实力反映的是银行作为一个独立的个体，在没有任何外部支持的情况下偿还其债务的经济能力，而综合财务实力则是在个体财务实力的基础上，进一步融合了银行可能获得的外部支持以后的评级。对于同一家银行来说，其综合财务实力评级一般都会高于个体财务实力评级。

表 8 - 11　　2007—2008 年中国主要银行的信用评级

银行	2007 年 8 月				2008 年 9 月			
	综合财务实力评级	评级展望	个体财务实力评级	评级展望	综合财务实力评级	评级展望	个体财务实力评级	评级展望
中国工商银行	AAA	稳定	AA_i^-	稳定	AAA	稳定	AA_i	稳定
中国农业银行	AAA	稳定	BB_i	正面	AAA	稳定	BB_i	正面
中国建设银行	AAA	稳定	AA_i	稳定	AAA	稳定	AA_i	稳定
中国银行	AAA	稳定	AA_i^-	稳定	AAA	稳定	AA_i^-	稳定
交通银行	AAA	稳定	AA_i	稳定	AAA	稳定	AA_i	稳定
招商银行	AA^+	稳定	AA_i	稳定	AAA	稳定	AA_i^+	稳定
中信银行	AA	稳定	A_i^+	稳定	AAA	稳定	AA_i^-	稳定
上海浦东发展银行	AA	稳定	AA_i^-	稳定	AA^+	稳定	AA_i	稳定
中国光大银行*	A^-	正面	BBB_i	正面	AA^+	稳定	A_i^+	正面
兴业银行	AA^-	稳定	A_i^+	稳定	AA	稳定	AA_i^-	稳定
中国民生银行	A^+	稳定	A_i	稳定	AA	稳定	AA_i^-	稳定
华夏银行	A	稳定	A_i^-	稳定	A^+	稳定	A_i	稳定
广东发展银行	A^-	正面	BBB_i^+	正面	A^+	稳定	A_i	稳定
深圳发展银行	A^-	稳定	BBB_i^+	稳定	A	稳定	A_i^-	稳定
北京银行**	A^-	正面	A_i^-	正面	AA^-	稳定	A_i^+	稳定
上海银行	A^+	稳定	A_i	稳定	A^+	稳定	A_i	稳定

注：评级中的下标 i 表示个体财务实力评级。* 为 2008 年 5 月 4 日的调整结果，** 为 2007 年 10 月 19 日的调整结果。

资料来源：中诚信国际信用评级有限公司，http：//www. ccxi. com. cn。

三、财务实力评级

穆迪从1995年开始对银行财务实力进行评级。2007年2月，穆迪在广泛征求业界意见的基础上，发布了《银行财务实力评级：全球评级方法》（Bank Financial Strength Ratings: Global Methodology），对原有的银行财务实力评级方法进行了全面更新。为了区别对存款和其他债务的评级，穆迪对银行财务实力评级的符号是A、B、C、D、E五级，在每一级别中分别用“+”或“-”进行微调。

穆迪对银行财务实力的评价，主要考虑定性和定量两大类因素，定性因素包括特许权价值（Franchise Value）、风险状况（Risk Positioning）、监管环境（Regulatory Environment）和经营环境（Operating Environment）4个方面，定量因素也被称为财务基本面因素（Financial Fundamentals），具体包括盈利性（Profitability）、流动性（Liquidity）、资本充足性（Capital Adequacy）、经营效率（Efficiency）、资产质量（Asset Quality）以及最低分值项目（Lowest Score）6个方面。

对于上述两大类共10个主要方面的因素，穆迪分配了不同的权重，采用计分卡的形式，先对每一子因素进行评分，然后加权得到总分，并据以确定银行的最终信用级别。穆迪对不同市场的定量因素和定性因素所占比例确定了不同的值，即在对成熟市场中的银行进行评级时，定性因素和定量因素各占50%，而在对发展中市场中的银行进行评级时，定性因素占70%，而定量因素只占30%（参见本章第五节）。具体因素的权重也有所不同，具体请参见表8-12。我们下面以发展中市场的权重为例进行说明。

在定性因素中，特许权价值占10%，主要反映的是银行在其所经营地区和市场中的地位，具体分析时考虑的子因素包括市场份额及其稳定性（Market Share and Sustainability）、地理分散程度（Geographical Diversification）、收入稳定性（Earnings Stability）、收入分散程度（Earnings Diversification）等。

风险状况占定性因素的30%，主要反映银行承担并管理风险的能力和水平，具体分析时考虑的子因素有：公司治理（Corporate Governance），包括所有权复杂程度、组织复杂程度、核心人员风险、内部人风险、关联方风险等；控制与风险管理（Controls & Risk Management），包括风险治理、风险管理、风险量化、风险基础设施和情报、内部审计等；财务报告透明度（Financial Reporting Transparency），包括财务信息的国际可比较性、财务报告的频率和及时性、财务信息的质量等；信用风险集中度（Credit Risk Concentration），包括借款人集中度和行业集中度；流动性管理（Liquidity Management），包括非流动性资产（主要是贷款）所占比例、核心存款占全部负债的比重等；市场风险偏好（Market Risk Appetite），包括银行交易账户和银行账户对各种市场价格的敏感程度。

穆迪认为，监管当局的主要目标是保护存款人的利益，促进银行体系的稳定，从而促进经济发展，这表明，监管当局与银行存款人及其他债权人的利益是一致的，有效的监管能够促进银行稳健经营、降低风险，因此，穆迪将监管环境也包括进定性因素之中予以考虑，并且其权重高达30%。监管环境具体包括的因素很多，比如独立性（Independence）、监管标准（Regulatory Standards）、监督检查（Supervision）、强制实施有效性（Enforcement）、监管框架的成熟程度（Maturity of Regulatory Framework）、银行体系的健康程度（Health of Banking System）等，但由于这些因素相互之间有着非常复杂的联系，因此，穆迪并不是对这些因素先单独评估然后加权汇总，而是综合考虑上述因素后予以评定。

作为银行经营基础的经营环境占定性因素的30%，主要包括如下3个子因素：经济稳定性（Economic Stability），主要用本币名义GDP的标准差来度量；正直与腐败程度（Integrity and Corruption），主要根据世界银行发布的该国（地区）的“腐败控制指数”（Indicator on Control of Corruption）来度量；法律体系（Legal System），主要用典型情况下银行在住房抵押贷款借款人违约后获得抵押品的时间来度量。

定量因素主要是反映银行财务状况的一些指标。反映银行盈利性的指标主要有两个，一是提取准备金前的税前利润与平均风险加权资产的比率，二是净收入与平均风险加权资产的比率；反映流动性的指标，包括借入资金与流动资产之间的差额与总资产之间的比率，以及定性因素中风险管理状况项下流动性管理的评分；反映资本充足性的指标，包括一级资本比率，以及有形股权与加权风险资产之间的比率；反映经营效率的指标是成本收入比；反映资产质量的指标，包括问题贷款与贷款总额之间的比率，以及不良贷款与权益加贷款损失准备金之间的比率。上述5个方面9个指标共占定量因素分析的70%，而其余30%的权重分配给前述5个子因素中得分最低的子因素，以反映得分最低子项目对信用级别有着更大影响这一事实，同时，也能降低隐含在定量因素分析中不可避免的稀释效应。

穆迪除分析了上述定性与定量因素之外，还要额外分析银行的经济破产比率（Economic Insolvency Ratio）。经济破产与法律意义上的破产不同，是指在短期内银行解决其问题贷款所需要的资本超过了银行实际持有的资本。经济破产比率在数值上等于 {1 − [0.5×问题贷款÷（所有者权益+贷款损失准备金）]} ×一级资本。如果经济破产比率低于4%，那么银行财务实力评级将自动降为D级或D级以下级别，如果低于−2%，银行将被评级为E，而不管前述定性因素和定量因素的评分是多少。因此，经济破产比率对银行评级具有"一票否决"意味的决定性作用，凸显了银行资本对银行评级的重要性。

表8-12　　　　穆迪银行财务实力评级计分卡

因素	权重		子因素	权重		子因素/指标	权重	
	A	B		A	B		A	B
定性因素	50%	70%	特许权价值	20%	7%	市场份额及其稳定性	5%	1.75%
						地理分散程度	5%	1.75%
						收入稳定性	5%	1.75%
						收入分散程度	5%	1.75%
			风险状况	20%	21%	公司治理	3%	3.5%
						控制与风险管理	3.33%	3.5%
						财务报告透明度	3.33%	3.5%
						信用风险集中度	3.33%	3.5%
						风险管理状况项下流动性管理的评分	3.33%	3.5%
						市场风险偏好	3.33%	3.5%
			监管环境	5%	21%	监管环境	5%	21.0%
			经营环境	5%	21%	经济稳定	1.7%	7.0%
						正直与腐败	1.7%	7.0%
						法律体系	1.7%	7.0%

续表

因素	权重		子因素	权重		子因素/指标	权重	
	A	B		A	B		A	B
定量因素	50%	30%	盈利性	7.9%	4.7%	提取准备金前税前利润与平均风险加权资产的比率	3.9%	2.35%
						净收入与平均加权风险资产的比率	3.9%	2.35%
			流动性	7.9%	4.7%	借入资金与流动资产之间的差额与总资产之间的比例	2.8%	2.1%
						流动性管理	5.1%	2.6%
			资本充足性	7.9%	4.7%	一级资本比率	3.9%	2.35%
						有形股权与加权风险资产之间的比例	3.9%	2.35%
			经营效率	3.59%	2.1%	成本收入比	3.5%	2.1%
			资产质量	7.9%	4.7%	问题贷款与贷款总额之间的比率	3.9%	2.4%
						不良贷款与权益加贷款损失准备金之间的比率	3.9%	2.4%
			最低分值子项目	15%	9%	综合财务比率中最低的子因素	15%	9%

注：表中 A 为成熟市场，B 为发展中市场。

资料来源：Moody's Investors Service，Inc.，*Bank Financial Strength Ratings*：*Global Methodology*，http：// www.moodys.com。

在穆迪评价银行财务实力的各项因素中，特许权价值、风险状况和财务状况（定量因素）可由银行自身控制，但监管环境和经营环境却是不受银行直接控制的。因此，商业银行要在财务实力评级中获得比较高的级别，既需要不断提升自身的管理水平和经营绩效，也需要整个监管环境和社会经济环境的不断改善。

四、外部支持评级

由于银行尤其是银行存款的特殊性，几乎每个国家（和地区）的政府都会为银行建立一个安全网，在银行陷入困境时对其提供一定的支持，或者要求其股东提供必要的支持。因此，银行到期偿还其债务（尤其是存款）的能力，不仅取决于其内在的财务实力，还取决于其可能获得的外部支持。

2007 年 2 月，穆迪在发布《银行财务实力评级：全球评级方法》

的同时，发布了《将联合违约分析纳入穆迪银行评级方法》（Incorporation of Joint - Default Analysis into Moody's Bank Rating Methodology），并于次月发布了该文件的修正稿（A Refined Methodology），建立了一套完整的银行外部支持评估体系，并将其称为联合违约分析（Joint - Default Analysis），表明银行违约不仅仅是银行本身的违约，同时还是其支持方的违约。

穆迪评级时所考虑的银行潜在的外部支持主要有四个来源，即母公司、合作集团、地方政府以及中央政府。与中诚信国际的做法不同，穆迪考虑的外部支持突出地反映在对银行偿付存款的支持上，所以穆迪在银行财务实力评级的基础上，融入外部支持获得的存款评级（而不是像中诚信国际那样得到的是综合财务实力评级）；同时，又由于外币存款除了面临与本币存款相同的风险以外还面临额外的国家风险，因此，穆迪分别对本币存款和外币存款进行评级。

外部支持对银行本币存款评级的影响主要取决于三个因素，一是支持方提供支持的能力，用支持方的评级来衡量；二是支持方提供支持的意愿，用支持方在需要时提供支持的概率 S 来衡量；三是支持方与评级对象之间的违约相关性 W。

穆迪对本币存款评级的程序如图 8 - 1 所示。首先是在银行财务实力的基础上，映射出银行基础评级，然后再经过四个阶段，分别考查母公司、合作集团、地方政府和中央政府提供支持的能力、意愿及其与评级对象的违约相关性，得到每个阶段的存款评级结论。上一阶段的评级结果是下一阶段评级的基础评级。如果四个阶段中某一阶段所对应的外部支持不存在，那么该项外部支持的概率 S 为零，对评级结果就没有任何影响。在最后一个阶段中，衡量中央政府支持能力的是穆迪为每个国家（或地区）所确定的本币存款评级上限，第四个阶段的评级如果在此上限之下，即为最后评级，如果超过此上限，最后评级为该上限。在本币存款评级的基础上，再加上国家风险的调整（外币存款评级上限）即为外币银行存款的评级。

穆迪在其 2008 年 2 月发布的《中国银行信用风险意见》中，仍然维持了中国银行的本币存款评级 A1，与中国本币存款上限一致，其原因是：“中国银行是中国第四大银行，贷款和存款分别占整个中国银行

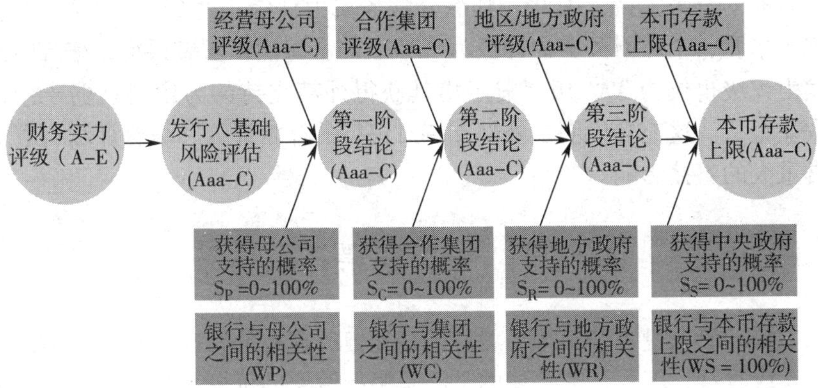

资料来源：Moody's Investors Service, Inc. , *Incorporation of Joint - Default Analysis into Moody's Bank Ratings*：*A Refined Methodology*, http：// www. moodys. com.

图 8－1　穆迪本币存款评级流程

业的 11% 和 8%，如果像中国银行这样的重要机构倒闭或违约将可能引发整个中国银行业的重大危机。[①]”相比较来看，与中国银行财务实力 D^- 评级相对应的基础风险评级为 Ba3 级，因此，外部支持使中国银行的评级提升了 7 个档次。[②]

2007 年 1 月，穆迪将中国银行的外币存款评级从 A2 级调升为 A1 级，并一直维持此评级至本文定稿之时。此次调升的原因主要是此前不久穆迪将中国的长期外币主权评级和银行外币存款上限从 A2 级调升到了 A1 级，以反映当时中国官方外汇储备大幅增长、对外偿债能力提升、改制上市增强银行财务实力的事实。

从表 8－11 中可以看到，中诚信国际 2008 年对我国五大国有商业银行的综合评级均为 AAA 级。尚未完成改制上市的中国农业银行的个体财务实力评级虽然仅为 BB_i 级，但由于仍为中国政府全资拥有，加上其巨大的规模以及为“三农”服务的重要性，使其在需要时能得到中

① Moody's Investors Service, Inc. , *Credit Opinion*：*Bank of China Limited*, 21 February 2008, http：// www. moodys. com.

② 从 Ba3 级到 A1 级的评级按从低到高的顺序是：Ba3、Ba2、Ba1、Baa3、Baa2、Baa1、A3、A2、A1。

国政府的全力支持，因此，其综合财务实力评级仍达到了 AAA 级。相比较来看，个体财务实力评级为 AA_i 级的上海浦东发展银行，综合财务实力评级也仅为 AA^+ 级，显示出其获得外部支持的力度要远弱于中国农业银行。这充分说明了外部支持对银行的存款评级和综合评级有着非常重大的直接影响。

第四节 银行股票评级体系

银行股东投资于银行，关心的是在银行现有的管理框架内是不是能够获取收益，因此，它关注的重心是银行股票的价格及其变化趋势。高盛的 GS CAMELOT 体系就是用来评估亚洲商业银行股票价格的专门模型。

一、银行股票价格确定的一般公式

与其他任何金融资产一样，股票代表的是对未来收益的请求权，因此，股票的价格也等于其未来现金流的折现，用公式表示即为

$$\text{银行股票的价格}(P_0) = \frac{\text{预期未来股息流}}{\text{贴现因子}} = \sum_{t=0}^{\infty} \frac{E(D_t)}{(1+r)^t} \tag{8-1}$$

其中，$E(D_t)$ 是股东未来预期能够在第 t 期获得的股息，r 是与银行的风险水平相对应的资本收益率。

式（8-1）适用于每期股息不同的股票。如果银行股息按一固定的比率（比如 g）增长，那么式（8-1）就可以简化为（式中其他符号的含义同上式）

$$\text{银行股票的价格}(P_0) = \frac{\text{第一期股息}}{\text{贴现率}-\text{股息增长率}} = \frac{D_1}{r-g} \tag{8-2}$$

式（8-1）和式（8-2）均假设银行会无限期地支付股息，但大多数资本市场投资者都有一个持有期限，一般会在计划投资期末出售银行股票。假设投资者会持有 n 期，第 n 期股票的价格为 P_n，那么，银行股票的价格公式变为

$$银行股票的价格(P_0)=\frac{预期未来至第\,n\,期的股息流}{贴现因子}+\frac{股票第\,n\,期的价格}{贴现因子}$$

$$=\sum_{t=0}^{n}\frac{D_t}{(1+r)^t}+\frac{P_n}{(1+r)^n} \qquad (8-3)$$

投资者在这 n 期中持有该股票的收益包括两个部分，一部分是所获得的股息（即 D_1，D_2，…，D_n），另一部分是资本利得（即 P_n-P_0）。

从上述公式中我们可以看到，银行股票的价格取决于两个因素，一是预期股息，二是银行风险水平。这两个因素可称为基本面因素。

银行股票的价格除了受其基本面因素的影响以外，还会受到该股票的流动性、股票市场的总体状况等市场因素的影响，这也是投资者在评估银行股票价格时需要考虑的。

二、高盛的 GS CAMELOT 体系

著名投资银行高盛（Goldman Sachs，GS）以监管当局广泛应用的 CAMELS 体系为基础，开发了一个专门用于评估亚洲银行真实价值的体系，简称为 GS CAMELOT 体系。①

这个体系总共包括 9 个要素，分为两类。第一类包括 7 个要素，即资本充足状况（Capital Adequacy），资产质量（Asset Quality），管理（Management），盈利水平、质量及稳定性（Earnings Level，Quality，Stability），流动性（Liquidity），经营和监管环境（Operating and Regulatory Environment），透明度和信息披露（Transparency and Disclosures）。这 7 个要素的英文首字母组成 CAMELOT，成为对这 7 个要素的统称。

在运用 CAMELOT 时，先对每个要素进行评级，评级结果用 1 级至 10 级表示，数字越大表示级别越低（质量越差）。在要素评级的基础上，再对每个要素评级的结果进行加权平均，得到综合评级。各要素的权重是：资本充足状况占 15%，资产质量占 25%，管理占 20%，盈利占 15%，流动性占 5%，经营及监管环境占 15%，透明度占 5%。

相对于 CAMEL 体系，高盛在其 CAMELOT 体系中增加了经营及监

---

① Goldman Sachs，1997，"Valuing Banks in Asia"，*Asia Banking Research*，http://www.gs.com.

管环境、透明度两个因素，原因在于，高盛认为，亚洲某些国家和地区的银行审慎监管标准（尤其是不良贷款标准）要低于国际惯例，银行业仍然受到较高程度的保护，银行业的透明度和信息披露水平差异很大，这些因素会直接影响银行的盈利能力，进而影响其股票价格。

CAMELOT 主要用于评估银行的质量，并据以确定该银行相应的资本回报率，即前述式（8－1）、式（8－2）、式（8－3）中的 r。

GS CAMELOT 体系的第二类因素包括两个方面，一是增长前景（Growth Prospects），二是考虑股票流动性、特许经营权价值和市场气氛时的主观调整因素（Subjective Overrides for Share Liquidity，Franchise Value，Sentiment）。这两个因素，前者主要用于预测银行未来的股息增长率，即确定前述式（8－1）、式（8－2）、式（8－3）中的 D，而后者则是通过考查基本面以外的市场因素来对 CAMELOT 所得结果进行调整。这两个因素的英文首字母连在一起是 GS，正好与高盛英文名称的缩写 GS 一致，因此，与 CAMELOT 组合在一起，并放在前面，成为 GS CAMELOT，用以命名整个评估体系。

高盛把对上市银行股票的评级结果分为五等，即推荐股票名单（Recommended List，RL）、盘中择机买进（Trading Buy，TB）、超越市场表现（Market Outperformer，MO）、表现平平（Market Performer，MP）和低于市场表现（Market Underperformer，MU）。

第五节　银行绩效外部评价体系的比较

一、评价导向性比较

外部绩效评价的目的是引导评价对象向评价主体希望的方向发展，因此，任何外部绩效评价体系都有着明确的导向性，都希望评价主体能够将这一标准融入到其内部绩效考核体系之中。

财政部开展“金融类国有及国有控股企业绩效评价”的目的，是建立一套“对金融企业盈利能力和资产运营质量”进行有效评价，以便“诊断金融企业经营管理中存在的问题”，并“引导金融企业高效营运的绩效评价体系”，从而改变“金融企业重视当期利润目标和薪酬，却忽视持续发展能力和市场竞争力的培养，存在短期行为”的问题。[①] 因此，财政部评价体系的侧重点是引导银行注重财务绩效、重视发展的可持续性。由于财政部评级的结果是“确定金融企业负责人薪酬”的“重要依据”，因此，银行在设计其内部绩效考核体系时，有动力充分考虑到这个体系的要求。但是，由于标准值的公布及评价和反馈时间的严重滞后，财政部评价体系对银行实际经营管理的指导作用极其有限。同时，正如第一节中2007年和2008年实际测算结果显示，利润指标对评价结果有决定性的影响，因此，这一体系实际实施的结果如果真正发挥作用的话，也会是引导银行更加重视当前利润，而无法实现其前述目的。

中国银监会发布《商业银行监管评级内部指引（试行）》、建立CAMELS+体系的目的，一是使监管当局能够全面掌握商业银行的风险状况，以及时识别、判断银行的风险状况和严重程度；二是使监管机构能够合理配置监管资源，提高监管效率；三是有利于监管机构实施分类监管，针对性地采取监管措施，提高监管有效性。因此，银监会评价体系的侧重点是引导银行重视风险防范、保持经营的稳健性。同时，监管评级结果的强制性大大强化了其导向作用，迫使银行将监管评级体系完全融入其内部绩效考核体系之中。

银行信用评级体系是外部独立评级机构从债务人的角度来衡量银行偿还到期债务的风险程度，因此，与监管评级体系一样，银行信用评级体系也会在客观上起到引导银行重视风险管理、增强安全性的目的。但是，由于影响银行信用评级的因素除了其自身经营管理能力和状况以外，还有很多银行自身无法控制的外部环境因素，因此，银行通常只是将信用评级结果作为广告宣传的一项内容，并不会将其融入内部绩效考核体系。

银行股票评级体系是站在股票投资者的角度，分析、比较其股票市场价格与真实价值之间的差异，从而为投资者买卖股票服务的。这与信用评级机构的评级有很多相似的地方，都是为投资者服务的，只不过信

① 《开展绩效评价工作，促进金融企业健康发展——财政部金融司司长孙晓霞就〈金融类国有及国有控股企业绩效评价暂行办法〉答记者问》，财政部网站。

用评级的服务对象是债权人，而股票评级的服务对象是股东。相对于信用评级来说，股票评级对银行尤其是对银行高管的影响更为直接，因为很多上市银行都实施了股票期权制度，股票价格的变化会直接影响这些高管人员的报酬，因此，股票评级体系虽然不具强制性，但其导向作用也非常明显。

虽然前述四类银行绩效外部评价体系都有着明确的导向性，但是否能够真正实现其预期的目的，使评价对象向其期望的方向发展，还要取决于其评价维度、评价方法和评价信息基础。

二、评价维度比较

评价维度是选择绩效评价的核心，它从根本上取决于绩效决定因素。一个理想的绩效评价体系，应该能充分反映决定银行绩效的所有因素。

1997 年 5 月，美国沃顿金融机构研究中心（Wharton Financial Institutions Center）举办了一次颇具影响力的研讨会，专门研究金融机构的经营绩效问题。与会的主要论文在会后以《金融机构的经营绩效》（Performance of Financial Institutions）为名结集出版。在该书的综述性介绍《到底是什么因素决定金融机构的经营绩效?》一文中，将决定金融机构经营绩效的因素概括为三大类，即战略、战略执行和环境。

1992 年，美国银行管理学院（Bank Administration Institute）进行了一次规模宏大的调查，得出结论认为，一家银行获得成功的主要因素包括：经营灵活，能对环境变化及时作出反应；能根据客户的需求和期望进行及时调整；能够迅速改变提供服务的能力，增加客户获得服务的渠道；能通过优秀人才和系统迅速引入创新产品；能有效地将产品与客户期望结合起来。该项研究最后的结论是，“先进银行同时在市场营销、日常经营、组织结构和人力资源管理四个方面都非常出色”。[①]

我国《卓越绩效评价准则》将一个组织的绩效评价所应涵盖的因素概括为 7 个方面：（1）领导，包括高层领导的作用、银行的治理、

① A. V. Roth and M. Van Der Velde, 1992, *World Class Banking: Benchmarking the Strategies of Retail Banking Leaders*. Bank Administration Institute.

银行绩效的评审以及社会责任；（2）战略，包括战略制定和战略部署；（3）顾客与市场，包括对顾客和市场的了解，以及顾客关系的建立与对顾客满意的测量；（4）资源，包括人力资源、财务资源、基础设施、信息、技术和相关方关系；（5）过程管理，包括价值创造过程、支持过程；（6）测量、分析与改进，包括绩效测量与分析、信息和知识的管理及改进；（7）经营结果，包括顾客与市场的结果、财务结果、资源结果、过程有效性结果、银行的治理和社会责任结果。

因此，决定银行经营绩效的因素非常宽泛，在设计绩效评价体系时，需要尽可能包含所有重要的因素。在前述4个银行绩效外部评价体系中，银行信用评级考虑的因素最为宽泛，股票评级体系其次，监管评级体系再次，而财政部评价体系最为简单，只包括10个几乎完全基于财务数据的纯量化评价指标，不仅未能包括反映银行增长潜力的前瞻性指标，也未能包括反映银行风险管理水平这一核心能力以及对银行经营管理有着决定性影响的外部经营环境的影响，因此，这一体系可能无法实现其导向性目标。

三、评价方法比较

从第二节至第四节所介绍的监管评级、信用评级和股票评级体系中可以看出，在评价方法上，三个体系均采用了定量分析和定性分析相结合的方法，而且定性分析还占据着主要地位。

在银监会建立的CAMELS+体系中，在对6个单项要素进行评级时，除了管理这个要素的评级结果完全取决于定性因素以外，其他5个要素的评级结果均是定量指标和定性因素的算术加权结果，其中，定量指标和定性因素的权重分别为60%和40%，在对各要素的评级结果加权汇总得出综合评级时，管理这个要素占25%。综合起来看，在决定一家银行最终评级的因素中，定性因素所占比例达到了55%（=25%+40%×75%）。

穆迪的银行评级体系也是定性因素和定量因素的有机结合。考虑到成熟市场中银行的财务报告比较准确，监管比较严格，外部投资者从公开渠道得到的财务数据比较可靠，而发展中市场的经济波动性要高一些，财务报告的准确程度和监管有效性相对要低一些，因此，穆迪针对成熟市场和发展中市场分别确定了不同的权重：在对成熟市场中的银行进行评级时，定性因素和定量因素各占50%，而在对发展中市场中的银行进行评级时，定性因素占到了70%，而主要依据公开披露财务数据确定的定量因素仅占30%。实际上，穆迪一直在强调其重视定性分析的基本原则："信用评级绝对不是仅仅依据一系列指标或模型就能够完成的，它是在对每一个案进行全面、综合分析的基础上，依赖于分析师丰富的经验、广博的知识和公正的立场得出的。"①

毫不奇怪，高盛在运用其GS CAMELOT体系时也非常强调主观性因素："在我们的评估体系中，有相当部分是主观性的。在CAMELOT评分中，占比25%的资产，占比20%的管理，以及经营环境、审慎监管标准、可持续增长假设、CAMELOT趋势预测等，基本上都是主观性的。""虽然依赖于数字可以保证客观性，有助于避免偏见及错误预测，但我们坚决抵制这一诱惑，仍然坚持我们一直强调的主观性，因为我们知道，在投资于一家银行时，真正重要的是那些看不见的东西，比如资产质量、管理层的品质等。"②

相比较来看，仅财政部的银行绩效评价体系完全采取定量分析的方法。其优点是显而易见的，操作比较简单，而且能够确保客观，但其缺点却是根本性的，因为其结果可能是如下两者之一：一是评价结果没有任何价值，即无法将不同银行的经营绩效区分开来；二是正如高考以分数为唯一标准而扼杀学生的创造性一样，利润对绩效评价结果的决策性影响反而可能导致银行行为更趋于短期化，从而出现事与愿违的结果。

参考文献

[1] 何自云：《超越期望：打造客户眼中的好银行》，载《当代金融家》，2008(3)。

[2] 何自云：《风险为本：打造监管当局眼中的好银行》，载《当代金融家》，2008(5)。

---

① 中诚信国际信用评级有限公司：《信用评级的国际实践及其对中国的借鉴》，http://www.ccxi.com.cn。

② Goldman Sachs，1997，"Valuing Banks in Asia"，*Asia Banking Research*，http://www.gs.com.

［3］何自云：《好银行的标准》，载《中国金融》，2008（19）。

［4］何自云：《获取利润：打造管理者眼中的好银行》，载《当代金融家》，2008（7）。

［5］何自云：《提高潜力：打造投资者眼中的好银行》，载《当代金融家》，2008（8）。

［6］何自云：《以人为本：打造员工眼中的好银行》，载《当代金融家》，2008（6）。

［7］何自云：《自助天助：打造评级机构眼中的好银行》，载《当代金融家》，2008（9）。

［8］中诚信国际信用评级有限公司：《2007—2008 年中国主要银行的信用评级》，http：//www. ccxi. com. cn。

［9］中诚信国际信用评级有限公司：《信用评级的国际实践及其对中国的借鉴》，http：//www. ccxi. com. cn。

［10］中国财政部：《金融类国有及国有控股企业绩效评价暂行办法》，2009，http：//www. mof. gov. cn。

［11］中国银监会：《商业银行监管评级内部指引（试行）》，2005，http：//www. cbrc. gov. cn.

［12］Financial Services Authority，1997，*Risk Based Approach to Supervision of Banks*，http：// www. fsa. gov. uk.

［13］Goldman Sachs，1997，"Valuing Banks in Asia"，*Asia Banking Research*，http：//www. gs. com.

［14］Goldman Sachs，1997，"Valuing Banks in Asia，" *Asia Banking Research*，http：//www. gs. com.

［15］Herman，2008，"Jack，Standard & Poor's Downgrades 11 Top Financial Institutions"，*Bond Buyer*，Dec 22.

［16］Moody's Investors Service，Inc.，*Bank Financial Strength Ratings*：*Global Methodology*，http：//www. moodys. com.

［17］Moody's Investors Service，Inc.，*Credit Opinion*：*Bank of China Limited*，21 February 2008，http：//www. moodys. com.

［18］Moody's Investors Service，Inc.，*Incorporation of Joint – Default Analysis into Moody's Bank Ratings*：*A Refined Methodology*，http：//www. moodys. com.

［19］V. Roth and M. Van Der Velde，1992，*World Class Banking*：*Benchmarking the Strategies of Retail Banking Leaders.* Bank Administration Institute.

第九章　全球化背景下的商业银行跨国经营

第二次世界大战结束至今，跨国银行和跨国公司一起成为支撑世界经济的两大支柱。传统上，大多数学者和国际组织往往将跨国银行放在跨国公司框架下进行研究，对其的定义也往往是比照跨国公司的定义。如 Robinson1972 年将跨国银行定义为：……在多个国家经营银行或从事银行业务。又如 1984 年，联合国在一份调查报告中曾指出，跨国公司（包括跨国银行）是设在两个或两个以上国家的实体，其在一个决策体系下进行经营，各实体之间通过股权或其他形式具有紧密联系。Casson1990 年在一篇著名论文中则认为，跨国银行只不过是一家在两个或两个以上国家拥有或控制银行业务的银行。我们认为，跨国银行最本质的地方在于其业务开展得跨国界性。当一国银行到国外设立分支机构并从事存、贷、汇、兑等银行业务时，这家银行也就成为了跨国银行。因此，就外延而言，跨国银行属于国际银行。两者的最大不同在于，国际银行划分的标准是三维的，是对服务对象、国别和货币种类等综合考虑的结果，而跨国银行划分的标准是一维的，即业务经营的多国性。

第一节　商业银行的跨国经营理论

对商业银行跨国经营（跨国银行）的研究，可在两个框架下考虑。一是将跨国银行视为跨国公司的一种，银行的跨国经营也便视做企业的对外投资，在此框架下，对银行垄断优势的取得、内部化因素以及资金短缺的发展中国家的对外投资等进行专门研究。另一个框架则突出了金融业务的独特性，对金融服务跨国经营优势进行专门研究，如国际生产折中理论及众多实证研究结果。

一、直接投资理论

早期的理论研究将跨国银行视为跨国公司的一个特例，而对跨国公司的研究则主要是从直接投资角度进行的，有三大流派。

（一）垄断优势理论

垄断优势理论由 Hymer 最早提出，后经 Kindleberger 和 Caves 的发展形成理论体系。该理论认为，国内市场和国际市场的不完全性特点造成了跨国公司具有相应的垄断优势，如专有技术、管理经验、融资渠道和销售能力等。然而，它无法解释自 20 世纪 60 年代以来发达国家许多无垄断优势的中小企业和广大发展中国家的企业开展对外直接投资的事实。

（二）产品周期理论

Vernon1960 年在垄断优势理论的基础上，提出了产品周期理论。他认为，产品在市场上呈现周期性特性，该周期大体可分为三个阶段——创新阶段、成熟阶段和标准化阶段，各个阶段与企业的区位决策、出口抑制或国外生产决策均有联系。在不同的阶段，企业应采取不同的投资战略。在产品成熟尤其是标准化以后，企业应以国际直接投资的方式将生产转移到工资低和成本小的地区，替代产品的出口。该理论将企业的垄断优势与区位优势相结合，动态描述了跨国公司对外直接投资的原因。然而，就其应用范围来讲，该理论难以解释在非代替出口的工业领域方面投资增加的现象，也不能说明对外直接投资的发展趋势，以及为了适应东道国市场而将产品加以改进和多样化的趋势。

（三）内部化理论

内部化理论由 Buckley、Casson 及 Rugman 提出，从自由市场非完全性出发，分析现代跨国公司的兴起和外国直接投资现象的出现。该理论认为，现代跨国公司是市场内部化过程的产物。所谓市场内部化是指外部市场机制造成了中间产品（如原材料、半成品、技术、知识、经验等）交易的低效率。为改变这种低效率，企业通过其有效的组织手段——行政结构，将中间产品的外部市场内部化。当开辟内部市场的行动跨越国界时，就出现了跨国公司。正是内部化的动机，促使企业进行国际直接投资。具体到跨国银行方面，主要的内部化因素有：管制规避、规模经济和范围经济、银行客户关系、信息等。显然，内部化理论涉及了跨国银行的性质和起源，对跨国银行为什么和如何进行海外扩张进行了较为合理的解释。但内部化理论过于看重跨国银行的盈利动机在海外扩张中的重要性，而忽视了东道国本身因素对跨国银行扩张的影响。

二、发展中国家的对外投资理论

随着20世纪80年代以来新兴工业化国家在国际直接投资领域的异军突起，诸多疑问凸显：发展中国家在普遍存在资本缺口的情况下，何以能有资金来对外投资？经济落后国家的企业如何拥有竞争优势？对于这些问题，传统的各种理论显然不能充分科学地解释，于是许多学者针对发展中国家的现实和特点，提出了发展中国家对外投资理论。

（一）资本相对过度积累理论

资本相对过度积累理论由前苏联学者阿勃利兹若伊利提出，他认为，发展中国家往往同时存在传统落后的农业部门与采用较新技术的现代工业部门，同时“二元经济结构”在技术水平、劳动生产率、经济组织形式上的差距使产业间的联系减弱。此外，传统农业部门由于在供给和需求上的低弹性，无法对现代工业部门提供的经济发展机会作出及时有效的反应，产业间的差距进一步扩大。因而，发展中国家在现代工业部门未达到规模效益要求的情况下，出现了结构性供给过剩乃至个别行业或企业的相对过度资本积累或相对资金富余，对外投资就成为可能。

（二）小规模技术理论

Wells摒弃了那种只能依赖垄断的技术优势打入国际市场的传统观点，将发展中国家对外直接投资竞争优势的产生与这些国家自身的市场特征有机结合起来，从而为经济落后国家对外直接投资提供了理论依据。发展中国家跨国企业的比较优势在于：（1）拥有为小市场提供服务的小规模生产技术。（2）发展中国家在民族产品的海外生产上具有优势。（3）低价产品营销战略。该理论指出世界市场是多元化、多层次的，即使是那些技术不够先进、经营范围和生产规模不够庞大的企业，参与对外直接投资仍有很强的经济动力和较大的市场空间。但该理论也有局限性和片面性，如它将发展中国家跨国公司的竞争优势局限于小规模生产技术的使用上，这样可能会导致它们在国际生产体系中的位置永远处于边缘地带和产品生命周期的最后阶段。此外，该理论很难解释发展中国家高新技术企业的对外投资行为，也无法解释当今发展中国家对发达国家的直接投资日趋增长的现象。

（三）技术地方化理论

Lall 认为，发展中国家跨国公司的技术特征尽管表现为规模小、使用标准化技术和劳动密集型技术，但这种技术的形成却包含着企业内在的创新活动。导致发展中国家能够形成和发展自己独特优势的因素，主要有以下几个：（1）在不同于发达国家的环境下，发展中国家将引进的技术、知识结合本国的要素价格及其质量进行当地化，使其产品在当地或邻国市场上产生竞争优势；（2）发展中国家的企业竞争优势不仅来自其生产过程和产品与当地的供给条件、需求条件紧密结合，更来自创新活动中所产生的技术在小规模生产条件下具有更高的经济效益；（3）从产品特征上看，发展中国家的企业往往能开发出与名牌产品不同的消费品，特别是当东道国市场较大、消费者的品位和购买能力有很大差别时，来自发展中国家的产品仍有一定的竞争力。该理论从微观层次证明了发展中国家可以以比较优势参与国际生产和经营活动，而忽视了发展中国家的政府在企业国际化进程中的作用。

（四）技术创新和产业升级理论

坎特威尔教授与他的弟子托兰惕诺共同对发展中国家对外直接投资问题进行了系统的考察，提出了发展中国家技术创新和产业升级理论。他们认为，发展中国家跨国公司对外直接投资受其国内产业结构和内生技术创新能力的影响，其对外直接投资的产业分布和地理分布随时间的推移而逐渐变化，且可以预测。在产业分布上，首先是以自然资源开发为主的纵向一体化生产活动，然后是以进口替代和出口导向为主的横向一体化生产活动；在地理分布上，发展中国家的企业在很大程度上受“心理距离”的影响，其投资方向遵循周边国家——发展中国家——发达国家的渐进发展轨道；在对外投资方面，它们已不再局限于传统产业和传统产品，而开始从事高科技领域的生产开发活动。

三、国际生产折中理论

Dunning 于 1977 年提出了国际生产折中理论，他认为，跨国公司进行国际直接投资是由所有权优势、内部化优势以及区位优势（Ownership－Internalization－Location，OIL 模式）这三个基本因素综合决定的。

（一）所有权优势

所有权优势表现为企业所拥有的某些无形资产，特别是专利、专有技术和其他知识产权。由于国际专利制度或技术本身的复杂性，使得该企业在某个时期在这些资产的拥有上具有排他性的权利。Dunning 认为，仅仅具有所有权优势并不导致企业一定作出对外直接投资的选择。在其他两种优势不具备的条件下，出口和非股权的技术转让也是实现所有权优势的可行途径。

（二）内部化优势

内部化优势是指拥有无形资产所有权优势的企业，通过扩大自己的组织和经营活动，将对这些优势的使用内部化的能力。内部化使用，可以比非股权式的转让带给无形资产所有者以更多的潜在利益。但同时具有所有权优势和内部化优势的企业也并非一定选择对外直接投资，因为它们也可以通过在国内扩大规模然后出口来获得充分报偿。所以，这两项优势只是企业对外直接投资的必要条件，而非充分条件。

（三）区位优势

区位优势是指特定国家或地区存在的阻碍出口而不得不选择直接投资，或者是使直接投资比出口更有利的各种因素。前者如关税和非关税贸易壁垒，后者如劳动成本相对便宜、优惠的吸引外资政策等。区位优势是造成对外直接投资的充分条件。当一个企业同时具备前两种优势，并能确认获得特定国家或地区的区位优势时，对外直接投资常常是企业不可避免的选择，当然这也是对企业最有利的选择。

表 9－1　　　　跨国金融服务业三种优势

行业	所有权优势	内部化优势	区位优势
商业银行	联络多国客户、外国客户的途径 专业技能 融资途径 有效的网络分布 储存货币的内在价值	质量控制 范围经济 协调资本流动经济 国际套汇的重要性	个人对个人接触的要求 政府管制 集约化的高价活动 对外经营的低成本 人文差异
保险业	保险人的信誉、形象 范围经济和规模经济 专业技能 联络多国客户的途径	分散风险组合经济 分保大额保险的需要 默契知识 政府对当地参股的要求	与被保险人密切联系的需求 在大保险商中的寡占策略 政府禁止直接进入自由贸易的程度 集约化经济
投资银行	信誉和专业技能 巨额资本基础 与国际资本市场交往的知识和联系 金融创新	提供服务的精致和有机特征 对交易和政治风险提供保护 对全球投资策略的需求 质量控制	与客户密切联系的需求 与国际资本/金融市场和主要竞争者密切联系的需求 有高技能的员工队伍

20 世纪 80 年代初，Dunning 又提出了发展水平理论。该理论是国际生产折中理论在发展中国家的运用和延续。他认为，发展中国家的对外直接投资倾向取决于：（1）经济发展阶段；（2）该国所拥有的所有权优势、内部化优势和区域优势，即在三因素的基础上增加了经济发展阶段这一因素。根据人均国民生产总值，Dunning 区分了 4 个经济发展阶段：第一阶段，人均国民生产总值在 400 美元以下。处于这一阶段的国家只有少量的外来直接投资，完全没有对外直接投资。第二阶段，人均国民生产总值在 400 ~ 2 000 美元，外国对本国的投资量有所增加，而本国对外直接投资保持在较低水平，从而净对外直接投资呈负数增长。在经济发展的第三阶段，人均国民生产总值在 2 000 ~ 4 750 美元。在这一阶段，外国对本国的直接投资量仍然大于其对外直接投资量，不过两者之间的差距缩小，对外直接投资明显增加。处于经济发展第四阶段（人均国民生产总值超过 4

750 美元）的国家其净对外直接投资呈正数增长。通过这一理论，Dunning 将经济发展周期与企业竞争优势因素相结合，说明某国的国际投资地位怎样随其竞争优势的消长而变化。世界上发达国家和发展中国家国际投资地位的变化大体上符合这一趋势。

第二节　跨国银行的产生动因

一、跨国银行产生动因的理论分析

跨国银行产生的动因也就是商业银行跨国经营的原因，即银行开拓海外市场、实现跨国经营的经济动机和原因。理论界对这一问题的研究早已展开，大致将动因归结为银行—客户关系、经营管理诀窍、区位优势、规模经济和范围经济四类。在对跨国银行动因的理论研究中，比较有影响的有内化理论、国际生产折中理论、比较优势理论、一体化理论和防御性扩张理论等。明确跨国银行的动因对于银行实施跨国经营战略非常重要，出于不同的动因，其经营战略、经营模式、实现路径等都有所不同。

（一）银行—客户关系

金融服务业的基础是国际生产、国际贸易和国际投资。因此，当一家银行走出国门成为跨国银行时，其出发点都是追随本国公司和公民的海外经营与消费，从而将金融服务延伸至其他国家和地区。利用母国原有的信贷关系与本国跨国公司或海外公民进行业务往来，是跨国银行重要的盈利点和立足点。

与国内市场类似，跨国银行在东道国的经营也是建立在吸收存款、发放贷款的基础上的。由于信息的不完全和不对称，贷款的发放、定价、监控和回收都充满着风险。为降低风险，银行需要获得客户的私人信息，而与借款人建立长期良好的银行—客户关系是获得这种私人信息的最好方式与途径。银行—客户关系对银行信贷业务的开展具有十分重要的意义，甚至具有创造价值的功能。但是这种关系并不能在国际市场上进行公开交易。如何解决这一问题？银行自身扩张成为一种可行的办法，于是跨国银行也就应运而生了。

（二）经营管理诀窍

跨国银行通常是一些历史悠久、规模巨大的金融企业。在走出国门之前，它们已经历了很多的锤炼与冲击，积累了丰富的市场经验，拥有远多于一般银行的经营管理诀窍。更为重要的是，这些诀窍往往具有类似公共产品的性质，既可以给本银行使用，也可以给其他银行使用；既可以运用于国内市场，也可以运用于国际市场。于是，诀窍就成了一种有用的资源，存在着转让的激励。但从市场角度看，诀窍的转让必须承担包括搜寻、谈判、合同签订及监督执行等在内的交易成本。这些交易成本的存在使得这种转让难以实现。此外，购买诀窍的银行必须具备吸收并消化诀窍的能力，如果这一条件达不到，诀窍的转让仍然难以完成。从另一角度看，如果在同一银行内部，诀窍完全可以通过行政命令的形式进行转让。这样一来，交易就被内部化了，交易成本随之消失，而管理水平与技术水平的共享也会使诀窍的吸收与消化问题迎刃而解。这样，对诀窍的内部化就成为银行跨国经营的又一推动力。

（三）区位优势

在国际市场上，影响竞争优势的因素虽然很多，但区位因素有着十分突出的地位。Hymer 认为，与跨国企业相比，本国企业拥有两大内在优势：一是有关消费者偏好和本国制度的知识优势；二是与空间距离、交通时间以及管理失误等有关的各种成本优势。根据 Dunning 的折中理论，区位优势既与跨国公司母国相联系，也与其作为投资对象的东道国密切相关，它可以体现在很多方面，如投入品价格、贸易壁垒、税收、制度安排、经济前景以及社会政治形势等。

对于一般的工商业产品来说，不同的地理位置对产品差别的影响十分直观，可用下式加以描述

$$P(x) = P + tx \qquad (9-1)$$

其中，$P(x)$ 表示交货价格，P 表示基点价格，t 表示单位距离所承担的交通运输成本，x 表示空间距离。在基点价格一定时，随着消费者与厂商空间距离的增加，商品交货价格也会增加，这表明空间距离已成为商品需求曲线的一个内生因素。与一般商品相比，银行产品的获得价格与空间距离之间的这种函数关系更强。这是因为，随着金融自由化改革的深入和金融服务电子化趋势的加强，资本在国际市场上的流动已经越来

越方便，从而使得各国的资金成本日益趋同。与此相对应，基点价格（基点利率）对资本借贷总价格的影响也日趋稳定。但是，在国际金融市场上，随着空间距离的加大，银行借贷中的交易成本与风险则有相应增大的趋势。

$$P(x) = \overline{P} + C(t_p, t_c, r)x \tag{9-2}$$

其中，$P(x)$ 和 x 的含义与式（9-1）相同，$\overline{P}$ 还是基点价格，C 表示单位总成本，是运输成本 t_p、交易成本 t_c 和风险溢价成本 r 的函数，而后三种成本又分别是空间距离的函数，即 $t_p = t_p(x)$，$t_c = t_c(x)$，$r = r(x)$。与式（9-1）相比，式（9-2）表明，在国际银行业，基点价格对资金总价格的影响程度相对下降，而对空间距离的影响程度则相对上升。

空间距离与信息交流、银行与客户之间的监控直接相关。随着空间距离的拉大和信息传递中间环节的难度增加，监控成本也会上升，银行往往需要与客户形影相随，在保持密切接触与联系的基础上，更快、更充分地占有信息，以应对各种风险。

很显然，无论是产品差别，还是竞争优势以及信息成本，任何一种情况的存在都可能给一家银行的跨国经营带来成本节约或盈利增加，因此，它们都可能成为跨国银行产生的诱因。

（四）规模经济与范围经济

规模经济是指在企业的生产过程中，当某种产品的产量达到一定规模后，继续扩大生产将带来的平均成本下降，其理论基础在于固定资产的不可分割性和固定成本的可分摊性。传统上，对银行业规模经济的研究主要集中于一国范围之内，即银行业虽不具有自然垄断性，但也存在着很多能够带来规模经济的因素①。显然，这些因素同样适用于国际市场，而且，随着服务空间和服务对象的拓展，上述因素发挥的作用会被进一步放大。此外，在国际市场上，还存在税收规避、货币兑付、金融衍生品交易等因素使跨国银行实现规模经济。银行只有通过对外扩张、

① 这些因素具体包括：（1）专业分工和协作的经济性；（2）技术开发的规模效应；（3）金融营销成本和融资成本的节约；（4）清算支付体系的规模经济性；（5）技术装备的规模经济性；（6）管理的规模经济性；（7）资本资产比率的规模效应；（8）风险的规模效应等。

广泛地进入其他国家，才能充分利用这些因素，最大限度地获得规模经济带来的收益。

范围经济与规模经济有一定的联系。随着产量的不断增大，平均成本的下降并不能永远持续下去，当产量超过一定规模后，平均成本会走向上升，于是规模不经济就出现了。此时，如果企业仍旧试图降低成本，增加产品种类是一种很好的选择。产品种类的增加会提高某些共享资源的使用效率，从而使这些产品在同一企业生产的总成本低于它们分别由不同企业生产时的成本累加，这种现象就是范围经济。相对于规模经济，范围经济对银行跨国经营的影响更大。在国际市场上，能够产生范围经济的资源有两种：有形资源和无形资源。对它们能否充分利用直接与范围经济相关。充分利用银行所拥有的营业网点和电子设备，是跨国经营产生范围经济的第一源泉。在国际银行业市场上，与范围经济密切相关的无形资源也有很多，如前文分析过的经营管理诀窍，营销、分配和服务系统，银行的品牌价值等。

二、跨国银行进入的影响因素

从实证研究看，自 1986 年以来，各国学者对跨国银行进入的影响因素做了大量实证研究，其中涉及发展中国家，且具有一定影响的研究有 13 项。在这 13 项研究中，共对包括 FDI、贸易、国家管制、母国或东道国市场规模（包括 GDP、人均 GDP、GNP、人口、存款、贷款等）、利率、汇率、金融中心、国家风险八大类因素进行了分析。现将相关研究择要摘录，如表 9 - 2 所示。

表 9 - 2　　跨国银行进入决定因素的实证检验

作者	因变量	跨国银行进入的决定因素
Jain (1986)	1977—1982 年美国银行在 46 个发展中国家和东欧国家的资产	FDI (+)，贸易 (+)
Nigh, Cho, and Krishnan (1986)	美国银行分支机构在 30 个国家的资产变化，1976—1982 年	FDI (+)，开放 (+)
Hultman and Mc Gee (1989)	外国人所持有的美国银行分支机构的资产比重，1973—1986 年	FDI (+)，美国银行股票的市盈率 (-)

续表

作者	因变量	跨国银行进入的决定因素
Goidberg and Johnson (1990)	美国银行在22个国家的资产与机构数量	出口(+),人口(-),人均GDP(-),管制放松(+),国内存款数量(-),汇率变动(-)
Budzeika (1991)	外国银行在美国的资产,1973—1989年	FDI(+),外贸(+),汇率变动(-),利率差异(-)
Sagari (1992)	1977年美国银行在21个国家的直接投资水平,OLS(最小二乘)	FDI(+),管制架构(-)
Fisher and Molyneux (1996)	外国银行在伦敦的数量与员工数量,1980—1989年	英国境外的FDI(+),母国的市场规模(+),距离(+),外贸联系(+)
Brealey and Kaplanis (1996)	37个母国和82个东道国之间的海外机构,1992年,$n=1\,937$	母国和东道国的GDP(+),进口(+),出口(+),母国FDI(+)
Buch and Lapp (1998)	德国银行业的对外直接投资数量,1992—1995年,OLS,1985年、1992年和1995年数据的混合回归	FDI(+),金融中心(+),GNP(+),贸易(+),汇率变动(-)
Miller and Parkhe (1998)	1990—1995年美国银行的国外资产,1987—1995年美国银行的国外机构	FDI(+),管制架构(-)
Moshirian and Van der Laan (1998)	1985—1995年美国、英国和德国银行的海外资产、季度数据和时间序列分析	非银行部门的FDI(-),某国的金融实际负债(+),国内贷款(-),国际债券发行(-),利率差(-),某国的国际收入(+)
Yamori (1998)	日本银行在44个国家的直接投资的对数,1951—1994年,OLS	FDI(+),M_2占GNP比重(+),人均GNP(+),国家风险(+),进口(+),出口(+)
Buch (2000)	1981—1998年德国国内银行的海外直接投资,1997年国内银行海外资产与海外分行、子银行资产的对数,1982—1998年国内银行海外资产变化的对数	FDI(+),进出口总量及其变化对数(+)

资料来源:Claudia. M. Buch (2000);Barry Williams (2002)。

从以上的归纳中可以看到,这八类因素对跨国经营的影响是不同的。

（一）投资

海外投资的增长，提高了对银行服务的需求。因此，它与跨国银行的发展具有正相关关系。

（二）贸易

进出口贸易中需要银行提供信用证、结算及贷款服务。这种进出口中的融资与结算，可以由一国银行的国际业务部处理，在许多国家也确是这样。但不少银行不满足于在本国国内向进出口商提供融资及结算，它们通过在贸易量大的国家开设分行或子银行，以贸易融资结算为基础，进入其他国家的银行业。因此，它与跨国银行的发展也具有正相关关系。

（三）金融中心

金融中心的作用有两点：一是其信息的可获得性，二是全球资金调动的便利性。一般而言，大银行都希望在金融中心设立机构，以取得这些便利，但金融中心的经营成本也很高。总体上它对跨国银行的影响是正相关的。

（四）国内金融资源的富裕程度

当经济发展到一定程度时，资本外流必然发生；当产业资金向外投资时，金融资本也是外流资本之一。这可以用一国的存款或贷款来分析，存款可能与跨国银行的发展呈正相关关系，贷款可能呈负相关关系。

（五）比较宽松的管制

母国管制得较严，银行不能自由地向海外拓展；而东道国管制得严，外国银行也无法进入。

（六）东道国的市场环境

如资金规模、发展潜力、人口结构、通货膨胀水平等，这些都应该是正相关的。

（七）利率与汇率的稳定性

对于海外银行而言，利率与汇率的稳定性及其变动方向直接影响到银行的经营，从统计分析来看，其对跨国经营的影响都是正相关的。

（八）国家风险

东道国与母国潜在的关系，包括政治、疆域，特别是发生战争的可能性、被制裁的可能性等。因此，风险越大，跨国银行越不愿进入。由于国家风险的评级越高，风险越小，因此，在上述文献中，风险与跨国银行的进入是正相关的。

第三节 跨国银行发展的三次浪潮：历史回顾

在近两个世纪的时间里，跨国银行曾有过三次发展浪潮。第一次浪潮兴起于19世纪30年代，第二次浪潮兴起于20世纪60年代，而第三次浪潮则兴起于20世纪90年代。跨国银行的每一次大发展都是在特定的历史背景下进行的，均表现出十分鲜明的时代特征。

一、跨国银行发展的第一次浪潮

跨国银行发展的第一次浪潮是伴随着19世纪殖民主义的兴起而兴起的。总体上看，此次跨国银行的发展浪潮呈现出以下几个显著特征。

（一）殖民主义是跨国银行发展的主要纽带

从19世纪30年代英国最早在澳大利亚、南非、加勒比海和北美殖民地设立第一批跨国银行开始，到19世纪70年代以后，比利时、法国和德国等国蜂拥而上在拉丁美洲，乃至中国设立跨国银行，殖民地无一例外地都成为这些殖民者设置国外分行或附属机构的首要选择。从表9-3中可以看出，在1890—1938年，英国跨国银行主要集中在澳大利亚、非洲和中南美洲，这几个地区所拥有的英国跨国银行分支机构的数量占到了总量的80%以上，而在经济比较发达的北美洲和欧洲，英国跨国银行的数量（除1913年外）还不到总量的7%。殖民主义对此次跨国银行海外扩张的作用与影响可见一斑。

表9-3 英国跨国银行分支机构的分布（1890—1938年）

地区	1890年		1913年		1928年		1938年	
	数量（个）	比重（%）	数量（个）	比重（%）	数量（个）	比重（%）	数量（个）	比重（%）
北美洲	33	4.7	103	8	4	0.2	4	0.2
中、南美洲	49	6.9	94	7.3	107	5.1	85	4
南非	89	12.5	251	19.5	672	31.8	706	33

续表

地区	1890 年		1913 年		1928 年		1938 年	
	数量（个）	比重（%）	数量（个）	比重（%）	数量（个）	比重（%）	数量（个）	比重（%）
非洲其他地区	9	1.3	55	4.3	150	7.1	156	7.3
中东	6	0.8	19	1.5	36	1.7	40	1.9
南亚	42	5.9	51	4	66	3.1	81	3.8
东南亚	12	1.7	22	1.7	33	1.6	31	1.4
东亚	12	1.7	10	0.8	8	0.4	14	0.7
澳大利亚	444	62.4	660	51.3	942	44.6	935	43.6
欧洲（英国除外）	15	2.1	21	1.6	92	4.4	94	4.4
分支机构总数（个）	711		1 286		2 110		2 146	
跨国银行总数（个）	32		28		24		18	

资料来源：Banks as Multinaionals, Edited by Geoffrey Jones, 31.

（二）英国是跨国银行发展第一次浪潮的领导者

号称“日不落帝国”的英国是 19 世纪世界上最强大的殖民主义者，其殖民地遍及澳洲、美洲、非洲和亚洲。另外，伦敦是当时的国际金融中心，英国跨国银行以此为后盾，能够方便、及时而又源源不断地获得廉价资金，这一点也大大地促进了英国的海外扩张。在英国殖民地，这些跨国银行进入当地的主要目的是为当地贸易和经济发展融资，其业务则以零售银行业务为主。

（三）跨国银行与国内银行间不存在股权联系，也不开展国内业务

英国跨国银行虽然大多将总部设在伦敦，但这种安排只不过是为了利用伦敦国际金融中心的地位与作用而已，充斥跨国银行总部的绝大多数是行政人员，他们只对庞大的跨国银行网络进行行政管理，而不会对本国客户提供任何银行业服务。Jones1993 年将这一特征描述为“地理专业化”而非“地理多样化”。

跨国银行发展的第一次浪潮伴随着殖民主义的兴衰而潮起潮落。进入 20 世纪后，民族主义思潮在殖民地得到广泛传播，民族国家的纷纷建立不断宣告着殖民主义的破产与失败。第一次世界大战和紧随其后的

世界性经济大萧条不仅使国际贸易陷入中断，也使英国迅速滑向衰落，从而彻底宣告了跨国银行海外扩张的第一次浪潮结束。

二、跨国银行发展的第二次浪潮

跨国银行发展的第二次浪潮始于20世纪60年代初，止于20世纪80年代中期。与第一次浪潮相比，第二次浪潮表现出很多不同特点。

（一）引起第二次浪潮的因素十分复杂

如果说，殖民地扩张以及与之相联系的贸易扩大是引起跨国银行第一次迅速发展的最重要因素，那么，跨国银行的第二次大发展却是众多因素共同作用的结果。这些因素包括：（1）战后的繁荣带动国际贸易与投资迅猛增长；（2）战后西方主要国家相对稳定的政治经济环境降低了跨国银行的经营风险；（3）美国国内严格的管制（如Q条例）迫使美国银行或者为了给国内业务融资，或者为了开拓市场而到海外寻求发展；（4）科学技术的发展为跨国银行的海外扩张提供了物质基础，使跨国银行的成本大大降低；（5）战后美国独一无二的政治经济地位激发了美国各银行积极参与国际经济活动和金融活动的热情。

（二）美国成为第二次浪潮的领导者

从表9-4看出，与1960年相比，在1986年，美国跨国银行的数量增加了18.9倍，分行增加了6.9倍，子公司增加了430倍，海外总资产增加了119.2倍，跨国银行海外资产占美国银行业全部资产的比重也从1%上升到了14%。

表9-4　　美国跨国银行发展情况比较

项目	1960年	1986年
跨国银行数量（个）	8	151
分行数量（个）	131	899
子公司数量（个）	2	860
跨国银行国外资产（百万美元）	3.5	417.3
跨国银行国外资产占美国银行业总资产的比重（%）	1	14

资料来源：Banks as Multinaionals, Edited by Geoffrey Jones, 2531.

1978—1979年，除分行数量外，在跨国银行总量以及子银行、联属行等跨国银行分支机构数量等指标上，美国都远远超过了英国，占全世界的比重分别达到30%、25.7%和19.8%。

表9-5 各国跨国银行及其海外分支机构的数量（1978—1979年）

国籍	银行数量	子银行	联属行	分行数量
美国	151	113	244	800
英国	25	86	54	961
法国	19	37	126	228
日本	23	29	93	127
荷兰	6	20	25	109
加拿大	8	34	39	222
西德	21	16	115	55
其他	256	105	536	1 873
总计	509	440	1 232	4 375

资料来源：赫尔特曼：《国际银行业——环境分析》，10页，北京，中国经济出版社，1992。

第二次世界大战使英国、法国、德国、日本等昔日列强的元气大伤，在很长的一段时间里，这些国家主要致力于战后重建，没有能力进行海外扩张。相反，美国却成为西方世界名副其实的霸主。在政治层面上，美国在欧洲和日本驻军并同它们保持同盟关系，为美国跨国银行提供了稳定和安全的政治环境。在经济层面上，第二次世界大战结束时，美国的黄金储备量占世界黄金储备量的59%，工业生产占世界工业总产值的60%。超强的经济实力在使美国成为世界工厂和国际金融中心的同时，也带动了美国跨国银行在西方世界的跳跃式扩张。

美国跨国银行的领导地位还与美国政府逐步负责任地卷入国际经济事务密切相关。这些经济事务包括：慷慨地了结了美国对盟国的借贷；建立联合国善后救济总署；向英国提供贷款；不仅援助盟国而且援助战败国；建立由国际货币基金组织和世界银行构成的布雷顿森林体系；实施马歇尔计划，谋求与欧洲国家在贸易、工业和金融等领域建立更为紧密的合作关系；通过签订条约组成关税与贸易总协定（GATT），并帮助第三世界国家进行发展等。显然，通过这些“友好性”的经济行为，美国银行的进入就顺理成章，且大受东道国的欢迎了。

（三）跨国银行开展业务活动的地理位置发生了根本变化

在跨国银行第一次发展浪潮中，发达国家的跨国银行纷纷到以殖民地为代表的发展中国家开展经营活动。但在第二次浪潮中，跨国银行经营却主要发生在发达国家之间。以美国的跨国银行为例，其在国家分布上表现出明显的地区特征。

表 9－6　　美国跨国银行数量分布（1965—1985 年）

地区	1965 年	1970 年	1975 年	1980 年	1985 年
11 个发达国家所占比重	29.6%	26.4%	31.1%	26%	25.5%
发展中国家所占比重	70.4%	73.6	68.9%	74%	74.5%
剔除两类地区后的比重	21%	22.2%	18.4%	20.8%	18.2%

资料来源：赫尔特曼：《国际银行业——环境分析》，10 页，北京，中国经济出版社，1992。

但深入研究可以发现，美国跨国银行在发展中国家的扩张主要集中在两类地区：拉丁美洲和以巴哈马、开曼群岛、中国香港和新加坡为代表的新型国际金融中心或离岸中心。美国商业银行在这两类地区的扩张意在全面参与国际金融活动，并非表明发展中国家已成为跨国银行开展业务活动的中心区域。如果剔除这两类地区，广大发展中国家所拥有的美国跨国银行国外分行的比重比 11 个发达国家要少得多。

另外，跨国银行在两次浪潮中所采取的组织结构与战略也有所不同。在第一次浪潮中，跨国银行进入的是以殖民地为代表的发展中国家。这些国家的金融产业尚处于起步阶段，跨国银行的进入不会遭到东道国金融机构的抵抗，市场空间和竞争压力都比较小。因此，此时跨国银行往往采取关系行、代表处、代理行等形式进入，所从事的也主要是零售银行业务。在第二次浪潮中，各发达国家国内的金融体系已经发育得比较完善，银行业市场已渐趋饱和，再加之科学技术发展迅猛，各国银行在竞争优势方面的差距已经变得越来越小。因此，跨国银行在发达国家的进入必然遇到空前的竞争压力。这导致了在此次浪潮中，跨国银行往往选择直接设立分行或子公司，甚至兼并东道国银行等方式进入相关国家，且在业务范围上往往放弃零售银行业务，而将精力放在批发银行业务和投资银行业务上。

跨国银行海外扩张的第二次浪潮在1985年前后达到最高峰，此后，扩张势头逐渐减弱。这一变化固然与美国国力的相对衰弱，而西欧国家（包括日本）的日益强大密切相关，更重要的则是广大发展中国家的崛起和金融管制放松浪潮的兴起。正是这些新情况的出现，使得跨国银行发展的第二次浪潮让位于第三次浪潮。

三、跨国银行发展的第三次浪潮

跨国银行发展的第三次浪潮始于20世纪90年代初期，与前两次浪潮相比，跨国银行的这次海外扩张表现出以下特点。

（一）发展中国家成为这次跨国银行扩张的中心区域

比较1985年前后美国跨国银行发展的情况，就可看出这种地区变化。首先，从分行分布趋势来看，1965—1985年，美国银行一直处于对外扩张阶段，1985—1995年，美国银行的海外扩张发生萎缩，其数量无论是在发展中国家还是在发达国家都呈现下降的趋势。

其次，从资产分布来看，1965—1985年，美国跨国银行在发达国家的资产数量要多于在广大发展中国家的资产数量，但此后两者的差额呈递减趋势。1998年，分布在后者的资产甚至首次超过了前者。而且，在1980—1990年，美国跨国银行在发达国家的资产数量呈下降趋势，而此时期在发展中国家的资产则保持平稳且略有上升。

（二）欧洲银行成为这次跨国扩张浪潮的领导者

早在20世纪80年代初期，美国跨国银行的领导地位就受到了日本银行的挑战。进入90年代后，由于受国内经济不景气的影响，日本银行放缓了世界扩张的步伐，欧洲银行却一跃而上在世界范围内掀起了一股海外扩张狂潮。表9－7是2002年一些发展中国家国内银行业的资产所有权情况，很显然，在这些发展中国家，欧洲银行资产的比重都远远超过了美国。与此相联系的是，中小发达国家在这次浪潮中占据了显赫地位，而英国、法国、德国等传统的欧洲强国则逊色得多。

表9-7 部分发展中国家银行体系资产所有权情况（2002年）

单位：%

国家/地区	国有银行	私有银行	外资银行				在该国拥有银行资产最多的国家及其资产比重
			总计	欧洲	美国	其他	
阿根廷	32.5	19.1	48.4	33.6	12.1	2.7	西班牙（17.9）
巴西	46	27	27	15.7	5.2	6.1	西班牙（5.3）
玻利维亚	18.2	56.5	25.3	10.4	4.5	10.4	西班牙（10.4）
智利	12.9	45.5	41.7	32.4	5.5	3.8	西班牙（30.6）
秘鲁	10.8	43.2	46	34.8	5.6	5.6	西班牙（17.1）
墨西哥	—	17.7	82.2	53.7	23.7	4.8	西班牙（40.5）
罗马尼亚	41.8	3	54.9	46	4.5	4.4	奥地利（27.1）
波兰	23.1	5.4	71.5	60.2	10.4	0.9	意大利（16.6）
斯洛伐克	33	6.4	60.5	51.8	2.8	5.9	卢森堡（34.9）
保加利亚	18.1	10.3	71.6	62.5	1.3	7.8	意大利（27）
捷克	4.3	25.7	70	58.1	6.3	5.6	奥地利（40.5）
爱沙尼亚	—	2	98	98	—	—	瑞典（86.3）
匈牙利	44.6	3.2	52.2	39.2	8.6	4.4	奥地利（17.8）
斯洛文尼亚	14.3	19.5	66.2	66.2	—	—	比利时（44.5）

注：外资银行指被外国人控股在50%以上的银行。

资料来源：国际清算银行及相关国家的中央银行。

（三）进入管制的放松是这次浪潮兴起的重要原因

分析跨国银行此次扩张的对象可以看出，两类国家（地区）比较受到青睐：一类是受到金融危机冲击的国家，其代表是拉丁美洲国家和东南亚国家；另一类则是正在进行经济转轨的国家，如东欧诸国。这些国家虽然在政治、经济和文化等方面千差万别，但在金融领域却具有诸多共同之处。在跨国银行进入前，这些国家都在不同程度上遭受着政府管制失灵的折磨。其突出表现是：金融自由化次序不当，金融秩序紊乱；金融体系不健全，银行业一枝独秀；国有银行独大，政企不分，银行治理结构脆弱；银行信贷集中，不良资产居高不下，危机四伏；金融监管滞后，有法不依，执法不严等。这些问题的存在迫使各国政府痛下决心而开放国内金融市场，这就为跨国银行提供了契机。与此相对应的是，这些国家还存在着比较好的经济发展前景，从而又为跨国银行提供了进入激励。

（四）追求高额的效率收益与抢占市场成为这次跨国银行扩张的主要动机

在第三次扩张中，吸引跨国银行进入广大发展中国家的不仅有上述“关系型融资”所带来的收益，更有潜存于这些发展中国家银行部门中的高额的效率收益。表9-8列出了1992—1999年主要发达国家和发展中国家银行部门的各种绩效指标。分析这些指标可以看出，在20世纪90年代，由于国内市场竞争激烈，发达国家的银行业提高盈利或降低经营成本的空间已经越来越小；相反，发展中国家的银行业由于长期处于垄断状态，竞争的缺乏一方面给国内银行带来了高额的垄断利润，另一方面则造成这些银行普遍经营管理不善，从而经营成本和不良贷款居高不下。如果此时发达国家的跨国银行进入这些发展中国家，就可轻而易举地获得高额的经营效率收益。

表9-8　　1992—1999年各国银行部门绩效　　单位：%

	东亚			拉丁美洲			中欧			发达国家		
	1992—1997年	1998年	1999年	1992—1997年	1998年	1999年	1992—1997年	1998年	1999年	1992—1997年	1998年	1999年
净利息收益	2.6	1.8	2.2	5.2	5.3	5.4	3.1	2.8	2.5	2	1.8	2
其他收入	0.7	1.2	0.8	2.3	2	1.8	2.3	2.1	2	0.7	0.8	1
经营成本	1.6	2.4	2.3	5.5	5.5	5.7	4.1	3.5	3.1	1.7	1.6	1.8
贷款损失	0.6	6.3	1.8	1.2	1.1	1.7	0.6	0.6	0.4	0.2	0.4	0.3
税前利润	0.8	-5.5	-0.7	1.4	1.3	2.4	0.5	0.7	1	0.7	0.6	0.8

注：表中数据均为算术平均数。其中，东亚国家包括印度尼西亚、韩国、马来西亚、菲律宾和泰国；拉丁美洲国家包括阿根廷、巴西、智利、哥伦比亚、墨西哥和秘鲁；中欧国家包括捷克、匈牙利和波兰；发达国家包括德国、日本和美国。

资料来源：Luiz-Fernando de Paula and Antonio. J. Alves. Jr, 2003, 10.

追求盈利是银行跨国经营的重要原因，而抢占市场则成为其战略动机。在银行的经营中，有两个因素是非常重要的：信息和转移成本。跨国银行利用迅速进入而大量抢占发展中国家的市场份额，就可充分发挥学习效应和规模经济效应，从而获得先发优势，迅速克服信息不对称问题，并通过与客户尽快建立密切联系而增加其转移成本，最终实现市场垄断。这正是跨国银行在第三次发展浪潮中选择发展中国家作为扩张对象的战略眼光之所在。显然，跨国银行的这种战略意图在某些发展中国家已获得了初步成功。跨国银行的这种战略动机也体现在在这次海外扩张浪潮中所选择的、两种不同于过去的、极富侵略性的市场进入策略上：一是大量并购东道国的国内银行；二是在零售银行业务上大规模地与东道国银行展开激烈竞争。

第四节 跨国银行的组织模式及路径选择

一、跨国银行的组织模式

银行可通过不同的模式实现跨国经营，归纳起来，主要有以下五种：（1）代表处，是一种较初级的设立海外分支的形式，一般只有一名或数名工作人员，其机构比较简单，职责比较单一，它的经营范围相当狭窄，不设信贷，不处理任何形式的现金业务，不能在东道国境内从事真正的银行业务，称不上真正意义上的银行。（2）办事处，是一种介于代表处和分行之间的分支形式。其经营范围较代表处广泛，但具有明显的专门性，主要从事国际市场上的工商业贷款和贸易融资，在负债业务上，不能出售存单，不能接受东道国居民的存款，也不能执行信托业务，但可接受来自特定对象并有特殊用途的贷方余额①。（3）代理行（联行），一般是东道国银行，外资银行可能对其拥有少数非控制性股权，母行一般承担代理行的部分国际业务，代理行则负责处理母行在东道国的业务，联系较为松散。（4）分支行，是设在国外的部门齐全的分支机构，是母银行在法律上和功能上的全面延伸。从法律上讲，分支

① 贷方余额的期限和数量都受到限制，它必须在给定的时间内取出并用于指定的用途，数量必须与有关账户的规模和特性相吻合。

行不是一个独立的公司实体，但可在东道国法律允许的范围内从事所有的业务，经营范围非常广泛，有很强的独立性和经营自主权。（5）子银行，是根据东道国的法律和规范组成的公司，有广泛的经营权利，母银行对其拥有简单多数权益。

不同模式对应的母银行的经济责任迥然相异。子银行是独立于母银行的金融机构，母银行对其的责任一般仅以出资额为限。但对于分支行而言，由于其并不具备独立法人地位，母银行对其负债一般应承担无限责任。组织模式选择会受到母银行及其附属机构的规模、业务导向及其国际化战略，母国监管，东道国监管及东道国的风险等因素的影响。具体公式如下①：

$$
\begin{aligned}
\text{组织模式的选择}_{i,j,k} = \alpha_0 &+ \beta_1 g\ \text{母银行特征}_{i,j} \\
&+ \beta_2 g\ \text{分支行(子公司)的特征}_{i,j,k} \\
&+ \beta_3 g\ \text{资本输出国的监管}_j \\
&+ \beta_4 g\ \text{东道国的监管}_k + \varepsilon_{i,j,k} \qquad (9-3)
\end{aligned}
$$

二、模式选择的实证检验

Cerutti 2006 年分析了全球最大的 100 家商业银行在拉丁美洲和东欧的样本数据，归纳了对其组织模式产生影响的几类因素，并提出了商业银行跨国经营模式决定模型，构建了 Probit 模型进行定量分析并考量各类影响因素的作用，估计结果如表 9 - 9 所示。为描述政治风险、经济风险对商业银行海外经营组织模式的影响，Cerutti 引用了 6 个代理变量。考虑到模型中可能存在的选择偏差，他对所有的估计量都进行了严格的检验。模型估计结果中的多数参数是显著的，影响方向也与预期一致。通过该模型，我们可以得出以下论断：

第一，监管对银行海外经营的组织模式选择有着显著的影响。一般来说，对分支行的限制越多，银行采用此种模式实现海外扩张的可能性越小。东道国的银行准入限制也会降低商业银行采用分支行的形式实现跨国经营的可能性，但其影响作用相对较小。对此，一个可能的解释

---

① 为简单起见，在本公式中，所有影响因素均以线性形式出现。现实情形或有不同，可能有拟合更优的方程形式，无关论题阐述，在此不作讨论。

是，商业银行通过设置子银行的形式规避开设分支行的种种限制。

第二，税率对商业银行组织模式的选择影响显著。在所用参数中，东道国公司税率是显著性最强的。采用分支行的形式时，跨国转移利润更加便利，因此，在公司税负较重的国家这种形式更为常见。Miller 和 Parkhe1998 年在对美国跨国银行的研究中也曾得出过相似的结论。

表 9－9　银行跨国经营组织模式分析

自变量	参数估计值	变量均值	变量标准差	对设立分支行决策的相对影响（%）
母银行国际化策略	3.24	0.54	0.17	4.9
母银行规模	−0.31	19.86	0.59	−0.8
母银行商业导向	0.45	0.94	1	1.5
母国对海外分支行的管制	−0.85	0.38	1	−3.8
子银行规模	−0.31	1.58	3.88	−2.0
子银行商业导向	−0.96	0.59	1	−6.3
进入时间	−0.04	1987	24.77	−1.9
并购指标	−1.93	0.38	1	−9.7
东道国对外资分支行的管制	−0.72	0.72	0.95	−1.8
东道国对银行进入的限制	−0.34	7.37	0.92	−1.1
东道国对银行经营的限制	0.13	9.38	1.96	1.7
东道国公司税率	0.09	27.06	7.68	6.8
东道国市场规模	−0.09	25.28	1.39	−0.6
东道国人均 GDP 水平	−0.3	4.66	1.72	−1.6
东道国的政治风险	0.12	71.49	6.97	9.9
东道国的经济风险	−0.22	33.96	2.88	−1.7
拉丁美洲指标	0.58	0.48	1	3.0

第三，母银行在东道国的市场参与程度也会对其组织模式产生影响。当其业务规模较小时，分支行的形式更为普遍。如果零售业务是该银行在东道国市场的主导业务，则其市场参与程度越高，设立分支行的可能性越小。

相关研究还显示，东道国的人均资本产出水平越高，采用分支行形式的可能性就越小。这也反映出，通过并购设立子银行的形式可能会影响到东道国的金融安全和经济安全，这在贫困国家出现的可能性较大。与此同时，我们也注意到，跨国银行在较富裕的新兴市场国家更多地采用了子银行的形式。原因可能是，虽然这些国家的人均 GDP 已经足够高了，但跨国银行还是认为该市场的容量很大，前景诱人，且本地银行的资本金较少、发展程度较为落后。

三、境外扩张的两种途径——新建投资和跨国并购

从国际银行业的发展来看，银行跨国界提供金融服务、实现跨国经营主要是通过新建投资和跨国并购两条途径进行的。

（一）新建投资

新建投资是指一国银行根据具体情况在另一国设立形式各异、规模不一的海外分支机构，如代表处、分支行、子银行等。改革开放后，我国银行也在逐步地向海外发展，中国银行、农业银行、工商银行、建设银行及交通银行等大银行在一些主要的国际金融中心建立了分支机构，但除中国银行之外，其他银行还尚未形成可以被称之为“网络”的海外分支机构体系。

（二）跨国并购

跨国并购是跨国收购和跨国兼并的统称，是一国银行（并购银行）通过一定的渠道和支付手段，购入另一国的银行（目标银行）的所有资产或足以行使经营控制权的股份。

纵观世界银行业，有许多大银行都是通过跨国并购的方式实现全球扩张战略，发展成为国际性的金融集团的。如 1864 年注册于中国香港的汇丰银行，其成立的最初目的是为在东南亚地区的英国商人提供融资服务，从 20 世纪 50 年代起，汇丰银行通过大规模的跨国并购实施其全球化的发展战略。1959 年，它收购了阿拉伯地区最大的外国银行——中东不列颠银行，同年，又兼并了印度商贸银行。1965 年，它收购了恒生银行 61.5% 的股份。1980 年收购了海丰银行 51% 的股份，使汇丰银行成为在美国的最大的外资银行。1987 年，它收购了海丰银行剩余的股份，还收购了英国米德兰银行 14.9% 的股份。1992 年 6 月，它又收购了米德兰银行 50% 以上的股份。1996 年 12 月，汇丰银行收购了墨

西哥塞尔劳银行20%的股份。通过一系列跨地区、跨国并购战略的实施，汇丰银行从一家区域性银行发展成为一个规模庞大、资金雄厚、全球闻名的国际性金融集团。

四、两种途径的比较与选择

（一）进入方式的不同特点

新建投资和跨国并购这两种不同的进入方式存在以下区别。

1. 机构的表现形式不同。重新设立的机构形式，可以是独资子银行、合资银行、分行或代表处等一切形式，并购通常仅限于子银行或合资银行的形式。

2. 机构的东道国基础不同。新建投资设立的银行机构是全新的机构，通常缺乏在东道国的机构、客户或市场基础，对东道国银行监管法制及政策的把握能力有限。以并购的方式成立的子银行或合资银行，对东道国经营和监管环境有一定的认识，有一定的客户和市场基础。

（二）跨国银行自身的因素

一个企业的组织和管理技能越强，它选择跨国并购的可能性越大。参照一般企业的判断标准，对银行业进行分析时，只能从其是否拥有组织管理优势和国际经验来判断应该以何种方式进入他国市场。这样可以得出结论，跨国银行如果具有较强的组织管理优势和国际经验，可以优先考虑以并购的方式进入东道国市场。当面对一个全新的市场环境时，有较强的组织管理优势和国际经验的银行也可以考虑以新建投资的方式进入东道国市场，在积累了在东道国当地管理的经验后，再考虑以并购的方式继续发展。

企业规模对进入方式的影响是模棱两可的：一方面，大公司有更强的实力克服直接进入的障碍；另一方面，大公司更容易获得并购所需的融资。对银行来讲，大银行和小银行在并购或新建投资的选择上遵循不同的行为规则，大银行更倾向于以并购的方式进入。当然，还要考虑东道国的市场因素。银行的多元性是指银行的业务范围非常广泛，不仅包括传统的银行业务，还包括各种金融创新工具；不仅包括银行业务还包括保险、证券等业务，花旗银行就是从由单纯地经营银行业务到经过一系列并购后发展成为现在的经营包括银行业、证券业和保险业在内的所有金融业务的国际化金融集团的。由此可见，银行的多元性也与并购呈正相关关系。

（三）东道国市场因素

东道国对外资银行市场准入的监管反映了东道国对外资准入的基本态度，其基本内容包括是否允许外资进入、进入的条件有哪些、以何种方式进入、进入业务的地域或服务品种上的限制等。经济发展水平较高、金融法制健全、国内银行竞争力较强的国家大部分采取鼓励外资进入的政策。瑞典、挪威等比较发达的国家以及大多数发展中国家采取了对外资进入实行严格限制的政策。一般来说，在东道国对外国企业的市场准入有严格限制的国家倾向于采用跨国并购的方式进入，以避开东道国对外资银行市场准入法律条例的限制，迅速进入东道国市场。

东道国金融业的运行是指东道国金融业的发展水平，银行业在东道国国民经济及金融发展中所起的作用，东道国政府对银行业的监管等。若东道国的金融运行稳定，国内银行的竞争程度相对较强，政府往往会采取鼓励外资进入的政策，对外资银行实行国民待遇，在这些国家选择何种进入方式要权衡各种因素后决定。东道国银行的市场集中度对进入方式的选择有影响，在一个高度集中的行业中，一般倾向于采用并购而非新建的方式进入，原因是当市场增长时，原有的市场在位者往往会作出激烈反应，以维护他们的市场影响力。银行业作为金融服务业在产业特有性因素方面与其他行业有所不同，从国际银行业的发展来看，银行业的市场集中度在各国普遍较高，近年来，随着银行并购趋势的增强，银行业的市场集中度越来越高。《银行家》杂志对全球大银行进行排序，排在前50位的银行的次序每年都有所不同，原因是每年都有许多银行并购的案例发生，花旗集团、汇丰银行等都是通过跨国并购实施其全球化的发展战略的。可见，跨国并购是大银行境外投资的主要方式。

（四）成本—收益的比较选择

银行是企业，企业是以追求利润最大化为目标的，银行也不例外，跨国银行对对外直接投资进入方式的选择也正是基于银行作为经济人的利益最大化的原则的。在考虑其他因素的前提下，银行选择跨国新建或跨国并购的方式进行境外投资的唯一标准，是这两种投资方式下的银行未来的收益和成本的权衡与比较。

第五节 中国商业银行的跨国经营战略

一、宏观经济环境变化推动中国商业银行实施海外发展战略

中国的经济发展阶段已经到了开始海外投资的时候了。中国经济经过近30年的高速发展，经济实力有了很大的加强，国民财富有了很大的提高。人均GDP从1980年的272美元上升到2008年的3 379美元左右；金融机构的存款额达47.8万亿元人民币。贸易的发展要求商业银行提供更好的服务。中国的进出口贸易到2008年已达2.4万亿美元，[①] 贸易发展所带来的金融服务也有快速增长。国际结算、贸易融资、征信、担保等业务的发展成为商业银行竞争的重要领域和收入来源。商业银行跟随贸易走，即所谓跨国银行的跟随战略，是商业银行跨国发展的动力之一，也是商业银行发展的机会之一。但是，我国的商业银行还没有做到跟随贸易拓展业务。

边境贸易也是中国对外贸易的重要渠道。中国与周边十多个国家接壤，边境贸易非常活跃。比如，在我国东北有漫长的边境与俄罗斯相连，在中俄边境贸易中，美元是重要的结算货币。但若直接使用双方的货币，贸易就更为方便了。这就需要有银行提供服务，包括贷款、结算、货币兑换。但少有中资银行提出在对方边境地区设立分行以提供边贸金融服务。相反，倒是有不少俄罗斯银行不断申请在中国一方设立银行。在南方的云南、广西，边境贸易也很频繁，对银行的服务要求也很强，但是中资银行几乎没有向外扩张的意愿，国外的银行却强烈要求到中国一方来开设分行。

对外投资和劳务承包的增长也需要金融提供支持。中国的国有企业和私营企业在海外已有大量投资，到2008年，中国非金融机构在海外的投资累计超过1 600亿美元，2008年新增521.5亿美元，[②] 说明中国的海外投资已开始加速，若通过中国商业银行在海外的子公司或分支机

---

① 国家统计局：各期《国民经济和社会发展统计公报》。

② 商务部：《2008年中国对外投资统计》，http：//www. moc. gov. cn。

构提供融资支持，会极大地支持这些企业的对外 FDI 行为。

表 9 - 10　中国的对外 FDI　单位：亿美元

	亚洲	非洲	欧洲	拉丁美洲	北美洲	大洋洲
2004—2006 年	213. 8	20. 5	17. 9	150. 7	10. 4	5. 2
2007 年	165. 9	15. 7	15. 4	49	11. 3	7. 7
至 2007 年末存量	792. 2	44. 6	44. 6	247	32. 4	18. 3

资料来源：商务部：《2007 年中国对外投资公报》，北京，中国展望出版社；国家统计局：《中国统计年鉴》，北京，中国统计出版社。

中国的商业银行分为地方性商业银行、中型商业银行和大型商业银行。大多数地方性商业银行很难有机会实现跨国经营，仅地处边境地区的银行可能提供区域性跨国金融服务，如在对方边境城市设立分支机构；中型商业银行有可能拓展跨国业务，但由于资本金及银行本身实力等方面的原因，只有少部分中型银行在向海外扩展。在这些银行中，一些已在海外上市，但大多数还未有向海外发展的战略与动力。

大型商业银行大多已完成股份制改革，已经具备了向跨国银行发展的条件。在股份制改革前，大型商业银行的主要精力放在了降低不良资产、防范金融风险上，无暇顾及银行的海外扩张。改革以后，银行逐渐从理顺内部关系和单纯的风险管理中抽出身来，思考向外发展的战略问题。同时，商业银行通过上市已筹集了大量资本金，实力大为增强，而且，通过国家的外汇注资和海外上市，商业银行手上也有大量的外汇资金可以使用，在海外发展的资金是充足的。

二、跨国经营始于大国还是始于邻国

大国外交已进入一个相对稳定的时期，而邻国外交变得更为迫切。但是，银行的发展还未适应这种变化。

（一）向发达国家发展的“困境”

发达国家的金融市场相对饱和，银行数目近几十年来一直在减少，平均盈利水平持续降低。大量研究表明，在美国的外资银行其盈利水平一直低于其在母国的经营。在盈利效率上，大多数研究都发现，跨国银行在美国的盈利效率要低于美国本土银行。这一理论似乎出乎人们的意料，不少人认为，跨国银行能够容易地从母国获得成本低廉的资金，因此，跨国银行应比美国同行更具有成本优势。但 De Young 和 Nolle 1996 年的研究却认为，尽管有低成本资金，但投入的效率低而不是产出的效率低导致了跨国银行分支机构的低利润率。2001 年，Demirgüc - Kunt 和 Harry Huizinga 等人进行了一次世界性的研究，在对来自 80 个国家的跨国银行经营情况进行分析后发现，在发达国家，与东道国银行相比，跨国银行的盈利效率较高，但成本效率却较低（见表 9 - 11）。为什么会出现这种不同呢？他们认为，发达国家的银行业市场竞争已经十分激烈，因此，国内银行的盈利效率与成本效率都达到了一个很高的水平，而进入的跨国银行在经营管理、技术、产品创新等方面也都达到了很高的水平，但仍需承担与母国本身有关的一些经营成本与劣势。因此，它们比发达国家本土银行的效率低是理所当然的。发达国家的跨国银行在跨国经营中则不同，它们在发展中国家扩张，跨国银行拥有较为明显的经营管理、技术、产品创新等方面的竞争优势，因此具有良好的盈利效率。

表 9 - 11　跨国银行经营绩效的国际比较（1988—1995 年）

	NIM/T	NII/T	OH/T	TAX/T	LLP/T	ROA
低收入国家						
国内银行	2.72	2.64	3.69	0.38	1.15	1.05
跨国银行	3.71	3.01	4.39	0.54	1.2	1.21
中低收入国家						
国内银行	5.93	3.3	5.73	0.65	1.3	1.89
跨国银行	6.09	3.9	5.84	0.67	1.07	2.44
中高收入国家						
国内银行	4.23	2.1	4.31	0.41	0.87	0.83
跨国银行	3.78	2.35	3.6	0.44	1.11	1.12
高收入国家						
国内银行	3.22	1.44	2.97	0.37	0.72	0.65
跨国银行	1.7	1.12	1.97	0.24	0.62	0.35

注：NIM 表示净利息收入，NII 表示非利息收入，OH 表示管理费用，TAX 为公司税，LLP 为贷款损失准备金，ROA 为总资产收益率，T 表示总资产。

资料来源：转引自 Stijn Claessens，Asli Demirgüc - Kunt，and Harry Huizinga，1998，"How Does Foreign Entry Affect the Domestic Banking Market?"，www - wds. worldbank. org.

按理说，中国对外贸易额的大幅增长，应该给银行带来大量的海外业务，但实际上并非如此。即使在中国国内，外资银行也占据了中国外汇贷款的30%左右，贸易结算的30%左右。这也与中国对外贸易结构相关，中国出口的近60%是由三资企业实现的，这60%中的60%又是由外资独资企业实现的。它们在出口时，主要与本国商业银行发生业务。另外，由于中资银行的海外分行少，在发达国家的分行规模极小，外商在贸易融资中，也较少光顾中资银行，外商在发达国家选择服务银行时，更偏好本国银行。在发展中国家，由于中资银行没有相应的银行机构，这些金融服务也只能拱手让给别人。因此，外贸业务大幅增长，而中资的外贸金融服务的增长却有限。

按银行跨国经营的“追随客户理论”，中国银行业的海外扩张应向贸易量大的地区和国家扩展，但实际上，除了这些市场难以进入之外，即使能进入，发达国家的高工资、高房租和低市场空间也使得中国的银行难以盈利。国际金融中的不少理论更适合发达国家，而不太适合发展中国家，当发达国家“追随客户”时，是挟其优势顺势而下的，而当发展中国家的银行向海外发展时，若逆势而上，成功的概率极小。但是，若我们明白了这个道理，也顺势而下，将有更大的胜算。

（二）向邻国扩张是中国商业银行跨国经营的优先发展战略

我们先来看看发达国家银行的海外扩张战略。在跨国银行第一次扩张时，英国银行主要的扩张对象是英属殖民地。这些国家和地区是英国主要的贸易投资地，英国银行的商业利益可以得到最好的保护。在第二次海外扩张浪潮中，美国跨国银行扩张的一个重要地区是拉丁美洲，拉丁美洲向来被美国视为“后院”，贸易与投资关系密切，而且在文化背景上比较容易沟通，这样的扩张，其实也具有“地缘政治”的功能，为本国谋取利益。法国的银行在对外扩张中也主要遵循前殖民地的路线进行，另外，德国由于没有殖民地，其跨国银行就相对不如前述国家。

中国被称为“中央大国”，一个重要的原因是中国的邻国很多，这一点不同于美国、英国、日本。与美国陆地接壤的国家，北面是加拿大，南面是墨西哥；英国与日本都是岛国，没有哪个国家与其陆地相接；而中国则不同，与中国陆地接壤的国家大约有14个之多，其中不乏大国，如现在被称为“金砖四国”中的俄罗斯和印度（“金砖四国”

中三国相邻，这也是很有想象空间的），也有的国家不那么大，但经济发展速度很快，如越南。如果再向南延伸，我们可以看到更多具有潜力的国家，那是一片被称为新兴市场的地区，经济发展潜力以及与之相伴的金融业的发展潜力巨大。中国的商业银行能在这些邻国站住脚，跨国经营就会有极大的发展，而且可能获得较好的利润。

与发达国家相比，在邻国地区，中国商业银行有着独特的优势。首先，紧密的经贸往来为我国商业银行的跨国经营提供了良好的条件。至2005年末，占我国商品出口总额超过40%的部分都是输往邻国（地区）市场的，如图9－1所示。因此，我国同邻国的经济依存度远较发达国家为大。

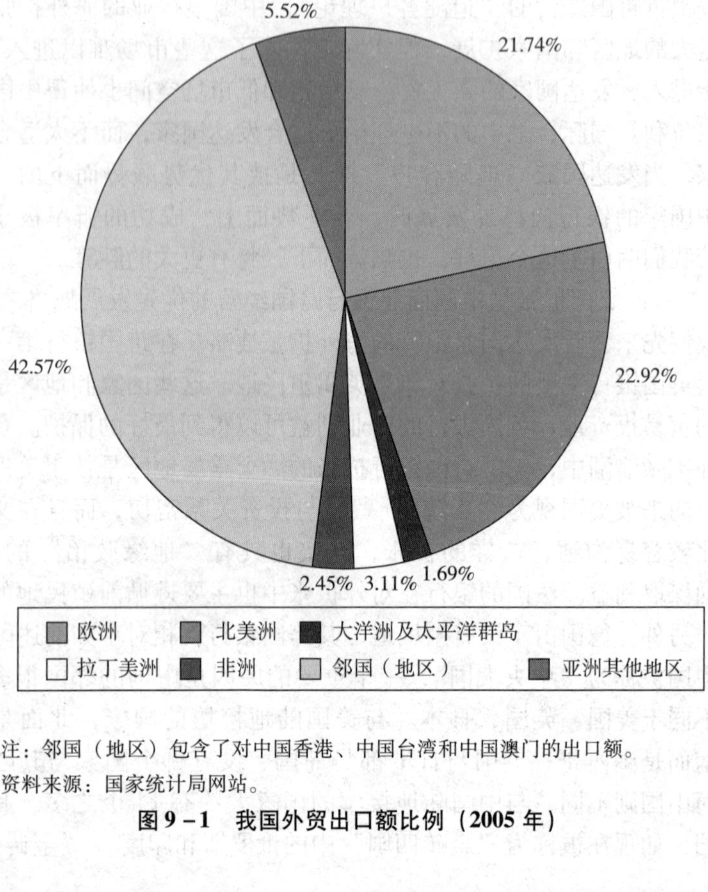

注：邻国（地区）包含了对中国香港、中国台湾和中国澳门的出口额。

资料来源：国家统计局网站。

图9－1 我国外贸出口额比例（2005年）

其次，丰富的客户资源是我国银行发展的重要优势。截至2005年，我国企业对外直接投资净额达572亿美元，而投资于亚洲地区的净额为406.3亿美元，占总额的七成以上。[①] 在对亚洲地区的投资中，绝大部分分布于我国邻国（地区）。反观欧美大国，对外直接投资净额尚不足30亿美元。跨国经营的中国企业的金融服务需求是不言而喻的，它们也是我国商业银行跨国经营的重要客户资源，从这点上来说，选择邻国，对于我国商业银行在海外市场迅速站稳脚跟、获得优质客户源是非常重要的。

再次，由于中国经济与进出口高速增长，人民币汇率持续稳定，中国政府对周边国家表现出的责任感使人民币国际声望大大提高，我国周边地区逐渐接受人民币作为交易货币和清算手段，这也为我国商业银行向邻国扩张提供了便利条件。

最后，与邻国竞争对手相比，我国商业银行在资金实力、管理水平、技术网络以及影响力等方面都有明显的优势，向邻国扩张是一个顺势向下的过程，竞争优势十分明显。

从以上种种不难看出，与发达国家的情形相比，我们需要提高的空间还有很大，而与邻国市场情形比较，我们的优势更为明显。抱朴守拙，扬长避短，应是我国银行海外发展的适宜之策。

三、由邻国向“南方国家”的发展

这里指的“南方国家”是一个比较不严格的概念，它包括印度、湄公河流域国家、新加坡、泰国、马来西亚、印度尼西亚、菲律宾、孟加拉、斯里兰卡。其中，印度与东盟国家最为重要。2007年，中国对东盟十国的投资流量为9.68亿美元，同比增长188%，截至2007年末，中国对东盟十国的投资存量为39.5亿美元。[②] 这些国家的经济增长潜力较大，与中国的贸易额比较大，也希望中国的投资能进去。

东盟十国大约有5.58亿人（2004），GDP总量为8 000亿美元，人

---

① 国家统计局网站。

② 商务部：《2007年中国对外投资公报》；国家统计局：《2007年中国统计年鉴》。

均 GDP 差异很大，从新加坡的 25 207 美元（2004）到缅甸的 166 美元。① 其中，新加坡已有一些中资金融机构设立，而马来西亚、泰国、越南等国只有中国银行开设有分支行。这些国家的华人华侨众多，有相当的人文基础。除新加坡之外，马来西亚的华人华侨占当地人口的比例高达 25.3%，印度尼西亚的华人华侨数量也很大。更重要的是，这些国家的华人华侨主要居住在城市，因此，城市人口中的华人华侨比例还要高得多。这样的人口结构有利于中资银行的业务拓展。

但是，中国的国际环境仍是比较恶劣的，这会极大地给中国的商业银行进行跨国经营产生负面影响，增大商业银行跨国经营的风险。一是周边国家中的大国都与中国在近 50 年内发生过战争，当然大多是边境战争，但这样的战争足以使两国断绝政治与经济关系。二是一些南方国家，曾频繁出现排华事件。其中最重要的如印度尼西亚的几次反华排华、越南的排华事件等，影响极其深远。三是 20 世纪 50 年代一些国家的国有化浪潮，使中国的商业银行资产受到重大损失，当中国的商业银行再次进入这些国家时，当年的损失如何处理不仅成为商业银行自己的事情，也可能成为外交上的问题。

尽管近二十多年来中国奉行和平的外交政策，中国与周边国家的关系得到了极大改善，与东盟签订了一系列协议，形成了“10 + 3”和“10 + 1”机制，但仍未能完全消除国家风险。如 1998 年马来西亚的又一次排华，使马来西亚的华人华侨损失惨重。

表 9 – 12　　　东盟人均 GDP 变化　　　单位：美元

国家/地区	2002 年	2003 年	2004 年	2005 年	2006 年	2007 年
文莱（Brunei Darussalam）	17 134.0	18 706.0	21 855.7	25 744.2	29 922.2	31 076.1
柬埔寨（Cambodia）	310.0	327.3	362.1	404.3	512.2	598.4
印度尼西亚（Indonesia）	970.4	1 112.9	1 163.0	1 278.6	1 640.0	1 919.6
老挝（Laos）	326.7	376.0	431.5	478.1	645.4	736.1
马来西亚（Malaysia）	3 899.5	4 154.7	4 630.8	5 005.6	5 890.5	6 880.2
缅甸（Myanmar）	135.6	219.5	193.3	199.4	210.0	215.6

① http：//www. ASEANSEC. org.

续表

国家/地区	2002 年	2003 年	2004 年	2005 年	2006 年	2007 年
菲律宾（Philippines）	956.2	972.6	1 038.0	1 154.5	1 355.7	1 652.8
新加坡（Singapore）	21 217.8	22 161.0	25 366.4	26 864.3	29 499.6	35 206.1
泰国（Thailand）	2 020.4	2 264.8	2 525.0	2 720.8	3 293.9	3 740.1
越南（Vietnam）	439.8	488.7	555.2	638.1	724.4	836.7
东盟（ASEAN）	1 210.9	1 332.2	1 449.2	1 582.7	1 901.7	2 227.3
东盟 5 国①	1 548.0	1 694.4	1 843.7	2 007.4	2 426.9	2 851.9

注：①包括新加坡、印度尼西亚、马来西亚、泰国和菲律宾。

资料来源：http：//www. ASEANSEC. org.

四、跨国经营的路径选择

跨国经营可能采取的方式主要有分行、子公司和购并。分行有利于将自己的企业文化、技术统一在一个系统之中，可以发挥固有优势。但是，发达国家已越来越趋向于让外资银行以独立法人（子公司）的形式出现，而不愿批准分支行。具有独立法人资格的子公司也有其优势，子公司在东道国取得法人资格后，以本地银行的身份建立自己的银行网络，而且母国的银行监管水平与子公司的设立并无直接关系。第三种办法就是通过收购兼并的方式进入某国银行业市场。购并方式在国际上非常流行，在国际银行业，每天都有大量的购并事件发生。可以说，现在的国际大银行（除中国的商业银行外）都是通过购并产生的。

就中国商业银行的实际情况看，在向邻国与南方国家发展的过程中，购并方式可能是最优的。

首先，由于这些国家对中国心存疑虑，信任感还不坚实，开设分行容易受到东道国的攻击。这种攻击可能来自多个方面：一旦该国发生不稳定事件，中国的银行机构容易被当做发泄的对象，从而受到损失；一些国家的反华政治家为了达到某种目的，也可能制造事端引发公众抵制甚至冲击中资金融机构。通过购并当地银行或某一特定业务形成自己的网络，这种攻击的风险就会大为减少，因为一般公众并不会刻意去过问该银行是不是换了股东，因而他们会一直将其看做本国银行。

其次，在国外开设分行不容易形成网络，在一个国家只能开设很少几家分行，不能像一家本地银行那样开设若干家分行。这对商业银行的发展是不利的。如外资银行在中国开设分行对中国的商业银行业威胁不大，其原因就是它不可能像中国的商业银行那样拥有一个庞大的网络可以延伸到每个角落。相反，当中国的商业银行在海外以盈利为目的进行扩张时，则需要考虑是否能够形成自己的银行网络，最终与国内的银行业务联结起来增加自己的优势。

最后，购并也是最快的扩张方式。因为购并的是一家现成的银行，它已有自己的客户和业务网络，这比新设立一家机构进入该市场要快捷得多。购并的初始成本投入可能比较大，但是，对于现阶段的中国商业银行而言，这已不是主要问题，因为在中国的大商业银行手中已有大额外汇资本可以使用，投资新的海外银行没有财务问题。再加上它们中有不少已是国际性上市公司，已经具备了并购其他银行的能力。

周边国家与南方国家有不少中小银行，这些当地银行的实力并不很强，中国商业银行很容易通过购并方式完成海外扩张。如俄罗斯的商业银行有 1 000 多家，但无论按什么标准，也没有一家银行称得上大银行。俄罗斯也希望中国的商业银行购并其商业银行。印度的银行有良好的英国银行业的传统，但也同样没有太大的银行，近年来，其私营银行发展较快，但是规模不大，也可能会有好的机会。2006 年中国工商银行成功收购了马来西亚的一家银行，就是一个成功的案例。

五、保持母国风格还是努力成为当地银行

中国商业银行在海外设立的分支行，实际上是很难进入当地银行市场的，它们往往自成一体，在一个狭小的范围内做业务。它们不太参与当地银行业的活动，甚至也不参与银团贷款之类的与其他银行关系密切的业务。从某种意义上说，我们的海外分行有非常强烈的祖国认同感，恰好没有本地感。这有我们自身的原因，也有东道国的原因。自身的原因，一是我国的银行是国有的，银行的工作人员都以国家工作人员的身份从事银行工作，因此，处于资本主义国家，就要受各种外事纪律约束，当然就不可能自由地与当地的银行或当地的外资银行有密切的联系，甚至建立良好的私人关系。尽管这种状况近年来有所改观，但并没有完全消除。二是海外分行内部实际上是国内银行的延伸，除对外业务

以外，基本是说普通话的。外语好的不太懂业务，懂业务的外语能力有限。本地雇员少，即使有也很难融入这样的一种中国氛围中。在中国，不少外资银行常常会说，我们就是要成为本地银行，为本地的经济与社会发展服务，要更多地使用本地雇员，而我们刚好相反。就东道国的原因而言：一是在发达国家，东道国往往认为中国的银行业监管不严，坏账太多而歧视中资金融机构。二是中国与发达国家由于意识形态的差异也往往成为其歧视中资金融机构的理由。因此，中资金融机构在发达国家很难融入当地。三是在周边国家、南亚及东南亚，由于20世纪50－60年代所留下的不良记忆，如边境战争、共产党在东南亚的活动、国有化运动等，中资银行甚至没有去拓展这些市场。

在资金的运用方面，曾有不少中资海外分支机构用在当地吸收的存款，通过各种渠道以外资身份回国投资，投向中国国内的项目和一些债券，而较少参与当地的投资与国际投资项目。特别在20世纪90年代，一些回国的投资失败，曾影响到这些海外行的生存。

因此，中国商业银行的海外分行或子银行应该以一个全新的面孔出现在周边国家、东南亚及南亚地区，即完全以商业的形象而淡化政治形象去开拓这些市场。在成功立足之后，应该积极成为当地银行业的一个有机组成部分，应当更多地强调自己是一个为当地居民服务的金融机构，一个由外资投资的本地银行，而不是一个金融“过客”。尽管以商业形象出现，但不是唯利是图，而是要积极参与当地银行业或社区的活动，在盈利时甚至应展现自己的慈善形象。要用吸收的当地存款向当地的企业贷款，甚至用母银行的资金投向东道国的项目，而不是将存款转回中国国内投资。一句话，当中国的商业银行在拓展海外市场时，一定要将自己打造成东道国的本地银行，淡化母国的色彩。

六、国家应放松管制，采取实际政策推动商业银行“走出去”

我国《商业银行法》没有专门针对银行跨国经营作出规范，目前我国有关银行跨国经营的监管法律依据主要是1990年4月颁布的《境外金融机构管理办法》、1993年7月施行的《银行外汇业务管理规定》、1993年8月的《关于加强境外中资机构管理的通知》和1998年施行的《境外机构借用国际商业贷款管理办法》，其监管实践包括对银行海外分支机构的设立监管、对银行海外机构业务经营的监管、对银行跨国经营外汇收支的监管和对银行海外机构组织形式的监管等方面。

在监管方面，当局可以充分利用政策手段，调整我国银行跨国经营的布局和重点，针对我国银行业的发展环境，鼓励商业银行在走出国门的同时，摒弃向大国进军的信条，坚持利润导向、客户导向和发展导向，帮助商业银行去与中国经贸往来密切、具备竞争优势的邻国地区发展。大型商业银行可通过开设分支行或并购现有银行的形式、具备地理优势的中小银行可通过边境贸易获得发展机遇。向邻国地区、“南方国家”的发展，从短期上讲，银行可满足自身的发展需要，获得更多的优质客户资源。从长期上讲，银行可以服务于人民币国际化和经济全球化的国家经济战略，并依托此，获得更大的发展。

参考文献

［1］唐旭、李伟杰：《中国商业银行跨国经营战略分析》，中国人民银行研究课题，2007。

［2］毛泽盛：《跨国银行的进入、绩效及其管制——以发展中国家为研究视角》，北京，人民出版社，2005。

［3］王向荣：《跨国银行国际化的路径分析》，载《北方经济》，2005（3）。

［4］《中国金融统计年鉴》，北京，中国金融出版社，1998—2008 年。

［5］《中国统计年鉴》，北京，中国统计出版社，1998—2008 年。

［6］Buch, C., 2000, “Why do Banks go Abroad? Evidence from German Banks”, *Financial Markets, Institutions, and Instruments* (9).

［7］Cerutti, E., Dell’Ariccia, G., Martinez Peria, M. S., 2005, “How Banks Go Abroad? Branches or Subsidiaries”, *World Bank Policy Research Working Paper Series* No. 3753.

［8］Claessens, S., Demirgüc, – Kunt, A., Huizinga, H., 2000, “How does Foreign Entry Affect Domestic Banking Markets?”, *Journal of Banking and Finance* (5).

［9］Geoffrey Jones, 1986, “Banks as Multinational”, Billing & Sons Ltd, Worcester.

［10］Williams, Bos, 1997, “Positive Theories of Multinational Banking: Eclectic-theorg Verus Internalization Theory”, *Journal of Econonic Surveysll* (1).

［11］Bary Williams, 2002, “the Defensive Eopansion Approach to Multinational Banking Evidence to Data”, *Financial Market, Institution and mstrument* V. 11. No2, 127 – 203.

第十章　菲利普斯曲线理论的演变及对货币政策实施的影响

如果生产和消费的商品总量增加的话，平均价格指标（如消费价格指数）是否会上升？价格较快上升是否会导致产量（如 GDP）增长较快？或简单地讲，通货膨胀是否会与实体经济的增长同步变化？这些问题是半个世纪以来宏观经济政策分析的核心问题之一。与这些问题相关的一个经济学理论或假说是描述通货膨胀与实体经济变量之间关系的菲利普斯曲线。在通常情况下，由于快速增长意味着对资源的更充分利用，因此，较快增长会伴随失业的减少，较高的通货膨胀一般伴随着较低的失业率。菲利普斯曲线很像是选择不同组合——降低通货膨胀需要接受较高的失业率。

经济学中另一个重要的理论或假说是货币中性论。这一理论反映了货币供给的增加引起价格和工资水平相应上涨的事实。如果所有商品的所有价格（包括工资）都同比例上涨，会对经济造成什么影响？合理的答案是没有影响。没有商品变得相对便宜或昂贵，工资与价格上涨幅度相同，所有人都没有因此而变得更加贫穷或富裕。这种情况表明了货币中性论的适用性。货币中性是思考通货膨胀与实际经济变量之间关系的一个重要起点。如果货币是中性的，则货币供给的增加会直接转换成通货膨胀，并不一定会造成实际产出的变化或就业的变化。换句话说，当货币是中性的时候，有关产出增长与通货膨胀之间关系的简单直觉观念并不成立。

货币中性的逻辑似乎很难否认，但为什么经济生活中存在着通货膨胀上升和失业率下降的现象呢？经济学家给出的一个解释是，虽然长期内货币中性的原则成立，但短期内货币中性的原则可能会失效。问题的关键是经济中无摩擦的假设，即市场所有参与者在所有时候都掌握了所有信息，可以对其销售的商品进行定价，并可以轻易地改变其价格。根据上述关键性假设，人们通常观察到的实际经济是不完美的。通货膨胀与实际经济增长之间在一段时期内确实呈现出一种正相关关系。当代宏观经济学的任务之一就是如何理解这种实证关系。是什么摩擦妨碍了货币中性的规律？由于货币政策是决定通货膨胀的关键因素，所以另一个重要问题就是，货币政策是否会和如何影响到现实经济有关系？理解这种关系对我们正确实施货币政策有什么影响？

菲利普斯曲线自产生之后一直是经济学家分析宏观经济与货币政策时的一个核心部分，当代许多著名经济学家（包括几位诺贝尔经济学奖获得者）的研究都与菲利普斯曲线有关。对菲利普斯曲线的认识能帮助我们解释货币在什么情况下可能不是中性的问题。菲利普斯曲线也是公众理解经济政策基本问题的基础，即如果我们希望经济增长较快和失业率比较低，就可能出现通货膨胀的风险。

最初的菲利普斯曲线所反映的是一种统计关系，但以后逐渐变成经济学家对影响这种统计关系背后因素的分析。理论分析与实际经济发展之间的互动使人们不断加深对经济运行过程的认识。不同时期菲利普斯曲线的具体形状是宏观决策与经济中私人部门复杂互动的结果。政府政策的选择在确定菲利普斯曲线的性质方面发挥着重要作用，而理解决策与菲利普斯曲线之间的关系是实行稳健政策的基础。

菲利普斯曲线理论是试图用经济逻辑来说明现实状况。现实世界是非常复杂和不断变化的，因此，理论的前提或假设并不总是成立的。在纪念菲利普斯曲线提出50周年的一次研讨会上，保罗·萨缪尔森指出，严格地讲，菲利普斯曲线具有非均衡经济的特点。理想和完全竞争的经济不可能形成一条所谓的菲利普斯曲线。因此，菲利普斯曲线隐含地告诉读者，非均衡是一种正常和永远存在的现象。本文的目的是梳理半个世纪以来菲利普斯曲线理论演变的主要阶段及对货币政策实施的影响。本文首先介绍原始的菲利普斯曲线，然后介绍修正和加入预期因素的菲利普斯曲线，接下来分析菲利普斯曲线的新发展，最后总结出菲利普斯曲线演变对货币政策实施的影响。

第一节　原始的菲利普斯曲线和理论解释

著名经济学家 A. W. 菲利普斯 1958 年在英国《经济学》杂志上发表了一篇题为《英国的失业与货币工资变化率之间关系：1861—1957 年》的文章，用统计数据说明英国在过去 100 年里名义工资的变化率与失业率之间存在负相关的关系。在失业率较低时期，货币工资上升的速度比较快，而在失业率较高时，货币工资上升速度则比较慢，甚至会出现下降的情况。当失业率约为 5% 时，工资变化率保持稳定状态，如图 10 - 1所示。

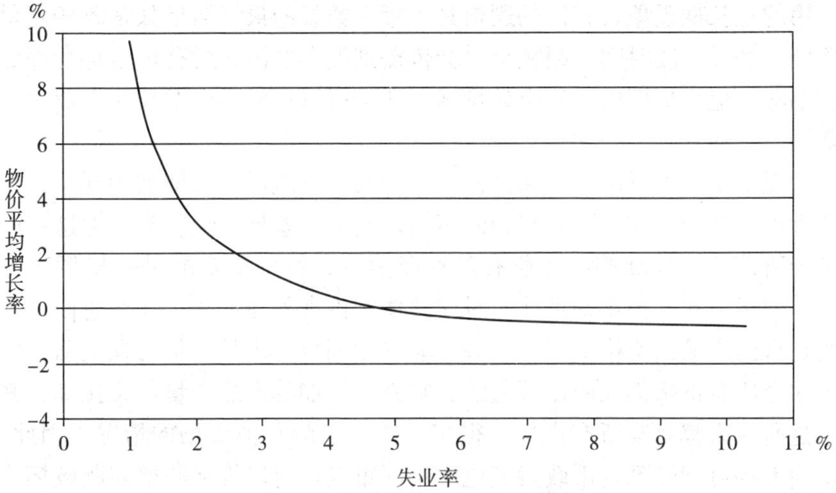

图 10 - 1　原始的菲利普斯曲线

原始菲利普斯曲线用一个简单公式表示就是

$$\Delta w_t = f_1(U_{t-1}),\ \partial f_1/\partial U_{t-1} < 1 \qquad (10-1)$$

其中，w_t 表示工资，U 表示失业率。

菲利普斯是最先利用正式统计方法分析通货膨胀与经济增长之间关系的经济学家之一。但在得出这一结论之后，菲利普斯并没有深入分析为什么会出现这种现象，即没有研究曲线背后的原因。两年后他的同事 R. 利普西提出了过度需求模型，从劳动力市场角度解释了菲利普斯曲线形成的原因。他认为，失业率与劳动力市场上过度需求的程度之间存在负相关关系，而后者又与名义工资上升呈正相关关系，因此，可以得出失业率与名义工资上升之间呈负相关的关系。

经济学中长期存在的一个重要理论是货币中性论，即货币的供给变化不会影响就业、产出等实际经济变量，只会影响名义价格水平。虽然货币中性的观点得到许多人认可，但人们也同时会看到货币非中性的现象：比如在某些时期货币增长率和通货膨胀率的上升，同时伴随着产出的增加和失业率的下降。原始菲利普斯曲线从统计事实上对货币中性论提出了挑战。对于货币中性和货币增长与产出增加同时出现的矛盾现象，经典经济学家解释为这分别是短期问题和长期问题。货币中性理论适用的是长期现象，它们的逻辑是，货币数量的最终结果只是改变度量单位。经过一段时间，超额货币会传播到整个经济，所有价格都会等比例上涨。但在短期内，货币数量增加通常可以造成产出增长和失业率下降。

现实生活中货币增加和价格上涨确实可以造成产出增加的现象，也即货币中性理论与实际观察到的事实之间存在差异，经济学家把这些归结于所谓的市场摩擦。在所有各种摩擦中，特别重要的是价格调整方式，即买卖双方很难知道什么时候整体物价水平在上涨，什么时候出现的是自己产品的价格上涨。如果企业仅看到自己产品的价格在上涨，但不知道所有价格都在同比例上涨，它就会增加其产品产量。又比如，并不是所有人都参与所有市场，很多人并不了解其他市场的情况，因此，不同市场可能受到货币政策变化的不同影响。所以价格调整问题破坏了货币中性的逻辑关系。但这种偏离只能是短期的，因为市场会使公众最终了解事实真相，公众最终会知道因货币增加而导致的总体通货膨胀，这时通货膨胀的效应就会消失。正是针对这种货币长期中性与短期通货膨胀和实际经济增长此消彼长的关系，凯恩斯提出了他的著名双关语“长期内我们都会死亡”。

经典经济学家的实证分析仅仅是细致的观察，并没有使用现代经济学家所使用的正规统计方法，菲利普斯研究的开创性就是他使用了正规的统计方法，因此，研究结论具有更坚实的基础。

第二节 修正和附加预期的菲利普斯曲线理论

一、修正的菲利普斯曲线

1960 年，美国经济学家保罗·萨缪尔森和罗伯特·索罗（都是诺贝尔经济学奖获得者）分析了美国 1900—1958 年的数据。他们的研究结果显示，如果剔除两次世界大战和大萧条时期的数据，也可以得出类似菲利普斯的结论。他们将自己的研究主题改为失业与通货膨胀之间的关系，因为名义工资的收入变化率等于通货膨胀率加上劳动生产率的增长幅度。劳动生产率只影响通货膨胀的绝对值，对菲利普斯曲线的斜率没有影响。用公式表示就是

$$\Delta w_t = \lambda + \pi_t \tag{10-2}$$

其中，λ 是劳动生产率增长率，π 是通货膨胀率。由前面两个公式可以得到

$$\pi_t = f_1(U_{t-1}) - \lambda \tag{10-3}$$

保罗·萨缪尔森和罗伯特·索罗的表述成了目前最普遍被了解的菲利普斯曲线形式，即通货膨胀与失业之间的关系，他们的表述被称为修正的菲利普斯曲线（Modified Phillips Curve）。他们还将该曲线称为社会可以选择的失业与通货膨胀的组合。具体讲就是，决策者可以根据曲线给出的菜单作出选择。价格稳定或零通货膨胀率意味着失业率为 5.5%。如果希望失业率为 3%（作者认为接近于充分就业），则根据曲线通货膨胀率会接近于 5%，如图 10－2 所示。

萨缪尔森和索罗并不认为他们估计的曲线是不会改变的长期关系。相反，他们认为，这是“未来几年”美国经济面对的情况。虽然他们也知道在不太长的周期内这种关系会发生改变，但他们不太清楚这种关系会如何变化。他们只是提出，制度性改革会改善这种替代关系，即使曲线向左下方移动。制度性改革具体包括限制企业和工会控制价格和工资的能力。在 20 世纪 60 年代，菲利普斯曲线成为凯恩斯宏观经济学的核心部分之一。根据这种关系，一些经济学家认为，政府可以利用财政政策（扩大支出或减税）或通过货币政策来刺激经济，使其接近充分就

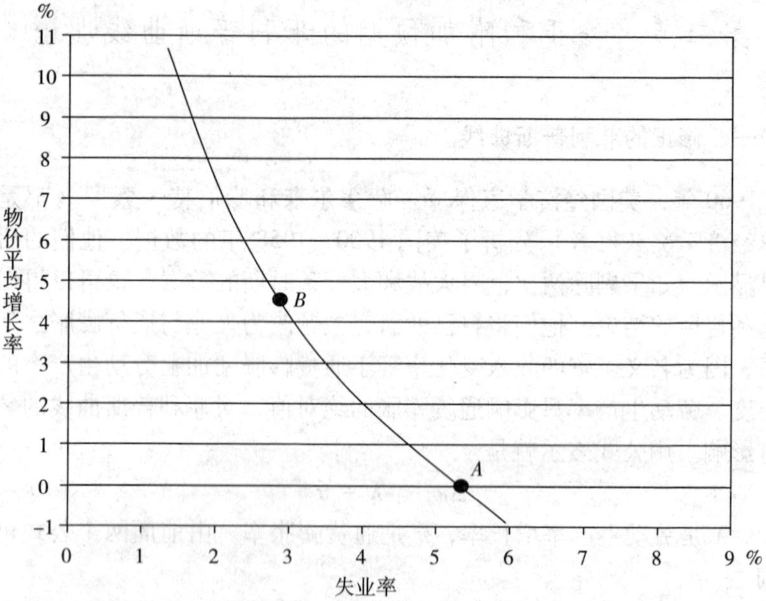

图 10-2 修正的菲利普斯曲线

业，成本是比较确定的通货膨胀上涨。无论是采取什么政策，决策者都需要进行成本—收益分析。由于小幅度通货膨胀对社会的负面影响较小，所以，通过小幅度通货膨胀来实现较高就业是值得的。

二、附加预期的菲利普斯曲线

上述有关经济政策的观点实际上否定了货币中性理论在长期内适用的观点。但仍有一些经济学家坚持认为通货膨胀上涨不可能持续地降低失业。这些经济学家中的代表人物是密尔顿·弗里德曼和埃得蒙德·费尔普斯（Edmund Phelps）。两人获得的诺贝尔经济学奖都与对菲利普斯曲线的研究有关，后人将他们二人对菲利普斯曲线的分析称为附加预期的菲利普斯曲线（Expected - Augmented Phillips Curve）。在1968年就任美国经济学会主席的演讲中，弗里德曼指出，货币政策盯住失业率只能在非常短的时期内有效。企图利用扩张性货币政策来将失业率持续保持在“自然失业率”以下的任何做法，其结果都必然是持续的高通货膨胀。自然失业率由经济结构、经济增长率和其他实际因素共同决定，这些因素与货币政策无关。虽然自然失业率也会变化，但在某一时点，低于自然失业率的失业只能是实际通货膨胀超过公众预期的结果。但如果通货膨胀保持上涨状态，公众会预期较高的通货膨胀率，这时刺激政策的效果就会消失。失业率会回到自然失业率水平，也即菲利普斯曲线向上移动，回到初始状态，如图 10－3 所示。

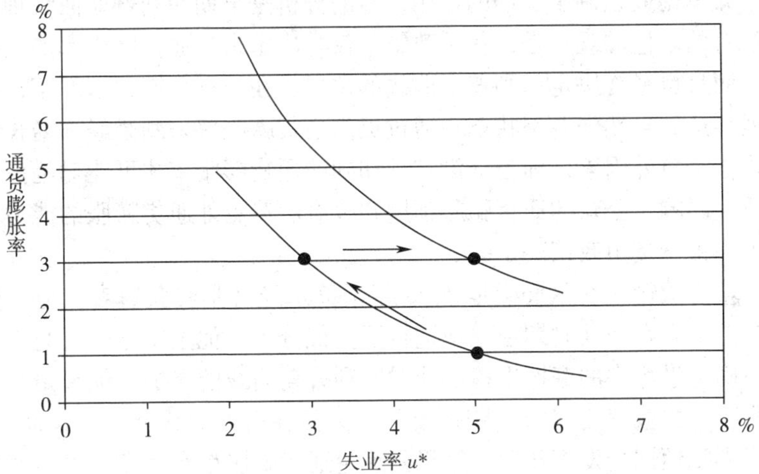

注：当通货膨胀率是1%时，没有预期到的通货膨胀的上升将首先导致失业率下降。但是预期最终会调整，使得失业率回到自然失业率（u^*）水平，并且通货膨胀率更高。

图 10－3　附加预期的菲利普斯曲线

弗里德曼的观点中最重要的一点是预期因素，他认为名义工资的变化不仅与失业有关，而且与预期通货膨胀率有关。因此，名义工资的变化不仅与劳动力市场的现状有关，而且与劳动力供需双方对通货膨胀的预期有关。用公式表示就是

$$\Delta w_t = \lambda + \pi_t^e \qquad (10-4)$$

其中，π^e 是预期通货膨胀。由上述几个公式可以得

$$\pi_t = f_1(U_{t-1}) - \lambda + \pi_t^e \qquad (10-5)$$

弗里德曼认为，实际通货膨胀不可能永远偏离预期通货膨胀，而通货膨胀与失业之间短期的替代关系取决于公众的通货膨胀预期与实际通

货膨胀之间的差异。如果公众预期价格稳定（零通货膨胀率），则造成3%通货膨胀率的货币政策可以刺激经济，提高产出增长率和降低失业率。但如果一段时间内通货膨胀率较高如5%，而且公众已经预期通货膨胀会持续下去，则造成3%通货膨胀率的货币政策实际上会使经济增长放慢和失业增加。所以弗里德曼认为，用菲利普斯曲线去探讨失业率与名义工资变动率之间的关系纯粹是一种误导。

弗里德曼强调了预期的作用，他的分析是早期菲利普斯曲线理论中所没有的。他的观点是，货币政策不仅是决定未来通货膨胀率的主要因素，而且也最终决定菲利普斯曲线的位置。在没有预期的情况下，经济发展会达到自然失业率状态。通过提高通货膨胀率来刺激经济增长的效果取决于意外因素，即公众没有预期到的通货膨胀率才可能对经济产生实质性影响。公众的通货膨胀预期和政府制造意外通货膨胀的能力，都是中央银行货币政策决定的。

埃得蒙德·费尔普斯是2006年诺贝尔经济学奖获得者。他与弗里德曼差不多在相同时期独立地进行了类似分析。他主要通过研究工资和价格确定过程中的摩擦来提出他对菲利普斯曲线的看法。他指出，通货膨胀率与失业率之间的“跷跷板”关系只在短期内成立，对长期而言，通货膨胀预期会发挥作用，结果是无论通货膨胀率有多高，失业率终将趋于一个由劳动力市场状况决定的自然失业率水平。他将菲利普斯曲线分为短期和长期，两者的形状并不相同，这种区分显然更接近于现实情况，因此，诺贝尔评奖委员会特别指出，“他的贡献帮助我们加深了对经济政策短期和长期效果之间关系的理解，对经济研究和政策都产生了决定性的影响”。

弗里德曼和费尔普斯两人的研究结论都是，系统利用菲利普斯曲线来降低失业率和刺激经济最多只能取得暂时成功。为了对实体经济产生影响，货币政策必须使通货膨胀率超过公众的预期。但公众最终一定会预期到较高的通货膨胀率，政策也会丧失设想的效果。这种观点所依据的一个假设是，公众可以根据过去观察到的通货膨胀来确定其未来的预期。相反，如果公众具有前瞻性并理解决策者试图做什么，则他们会很快调整其预期，这会使通货膨胀率上升，并失去对实体经济的短期影响。从某种意义上说，短期关系也依赖于公众是否会受到愚弄。公众为什么会受到愚弄？一个可能性是他们不能区分一般物价上涨和相对物价上涨，这就是所谓的货币幻觉。货币幻觉会使公众面对通货膨胀时认为是相对价格上涨并作出相应反应。例如，个人看到了名义工资上涨，但不知道已经发生通货膨胀，他们可能会认为实际收入增加了，从而增加消费支出。

罗伯特·卢卡斯是另一位诺贝尔经济学奖获得者，是合理预期理论的主要奠基者。他认为，公众的货币幻觉不是由于误解，而是因为他们没有能力同时观察到经济中的所有价格。在分析菲利普斯曲线时，他首先提出经济中前瞻性决策者会影响菲利普斯曲线的形状。他认为，当无法预测到政策实施时，也即当决策本身成为波动性而不是稳定性的因素时，通货膨胀与实体经济之间的关系最密切。与弗里德曼和菲尔普斯的研究类似，卢卡斯的研究结论也是认为对政策实施影响要十分谨慎。

强调预期在菲利普斯曲线中的作用，对决策者利用货币政策管理实体经济提出了挑战。假设菲利普斯曲线描述了一种稳定的关系，决策者必然会选择一种理想的通货膨胀—失业组合。但这一政策选择会改变预期，造成替代关系发生变化。决策者的问题实际上成了与公众的一种博弈，因为公众一直会努力预测政策行为，而且这一博弈需要重复进行，每一次都需要作出一个具体决策。2005 年诺贝尔经济学奖获得者 Finn Kydland 和 Edward Prescott 研究了政策选择与私人部门行为及预期之间复杂的相互依赖关系。在一项著名研究中，他们区分了决策方式中规则和相机抉择（Rules Versus Discretion）的问题。他们提出，相机抉择是指周期性决策，决策者每一次都要重新分析不同通货膨胀水平的成本和收益。相反，规则是指决策者一次性地决定指导政策的最佳规则。他们的结论是，与一次性制定的规则相比，相机抉择的政策会导致更高的通货膨胀，而失业率不会下降。

第三节　菲利普斯曲线的新发展及相关问题

一、用产出缺口替代失业率

产出缺口指潜在 GDP 增长率与实际 GPD 增长率之间的差额。由于产出缺口反映了社会资源的利用情况，所以一些经济学家用产出缺口替代失业率来构建新的菲利普斯曲线。

Taylor1980 年提出了一个菲利普斯曲线的新版本，即当前通货膨胀等于产出缺口加上预期通货膨胀和预期误差，用公式表示就是

$$\pi_t = E_t\pi_{t+1} + \alpha y_t + \varepsilon_t \tag{10-6}$$

其中，π_{t+1}是通货膨胀预期，E_t 是预期通货膨胀调整参数，y_t 是产出缺口，ε_t 是误差项。Taylor 的思想是，在存在产出缺口的情况下，货币政策的刺激作用会造成 GDP 的增长而不会使通货膨胀率上升。

Futher－Moore1995 年根据产出缺口的概念，提出了另一个版本的菲利普斯曲线，此版本与 Taylor 版本的差异在于对通货膨胀预期和过去通货膨胀的处理。他们认为，以往通货膨胀和预期通货膨胀都会影响到当前通货膨胀。用公式表示是

$$\pi_t = \frac{1}{2}(\pi_{t-1} + E_t\pi_{t+1}) + \alpha y_t + \varepsilon_t \tag{10-7}$$

从严格对比的角度讲，Taylor 和 Futher－Moore 等人提出的菲利普斯曲线新版本已经不是传统的描述失业率与工资变化率，或失业率与通货膨胀之间的关系，而主要是描述产出与通货膨胀之间的关系。因此，虽然也有人将他们的观点视为菲利普斯曲线理论的新发展，但很多学者还是将他们的理论与菲利普斯曲线之间的关系加上了引号。

二、新凯恩斯主义的菲利普斯曲线

20 世纪 80 年代和 90 年代，根据实际数据得出的菲利普斯曲线发生了很大变化，即不像原始的菲利普斯曲线的形状，也没有完全符合附加预期的菲利普斯曲线所预言的形状。许多经济学家又开始研究货币非中性假设的合理性问题。新凯恩斯主义经济学家认为，名义价格和工资变化具有黏性（Rigidities），即不能轻易上下调整，因此，货币主义和理性预期学派关于名义价格变化的假设并不一定成立。一些经济学家从企业定价和成本管理的角度研究菲利普斯曲线，或更准确地说是通货膨胀的形成机制。

一般来说，企业选择的价格是基于其生产成本和对产品的需求状况。如果企业认为，两次定价之间通货膨胀会比较高，则会预期其相对

价格下降。该企业自然会考虑两次定价之间的相对价格水平，并据此作出定价决策。企业预期的通货膨胀越高，则企业对当前的定价也越高。如果这一逻辑适用于所有企业，则会导致当前通货膨胀与预期通货膨胀之间存在一个稳定的关系。

上述定价行为意味着，当前通货膨胀取决于真实生产成本和预期未来的通货膨胀。企业的真实生产成本会随着生产资源总使用量的增加而上升，如对劳动力需求的增加导致工资的上涨，其结果是形成一种菲利普斯曲线关系，即通货膨胀与某一实体经济活动的指标（如产出增长或失业率）有关。当前通货膨胀率随预期未来通货膨胀率的上升而上升，随当前失业率的上升而下降。

包括了定价摩擦因素的菲利普斯曲线一般被称为新凯恩斯主义菲利普斯曲线（New Keynesian Phillips Curve，NKPC）。Woodford 2003 年提出了一个包含定价行为的菲利普斯曲线方程式

$$\pi_t = \gamma_f E_t \pi_t + \lambda mc_t + \xi_t \tag{10-8}$$

其中，γ_f 和 λ 是结构性参数，包括价格调整的概率，mc 是企业的边际成本，ξ 是随机变量。

三、菲利普斯曲线作为一般均衡模型的组成部分

当代对菲利普斯曲线的研究与早期分析的重要差异是将这一关系纳入一个完整的宏观经济一般均衡模型。包括了菲利普斯曲线的完全一般均衡模型被称为是新古典综合模型（New Neoclassical Synthesis Model）。一般均衡方法认为，经济中各个部分之间是相互依赖的，并强调所有宏观经济变量如 GDP、价格水平和失业率都由基本因素决定，这些基本因素是家庭和企业行为的结果。菲利普斯曲线仅仅是一个完整宏观经济模型的一个组成部分，即一组方程式中的一个方程式，另一个重要部分是实体经济活动如何受到货币政策和实际利率的影响。就像菲利普斯曲线可以从企业的定价决策中得出一样，实体经济与利率之间的关系是基于家庭和企业对消费及投资的决策。这类决策涉及对资源的当前需求和对未来的预期需求，而实际利率会影响到公众选择当前需求与未来需求。因此，模型中不同部分之间相互联系的一个渠道是实际利率。实际利率是名义利率（即可以在金融市场上观察到的利率）经过预期通货膨胀

调整后的利率。对家庭和企业的决策来说，实际利率是真正发挥作用的利率。因此，从经济中的需求方来说，公众对需求和投资的选择取决于其对未来通货膨胀的预期，而这种预期又部分地由菲利普斯曲线所描述的定价行为决定。

菲利普斯曲线的最初形成是因为这些数据说明了一种关系。随着时间的推移，菲利普斯曲线已经演变为经济学家分析这些数据形成背后的各种因素。当代菲利普斯曲线试图使用包含了弗里德曼、费尔普斯、卢卡斯等人思想和新凯斯主义的模型来研究通货膨胀与实际变量之间的相互影响行为，而且这种方法应当能够得出与真实经济数据接近的结果。

当代菲利普斯曲线或新凯恩斯主义的逻辑分析似乎更加符合实际情况，但还不能与实际数据完全相符，使当代或新凯恩斯主义菲利普斯曲线与数据相符已经成为一项具有挑战性的研究。短期关系背后的理论意味着当前通货膨胀应当取决于当前实际活动（用失业或一些其他实体经济变量度量）和预期未来通货膨胀。在估计这类方程式时，经济学家常常会发现，还需要有另一个变量——过去的通货膨胀才能解释长期通货膨胀的变化。

四、通货膨胀的持续性问题

过去的通货膨胀对当前和未来通货膨胀的变化非常重要，即通货膨胀的持续性（Inflation Persistence）意味着过去的通货膨胀变化对未来通货膨胀具有持续性影响。如果通货膨胀已经成为经济中结构和变化的一个固有部分，则对决策者来说，这种持续性会使降低公众的预期变得非常困难。如果中央银行可以让公·众相信通货膨胀会下降，则实现这一目标的代价（即失业增加或产出下降）可能比较小。

Jordi Gali 和 Mark Gertler 提出，如果经济中的定价者都依据过去的通货膨胀来决定当前价格，则这种追溯型（Backward - Looking）定价行为会造成通货膨胀的持续性。对通货膨胀持续性的另一种解释是，这主要是货币政策实施的一个结果。公众的通货膨胀预期取决于货币政策实施的状况。如果在政策实施中总是不断出现较大变化，则公众的预期会随着对货币政策变化的理解而变化。因此，通货膨胀的持续性并不一定是追溯型决策行为的结果，而是政策变化与前瞻型（Forward - looking）决策行为之间相互作用的结果。

与追溯型行为和前瞻型行为影响通货膨胀变化相关的一个问题，是公众的通货膨胀预期在多大程度上是稳定的。追溯型行为表明，很难改变公众的预期。如果比较高的通货膨胀已经变得根深蒂固，则很难使公众相信通货膨胀会下降。这种情况使通货膨胀的成本非常高，因为只有持续证据表明实际通货膨胀已经下降才能改变公众对未来通货膨胀的预期。因此，从某种意义上来说，决策者面临的通货膨胀与失业之间关系的替代可能会取决于公众预期改变的程度。如果公众不确定或不了解中央银行有关货币政策的目的，则可能很难改变预期。因此，改变预期也取决于中央银行实施货币政策的具体行为和声明。

第四节　对部分国家实际情况的解释

20 世纪 60 年代和 70 年代，菲利普斯曲线理论被认为是通货膨胀与失业之间替代关系的一个科学证明，即通货膨胀政策会促进失业率的永久性下降。在实践中，全世界许多国家也确实试图利用这种关系来改善就业状况，而这种努力之所以在一些国家获得成功，一个重要原因是 50 年代和 60 年代，通货膨胀率一直非常低。对个人来说，名义工资和实际工资之间没有太大的区别，换句话说，当时货币幻觉不是一个主要问题。

附加预期的菲利普斯曲线的重要意义是，任何试图利用通货膨胀与实体经济之间关系实现持续低失业率和较高通货膨胀的行为都注定会失败。70 年代发达国家的情况被普遍认为是对上述假说的确认。菲利普斯、萨缪尔森和索罗等经济学家发现的历史关系似乎已经完全不存在了，通货膨胀和失业都出现了上涨，导致了众所周知的“滞胀”局面，而且 80 年代后期以来实际菲利普斯曲线也发生了很大变化，如图 10－4 和图 10－5 所示。从图形中可以看出，原有的斜率为负的菲利普斯曲线已经变为一条按顺时针方向旋转的曲线。正如萨缪尔森 1992 年在《经济学》第十六版序言中所指出的，长期菲利普斯曲线出现了“菲利普斯螺旋”（the Phillips Curl）现象。现代宏观经济学的一个主要课题就是要解释菲利普斯曲线为什么会沿顺时针方向转动。

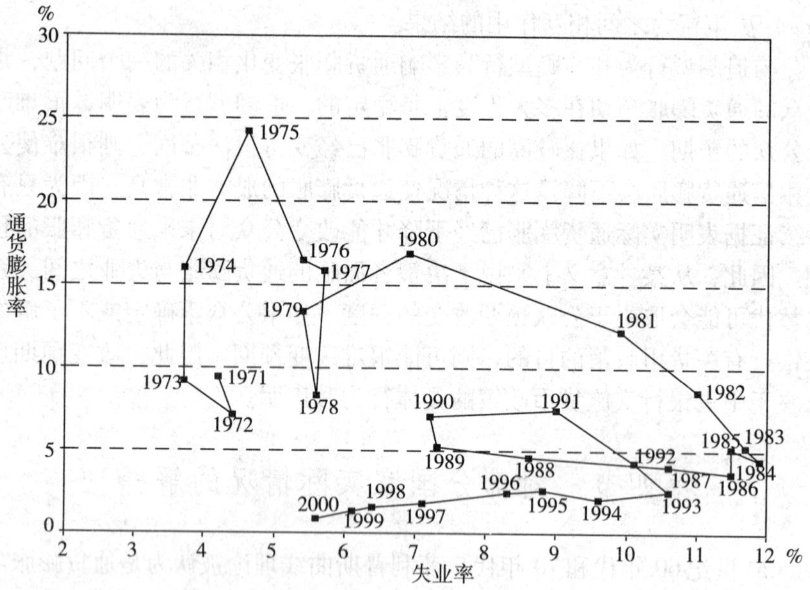

资料来源：UK National Statistics。

图 10－4　英国通货膨胀—失业率之间的关系（1971—2000 年）

对于菲利普斯曲线形状改变的原因，我们首先用弗里德曼的分析来概括。在 1976 年 12 月诺贝尔经济学奖的颁奖大会上，弗里德曼以《通货膨胀与失业：政治学的新领域》为题发表演讲，系统阐述了菲利普斯曲线发展的三个阶段的思想。

第一个阶段是负斜率的菲利普斯曲线时期。在经济中，由于工人和雇主们同时都存在着货币幻觉，导致了整个价格水平的上升，从而引发了劳动力工资变动率即通货膨胀率与失业率之间的反向替代关系。这种观点在 20 世纪 60 年代得到普遍承认和广泛应用，但是这种通货膨胀与失业之间的反向替代关系只在短期内存在。

第二个阶段是预期理论和自然失业率假说成立的时期。随着整个经济社会开始调整其预期，使得预期的通货膨胀率逐步接近实际的通货膨胀率，这就出现了短期和长期的菲利普斯曲线。

第三个阶段是正斜率的菲利普斯曲线时期。由于通货膨胀加速度的存在，弗里德曼断言，用通货膨胀换取就业增加的凯恩斯式的需求管理

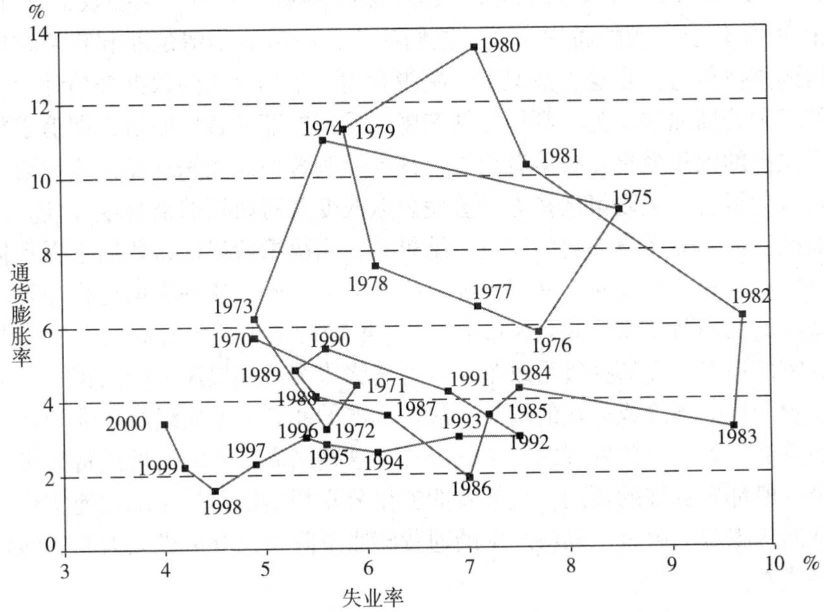

资料来源：United States Department of Labor。

图 10－5　美国通货膨胀—失业率之间的关系（1970—2000 年）

模式犹如饮鸩止渴，每一次都只能取得暂时的效果，在下一轮经济中将面对更高的通货膨胀率，如此循环往复，最终会导致高通货膨胀与高失业率并存的“滞胀”（Stagflation）现象。

对于 70 年代的情况，也有经济学家认为仅仅是因为运气不好，与菲利普斯曲线所揭示的规律没有直接关系。菲利普斯曲线出现无规律的变化是因为经济中出现了各种外部冲击。最明显的冲击是石油价格的大幅度上涨，这种供给冲击使原有关系出现改变，即为了实现给定水平的通货膨胀率，失业率必须更高。

另有许多经济学家认为，70 年代出现的持续高通货膨胀和高失业率恰恰是由于决策者认为可以利用菲利普斯曲线来影响经济增长的结果。80 年代初期通货膨胀下降的成本基本与预期的和中央银行的信誉度一致。在经历了 70 年代的情况之后，政府的信誉度较低，公众对中央银行治理通货膨胀政策行为的响应比较缓慢。

Thomas Sargent 等人的分析认为，相机抉择的货币政策导致了 20 世纪 70 年代所经历的通货膨胀。他们认为，决策者不清楚菲利普斯线曲线的具体位置。在这种情况下，决策者需要根据过去的数据来估计当前的菲利普斯曲线。为了利用短期和附加预期的菲利普斯曲线，即追求相机抉择的政策效果，决策者根据估计的菲利普斯曲线来选择失业与通货膨胀的组合。但政策选择本身会使公众改变其对政策的信心或预期，进而改变他们对政策变化的反应。结果是，当决策者根据新数据来更新估计的菲利普斯曲线时，曲线已经发生变化。因此，这种决策过程导致了持续的高通货膨胀后果。Sargent 1986 年分析了出现非常高的通货膨胀国家的情况。在那些货币改革导致通货膨胀突然和快速下降的国家，他发现产出的下降或失业的增加一般比标准的菲利普斯曲线所描述的替代关系低很多。对此发现的一个解释是，这些国家采取的治理通货膨胀政策一般都有良好的预期，决策者能够使公众相信他们是在认真地实行治理通货膨胀的政策。意料之中的通货膨胀下降并没有造成太大的实际经济成本。

Goodfriend 和 King 2005 年分析了美联储在保罗·沃尔克（Paul Wolcker）主席领导下实行的消除通货膨胀政策。在 70 年代后期，通货膨胀上升到了两位数，当时估计的失业和产出损失的成本（将通货膨胀显著降低的代价）非常大。当时一般的估计范围是，通货膨胀率下降 6 个百分点最终需要实际产出在 4 年内每年低于潜在产能 9%～27%。从 1979 年 10 月起，美联储采取了重大措施，1980 年将联邦基金利率提高到 19%。总体上讲，沃尔克的消除通货膨胀政策所造成的成本比预期的要小。一个比较标准的估计是，实际产出的下降是每年低于潜在产能的 4%。这一数字尽管非常巨大，但却显著低于事前的多数估计结果。一种可能的解释是，公众充分预期到了美联储的政策行动。虽然公众可能并不知道联储将要采取的措施，但他们理解政策变化的基本方向。

20 世纪 70 年代的经历和经济学家对预期问题的重视，最终造成了在分析通货膨胀与实体经济之间关系时出现了货币政策信誉度（Credibility）的问题。信誉度是指中央银行使公众相信其反对通货膨胀的态度和实际做法。Kydland 和 Prescott 1977 年的分析表明，在短期内，完全可以通过提高通货膨胀率来刺激实体经济发展，但为了建立保持低通货膨胀率的良好信誉，中央银行必须使公众相信他们不会追求这种短期利益。

80 年代和 90 年代的经历可以被认为是许多发达国家建立货币政策信誉度的实践。比如在这些年里，美国曾有几次出现通货膨胀预期上升的情况，因为担心美联储是否有能力维持其低通货膨胀承诺。这几次事件的标志是长期利率与短期利率之差大幅度上升，说明市场预期未来通货膨胀率会上升。Goodfriend 1993 年将这几次事件称为通货膨胀恐慌（Inflation Scares），如在 1980 年、1983 年和 1987 年。在这些事件中，美联储对通货膨胀预期上升的迹象及时作出了反应，提高了联邦基金利率，其结果是市场恢复了平静，通货膨胀率保持在较低水平。在 80 年代和 90 年代这些政策反应是建立低通货膨胀信誉度的一个重要过程。

第五节　菲利普斯曲线理论的演变和对货币政策实施的影响

从经济发展和通货膨胀变化的角度讲，全球许多发达国家 20 世纪 80 年代后期以来的情况要比 70 年代有明显改善，通货膨胀的波动性下降，而且产出和就业的波动性也降低，出现了所谓的大平稳（Great Moderation）时期。尽管这种改善可能与影响经济的冲击类型有关，但也可能与货币政策实施方法的改善有关，许多国家的货币政策基本做到了持续地将通货膨胀预期保持在较低水平，这是因为与过去相比，货币政策能够对通货膨胀和通货膨胀预期上升的迹象采取更积极的措施。比如新西兰、英国、加拿大等一些国家在 80 年代后期或 90 年代初期一直存在较高的通货膨胀，但自开始实行通货膨胀目标制（Inflation Targeting）以后，明确实行以低通货膨胀率为核心的货币政策，并且定期发布通货膨胀预测报告，结果是使公众的通货膨胀预期一直保持在较低水平，实际通货膨胀率保持在 3% 或 2% 以下。

从上述历史发展中，我们可以得出一个重要教训，即通货膨胀与失业两者之间短期内的替代关系取决于公众对通货膨胀的预期。当偏离公众预期时，货币政策对实体经济的影响最大。但是，如果中央银行为了系统地增加实际产出而不断地试图偏离公众预期，则公众的预期一定会随之改变。因此，公众的预期与中央银行以往的业绩密切相关。中央银行的信誉度有助于通货膨胀以较低成本恢复到理想水平。

包括菲利普斯曲线的一般均衡模型使经济学家更加强调货币政策的信誉度。如果公众不确定什么规则能够最恰当地描述中央银行的行为，则他们会尽力从观察到的中央银行实际行为中进行学习。这种学习过程会使公众对未来政策的预期以复杂的方式演变。一般来说，对中央银行政策的不确定性，或对其低通货膨胀承诺的怀疑，会增加消除通货膨胀的成本。也就是说，通货膨胀与失业之间的短期替代关系取决于公众对货币政策和通货膨胀的长期预期。

对菲利普斯曲线具体形状的研究可以导致两种完全不同的货币政策策略。第一种是积极的中央银行策略，即利用失业与通货膨胀率之间的短期替代关系来实施一种意外通货膨胀政策，目的是增加短期内的就业。第二种是以稳定为导向的中央银行策略，即中央银行明确不会实行通货膨胀政策，使公众建立一个稳定的通货膨胀预期，进而为保持低通货膨胀提供一个重要机制。从建立中央银行信誉度的角度讲，显然应当采取第二种策略。

货币政策的传导机制是一个非常复杂的问题，到目前为止，我们对货币政策传导机制的了解仍然有限，因此，长时间内保持较低和稳定的通货膨胀的难度非常大。但在现实中，一些明确价格稳定目标的中央银行往往能够在长时间内做到这一点，这表明一定存在某种简单和有效的控制通货膨胀的方式。这种简单和有效的方法并不一定是某种中央银行实行的具体货币政策规则，而是稳定公众预期的战略。90 年代以来许多中央银行都实行利率微调（小幅度调整官方利率，如每次调整 0.25 个百分点）的做法，这表明，中央银行清楚货币政策传导机制的不确定性和公众预期具有自我稳定的机制，并希望通过这种自我稳定机制来实现低通货膨胀预期，而不是大幅度调整利率使市场预期受到过多干扰。换句话说，一旦实现了低通货膨胀率，这种局面就会自动影响到未来。因此，中央银行稳定通货膨胀的信誉度非常重要，是市场自我稳定机制发挥作用的前提，这一点可以解释为什么“信誉”成为 90 年代以来货币政策分析中的一个关键词。

因此，中央银行在实施货币政策时首先应当明确目标，必须避免货币政策本身成为一种冲击。其次，应当在立法层次上强调价格稳定的重要性，以及在货币政策决策时采取透明的方式。这些都有助于中央银行“信誉”的建立，也会有助于在制度层面上稳定私人部门的预期。

在明确目标的基础上，中央银行还应当综合分析各种因素。由于通货膨胀是各种复杂因素相互作用的结果，因此，不能仅仅依靠单一经济变量的对应关系来进行决策。正如欧洲中央银行理事会成员 Start 在 2008 年指出的，菲利普斯曲线理论的演变表明，对政策制定者来说，没有免费的午餐。通货膨胀的形成是一个复杂的过程，是预期和当前及过去各种冲击相互作用的结果。因此，菲利普斯曲线无法充分解释整个通货膨胀的过程。如果我们不能对通货膨胀进行综合分析，则会对经济造成伤害。菲利普斯曲线理论演变的历史还告诉我们，应当非常慎重地对待那些将复杂的市场经济运行过程简化成单一方程式的模型。

在 2007 年 8 月全球爆发金融危机之前的十几年中，主要发达国家的货币政策实施看起来是比较成功的，因为长时期的低利率政策促进了经济的持续增长，同时通货膨胀率一直处于较低水平。危机爆发以后，对前期货币政策的指责也越来越多。长期低利率政策虽然没有造成高通货膨胀率，但在一定程度上刺激了资产价格（包括房地产、股票和大宗商品）的大幅度上涨。由此引发的问题是：长期低利率政策能否持续稳定通货膨胀预期？什么样的货币政策才能有效稳定通货膨胀预期？经济增长虽然没有引起消费物价的大幅度上涨，但却造成了资产价格的显著上涨，我们应当如何认识这种情况下的菲利普斯曲线形状？货币政策是否和应当如何应对资产价格泡沫？历史告诉我们，经济发展实践会推动理论和政策方法的变化。当前的金融、经济危机对菲利普斯曲线理论和货币政策来说都是新的挑战，我们预期会有新理论和新方法出现。

参考文献

[1] Peter Bofinger, 2003, “Monetary Policy: Targets, Instruments and Strategy”, Oxford University Press.

[2] Jeffrey M. Jeffrey and John A. Weinberg, 2007, “Inflation and Unemploy-

ment: A Layperson's Guide to the Phillips Curve", *Economic Quarterly*.

[3] Andreas Hornstein, 2008, "Introduction to the New Keynesian Phillips Curve", *Economic Quarterly*.

[4] Thorvardur Tjorvi Olafsson, 2006, "The New Keynesian Phillips Curve: In Search of Improvements and Adaptation to the Open Economy", *Working Paper* No. 31, Central bank of Iceland.

作 者 简 介

唐　旭：经济学博士，研究员，博士生导师，中国金融学会学术委员、秘书。现任中国人民银行反洗钱局局长。本书主编，并撰写本书第一章。

张　伟：经济学博士，助理研究员，现在中国人民银行研究生部工作，撰写本书第二章。

曾　辉：经济学博士，助理研究员，现在中国人民银行研究生部工作，撰写本书第三章。

肇　越：经济学博士，副研究员，现在中国投资公司工作，撰写本书第四章。

张怀清：经济学博士，助理研究员，现在中国人民银行金融研究所工作，撰写本书第五章。

尹小兵：经济学博士，助理研究员，现在中国人民银行研究生部工作，撰写本书第六章。

张晓艳：经济学博士，助理研究员，现在中国人民银行研究生部工作，撰写本书第七章。

何自云：经济学博士，副教授，现在对外经济贸易大学工作，撰写本书第八章。

李伟杰：在读博士研究生，助理研究员，现在中国人民银行研究生部工作，撰写本书第九章。

康以同：经济学硕士，高级经济师，现在中国人民银行研究生部工作，撰写本书第十章。